Marc Frey
DIE AKTE SCHNEIDER

Marc Frey

DIE AKTE SCHNEIDER

Piper
München Zürich

ISBN 3-492-03883-2
© R. Piper GmbH & Co. KG, München 1996
Gesetzt aus der Sabon
Satz: Jung Satzcentrum, Lahnau
Druck und Bindung: Pustet, Regensburg
Printed in Germany

Inhalt

5

Vorwort

Meine erste Begegnung mit Dr. Jürgen Schneider war am 18. Januar 1990. Ich kann mich deshalb so genau daran erinnern, weil ich zu jener Zeit für die *Frankfurter Rundschau* arbeitete und von der Redaktion den Auftrag erhalten hatte, einen Artikel über Schneiders Pläne für sein damaliges Renommierstück in Frankfurt, die Zeil-Galerie »Les facettes«, zu verfassen. Dieser Artikel erschien einen Tag später, also am 19. Januar und dies erklärt auch mein »erstaunliches Gedächtnis«.

Ich muß gestehen: Wie viele meiner Kollegen hatte auch mich der Baulöwe aus Königstein damals beeindruckt. War es der Pomp, mit dem er sich umgab – mir erschienen die Villa Andreae und ihr Bewohner damals ein wenig wie »Denverclan in Königstein« –, war es sein scheinbar unaufhaltsamer Erfolg oder war es die visionäre Kraft, die von ihm ausging? Diese Frage ist auch heute noch schwer zu beantworten. Man muß sich dieses Gefühls nicht schämen, denn viele Menschen sind dem Phänomen Schneider erlegen, nicht nur Journalisten: Politiker, Geschäftsleute und vor allem Banker.

Bei meinem ersten Besuch in der Villa Andreae erinnere ich mich sehr gut noch an eine bestimmte Szene: Schneider stand in seinem monströs ausgestatteten Besprechungszimmer, blickte in die Weite des Taunus und sagte, fast ein wenig mit verklärter Stimme: »Wissen Sie, ich mache das nicht für mich. Dies alles tue ich nur für meine Familie.«

Schneider machte Eindruck: Er verkörperte alte, längst verloren geglaubte Werte wie Familiensinn, Fleiß, Verläßlichkeit und Ehrgefühl. Ob alles nur Show war? Wer vermochte sich zu jener Zeit schon zuzutrauen, darüber zu urteilen.

Freilich gab es selbst in diesen frühen Jahren schon Zweifel, nicht nur bei mir, sondern auch bei Kollegen in der Redaktion. Zweifel, zu denen ich objektiv allerdings keinen Anlaß hatte. Es war mehr dieses unbestimmte Gefühl, »so etwas kann einer doch nicht auf ehrliche Weise schaffen«.

Und es gab auch Gerüchte, Ende der achtziger Jahre, als sich Schneider in Frankfurt vom Fürstenhof trennte. Gerüchte, die besagten, bei Schneider ginge nicht alles mit rechten Dingen zu. Auguren prophezeiten sein baldiges Ende, und man kann diese Weitsicht heute nur bewundern. Damals aber blieben es Gerüchte und gerieten als solche auch bald in Vergessenheit.

Im Laufe der nächsten Jahre habe ich Schneider einige Male wiedergetroffen: auf Baustellen, bei Pressekonferenzen und Empfängen. Noch immer war er der glänzende Erfolgsmensch, ein Baulöwe mit Sinn für Kultur und Kunst und mit einem unnachahmlichen Händchen für die Schönheiten historischer Häuser. Eine Ausnahmeerscheinung unter seinesgleichen.

Als solcher wurde er gefeiert und auf Händen getragen: Von den Medien und den Politikern, die ihm, wie vor allem in Frankfurt und Leipzig, Juwelen des Städtebaus verdanken.

Gut erinnere ich mich noch an die Eröffnungsfeier der Frankfurter Zeil-Galerie, als Lokalpolitiker den Bauherrn Schneider als »Gewinn für unsere Stadt« bejubelten.

Übrigens: Als ein wesentliches Merkmal der Zeil-Galerie nannte Schneider damals die »Großzügigkeit in der räumlichen Gestaltung«. Ich sollte nicht ahnen, daß dies für ihn doppelte Bedeutung hatte, wie in diesem Buch zu lesen sein wird.

Mein journalistisches Interesse an Schneider nahm ab bis zu jenen Tagen im April 1994, als der Bauherr das Weite suchte und ein zusammengebrochenes Imperium hinterließ. Der erste Gedanke: Man hatte es ja schon immer geahnt. Und fand trotzdem keine Erklärung, weshalb man nicht schon früher darauf gekommen war.

Wie viele Kollegen faszinierte mich der Gedanke, Schneider in seinem Versteck aufzuspüren. Noch spannender allerdings fand ich die Frage, wie es ihm gelungen war, Milliardenkredite für Potemkinsche Dörfer zu bekommen.

Im Laufe der Recherchen sprach ich mit Kennern und Insidern des Falles Schneider und konnte Einblick in Dokumente nehmen, die ein anderes Bild von Dr. Jürgen Schneider zeichneten: das eines Hochstaplers und Betrügers, wobei diese Begriffe hier nicht juristisch, sondern moralisch gemeint sind.

Mehr als zwei Jahre ist es nun her, daß der »Herr der Häuser« seinem eigenen Haus den Rücken gekehrt hat. In dieser Zeit wurde wohl über keinen Deutschen mehr veröffentlicht als über ihn, sieht man einmal von den Größen der Politik ab. Warum jetzt auch noch ein Buch über Schneider?

Obwohl das Phänomen Schneider, wenn man sich einmal ausführlich damit beschäftigt hat, von simpler Architektur ist, so ist seine Geschichte, die verbunden ist mit der Geschichte vieler anderer Menschen, sehr komplex.

Bei der Arbeit für dieses Buch habe ich noch einmal nahezu alles gelesen, was in den vergangenen Jahren über Dr. Jürgen Schneider veröffentlicht wurde: Es füllt mittlerweile mehrere Aktenordner. Am Schluß war ich ratloser als zuvor. Die Lektüre hatte mir Fragmente einer Geschichte geliefert, die eine der spannendsten Wirtschaftskrimis der letzten Jahre ist.

Mit diesem Buch will ich daher versuchen, diese Fragmente zusammenzuführen und mit den zahlreichen Details eigener Recherchen zu ergänzen. So entsteht ein Gesamtbild eines Mannes, dem es gelang, in wenigen Jahren das größte private Immobilienimperium Deutschlands aufzubauen und es ebenso schnell wieder zu verspielen. Und ein solches Bild muß auch die Rolle all jener enthalten, die Schneider auf diesem Weg begleitet haben. Nur so scheint mir begreiflich zu werden, wie es zur größten Pleite der Nachkriegsgeschichte kommen konnte.

Frankfurt, im Juni 1996

Einführung

Am 11. April 1994 war es amtlich. Der Mann war weg, spurlos verschwunden, gleichsam vom Erdboden verschluckt. Dabei vollzog sich sein Abgang genauso leise wie sein Auftreten, denn der Mann war selbst nie ein Freund großer Öffentlichkeit. Die Rede ist von Dr. Utz Jürgen Schneider.

Alles, was zunächst von Schneider greifbar war, war ein Abschiedsbrief an Ulrich Weiss, Vorstand bei der Deutschen Bank, mit der Bitte, den Nachlaß »geordnet abzuwickeln«. Seinem Märchenschloß im Taunusstädtchen Königstein habe er »auf Anraten der Ärzte« den Rücken gekehrt und sei erst mal wegen dringend nötiger Luftveränderung mit unbekanntem Ziel verreist, mitsamt Gattin Claudia Schneider-Granzow und etlichen Millionen, die der 59jährige, das Rentenalter vor Augen, noch schnell von seinen Konten abgeräumt hatte. Die *Bild*-Zeitung etwa spekulierte, daß er mit vier bis acht Koffern, darin 50 Millionen bis 100 Millionen Mark Bargeld, entweder auf den Bahamas, den Cayman-Inseln, in Brasilien oder in Südafrika sitze.

Zurück blieb ein kaum zu überschauendes Konglomerat aus einigen hundert Firmen im In- und Ausland, eine staunende Öffentlichkeit, düpierte Banken mit Milliardenkrediten, Handwerker mitsamt unbezahlten Rechnungen, knapp 4000 Mitarbeiter der Schneiderschen Unternehmungen und ein Journalistenheer, bereit zur weltweiten Jagd auf den untergetauchten Baulöwen – Markenzeichen: klamm, Toupet und immer etwas zu lang geratene Hosen.

Pleiten hat diese Republik wahrhaft schon viele gesehen: Einige waren darunter, die auch heute noch in den Köpfen der Menschen sind: Herstatt, Coop, Neue Heimat, Esch. Doch Schneider hat sie alle übertroffen. Er ist der deutsche Pleitemeister. Coop hat rund

2,6 Milliarden Mark Schulden hinterlassen, Schneider bringt es gut und gerne auf mehr als das Doppelte. Esch hat die SMH-Bank an den Rand des Ruins getrieben, bei Schneider steht gleich ein halbes Hundert Banken auf der Dummenliste.

Mit dem Niedergang des Schneider-Imperiums ist ein Mythos zerbrochen, erschaffen von einem Selfmademan, der von der Öffentlichkeit bestaunt und beneidet, von Politikern hofiert und von Banken umgarnt wurde.

1981 begann der »Frankfurter Bub«, wie Schneider sich selbst gerne nannte, zunächst unbemerkt von einer breiten Öffentlichkeit, seinen glanzvollen Aufstieg. In rascher Folge kaufte er sich die Juwelen der bundesdeutschen Immobilienlandschaft zusammen. Vor allem an historische Gebäude hatte er sein Herz verloren.

Nach der Wende ging Schneider sogleich auf Schnäppchenjagd in die neuen Bundesländer. In der Leipziger Innenstadt fand er sein Paradies. »Mein Faible für historische Bauwerke ist ja bekannt, da ist Leipzig für mich ein Schlaraffenland«, äußerte er damals. Innerhalb kürzester Zeit gehörten ihm rund zwei Prozent der Leipziger City.

Seinerzeit, als die Geschäfte noch gut liefen, gab sich Investor Schneider betont selbstbewußt. »Schauen Sie sich meine bisherigen Objekte an«, sagte er in einem Interview. »Ich hab' noch nie etwas in den Sand gesetzt. Und zwar deshalb nicht, weil ich es verstehe, knallhart und knochentrocken zu rechnen«[1], und: »Ich habe noch nie Geld verloren.«

Wie andere Leute Briefmarken sammelte Schneider Immobilien: 168 Immobilienobjekte nannte er schließlich sein eigen, davon allein 41 in Leipzig und 24 in Frankfurt am Main. In der ganzen Republik war Schneider dafür bekannt, daß er aufwendiger baute und schöner restaurierte als jeder andere – kurz: städtebauliche Glanzleistungen vollbrachte. Beispiele dafür sind überall zu besichtigen: das feudale Bernheimer Palais in München (392 Millionen Mark) oder das klassizistische Hotel Rose in Wiesbaden (183 Millionen Mark), die berühmte Mädler-Passage in Leipzig (250

Millionen Mark) mit dem nicht minder berühmten Auerbachs Keller oder die denkmalgeschützten Häuser an Hamburgs Neuem Wall (200 Millionen Mark).

Schneider zahlte Spitzenpreise für die Filetstücke deutscher Großstädte. »Wo immer ich hinkam, war der Schneider schon da und hat 50 Prozent mehr geboten«, sagte der Frankfurter Immobilienkaufmann Ignatz Bubis dem *Spiegel*.[2] Schneiders Liebe galt dem Detail, nichts war ihm gut genug oder zu teuer. Marmor ließ er aus Italien einfliegen, Granit aus Brasilien. Als es für den historischen Fürstenhof (248 Millionen Mark) inmitten der Frankfurter Bankenmetropole eines krönenden Abschlusses bedurfte, ließ er originalgetreu eine silberglänzende Kuppel bauen. »Wir verkaufen nicht, wir machen nicht die schnelle Mark,« beschied er alle Skeptiker. Am Ende war Schneider Deutschlands größter privater Immobilienbesitzer – und selbst am Ende.

Großinvestor Schneider drehte ein immer größeres Rad, während sich die Lage auf dem Immobilienmarkt zunehmend verdüsterte. Quer durch die Republik fielen die Mieten, und es wurde deutlich, daß die zu Baubeginn kalkulierten Erträge – Mieten bis zu 100 Mark, in der Leipziger Mädler-Passage sogar 200 Mark pro Quadratmeter – nicht zu erzielen waren, derweil die Kosten für die aufwendige Restaurierung der zahlreichen Schneider-Objekte in die Höhe schnellten. Jedes Jahr fuhr das tapfere Schneiderlein schlappe 500 Millionen Mark Verlust ein, und weil die Einnahmen bei weitem nicht mehr ausreichten, um die Zinsen zu bezahlen, brauchte Schneider immer frisches Geld. Die Geldgeber störte es nicht. Ihnen genügte die Erklärung Schneiders, seine Projekte seien mit anderen Bauten nicht vergleichbar, für seine Qualitätsarbeit in allerbester Lage könne er immer Spitzenmieten nehmen – die er freilich nicht bekam. Auf den Gedanken, Schneiders angebliche Einnahmen zu überprüfen, sind die Banken offenbar gar nicht erst gekommen. Völlig verblüfft gab sich bei der Bestandsaufnahme Mitte April 1994 die Deutsche Bank, daß ein Schneider-Objekt nicht 57 Millionen Mark Jahresmiete abwarf,

15

sondern nur acht. Ebensowenig fiel kaum einem ein, Schneiders Bauten auf ihren realistischen Wert hin zu untersuchen.

Die Schneider-Pleite ist deshalb zugleich und ganz besonders eine Pleite der Banken, allen voran der Deutschen Bank. Der Branchenprimus war der großzügigste Darlehensgeber des größten Immobilientycoons der deutschen Nachkriegsgeschichte. Nun muß er mit 1,2 Milliarden Mark auch den größten Brocken aus der Megapleite verdauen.

In Bankerkreisen heißt es heute, daß Schneider sich »übernommen«, die Lage auf dem völlig überhitzten Immobilienmarkt falsch eingeschätzt habe. So ist das nun mal, ein Schuldiger ist gefunden. Doch haben nicht gerade die Banken den Immobiliensammler Schneider für so seriös gehalten, daß sie ihm bereitwillig mit Milliardenkrediten unter die Arme griffen? Haben also nicht dieselben Banken den Immobilienmarkt ebenfalls völlig falsch eingeschätzt?

»Wenn es um die Deutsche Bank geht, so scheint es, hält so mancher inzwischen alles für möglich. Irritiert durch Fehlgriffe und Pannen der sonst fast mit Ehrfurcht betrachteten Banker, haben Konkurrenten und Börsianer, Kunden und Geschäftspartner eine erstaunliche Entdeckung gemacht: Auch hinter den glitzernden Fassaden der Festung Deutsche Bank arbeiten Menschen. Und die machen Fehler, dumme Fehler. Wie konnte es geschehen, daß ein Mann wie Schneider nicht nur die Öffentlichkeit mit seinen Spitzenimmobilien blendete, sondern auch die Experten der Deutschen Bank offenbar blind machte für die Falltüren in seinen Projekten? Kann es denn wahr sein, daß auch der seriöseste Banker bei Gaunern schwach wird, wenn sie nur mit genügend viel Geld jonglieren?« hakt da der *Spiegel* nach.[3]

So scheint es zu sein, und so sind sie allesamt berechtigt, diese unangenehmen Fragen, aber sie betreffen eben nicht nur die Deutsche Bank. Wie die Lemminge sind die anderen in ihrer Gier dem Branchenführer blindlings hinterhergerannt aus lauter Angst, nichts von dem fetten Kuchen abzubekommen.

Infolgedessen hat das ohnehin ramponierte Image der Geldhäuser in der Öffentlichkeit durch den Schneider-Fall noch weiter gelitten. Von »bodenlosem Leichtsinn« bis zu »Versagen« und »Mittäterschaft« attestierte das Volk.

»Nie zuvor in Deutschland wurde die Macht der großen Geldspeicher, ihre Verflechtung mit der Großindustrie und die Praxis ihrer Kreditvergabe derart in Frage gestellt«, freute sich die *taz*.[4]

»Dies ist eine große Blamage der deutschen Banken«, resümierte der in Geldangelegenheiten nicht eben unerfahrene Otto Graf Lambsdorff. Und sein Parteifreund Wirtschaftsminister Günter Rexrodt sekundierte, bei kleinen und mittleren Betrieben seien die Banken zu risikoscheu, bei Großkunden wie Schneider schauten sie aber nicht genau hin. »Die eigentlich Verantwortlichen« für die Milliardenpleite seien »die Banken«, sagte der Leipziger Oberbürgermeister Hinrich Lehmann-Grube. »Je größer ein Kreditnehmer ist, desto unkritischer wird man offenbar«, beschrieb der hessische Wirtschaftsstaatssekretär Matthias Kurth die Usancen deutscher Geldhäuser.

Der frühere Bankier Fritz Haase, dessen Pfalz-Kreditbank 1976 wegen eines überaus hohen Wertberichtigungsbedarfs geschlossen werden mußte, warf der Deutschen Bank vor, ihre Kreditvergaben und -prüfungen hätten nicht den üblichen Mindestanforderungen entsprochen, und erstattete Strafanzeige.

Am lautesten aber machte der kleine Mann auf der Straße seinem Unmut Luft: »Wenn man heutzutage ein Girokonto eröffnen möchte, muß man sich bis auf die Unterhose ausziehen, und so einem wie Schneider werfen sie das Geld in den Rachen«, lautete eine oft gehörte Kritik. Kein Wunder: Die Masse der Bankkunden hat sich mittlerweile damit abgefunden, mit immer neuen Gebühren von den Banken geschröpft und selbst bei einem 3000-Mark-Kredit bis in die letzte Schublade durchleuchtet zu werden. Wer sollte da noch Verständnis zeigen, als die Banken unisono das große Wehgeheul anstimmten?

»Solches Trommelfeuer habe ich noch nicht erlebt«, beklagte sich ein irritierter Hilmar Kopper. Der Vorstandssprecher der Deutschen Bank weiß sich zwar »in bester Gesellschaft mit allen

Hypothekenbanken«, dennoch: die Dresche, die er und seine Mitarbeiter jetzt beziehen, tut weh.»Alle Welt zeigt jetzt mit dem Finger auf uns. Das macht uns wahrlich keinen Spaß.«Schwer fiel Kopper, öffentlich zuzugeben, daß wohl Fehler gemacht worden seien.»Wir wissen nur noch nicht, welche«, ergänzte er kleinlaut. Sein Haus werde lange zu tun haben, um das Vertrauen zurückzugewinnen, das in der Öffentlichkeit verlorenging.[5]

Und als er dann auf einer Pressekonferenz die Summe der unbezahlten Handwerkerrechnungen (im Vergleich zu den Bankdarlehen) als »Peanuts« bezeichnete, schuf er damit das Unwort des Jahres 1994 und wurde über Nacht zum Prügelknaben der Nation, der sich von den Medien fortan als »Mr. Peanuts« titulieren lassen mußte.

Das Schneider-Imperium ist futsch, das schöne Geld der Banken mit ihm, und nun schreien sie alle »Betrug« und lamentieren darüber, wie hinterlistig sie über den Tisch gezogen worden seien. Doch diese Verteidigungslinie greift zu kurz, und die Banken stehen zu Recht im Kreuzfeuer öffentlicher Kritik.

Hatte nicht Deutschbänker Weiss noch im Februar 1994, also zwei Monate vor dem Crash, verkündet, Gerüchte über finanzielle Probleme der Schneider-Gruppe seien dummes Gerede? Die Bilanzen des Großinvestors seien erst kürzlich erneut geprüft worden. Schneiders Imperium sei »in sich tragfähig«, ließ sich die Deutsche Bank laut *Frankfurter Allgemeine Zeitung* zitieren und verwies auf die Sicherheiten der Schneider-Objekte. Offensichtlich haben die Banker die Öffentlichkeit belogen, denn die Bedenken hatten sich bei ihnen schon eingestellt. Nur gehandelt haben sie nicht danach. Denn undenkbar erschien den Geldmanagern, daß es Immobilienpleiten wie in Japan oder den USA auch in Deutschland geben könnte. Selbstverliebt betrieben sie in ihren Glaspalästen ihre Geschäfte, und als das Desaster offenbar wurde, konnte sich keiner erklären, wie es dazu gekommen war. Daß sie von einem einzelnen Mann getäuscht worden sein sollten, das vor allem nagte arg an ihrem Selbstverständnis.

Der gute Mensch aus Königstein, unterschied er sich nicht von

eben jenen Immobilienhaien, denen man geneigt ist, alles zuzutrauen? Der Bauingenieur, ein Doktor der Betriebswirtschaft, galt
den Herren des Geldes als solide, auf seinen Festgeldkonten bun-
kerte er dreistellige Millionenbeträge. Doch der Finanzjongleur
aus dem Taunus verstand es offenbar, seine Geldgeber mit deren
eigenen Methoden an der Nase herumzuführen wie die Tanzbären.»Der hat den Banken jahrelang immer nur ihr eigenes Geld
gezeigt«, juxte eine Führungskraft der Westdeutschen Landesbank
(WestLB), die 150 Millionen Mark an Schneider verliehen hat.[6]
Die Aussicht auf fette Gewinne hatte die Banken alle gesunden
Zweifel über Bord werfen lassen, und sie konnten ihr Geld gar
nicht schnell genug nach Königstein karren.

Ein gutes Beispiel hierfür ist das ambitionierte Schneider-Projekt »Les facettes«, jener siebengeschossige Konsumtempel auf
Frankfurts Einkaufsmeile Zeil. 415 Millionen Mark rückte die
Deutsche-Bank-Tochter Centralboden dafür raus; 200 Millionen
hat er gekostet. Erst eineinhalb Jahre später wollen die Banker gemerkt haben, daß die Einkaufspassage gar nicht, wie von Schneider behauptet, 20 000 Quadratmeter, sondern nur 9000 Quadratmeter Nutzfläche hat und demzufolge statt 57 Millionen Mark
Miete bescheidene acht Millionen abwarf. Manipulierte Unterlagen, plärrte die Deutsche Bank und erstattete Strafanzeige gegen
den Abhandengekommenen. Von der Zentrale der Deutschen
Bank, den gläsernen Doppeltürmen an der Frankfurter Taunusanlage, bis zur Zeil-Galerie »Les facettes« sind es gerade fünf Minuten zu Fuß.

In einem anderen Fall »reichte es, wenn Schneider einen Kaufvertrag über ein 100-Millionen-Mark-Objekt Vorstandsmitgliedern der Norddeutschen Landesbank (Nord/LB) mal kurz vor die
Nase hielt. Die Nord/LB-Manager gaben ihm die Millionen –
ohne den Kaufvertrag näher zu prüfen, ohne einen Blick ins
Grundbuch zu werfen, ohne den Wert der Immobilie schätzen zu
lassen«, wunderte sich der *Spiegel*.[7] Der tatsächliche Kaufpreis lag
aber weit unter dem in dem Papier angegebenen Wert.

Allenfalls 1,8 bis zwei Milliarden Mark ist der Immobilienschatz, den Schneider über die Jahre zusammengetragen hat, in der gegenwärtigen Immobilienflaute wert. Dem gegenüber stehen jedoch mehr als fünf Milliarden Mark Bankkredite. Offensichtlich haben alle Sicherungssysteme versagt oder wurden mißachtet. Keine der fünfzig Gläubigerbanken scherte sich scheinbar um die sogenannte Evidenzliste der Deutschen Bundesbank. Dorthin müssen die deutschen Kreditinstitute jeden Kredit von einer Million Mark an aufwärts melden. Die Bundesbank wiederum informiert die Kreditinstitute darüber, wo ein Schuldner überall in der Kreide steht. Schwarz auf weiß war da nachzulesen, daß sich Schneiders Kreditvolumen innerhalb von zwei Jahren mehr als verdoppelt hatte, die Zahl der Geldgeber von 34 auf fünfzig geklettert war. Das hätte die Banken warnen müssen. Doch die Banken kümmerte das nicht. Ganz im Gegenteil: In den letzten drei Monaten des Schneider-Imperiums legten sie noch einmal 1,3 Milliarden Mark drauf.

Mai 1995: Alles ist aus. Im Miami wird der flüchtige Baulöwe von Beamten des FBI und BKA verhaftet – sinnigerweise vor einer Bank. Über ein Jahr lang hatte Schneider Fahnder und Journalisten, die ihn überall auf der Welt suchten, genarrt. Dabei hatte er sich die ganze Zeit über in einem Apartment in Floridas Kapitale aufgehalten. In der Zwischenzeit waren Spekulationen aufgekommen, ob Schneider überhaupt noch am Leben sei, ja vielleicht sogar von mafiosen Häschern in den Betoneckpfeiler eines neuen Postamts in Sizilien eingegossen worden sei. Monate vor seiner Festnahme hatte Schneider mit Hilfe einer Schar von Rechtsanwälten eine bislang beispiellose, geradezu groteske Medienkampagne zu inszenieren begonnen, die nach seiner Festnahme einem fulminanten Höhepunkt entgegenstrebte. Schneider – die Unschuld vom Lande, so die Botschaft aus dem sonnigen Süden der Vereinigten Staaten.

23. Februar 1996: Nach 22 Monaten ist er wieder da. In einer Linienmaschine der Lufthansa landet das Ehepaar Schneider in den frühen Morgenstunden auf dem Frankfurter Flughafen, begleitet von Beamten des Bundeskriminalamtes. Den monatelangen

Widerstand gegen seine Auslieferung hatte der Delinquent kurz zuvor aufgegeben. Nach einer kurzen Stippvisite beim Haftrichter verschwinden Dr. Jürgen Schneider und Claudia Schneider-Granzow vorläufig in Frankfurter Untersuchungshaft.

In diesem Buch soll die Geschichte des Immobilienkönigs Schneider erzählt werden, vom Aufstieg bis zum Untergang. Die Geschichte Schneiders ist ein Stück deutsche Wirtschafts- und Bankengeschichte, in der neben dem angeblichen Betrüger Schneider auch ein System auf der Anklagebank sitzt, das solche Manipulationen überhaupt erst möglich macht, ja sogar fördert. Dieses Buch ist kein Plädoyer für oder wider Schneider. Dies würde auch der Person des Dr. Jürgen Schneider nicht gerecht werden. Zu nah liegen Licht und Schatten hier nebeneinander. Richter der 29. Strafkammer des Frankfurter Landgerichts werden in einigen Monaten über den »Fall Schneider« urteilen müssen. Fürwahr keine leichte Aufgabe. Und es steht zu erwarten, daß sie zu keinem Ergebnis kommen werden, das alle Aspekte dieses größten deutschen Wirtschaftskrimis berücksichtigen wird. Zwangsläufig wird es, wie es nun einmal in der Natur der Rechtsprechung liegt, ein Urteil über das Handeln einer Person, ihrer Motive und Verfehlungen, sein müssen.

Doch der »Fall Schneider« ist nicht das Werk eines einzelnen, auch wenn Dr. Jürgen Schneider zutreffenderweise die Triebfeder war. Viele Menschen haben an diesem Ergebnis mitgewirkt, und manche von ihnen tragen Mitverantwortung, einige in einer Art und Weise, die zu einer neuen Diskussion über Täter und Opfer Anlaß gibt. Auch werden nicht alle diese »Taten« von unserem Rechtssystem erfaßt, nein, bisweilen sind sie sogar tolerierter Bestandteil unseres wirtschaftlichen, gesellschaftlichen und politischen Handelns. Das freilich ändert nichts an ihrer Bedeutung für den vorliegenden Fall.

Das vorliegende Buch versucht die Hintergründe, die zur größten deutschen Nachkriegspleite führten, detailgetreu aufzuführen. Dabei stützt es sich auf belegbare Fakten, die tatsächlichen Ab-

läufe der Ereignisse und die Darstellung der betroffenen und mit-
wirkenden Personen. Manches wird zu kurz kommen, da die umfassende Darstellung aller Details in ihrer gesamten Dimension
nicht nur den Rahmen dieses Buches sprengen, sondern ebensowenig zum Verständnis beitragen würde.

Es soll aber all das dargelegt werden, das notwendig ist, um, im
besten Sinne, zu begreifen, was geschehen ist, vor und nach dem
5. April 1994.

Aufstieg und Fall des Hauses Schneider
Vom Dackelzüchter zum Baulöwen

Der burgunderrote deutsche Reisepaß mit der Nummer 4100030668 ist am 18. Dezember 1989 ausgestellt auf den Namen Dr. Utz Jürgen Schneider, geboren am 30. April 1934 in Frankfurt am Main, wohnhaft in Königstein im Taunus. Sein versiegeltes und eingeschweißtes Paßfoto links oben entspricht, wie könnte es auch anders sein, nicht ganz der Wahrheit. Es zeigt nämlich nicht den altersgrauen Jürgen Schneider, sein wirkliches Aussehen mit Halbglatze, sondern einen lächelnden braungebrannten Baulöwen mit einem seiner 16 Toupets auf dem Haupt. Strahlend blaue Augen blitzen den Betrachter an. »179 Zentimeter« ist im Paß als Körpergröße angegeben. Aber auch hier könnte er leicht ein paar Zentimeterchen dazu geschummelt haben. In der Realität wirkt er nämlich ein wenig kleiner, und eine gebeugte Haltung hat ihn bislang nicht ausgezeichnet. Gültig ist das Dokument bis zum 17. Dezember 1999. Ob er es bis dahin noch einmal braucht, ist derzeit eher fraglich.

Wer ist dieser Mann, dem es gelungen sein soll, mehr als 55 Banken hinters Licht zu führen und ein System zum Narren zu halten, dessen Bewahrer sich selbst für unfehlbar hielten. Welcher Mensch steckt hinter der Maske des Biedermannes, der es vom Studenten der Betriebswirtschaft bis zu Deutschlands beliebtestem Bankrotteur brachte?

Utz Jürgen Schneider stammt aus einer alten Höchster Familie von Bauleuten und Architekten. Sein heute 92jähriger Vater Richard (»der Senator«) erzog den »Frankfurter Bub« mit aller Strenge. Im damaligen Frankfurter Vorort Höchst ist Utz Jürgen als ältestes von vier Kindern aufgewachsen. Prüde, behütet, nach streng protestantischen Grundsätzen erzogen. Immer wieder hatte der damals Zehnjährige Ärger mit seinem unerbittlichen »Alten«, der als höchste Lebensmaßstäbe Ehrlichkeit, Treue, Familienehre und Wahrhaftigkeit seinem Sprößling zu vermitteln versuchte, manchmal auch mit Gewalt – und fast immer vergeblich. Gradlinigkeit war schon in frühester Jugend nicht Jürgen Schneiders Stärke. Er wich lieber aus, suchte eher den krummen als den geraden Weg, fand immer eine Ausrede, wenn er wieder einmal ertappt worden war. Trost fand er bei seinen Tieren. Menschliche Freunde hatte er auch früher selten.

Bis zum heutigen Tag hält der sittenstrenge Senator Schneider, deutscher Staatsbürger mit lebenslangem Aufenthaltsrecht in der Schweiz, nicht viel von seinem Sohn, den er im vertrauten Kreis gern als »Lügenbold« und »Taugenichts« tituliert. Selbst als die Boulevardpresse kolportierte, der »Alte« habe an seinem neunzigsten Geburtstagsfest seinen Sohn öffentlich als »Lump« bezeichnet, reagierte der distinguierte alte Herr zweideutig zurückhaltend: »Das habe ich nicht gesagt. Dazu bin ich zu gut erzogen.«

Als ihm Jürgen aus dem Knast in Miami flehende Bettelbriefe mit der dringenden Bitte um finanzielle Hilfe schickte, verweigerte Senator Schneider die Annahme. Er nahm keine Post entgegen, wies die »Generalbevollmächtigten« seines Sohnes Jürgen aus dem Hause und schickte selbst den von ihm so geschätzten persönlichen Fahrer Jürgen Schneiders, Kurt Stroer, mit der Bettelpost wieder weg. Bis heute konnte ihm Sohn Jürgen deshalb seine Version vom Zusammenbruch des Imperiums und der »Rettung der Familienehre« nicht mitteilen. Der »Alte« will nicht mehr. Er hat genug von seinem Sohn.

Freilich gab es Gründe, daß das Verhältnis zwischen Richard und Jürgen Schneider schon sehr früh und erheblich gestört war und sich nie zu einer echten Vater-Sohn-Beziehung entwickelte, obwohl Sohnemann Jürgen beharrlich um die Gunst seines Vaters gebuhlt hatte. Und hierin liegen auch Erklärungen für viele späteren Handlungen des erwachsenen Jürgen Schneider.

Von Fischen und Falken

Im zerbombten Nachkriegs-Frankfurt fand Jürgen Schneider keine Freunde, obwohl er sich mühte und mit kleinen Geschenken die Aufmerksamkeit seiner Mitschüler auf sich lenken wollte. Auch gegenüber Papa und Mama versuchte Utz Jürgen immer wieder den braven Sohn zu spielen, was meist grob zurückgewiesen wurde. Blieben dem Jungen als Trost nur die Tiere, zu denen er ein ganz besonderes Verhältnis entwickelt hatte. Seine ganze Leidenschaft galt bis zur Flucht im April 1994 den stummen Fischen. Sie widersprachen nicht, sie waren bunt und schillernd, mit ihnen konnte er in seiner Einsamkeit problemlos Zwiesprache halten und ihnen seine Sorgen anvertrauen.

In seiner Privatvilla im Königsteiner Fasanenweg hatte Jürgen Schneider bis zum Schluß an der Stirnseite seines Wohnzimmers ein gigantisches Aquarium mit exotischen Fischen, sorgfältig gepflegt, mit künstlichen Riffen und Höhlen, penibel ausgesuchten Pflanzen, erstklassiger elektronischer Sauerstoff- und Nahrungsversorgung: eine perfekte Unterwasserwelt, die wohl Jürgen Schneiders Traum vom Leben am besten symbolisiert. Auch im Garten seiner Königsteiner Luxusvilla tummelten sich Goldfische jeder Art und Prägung, mit eigenem Springbrunnen, sorgfältig abgestimmter Flora und aufwendigen Futternetzen.

Zu den Widersprüchen der Person Jürgen Schneiders gehört der andere, der hochfliegende Traum des Baulöwen, symbolisiert durch einen privaten Falkenschlag für Turmfalken, den er hoch über seinem Arbeitszimmer in der schloßähnlichen Villa Andreae einrichten ließ. Er scheute keine Kosten, um den seltenen Raubvögeln gar eine eigene »Einflugschneise«, eine Landerampe, in die Turmregion des altehrwürdigen Gemäuers einzurichten. Auf dem Weg in den Taunus konnten die Greifvögel bequem beim Baulöwen Quartier machen.

Schneider liebte den Untergrund mit seinen Fischen und gleichzeitig die Falken in den Lüften. Nur am Boden, auf der Erde, hatte er von Anfang an seine Probleme.

Hier der Fischefreund, der Aquarianer, der stundenlang stumm den eleganten Bewegungen der exotischen Tiere nachstarrt. Traumverloren, nachdenklich. Dort das krasse Gegenteil. Raubvögel, die kreischend ihren Horst anfliegen, die sich um die Beute streiten, die im Sturzflug ihre Opfer krallen und zerhacken, die Herren der Lüfte.

Beide Tierwelten haben gemeinsam, daß es sich nicht um Lebensgenossen handelt, die zum Anfassen sind, die gestreichelt werden können, die dem taktilen Bedürfnis jedes Menschen entgegenkommen, die Zärtlichkeit und Wärme ausstrahlen.

Eiseskälte, hochfliegende Pläne und Einsamkeit prägten denn auch das Bild dieses jungen Mannes und die Angst, von seinen Vorbildern, von den »Großen« um sich herum, zurückgewiesen zu werden.

Schon der junge Schneider buhlte deshalb mit allen Mitteln um ihre Gunst, suchte Zuwendung und Aufmerksamkeit auf anderen Wegen zu bekommen. Notfalls mit kleinen oder größeren »Bestechungsgeschenken«: Wenn es nicht anders ging, mußte die Anerkennung eben mit Geld »eingekauft« werden.

Zu kompensieren versuchte der phantasiebegabte Junge diese Nachteile seiner sich entwickelnden Persönlichkeit durch eine Überfülle an Einfällen, Ideen, ja häufig sogar Spinnereien. Er würde seinem Vater beweisen, daß er zu großen, zu ganz großen Leistungen fähig war. Daß er nicht nur ein labiler »Lügenbold« war, sondern daß sich hinter dem äußeren kritikwürdigen Schein ein ganz besonders pfiffiger, strategisch denkender Geschäftsmann verbarg, daß seine extrovertierte Darstellung letztlich einem einzigen Ziel diente: dem Erfolg. Diesen definierte er ausschließlich mit Geld. Das in gewaltigen Dimensionen zu erreichen, wurde bei ihm schon sehr früh zur fixen Idee.

Die beiden extremen Lebensäußerungen des Jürgen Schneider, versinnbildlicht durch die Fische und die Falken, finden sich später in allen Variationen seines Geschäftslebens wieder. Sie sind ein Spiegelbild seiner zerrissenen Seele und eine Handlungsanweisung für künftige große Taten. Sie symbolisieren auch »oben« (Falken) und »unten« (Fische); mit beiden außergewöhnlichen Zuständen hatte Jürgen Schneider nämlich schon sehr früh seine eigenen Erfahrungen machen können.

Erste Geschäfte

Zurück zu Klein-Jürgen in den vierziger Jahren. Das Höchster Refugium seiner Eltern bot ihm ideale Voraussetzungen, wenn er mit den Menschen in seinem Umfeld nicht zurechtkam. Er wuchs in der notleidenden Nachkriegszeit wie auf einem Bauernhof auf. Die äußere Not zwang die Familie, auf dem ausgedehnten Grundstück, das später eine Baufirma beherbergen sollte, Schafe, Hunde, eine Milchziege und vierzig Hühner zu halten. Jürgens größter Berufswunsch war dementsprechend ganz natürlich: Er wollte Bauer werden. Damals. Aber das Schicksal hatte Höheres mit ihm vor.

Sein Vater hatte ihm einen strammen Langhaardackel vermittelt, Fische mochte der Alte nicht, und für Falken war die Zeit noch nicht reif. Irgendwo rannte zudem eine »passende« Dackelhündin herum, rot, mit großem Schweif.

Jürgen Schneiders Tierliebe weckte spontan seinen früh ausgeprägten kaufmännischen Instinkt. Zwar waren Hühner, Ziegen und Schafe nicht seine Medien, aber die krummbeinigen Genossen waren ganz lustig und hatten des öfteren die Begehrlichkeit älterer Damen am Hoftor geweckt.

Angesichts solcher Aussichten beschloß er, Dackelzüchter zu werden. Zu diesem Behufe schnappte er sich die Hündin, quartierte sie in seinem Zimmer unter dem Nachttisch neben seinem Bett ein, griff sich den Rüden – und hoffte im Gottvertrauen auf die Gesetze der elementaren Biologie auf Nachwuchs. Der stellte sich auch sehr schnell ein.

Schneiders erstes Geschäft florierte. Insgesamt fünfmal ließ er die Hündin werfen, pro Welpen kassierte er die damals horrende Summe von 120 Mark und kaufte sich dafür sein erstes eigenes Aquarium. Jürgen Schneiders Ansehen bei seinen Mitschülern wuchs gewaltig. Er hatte ein großes kaufmännisches Werk voll-bracht. Darauf ist er auch heute noch stolz – ohne jemals danach gefragt zu haben, ob diese fünf Würfe auch der Dackelmutter gut bekommen sind. Ein ebenfalls typisches Verhaltensmuster des jun-gen und alten Schneider.

Lehrjahre

Mit zwanzig Jahren hatte der hoffnungsvolle junge Mann sein Ab-itur gebaut, mit mäßigen, aber ausreichenden Noten. Jetzt sollte er nach dem Wunsch des harten Vaters »einen ordentlichen Beruf« erlernen. Jürgen hatte zwar Höheres im Sinn, beugte sich aber dem Wunsch des Alten, der inzwischen eine Baufirma gegründet hatte, und blieb in der Familientradition. Er lernte den ehrwürdi-gen Beruf des Maurers und nahm daraus eine Lebensweisheit mit, die er nie mehr vergessen sollte: »Ich weiß ganz genau, wo und wie am Bau beschissen wird. Ich kenne die Schwachstellen und ich weiß, an welchen Stellen gepfuscht wird.«

Maurer Jürgen lernte intensiv jeden Schlich und jeden Trick am Bau. Darin war er ein aufmerksamer Schüler. Diese Kenntnisse er-möglichten ihm später seinen Höhenflug, führten aber gleichzeitig zu seinem Untergang.

Es sind die alten Geschichten, mit denen Jürgen Schneider in sei-nem Umfeld so gerne prahlte. Doch zu guter Letzt holen die ihn wieder ein. Mit den Erfahrungen, die er als Maurer machte und die für viele Handwerker so verheerende Folgen haben sollten, läßt sich auch die Wut erklären, mit der große Teile der Öffentlich-keit über den angeblichen Milliardär nach seinem Sturz herfielen.

Es gab viele Menschen, die mit Jürgen Schneider noch eine Rechnung offen hatten, und sie beglichen sie genüßlich. Wie so oft, hatte der Baulöwe das Maß weit überschritten und sich unnö-tig viele Gegner geschaffen. Aber Schneider wollte ja gar kein Menschenfreund sein, beschreiben ihn andere, die ihn lange kennen. Menschen waren, wie später zu lesen sein wird, für ihn lediglich Schachfiguren in seinem verwirrenden Spiel.

Kelle und Lot reichten dem hoffnungsvollen Sprößling freilich nicht. Er studierte an der Technischen Hochschule im nahegelegenen Darmstadt Bauwesen und Betriebswirtschaft. Unter den herben Ingenieurstudenten fühlte sich Schneider zunächst überhaupt nicht wohl; denn Anerkennung fand der junge Student bei seinen Kommilitonen kaum. Die verschaffte er sich mit einem Trick, den er später auch bei seinen Geschäften mit den Banken immer wieder mit Erfolg anwenden sollte. Schneider packte den Stier bei den Hörnern und strebte nach den Sternen – er nahm sich die härteste Prüfung vor, die es nach seiner Ansicht in dieser Lage geben konnte: Er meldete sich bei den schlagenden Brüdern des Corps »Hassia« in Darmstadt an, einer renommierten Verbindung, mit der er die fehlende Akzeptanz bei seinen Kommilitonen wettmachen wollte. Hier lernte er außer mit der Kelle auch mit Säbel und Bierhumpen umzugehen. Mensuren und üppige Trinkgelage überstand er nach eigenem Bekunden »ohne inneren Schaden«.

Der farbentragende und nunmehr ringsum in Darmstadt akzeptierte Student verfehlte nicht seine Wirkung auf die Weiblichkeit. Er lernte die gleichaltrige Studentin Gertrud D. (Name geändert) kennen, die mit ihm in den nächsten Jahren Freud, Leid und Bett in einem kleinen, billigen Zimmer teilen sollte. Heute erklärt sie: »Das war damals ein regelrechtes Bratkartoffel-Verhältnis. Ich machte die Bratkartoffeln, der Jürgen aß sie auf.«

Die junge Studentin sorgte für den Lebensunterhalt und bereitete ihm mit bescheidenen Mitteln ein angenehmes Zuhause. Corpsbruder Jürgen nahm das verbal dankend zur Kenntnis, während er getreu dem Motto »Drum prüfe, wer sich ewig bindet...« seine Umgebung nach finanziell attraktiveren Töchtern aus reichem Hause sondierte. Das Leben, so glaubte er wohl, müsse ihm doch mehr zu bieten haben.

Jürgen machte sein Diplom in Darmstadt, war damit aber noch lange nicht am Ziel seiner Wünsche. Nach tagelangen Debatten hatte er seine »Traudel« endlich so weit: Sie gingen gemeinsam nach Graz, einem Ort in Österreich, der den ungeheuren Vorteil mitbrachte, eine alte und kleine Universität zu besitzen, die dafür bekannt war, daß dort zügig und ohne lange Umwege, ganz im Sinne Schneiders, der Doktortitel erworben werden konnte.

Dem diplomierten Betriebswirt war durchaus bekannt, daß die Promotion in Graz an deutschen Universitäten nur naserümpfend anerkannt wurde, das störte ihn aber nicht. Wichtig war für ihn – und das ist ein weiterer Wesenszug des Dr. Jürgen Schneider –, daß er mit dem Doktortitel aus Graz sich in der Heimat ganz legal »Doktor der Betriebswirtschaft« nennen durfte. Später würde niemand danach fragen, wo er den »Doktor« gebaut hatte. Doktor war schließlich Doktor.

Schneider behielt recht: Bis heute hat ihn keiner mehr nach seiner Grazer Studienzeit gefragt.

Zeit für Bratkartoffeln

Für Traudel begann eine zweite Bratkartoffelzeit. Schließlich hatte sie sich in den aufstrebenden jungen Diplomanden verliebt, der so zielstrebig jetzt auch noch den Doktor ansteuerte. Seine Karriere schien unaufhaltsam, und Traudel verwaltete das Achtzig-Mark-Zimmer im Grazer Zentrum ganz als künftige Gattin: Sie arbeitete, wusch, kochte, bügelte »bis zum Umfallen«. Denn der angehende Doktor hatte nie Geld, die spärliche Unterstützung, die er von seinem Vater bezog, war schnell verbraucht, und seine Ansprüche waren riesengroß. Nur feinste Anzüge und Hemden wollte der arme Teufel tragen, billige Studentenklamotten waren ihm zuwider. Traudel legte »Sonderschichten ein, um seine Eskapaden finanzieren zu können«. Jürgen Schneider dankte es ihr auf seine eigene Weise.

Doch Traudel sollte sich verrechnen. Kaum hatte er den erhofften Titel, ging Dr. Jürgen auf Brautschau. Er entschied sich für die Millionenerbin Claudia Granzow, deren Eltern eine der ertragreichsten Elektro-Großhandlungen der jungen Republik in Stuttgart betrieben. Er hatte sie durch eine Heiratsanzeige in der *Süddeutschen Zeitung* kennengelernt.

Claudia war eine glänzende Erscheinung, elf Jahre jünger als er, verwöhnt, reich, blond, 1,70 Meter groß, schlank, hatte stahlblaue Augen – und war eingeführt in die beste Gesellschaft. Schneiders studentisches Lotterleben war damit blitzartig beendet, er etablierte sich bürgerlich und machte privat eine ganz normale Karriere. 1966 heiratete der frischgebackene »Doktor« Jürgen Schneider, auf den Titel legt er bis heute außerordentlichen Wert, seine Claudia.

Die Grazer Geldsorgen gehörten mit einem Schlag der Vergangenheit an. Sie sollten erst 28 Jahre später wieder auftauchen, dafür um so massiver. Kurz nach der Eheschließung stellte sich der Nachwuchs ein: Sohn Nicolai und später Töchterchen Ysabel. Für Claudia Schneider-Granzow begann ein zunehmend langweiliges, von Alkohol und Tabletten begleitetes, später aber um so aufregenderes Leben.

Kunz & Söhne

Jürgen Schneider perfektionierte zunächst seine Kenntnisse als Bauleiter. Er arbeitete hart. Für etliche Monate verdingte er sich beim Bauriesen Philip Holzmann AG, aber seinen hochgesteckten Ansprüchen genügte das nicht. Schließlich ließ sich sein Vater Richard überreden, den Sohn in die eigene Baufirma Josef Kunz & Söhne im Frankfurter Stadtteil Höchst in die Geschäftsführung aufzunehmen.

Hier gerieten die beiden Streithähne wieder schnell aneinander. Jürgen hatte hochfliegende Pläne, phantastische Ideen und arbeitete wie noch nie in seinem Leben. Er wollte dem Vater beweisen, wie gut er wirklich war. Es reichte ihm einfach nicht, im

Main-Taunus-Kreis Schulen und Kindergärten zu bauen, Turnhallen zu entwerfen und gelegentlich ein kleineres Bürohaus zu verkaufen. Jürgen Schneider wollte lieber ein großes Rad drehen mit schnellen Käufen, Verkäufen, Vermittlungen und Wiederverkäufen.

In dieser Zeit lernte er die Verhandlungstechniken mit den Banken kennen, deren Tricks, deren Verhaltensweisen, die der spätere Baulöwe immer verachtete, zu deren inneren Kreis er nie gehört hatte. Seine Abneigung gegen die »Champagnertrinker, Schlipsträger und Golfspieler«, die später sprichwörtlichen Ruhm in seinen Unternehmen genoß, wurde hier begründet. Denn im kleinen Bauunternehmen Kunz & Söhne mußte sich Jungunternehmer Dr. Jürgen Schneider mit kleinen Krediten herumschlagen, sah, wie zäh die Banken um Sicherheiten und jeden Pfennig Kredit feilschten. Zugleich aber merkte er sich ganz genau, was die Banken von ihm eigentlich wollten, wo und wie Sicherheiten konstruiert werden konnten. Hier lernte der spätere Baulöwe die kleinen und die großen Finessen, wie mit welchen Ausreden an viel Geld zu kommen ist.

Vor allem der Deutschen Bank sei er zu großem Dank verpflichtet: »Ich bin der Zögling der Deutschen Bank gewesen. Die Deutsche Bank hat mich in den Jahren von 1982 an erzogen, hat mir gezeigt, wie Darlehenskreditanträge gemacht werden, hat mich geführt, mir die Vermögensaufstellungen gemacht und und und. Ich war viele Jahre der Musterschüler dieser Bank.«[8]

Die erste Pleite

Der eher bodenständige Senator, durch und durch konservativ, sah die Geschäfte seines Sohnes mit zunehmender Skepsis, fand sie bedenklich: »Kaufen, beleihen und wieder verkaufen ist nicht meine Sache«, sagt er heute.

Nach ein paar Jahren wurden die Auseinandersetzungen zwischen den beiden so heftig, daß Vater Schneider den Junior vor die

Tür setzte. Aber der Jüngere hatte in den siebziger Jahren inzwischen genug gelernt und machte sich mit einem eigenen Bauunternehmen selbständig.

Der Ältere dagegen setzte die Baufirma Kunz & Söhne in den Sand. Lieferanten wurden nicht bezahlt, Schecks waren nicht gedeckt, Wechsel platzten serienweise. Wichtigster Geldgeber bei Kunz & Söhne war, welche Ironie: die Deutsche Bank. Richard Schneider hatte sich vor allem mit der »Ballsporthalle Höchst« übernommen. 1988 meldete der Alte Konkurs an, zu einer Zeit, da sein Sohn im Begriff war, die erste Milliarde den Banken zu entreißen, und eine Märchenkarriere ihrem Ziel entgegenstrebte. Der Junge schien den Alten endgültig überflügelt zu haben. Der Konkurs 1988 muß Jürgen Schneider, obwohl auch er dabei mit ein paar Anteilen Geld verlor, große Genugtuung bereitet haben.

Aus der Konkursmasse kaufte er zwei der pleite gegangenen Firmen auf: die Kunz Heizungsbau und die Kunz & Söhne Schreinerei. Gelegentlich aber mußte er ordentlich Geld hineinstecken, damit die Firmen am Leben blieben. Als kaufmännischen Leiter setzte er einen Mann ein, der die Unternehmen seit vielen Jahren kannte:

Wilhelm Reifenberger hatte am 1. April 1965 seine Lehre als Industriekaufmann in der Höchster Firma von Richard Schneider begonnen. Im Laufe der Jahre arbeitete er sich bis zum Prokuristen empor. Jürgen Schneider übernahm den sachkundigen Reifenberger auch nach dem Konkurs. Und so hatte Reifenberger das zweifelhafte Vergnügen, einige Jahre später auch den zweiten Schneider-Konkurs hautnah miterleben zu dürfen.

Königsteiner Reminiszenzen

Schon immer hatte Jürgen Schneider den kühlen Taunus als sein eigentliches Refugium betrachtet. In Königstein, einer der reichsten Gemeinden der Republik, nur wenige Kilometer nordwestlich von Frankfurt-Höchst, baute er jetzt an eigener Firma und Image. Das Grundkapital brachte dankenswerterweise Ehefrau Claudia mit – und es ließ sich vorzüglich damit arbeiten.

Stets wählte das schlaue Schneiderlein die Form der »Gesellschaft des bürgerlichen Rechts« (GdbR), hatte er damit doch Ehefrau Claudia samt deren Geldquellen in alle Geschäfte eingebunden. Zwar hatte die sich überhaupt nicht darum gekümmert und, mit Verlaub, auch nicht viel davon verstanden, aber was machte das schon. Gegenüber den Banken zählte nur das gemeinsame Eigenkapital, und das setzte sich folgendermaßen zusammen: Jürgen hatte wenig, Claudia viel.

Und mit einemmal war es wieder wie beim alten »Bratkartoffel-Verhältnis« mit Traudel. Claudia kümmerte sich um die Kinder, schickte Tochter Ysabel ins vornehme Ursulinen-Gymnasium und ließ Sohn Nicolai Betriebswirtschaft studieren. Gern ließ sich die elegante Dame von Ehemann Jürgen verwöhnen, der sie mit immer kostbarerem Schmuck überhäufte, der ihr einen himmelblauen Porsche schenkte und ihr das Paradies auf Erden versprach – solange sie bloß um Himmels willen widerspruchslos die Schecks der GdbR unterschrieb und nicht nachfragte, wofür er denn das viele schöne Geld brauchte.

Bald kaufte Claudia nicht mehr in den umliegenden Boutiquen Königsteins ein, sondern jettete quer durch Europa, wenn ihr der Sinn nach neuen Gewändern oder Geschmeide stand. Der »Doktor« würde es schon richten.

Jürgen Schneider setzte in dieser Phase ganz auf Eigentumswohnungen, die er baute, belieh und weiterverkaufte. Selbstverständlich in den besten Lagen und mit aufwendigem Interieur. Den Trend zu den eigenen vier Wänden gehobener und höchster Preiskategorie und von erstklassiger Qualität hatte er schnell erkannt und nutzte ihn mit großem Gewinn.

Was wäre ein ordentlicher Baumeister ohne eigenes Häusle. Bei seinen zahlreichen Geschäften in und um Königstein hatte Jürgen Schneider das beste Bauland des Städtchens schnell entdeckt: im Johanniswald, wo die vornehmen Leute wohnen, mit Blick auf die

Höhen des Taunus und davor die malerische Königsteiner Burgruine.

Im Fasanenweg 5 kaufte Jürgen Schneider 1972 ein 1050 Quadratmeter großes Grundstück – auf Pump, versteht sich, aber mit korrekter Größenangabe. In der Nobelsiedlung residierte er fortan neben Bankern, Managern und dem SPD-Bundestagsabgeordneten und Sozialrechtsexperten Dietrich Sperling. Kontakt zu seinen Nachbarn aber hielt er so gut wie nicht. Lediglich seine Kinder kannten Gleichaltrige aus der Nachbarschaft, gingen mit ihnen zur Schule.

Die Pläne für seinen Hausbau entwickelte Jürgen Schneider zusammen mit einem Architekten selbst und er griff auch wieder zur Kelle, zumal er den Pfusch am Bau kannte und in seinem Haus natürlich nicht die geringste Nachlässigkeit dulden wollte.

Das zweistöckige weiße Gebäude mit Krüppelwalmdach, Naturschieferschindeln und Schneebremse aus dicken Baumstämmen schmiegt sich im Fasanenweg der Umgebung perfekt an. Altertümliche schmiedeeiserne Pylone mit Ketten begrenzen das Grundstück zum Bürgersteig, Seiteneinfahrten sind mit den schneidertypischen, übermannshohen und handgeschmiedeten Zäunen gesichert, die Spitzen der Gitter als Pfeile ausgeformt und mit reinem Blattgold belegt. Die weiß gestrichenen, verschnörkelten und bauchigen Balkongitter aus verzinktem Stahl auf der Rückseite des Gebäudes passen hingegen eher in die Vorstellungen eines Traumhauses der fünfziger Jahre.

Hoch oben auf dem Dach signalisiert eine Alarmleuchte, daß das Anwesen perfekt gesichert ist. Schneiders Sicherheitswahn, der in einem späteren Kapitel noch eine Rolle spielen soll, manifestierte sich auch in seinem Privatleben. In den letzten Jahren seiner Königsteiner Existenz war er beinahe rund um die Uhr von Sicherheitsexperten, Ex-Polizisten, V-Leuten und anderen dunklen Gestalten umgeben. Sein persönlicher Fahrer Kurt Stroer war früher Deutscher Vizemeister bei den Amateurboxern.

Im Keller der Villa Andreae, seinem eigentlichen Arbeitsplatz, hatte »der Doktor« die Sicherheitsvorkehrungen bereits auf die

Spitze getrieben: Meterdicke atomsichere Betonschutzräume mit 220 Plätzen liegen unter der herrschaftlichen Villa. Es bleibt Schneiders Geheimnis, wem er im Falle eines Atomkrieges dort Unterschlupf gewähren wollte. Folgerichtig war es nicht ganz einfach, in die Festung am Fasanenweg hineinzukommen. Erst nachdem der Besucher eine »Gesichtskontrolle« über die Überwachungskamera hatte über sich ergehen lassen, surrte leise die Elektronik und gab den Weg ins Innere frei. Alle Fenster zur Außenfront sind mit schweren, aber kunstvoll geschmiedeten Gittern verrammelt, von denen er wohl hoffte, sie würden den martialischen Eindruck ein wenig mildern. Ein kunsthandwerklich geschmiedetes kupfernes Türschild: Klingelknopf rechts oben, Sprechanlage links daneben, darunter ein schlichter, aber unübersehbarer, gehämmerter Schriftzug »Dr. Schneider«. Das also war der Zutritt zum »Herrn der Häuser«.

Gelsenkirchener Barock

Es lohnt sich, einen Blick in das Innere zu wagen. Es ist auch ein Blick in das Innere des Baulöwen. Schneiders privates Refugium läßt sehr viel erahnen, was er dachte, wovon er träumte, gibt einen Blick frei, auf seine Einstellung und Hintergründe seines Handelns. Hier im Fasanenweg, wo das Arbeitstier morgens gegen fünf Uhr aufstand, um knapp eine Stunde später in der nur wenige hundert Meter entfernten Villa Andreae bis spätabends am Schreibtisch zu arbeiten, konnte er alle Hüllen fallen lassen. Hier mußte er nicht ausweichen, keine Ausreden finden oder mit Glanz und Glitter seinen Seelenzustand kaschieren. Neben seiner Familie waren hier nur die Haushälterin, der Fahrer und gelegentlich private Gäste zugelassen.

Schneiders lebten nicht auf großem gesellschaftlichen Fuß, sie versteckten sich eher und wirkten lieber aus dem Hintergrund, wie es Jürgen Schneiders Art seit seiner Kindheit gewesen war. In der »großen Gesellschaft« fühlte er sich nicht wohl, seine Pressereferentin Sylvia Rommen berichtete einmal vom sich jährlich wiederholenden Kampf, Jürgen Schneider wenigstens einmal auf dem Frankfurter Opernball ins Licht der Öffentlichkeit zu zerren. Vergeblich. Und fotografiert zu werden, so sagte er einmal selbst, sei für ihn »wie Zahnschmerz und Blinddarmentzündung an einem Tag«.

Wohl fühlte er sich nur dann, wenn er einen Grundstein legen oder eine Schleife durchschneiden konnte, wenn Richtfest gefeiert oder ein neues Gebäude darauf wartete, von ihm eingeweiht zu werden.

Schneiders liebten alte Möbel und üppige Holztäfelungen, wie sie später auch häufig in seinen großartigen Bauten auftauchten: vom Fürstenhof über das Bernheimer Palais bis hin zu Auerbachs Keller. Leicht antiquiert, aber nicht antik. Eher Gelsenkirchener Barock als konsequente Stilrichtung einer Epoche.

In seiner Privatvilla hatte er sich auch ein kleines Büro eingerichtet. Nichts Pompöses, eher etwas, das man vielleicht zum Bezahlen der privaten Stromrechnung aufsucht. Zu erreichen war dieser »Büroersatz« durch eine halbrunde Öffnung vom Wohnzimmer. Für vertrauliche Gespräche ließ sich die Öffnung mit einer Schiebewand verschließen. Dort saß dann der große Zampano auf einem Kapitänsstuhl, hellgelbes Leder, in Teakholzfassung und auf Rollen. Sein Schreibtisch, keineswegs wie in der Villa Andreae überdimensioniert, stand links im Wohnzimmer, war ebenfalls aus dunklem Edelholz und mit runden Messingbeschlägen verziert. Und die Wände? Bis zur Decke mit rechteckigen Kassetten aus Eiche getäfelt. Der Blick fiel auf eine Vitrine, in der ein paar Auszeichnungen ihren Platz hatten.

Keine schweren Lederfauteuils standen im Wohnzimmer, sondern breite Veloursofas und zwei einzelne Sessel mit Schabracken bis zum Fußboden. Apropos Fußboden: Er war von einer Vielzahl von Teppichen bedeckt, von echten persischen Schmuckstücken bis zum einfach gewebten Wollteppich, die offensichtlich rein zufällig übereinander gestapelt, den Blick auf den nackten Boden versperrten. Kostbarste Seidenstücke lagen auf und neben sieben wertvollen Kasach-Teppichen und einem billigen Orient-Woll-Imitat »minderer Qualität«, wie der Konkursverwalter nach Schneiders Abgang penibel auflistete. Dazwischen übliche Accessoires: Zeitungsständer, Papierkorb oder Blumenkübel konsequent in Messing. Neben der gehobenen Neckermann-Polstergruppe stehen im hinteren Teil des Wohnzimmers einzelne Ohrensessel hervorragender Qualität, fast alle in zartem Blau gehalten.

Blau, ein helles Meerblau, das Schneider so liebt, war die alles beherrschende Farbe. Sie schmückte seine zahlreichen Autos vom Mercedes 600 bis zum Porsche 911 seiner Frau oder den Mini-Cooper der Tochter Ysabel, ebenso wie sein Firmenwahrzeichen mit der eingeprägten Silhouette der Villa Andreae. Blau wie das Wasser für seine Fische, blau wie die Luft für seine Falken. Unten und oben.

Stehlampen mit Messingkörper, Tischleuchten aus dem gleichen Material, zahlreiche Wand-, dafür weniger Deckenleuchten: alle dämpften das Licht mit ihren gelben Seidenschirmen, an denen lange Troddeln hingen, verliehen dem Wohnzimmer des Abends eine eher schummrige Atmosphäre. Barocke Kommoden im Wert von 80 000 Mark standen unter handgeschliffenen Wandleuchten, hergestellt nach böhmischem Vorbild. Deckenlüster, ebenfalls eine nachgemachte Arbeit aus Böhmen, gaben dem Raum ein merkwürdig überladenes, ja erdrückendes Ambiente, das dem Katalog eines Herstellers billiger Stilmöbel hätte entnommen sein können.

Den rechten Teil des Wohnzimmers beherrschte ein riesiger, überdimensionierter Kamin aus bläulichem (!) Naturstein, deckenhoch und mit gehämmertem kupfernen Rauchabzug. Auf der Ablage Blumengebinde. Eingebaut in diese mächtige Natursteinwand war Schneiders persönlichstes Schmuckstück: das Aquarium.

Hier war seine Kapelle. Von hier aus konnte er, versunken in einen blauen Ohrensessel inmitten eines Ensembles barocker, aber niedrigerer Samtstühle, wortlos und stundenlang seine Fische beobachten, während seine Frau Claudia, ein paar blaue Plüschsessel weiter, lieber auf den Fernseher starrte und die Eintönigkeit mit einem Scotch hinunterspülte.

Rückwärtig wieder ein halbrunder Wanddurchbruch mit dem schmucklosen Eßzimmer im Neobarock, die Kostbarkeiten aus Porzellan hinter einem Doppeltürenschrank im gleichen Stil versteckt.

Zur Gartenseite geben große Glasfronten den Blick über eine grobe Steinterrasse auf eine sorgfältig gepflegte Anlage mit millimeterkurz geschorenem Rasen frei. Ein Teich, umrahmt von Scheinzypressen, lädt zur Besichtigung und Fütterung der zahlreichen Goldfische ein. Neben dem Wohnraum Schneiders geheimstes Refugium, zu dem er selbst »guten Freunden« – hauptsächlich Geschäftsfreunden – keinen Zutritt gestattete.

Ein eigenwilliges halbrund geformtes Schwimmbad, fast vollständig mit zur Abwechslung blauen Klinkern eingefaßt, findet sich dort ebenso. An den Wänden und Decken sind dicke Balken im nachempfundenen Fachwerk-Stil aufgesetzt und sollen die Atmosphäre eines Bauernhauses vermitteln. Rechts, an der Spitze des Erholungszentrums, ein Strandkorb mit Sitz und Himmel, blauweiß.

Ein zweites, fast ebenso geheimes »Fitneßcenter« hatte Schneider neben den Garagen in der Villa Andreae, wo er sich gerne mal im Laufe eines langen Arbeitstages ausruhte und an den Kraftmaschinen Erquickung fand.

Die Bäder im Fasanenweg waren entgegen aller Gewohnheit nicht mit goldenen Wasserhähnen ausgestattet. Ein kleiner Spiegel, zwei Waschbecken mit handelsüblichen Armaturen, ausnahmsweise in lindgrün gehalten. Ein Schminktisch, eine einfache Kommode, in der Dachschräge die eingebaute grüne Wanne, ringsherum bunt, aber in grünem Unterton gekachelt. Ein weißes Sesselchen, ein Hocker. Fast gelungen, bis auf die überladenen Barockschabracken vor dem Fenster.

Neben diesem zweckmäßigen Badezimmer das eheliche Schlafgemach. Links ein meterlanger weißer Schrank; Schleiflack, deckenhoch, die Türen mit Spiegeln verkleidet. Grüne Seidentapeten an der Wand. Weiße Nachttische mit drei Schubläden, Barock-füße. Vor dem großen Fenster ein französisches Bett mit grünem geschwungenen Kopfteil und gleichfarbiger Tagesdecke. Das Fenster blickt auf den Garten, ähnlich wie in Versailles, mit großen Schabracken abgehängt, davor ein schlichter weißer Store. Kurze Doppelleuchten an den Wänden, auf den Nachttischen kleine Stehlampen mit Messingfüßen, an der Decke ein kunstvoller Kronleuchter. In der rechten Schräge des Raums eine Ankleide mit zwei Sesseln für Claudia, ganz in Türkis gehalten. Auf dem Tischchen Kölnisch Wasser, mehrere Schmuckschatullen, zahlreiche Salbendöschen für die fünfzigjährige Milliardärsgattin und viel Geschmeide, vornehmlich Perlenketten.

Ehedem am Kopfende von Jürgen Schneiders Bett prangt ein mächtiger weißer Tresor, mit elektronischem Zahlenschloß und starker messingbeschlagener Verriegelung. Dieses Monstrum, es macht den grünen Eindruck des Schlafgemachs gänzlich zunichte, ist ein typischer Schneider-fake. Sollte er trotz aller Sicherheitsmaßnahmen einmal in seinem Schlafzimmer überfallen werden, so seine Überlegung, würde der erste Blick eines jeden Einbrechers zweifellos auf diesen etwa eineinhalb Meter hohen Tresor fallen. Jürgen Schneider hätte ihn getrost öffnen können – bis auf ein paar unwichtige Papiere hatte er nichts darin gelagert. Ein paar Meter entfernt ist ein zweiter, kleinerer Tresor in die Wand eingelassen. Ein davor stehendes kleines Kirschholz-Tischchen ließ nicht vermuten, daß sich hinter der Tapete ein mit einem einfachen Bartschlüssel zu öffnender Wandtresor verbirgt.

Den angrenzende Ankleideraum, vom Schlafzimmer durch eine Schiebetür getrennt, nahmen zwei Spiegelschränke ein. Auf zwei großen Kleiderständern aus Messing konnte»der Doktor« seine getragenen Sachen ablegen. In der insgesamt 16 Meter langen Schrankwand fanden die Kleider von Jürgen und Ehefrau Claudia Platz.

Die Gattin befand sich in einer beklagenswerten Situation: Täglich mußte sie unter 45 Handtaschen, sieben bordeauxfarbenen, sechs schwarzen Gürteln mit goldener Schnalle oder 37 verschiedenen weißen Oberteilen auswählen. Claudia hatte stets so reichlich eingekauft, daß nach ihrem Verschwinden im April 1994 an den meisten Blusen noch die Preisschilder klebten.

Weitaus origineller war Jürgen Schneider ausgerüstet. In seinem Spezialschrank lagerten in Reih und Glied alle seine 16 Toupets, sorgfältig nach Farbnuancen und Gemütszustand sortiert, über weißen Styroporköpfen. Der Hausherr konnte morgens durch seine goldene Halbbrille vor den zahlreichen Spiegeln der Ankleide prüfen, welche Maske sein schütteres Haupthaar an diesem Tag wohl am angemessensten verdecken konnte.

Skurril und dennoch irgendwie bezeichnend ist Schneiders Sortiersystem für Anzüge und Krawatten. Grundsätzlich trug der Herr der Häuser Zweireiher, mit denen er seinen leichten Bauchansatz besser überspielen konnte. Alle Anzüge waren aus feinstem Tuch, teuer und maßgeschneidert. Gleichwohl waren die Hosen mit Aufschlag immer ein paar Zentimeter zu lang, warfen regelmäßig Falten über den blankgeputzten Schuhen.

Damit bei der Auswahl der täglichen Garderobe nichts schiefging, blieb nichts dem Zufall überlassen, dafür sorgte ein vom Hausherrn ausgeklügeltes System: Schneider hatte seine Anzüge, Hosen und Jacken auf den Bügeln mit großen Buchstaben von A bis Z markiert. Passend zum jeweiligen Farbton waren die Krawatten mit kleinen Buchstaben gekennzeichnet. So brauchte er morgens nur auf die Buchstabenfolge zu achten: Zur Jacke »L« (gelb, Seide), paßten alle beige bis blau und grün getönten Krawatten, die den kleinen Buchstaben »l« am Halter trugen. Auf diese Weise konnte er sicher sein, immer korrekt im Büro oder zu Verhandlungen zu erscheinen.

Richtig wohl fühlte sich Jürgen Schneider aber erst im Keller am Fasanenweg. Hier war sein alter Wunsch nach einem einfachen Bauernleben zum Durchbruch gekommen. Hier hatte er sich eine Bar im rustikalen Stil eingerichtet: Fachwerkattrappen rundum, Holzbalken verlaufen quer durchs Zimmer, an Decken und Wänden. Grobe Barhocker und lange Tische aus geschnitztem Holz versetzen den Gast in eine Tiroler Jausenstation. Rechts ist die

Decke ein wenig schräg heruntergezogen, ein künstliches Schindeldach soll Gemütlichkeit vermitteln, an den Wänden hängen schwere, gehämmerte Kupferteller. Eine Atmosphäre wie im »Wiener Wald«. Die dreistöckige Bar war gut sortiert. An der Wand baumelt ein Telefon. Ein kupferner Bierzapfhahn ziert die Front der derben Holzbar. Hier am Humpen war schon eher Schneiders eigentliches Zuhause. Ein künstliches zwar, aber ein seinen Sehnsüchten angemesseneres.

Veni, vidi, vici
Wie Schneider den Immobilienmarkt umkrempelte

Nach seinen ersten Anläufen im Baugewerbe, im väterlichen Betrieb, und seiner kurzen Lehrzeit beim Bauriesen Holzmann fühlte sich Schneider zu Höherem berufen. Getreu dem Motto »Das Leben wird dir nur geben, was du dir selber nimmst« begann das tapfere Schneiderlein seinen Weg in einer der härtesten Branchen der Republik: dem Baugewerbe.

Schneider war offensichtlich mit dem festen Vorsatz angetreten, sich durchzusetzen. »Ich bin kein Unschuldslamm (...) Unschuldslämmer in der Immobilien- und Baubranche werden schnell aufgefressen«, verriet der gescheiterte Baulöwe kurz vor seiner Rückkehr noch im Knast in Miami dem *Focus*.[9]

Seine ersten Erfahrungen mit dem Bau und Verkauf von Eigentumswohnungen hatten ihn in dieser Überzeugung nur bestätigt, und schnell hatte er begriffen, wie das Geschäft funktioniert. »Hast du 100 000 Mark Schulden, hast du ein Problem. Hast du eine Milliarde Mark Schulden, hat die Bank ein Problem«: das könnte ein Leitmotiv des aufstrebenden Bauherren gewesen sein. Es kommt eben nur auf die richtige Dimension an.

Schneider verlegte sich folgerichtig auf Größeres: Das Goldene Kreuz und die Römerpassage in Baden-Baden, das Maximum in Nürnberg, die Passage am Markt (Pam-Passage) in Offenbach waren seine ersten Großprojekte, die er nach der von ihm entwickelten Schneider-Methode baute und belieh.

1988 spürte Schneider, daß seine wachsenden Geschäfte des gebührenden Rahmens bedurften. Repräsentativ sollte er sein, den Expansionswillen des »Herrn der Häuser« widerspiegeln. Sein damaliges Büro in der Königsteiner Limburger Straße war wenig geeignet, von Schneiders Drang in den Olymp der Investoren Zeugnis abzulegen.

Wer durch Königstein Richtung Feldberg fährt, sieht es bald linker Hand liegen, das Schloß »Villa Andreae«, das wie ein kleines Neuschwanstein zwischen alten Bäume inmitten eines Parks malerisch vor den Hügeln des Taunus liegt. Das Wahrzeichen der Stadt, 1891 von dem Bankier Albert Andreae de Neufville auf dem Geißberg gebaut, überragt alles, was die Millionärskolonie im Taunus an bewohnbaren Häusern zu bieten hat. Nach dem Zweiten Weltkrieg war das Schlößchen vorübergehend Sitz der amerikanischen Militärregierung. Genau das Richtige, wird sich der ambitionierte Investor gedacht haben, von hier aus läßt sich ein Imperium trefflich regieren.

Schneider kaufte das Schloß vom Evangelischen Verein für Innere Mission, der bis 1985 darin ein Schülerheim betrieben hatte, und restaurierte es – sozusagen als Vorzeigeobjekt für seinen unnachahmlichen Stil – originalgetreu. Die Königsteiner waren hocherfreut und des Lobes voll über die aufwendige Erneuerung des alten Gemäuers. Nun durften sie endlich standesgemäß zu ihrem Schloßherrn aufblicken.

Im Dezember 1988 dann trat ein bis dahin in der Öffentlichkeit weitgehend unbekannter Immobilienkaufmann Schneider auch aus dem Schatten der medialen Bedeutungslosigkeit: Für 42 Millionen Mark erwarb er das ehemalige Palasthotel Fürstenhof in Frankfurt vom damaligen Eigentümer, der Bundesrepublik Deutschland. Das repräsentative und denkmalgeschützte Gebäude ist eine der exponiertesten Adressen der Mainmetropole und gilt als das pompöseste Haus im Frankfurter Bahnhofsviertel mit feiner Nachbarschaft: Banken, Banken und nochmals Banken.

Das 1902 gebaute Haus, einst der glanzvollste Hotelpalast der Stadt, war ehedem in Frankfurt ein Zentrum des feinen Lebens: Hier trafen sich in der Wilhelminischen Zeit die Reichen und die Schönen. Schneider wollte daraus ein modernes Geschäftshaus machen. Banken sollten als Mieter einziehen, und für das Parterre plante der Bauherr seinen berühmten »Mietermix«: Kleine Geschäfte für das tägliche Allerlei würden für die entsprechende Belebung sorgen.

In Frankfurts Immobilienszene jedoch kochte die Gerüchteküche: Schneider, ohnehin von der Branche argwöhnisch beäugt, müsse hier wohl irgend etwas gedreht haben. Mit rechten Dingen könne es ja kaum zugehen, daß wieder einmal dieser Schneider den Zuschlag erhalten habe. Andere zahlungskräftige Interessenten hatten nämlich mitgeboten, etwa die Dresdner Bank, die sich den Prunkbau in ihrer unmittelbaren Nachbarschaft gleichfalls gerne einverleibt hätte.»Ich habe eben ein bißchen mehr geboten«, freute sich damals diebisch das Schneiderlein auf seinem Schloß in Königstein

Auch Frankfurts Denkmalschützer war aufgescheucht und von bösen Ahnungen gepackt: Er schrieb dem Investor einen geharnischten Brief und lehnte seinen Bauantrag ab. Schneider habe zuviel für das Gebäude bezahlt, um »pfleglich damit umzugehen«, sorgte sich der Denkmalexperte.

»Ich werde niemals etwas gegen einen Denkmalschützer tun«, beeilte sich Schneider zu versichern. Natürlich sei sein Handeln nicht nur von der »Freude an diesen Gebäuden von der Jahrhundertwende« getragen, sondern ebenso von »vernünftigen wirtschaftlichen Überlegungen«.[10] Schneider setzte sich schließlich durch und begann eine seiner aufwendigen Sanierungs- und Bauarbeiten, die ihn republikweit berühmt machten: Das Hotel Fürstenhof wurde vollständig entkernt, nur die Gründerzeitfassade und das historische Vestibül samt marmornen Treppenhaus blieben stehen. »Es ist kein Sieg für die Denkmalpflege – es ist eine kaschierte Niederlage«, trauerten später trotzdem die städtischen Denkmalhüter.[11]

Zwei Jahre darauf war das prachtvolle Gebäude schon wieder verkauft: für angeblich 450 Millionen an die japanische Finanzgruppe Kowa Real Estate.

In der Folgezeit durften die Japaner erleben, was es heißt, mit Schneiderschem Zahlenwerk leben zu müssen: Fast eineinhalb Jahre stand der Prunkbau leer, weil niemand bereit war, die erforderlichen hohen Mieten zu bezahlen, die die Japaner verlangen mußten, damit sich das Ganze noch rechnete. Erst im September

1993 mietete dann die Dresdner Bank den gesamten Fürstenhof, wobei sie erheblich unter den Preisvorstellungen der Japaner blieb. »Sie haben sich am Markt orientiert«, hieß es bei der beauftragten Maklerfirma Jones Lang Wotton.

Schon an diesem Beispiel hätten sich auch andere orientieren können. Hätten seinerzeit die Sachkundigen in den Abteilungen der Banken eins und eins zusammengezählt, sie hätten durchaus von selbst darauf kommen können, daß sich das Phänomen der Unbezahlbarkeit durch Schneiders gesamten Immobilienbestand fortsetzt.

Mit dem Kauf des Fürstenhofes war Doc Schneider über Nacht ein bekannter Mann. Bekannt vor allem für seine Liebe zu alten Häusern und seine detailversessenen Renovierungskünste.

Die Medien feierten – von wenigen Ausnahmen abgesehen – ihren neuen Vorzeigeinvestor und übertrafen sich gegenseitig in Lobhudeleien. Endlich einer, der nicht das skrupellose Image des Baulöwen und Großinvestors verkörperte. Nein, ein bodenständiger Mensch, ja fast einer von uns, dem die Geschichte der Häuser, die er sammelte wie andere Leute Briefmarken, am Herzen liegt, und zur Belohnung bedachten sie ihn mit klingenden Attributen: »Patriarch«, »Immobilien-Mogul« oder schlicht nur »der Bauherr«.

Auch die Politiker reihten sich in die Schlange derer ein, die es danach drängte, dem Immobilienfürsten ihre Wertschätzung zum Ausdruck zu bringen. »Ein Gewinn für unsere Stadt«, etwa nannte der damalige Frankfurter Oberbürgermeister Andreas von Schoeler die Projekte des Königsteiners.

Dieser Vorschußlorbeeren konnte er sich an einem anderen Vorzeigehaus aus seiner Sammlung in eindrucksvoller Weise würdig zeigen: dem Bernheimer Palais am Münchner Lenbachplatz. Der 18,6 Meter hohe und reichverzierte Turm, der den Prunkbau einst schmückte, war im Zweiten Weltkrieg zerstört worden. Schneider ließ die Dachbekrönung originalgetreu aus Kupfer von einem Spengler nachbauen und in mehreren Stufen mit Spezialfahrzeugen aufs Dach hieven.

Einmal in Fahrt gekommen, war Schneider nicht mehr zu stoppen: In Frankfurts Schillerstraße investierte er Millionen in den ehemaligen neoklassizistischen Rahmhof, baute ihn zum »Haus an der Börse« um. Nebenan kaufte er gleich noch das alte Wendelhaus, ließ es abreißen und neu aufbauen. Aberwitzige Summen verschlang die Sanierung der historischen Fassade am früheren Rahmhof. Damit auch alles schön zusammenpaßte, ließ er »Oberkirchner Sandstein« aus jenem Steinbruch heranschaffen, aus dem das Material für den Bau des Hauses im Jahre 1907 gebrochen wurde. Klar, daß er nach der Fertigstellung des Gebäudes die höchsten Mieten der Stadt nehmen wollte – in den Geschäften im Parterre bis zu 300 Mark pro Quadratmeter. »Schneider-Objekte, nur in bester Lage, markieren die neue Meßlatte für City-Mieten«, sorgte sich im Januar 1994 der *Spiegel*.[12] Er habe eben »eine riesige Freude an historischen Immobilien«, vertraute der Bauherr dem Nachrichtenmagazin an. Als Student, erinnert er sich, habe er »fast geflennt«, als er in Frankfurt sah, wie Spekulanten Altbauten platt machten.[13]

Auch auf Frankfurts Sündenmeile, der Kaiserstraße, wollte Schneider »Zeichen setzen«. Dort kaufte er zwei sechsgeschossige Gründerzeit-Häuser und verfuhr nach demselben Muster: Wiederherstellung der alten Fassaden, wie sie einmal vor dem Krieg ausgesehen haben, einschließlich Walmdach, Türmchen und Giebel.

Er gehe davon aus, sagte Schneider, daß diese Straße »eine große Entwicklung« vor sich habe: »Ich träume davon, daß die Kaiserstraße wieder ein prächtiger Boulevard wird.« Recht hatte er, denn längst hatten die Banken, die ihr Terrain unmittelbar neben dem Rotlichtviertel gefunden haben, ihre gierigen Blicke auf die zahlreichen Bürgerhäuser geworfen, die hier das Straßenbild prägen. Mitte der achtziger Jahre war es erklärte Frankfurter Politik, den Sündenpfuhl mit Stumpf und Stiel auszumerzen, damit sich die Geldspeicher ausbreiten können.

Und getreu dem eigenen Stil (groß, größer, am größten) eröffnete der Königsteiner im ehemaligen Nobel-Haus auf der Frankfurter Zeil den weltgrößten Disney-Store, wo es von der Plastik-

Mickey-Mouse bis zur Originalzeichnung von Disney alles zu kaufen gibt aus dem Hause Duck & Co.

1992 begann Schneider sich auch in der Hamburger Innenstadt einzukaufen: am Neuen Wall, für viele Hamburger die nobelste Einkaufsadresse der Hansestadt. Schneider verleibte sich zunächst für 84 Millionen Mark das denkmalgeschützte Haus des Bekleidungsgeschäftes Fahning ein und erwarb weitere Häuser in der unmittelbaren Nachbarschaft hinzu – zwecks Arrondierung. Hamburger Traditionsgeschäfte am Neuen Wall, wie etwa das Wäschehaus Möhring, sahen einer ungewissen Zukunft entgegen. Denn mittlerweile war überall bekannt, daß sich Schneider vorzugsweise kleine Fachhändler in seine Häuser holte, diesen gegenüber den großen Händlern den Vorzug gab. Eine Aufteilung in kleine Flächen bringt schließlich mehr Geld als die Vermietung an ein oder zwei Große.

In Berlin riß er sich die Gloriapassage und das Schimmelpfeng-Haus in der Nähe des Breitscheidplatzes unter den Nagel, kaufte das Kurfürsteneck und das Tauentzienhaus, beide unmittelbar an der Gedächtniskirche im Herzen der Westberliner City.

Nach der Wende übernahm er von der Treuhand die ehemalige französische Botschaft an Berlins Prachtboulevard »Unter den Linden«.

Mit der Wende wendete sich aber auch für Schneider das Blatt: Der Zusammenbruch der DDR markierte einen Meilenstein, der zu guter Letzt mit zu seinem eigenen Zusammenbruch führen sollte.

Doch der Osten bot das, wonach Schneider im Westen immer länger suchen mußte: traditionsreiche historische Bauten, stark sanierungsbedürftig und relativ günstig zu haben. Sie fand er vor allem in Leipzig. Die alte Messestadt war reich an Baudenkmälern, die in den vier Jahrzehnten des sozialistischen Arbeiter- und Bauernparadieses nicht eben viel Aufmerksamkeit von Denkmalpflegern erfahren hatten.

Charakteristisch für Leipzig sind die alten Handelshäuser. Im Mittelalter trafen sich hier in den Kontoren die Händler, boten ihre Ware feil und begründeten den Ruf Leipzigs als eine der wichtigsten Handels- und Messestädte.».. . in himmelhoch umbauten Hofräumen eine bürgerliche Welt umfassend, großen Burgen, ja Halbstädten ähnlich«, beschrieb sie einst begeistert der junge Goethe. Zu den wenigen dieser alten Handelshöfe, die die Jahrhunderte und den Zweiten Weltkrieg überlebt haben, gehört der 1523 erbaute barocke Barthels Hof.

Anfang des 20. Jahrhundert entstanden in der aufstrebenden Stadt auf dem Gelände der alten Handelshöfe im Stadtzentrum rund dreißig der sogenannten Messepaläste. Der Besucher wurde in ihnen in Rundgängen von Etage zu Etage geführt. Die hohen, ineinander verschachtelten Messehäuser sind durch schmale Lichthöfe miteinander verbunden und bilden so ein ganzes System barocker und gotischer Passagen, das wie ein Labyrinth die Leipziger Innenstadt durchzieht.»All dies verschränkt sich zu einer in Europa einzigartigen städtischen Binnenwelt«, schrieb der Architekturkritiker Dieter Bartetzko in der *Frankfurter Rundschau*.[14]

Eine der bekanntesten und prunkvollsten Stücke aus dieser Zeit ist ohne Zweifel die Mädler-Passage, auf dem Gelände des ehemaligen Auerbachs Hofes erbaut. Hier findet sich der wohl noch berühmtere Auerbachs Keller mit seinen gotischen Gewölben, Leipzigs traditionsreichstes Gasthaus, dem einer seiner regelmäßigen Gäste, der Leipziger Student Johann Wolfgang von Goethe, in seinem Faust ein Denkmal setzte. Dort soll Doktor Faust der Sage nach auf einem Faß die Treppe empor geritten sein; zwei Ölbilder von 1525 deuten auf diese Überlieferung hin.

Investor Schneider pickte sich die besten Rosinen heraus: Er kaufte die Mädler-Passage samt Auerbachs Keller, den Barthels Hof, den Specks Hof, den Zentralmesspalast, das Romanus Haus, das Teehaus, das Fregehaus und noch ein paar mehr. Aus einem der ältesten Hotels der Stadt, dem »International«, machte er einen zweiten »Fürstenhof«.

Schneider war stets schneller als die Konkurrenz. Alle Leipziger Objekte kaufte er den Alteigentümern ab.»Wir arbeiten wie die

Detektive: Die Mädler-Töchter haben wir in Rom aufgespürt, die Suche nach der Erbengemeinschaft des Barthels Hofes führte uns bis nach Südamerika«, erzählte der Baulöwe einmal der Presse.[15] Auch in Leipzig sparte er an nichts, getreu seinem Motto »Häuser sind für mich wie Antiquitäten«, und sie mit Leben zu füllen sei sein höchstes Ziel: »Das ist mein Lebenselexir, das Gestalten.« Das historische Ensemble des Barthels Hofes ließ er originalgetreu rekonstruieren, und die Mädler-Passage verwandelte er binnen kurzer Zeit in eine der größten Baustellen der Stadt.

»Decken und Wände wurden in zartem Gelb gestrichen, daß Glockenspiel aus Meißner Porzellan in der zentralen Rotunde überholt, Parfümerien, Juweliere und Boutiquen als solvente Mieter gewonnen und ein Wachdienst engagiert, der Geschäfte und Flaneure vor der rapide wachsenden Kriminalität schützen soll. Luxus und Glitzer sind hier angesichts der grauschwarzen Häuserfassaden in der Umgebung fast obszön geballt zur Schau gestellt. Die Leipziger laufen mit großen, aber auch sehr skeptischen Augen durch den Konsumtempel. Hier einzukaufen kann sich die große Mehrheit der Bevölkerung sowieso nicht leisten«, schrieb Daniela Schetar-Köthe in der *Frankfurter Rundschau* über das Wunderwerk in Leipzigs Innenstadt.[16]

»Seine Geschäftsphilosophie ist einfach, fast banal: Zupacken!«, urteilte die *Leipziger Morgenpost* über den größten Investor der Stadt und sah in ihm schon den »Philosoph des Aufschwungs«. »Wir haben«, so sagte er, »eine Verantwortung gegenüber den Bürgern. Wir müssen die Stadt in ihrem Sinne verändern. Dabei dürfen wir die Fehler, die im Westen gemacht wurden, hier nicht wiederholen.«[17]

Als auf dem Gelände des Barthels Hof mittelalterliche Funde entdeckt wurden, unterstützte Schneider die Ausgrabungen mit 1,5 Millionen Mark. Landesarchäologin Judith Oexele war glücklich. Selten habe sie erleben können, daß Investoren, Bauherren und Archäologen so einträchtig zusammenarbeiten. »Wir wollen den Leipzigern das präsentieren, was wir in ihrem Boden gefunden haben«, versprach der Königsteiner Wohltäter und organisierte gleich noch die Ausstellung der ausgegrabenen Schätze in der Mädler-Passage.

Mäzenatentum gehörte zu seinem Selbstverständnis; damit folgte er guter altehrwürdiger Frankfurter Stiftertradition – ob dies Millionen für Ausgrabungen waren, der von ihm gestiftete jährliche Kunstförderpreis der Stadt Leipzig oder seine eigene »Dr. Jürgen Schneider Stiftung«, die mit einem Kapital von fünf Millionen Mark den Technologietransfer und das Fortkommen junger Ingenieure fördern sollte. Dort hatte er Michael Zacharias, den Halbbruder seiner Frau, untergebracht. Hessens damaliger Wirtschaftsminister Ernst Welteke und der ehemalige Innenminister Gottfried Milde saßen im Kuratorium, ebenso der Präsident der Technischen Hochschule Darmstadt, Helmut Böhme, sowie der ehemalige Bürgermeister der südhessischen Stadt.

Da paßte es dazu, daß der »Herr der Häuser« sich zudem im Wohnungsbau engagierte. An den Stätten seines Wirkens ließ er Sozialwohnungen bauen, verglich sich schon mit einem Ernst May, dessen Bauten in Frankfurt ganze Stadtviertel prägen.

Gespart hat er auch hier nicht: Im Frankfurter Stadtteil Bonames stattete er Sozialwohnungen mit Wintergärten und begrünten Dächern aus, konzipierte alles als eine »ökologische Mustersiedlung«. Schließlich baue er ja »Häuser zum Wohlfühlen«.

Es ist sicher nicht übertrieben, zu sagen: Leipzig ohne Schneider wäre nicht Leipzig, wie es sich dem Besucher heute präsentiert. Den Leipzigern jedoch wurde der Elan des Hessen bisweilen unheimlich. »Der kauft eine Sache nach der anderen«, sorgte sich ein Grundstücksexperte im Stadtparlament, bald gehöre ihm wohl die ganze Stadt. Die Stadtväter verweigerten ihm schließlich ein Grundstück, das er zur Arrondierung unbedingt haben wollte, obwohl er den höchsten Preis dafür bot. »Wir wollten nicht«, erklärt ein hoher Beamter, »daß Schneider das ganze Quartier in der Hand hat.«[18]

Solche Widerborstigkeit vermochte gleichwohl nicht zu verhindern, daß Schneider innerhalb kürzester Zeit etwa zwei Prozent der Leipziger Innenstadt sein eigen nennen konnte. Zeitweise kreisten die Kräne im Auftrage Schneiders über acht Baustellen gleichzeitig, und Leipzig hieß im Volksmund bald »Schneider-City«. Dreihundert Millionen wollte er in Leipzig investieren, zwischen 2000 und 3000 Menschen arbeiteten auf seinen dortigen Baustellen. An zwölf Objekten in der Stadt war Schneider dran, und auf über eine Milliarde Mark wurde sein Immobilienimperium mittlerweile allein in Leipzig geschätzt. Manche aber waren skeptisch, ob das wohl gutgehe. Neider blieben nicht aus. »Ich weiß nicht, wie der rechnet«, sagte ein Branchenkenner. Von Schneider hieß es stets, er zahle Höchstpreise für seine Objekte. Und angesichts seiner aufwendigen Sanierungen tauchten Zweifel an der Rentabilität auf. Wirtschaftlich seien seine Projekte nicht nachvollziehbar gewesen. Einige Bösgläubige vermuteten sogar eine Geldwaschanlage hinter dem Schneider-Imperium.

Keiner baute schöner als Schneider, keiner restaurierte aufwendiger. »Beschläge ließ Schneider nach historischen Formen in Belgien gießen; und wenn kein deutscher Hersteller den richtigen Farbton der zu restaurierenden Fassade liefern konnte, ließ der hessische Ästhet die Steine in Frankreich brennen. Diese Detailbesessenheit aber ließ die Schere zwischen Kosten und Ertrag immer weiter auseinanderklaffen«, erkannte der *Spiegel*.[19] »Einen Neubau kann ich kalkulieren, eine Sanierung nicht«, kritisierte der Heidelberger Bauträger Roland Ernst die verschwenderische Luxussanierung des Königsteiners. »Der Crash war unvermeidlich«, sagte der Immobilienexperte Hartmut Bulwien, Chef des Münchner Instituts für Regional- und Wirtschaftsforschung dem Hamburger Nachrichtenmagazin. Bulwien hatte nur erwartet, »daß andere noch vor Schneider zusammenbrechen«.

Die Kommandozentrale –
Wie König Schneider sein Imperium regierte

Jürgen Schneider und Claudia Schneider-Granzow Gesellschaft des bürgerlichen Rechts: Hinter dieser gestelzten Wortschöpfung verbarg sich, etwas altmodisch in Gesellschaften des bürgerlichen Rechts organisiert, das ganze Vermögen Schneiders oder, besser gesagt das, was andere dafür hielten. Aus seiner Sicht hatte das einen entscheidenden Vorteil, wie weiter vorne schon gesagt, und es beeindruckte die Banken. Doch ein solches Imperium kann keiner alleine verwalten. Schneider brauchte die passende Organisation dazu. Für Bau und Restaurierung schuf er sich die Technoteam Bauconsult AG in Wiesbaden, für Vermietung und Verwaltung schon 1985 die CIP Center AG Immobilien & Passagen mit Sitz im vornehmen Frankfurter Westend. Hinzu kamen weitere Unternehmen wie etwa die GBP Gesellschaft zur Prüfung von Bauabrechnungen, ebenfalls in Frankfurt, und die BuP Bau- und Planungsgesellschaft in Leipzig. Alles in allem beschäftigte das verschachtelte Schneidersche Firmenimperium schließlich etwa 2000 Menschen.

Eine der aus Schneiders Sicht vornehmsten Aufgaben der Technoteam etwa war es, den tatsächlichen oder vermeintlichen Pfusch auf seinen Baustellen zu entdecken. Höchstselbst drillte er seine 140 Ingenieure und Architekten darauf, hielt sich eine Prüfungstruppe, die quasi mit der Lupe nach den kleinsten Fehlern und Unregelmäßigkeiten suchte – um dann drastisch die vereinbarte Herstellungssumme wegen »Minderleistung« herabzusetzen.

Jede Baufirma, die jemals für den hessischen Baulöwen gearbeitet hat, kann ein Lied davon singen, wie hart die Technoteam jedes Gewerk überprüfte. Dutzende kleiner Handwerksbetriebe wurden bis an den Rand des Ruins durch Schneiders restriktive Kontrollmaßnahmen getrieben. »Ich weiß, wo am Bau beschissen wird«, signalisierte er allen, damit die es gar nicht erst versuchten.

Glaubten seine Prüfer aber, etwas gefunden zu haben, stellte Schneider die betroffenen Firmen vor die Wahl, die Minderung anzuerkennen und den Rest in bar bei ihm in in der Königsteiner Villa Andreae in Empfang nehmen zu dürfen oder – so drohte Schneider ein ums andere Mal – jahrelang prozessieren zu müssen.

Fast alle der betroffenen Kleinbetriebe gaben angesichts der Schneiderschen Machtfülle nach, kassierten die oftmals halbierten Beträge und gerieten dadurch an die äußerste Marge ihrer Liquidität.

In letzter Konsequenz hat aber diese Haltung Schneiders, die er in den fünfziger Jahren gelernt und seither weiter perfektioniert hatte, entscheidend zu seinem jähen Sturz beigetragen. 1991 verlor er gegen die Krefelder Handwerkskammer, die eine Reihe kleiner Betriebe vertreten hatte, vor dem Landgericht in Frankfurt mit der gerichtsnotorischen Bewertung, daß sein Stil »Teil eines betrügerischen Systems« gewesen sei. Entsprechende Veröffentlichungen im Januar 1994 konnte Schneider nicht verhindern, was seinen Sturz und letztlich seine Flucht immens beschleunigte.[20]

Auch bei seinen Firmen gerierte der Chef sich als ein Meister des Klandestinen. Die CIP etwa, deren Aktien er auf seinen Sohn Nikolai übertragen hatte, ließ er zu 90 Prozent über einen Treuhänder, den Rechtsanwalt Hartmut Herrlinger aus dem schwäbischen Süßen, halten, den er praktischerweise gleich noch in den Aufsichtsrat verfrachtete (neben Claudias Halbbruder Michael Zacharias und Professor Wolfgang Heiermann, den Vorsitzenden der Deutschen Gesellschaft für Baurecht mit vielfältigen Verbindungen in den Nahen Osten). Die restlichen zehn Prozent hielt CIP-Gründer und Schneider-Mitarbeiter Hajo Scholz.

Einen notariellen Vertrag schlossen Schneider und Herrlinger bereits am 24. Februar 1987. Es sollte offensichtlich niemand erfahren, so spekulierte der *Stern* über diese Konstruktion, daß in Wirklichkeit der Immobilienfürst höchstselbst hinter der Firma steckte, vor allem die Banken nicht. Denn die CIP bescheinigte die Mieteinnahmen, die Schneider brauchte, um die hohen Bankkredite zu bekommen. »Mit Hilfe der CIP legte Schneider die Banken aufs Kreuz«, vermutete deshalb die Illustrierte.[21]

Dennoch mußten die Banken wenigstens teilweise Bescheid gewußt haben: In einem Positionspapier schrieb der Investor an eine seiner Hausbanken, die Commerzbank Frankfurt-Höchst, am 5. August 1991: »Der gesamte praktische Immobilienbereich stützt sich auf zwei Säulen: Technoteam Bauconsult GmbH, Wiesbaden (...) CIP Center AG, Frankfurt am Main (...) Das Aktenkapital beträgt derzeit noch zehn Millionen und wird auf 50 Millionen aufgestockt. (...) Die CIP AG ist fast ausschließlich für den Bereich Dr. Jürgen Schneider tätig. Hier wird die gesamte Immobilienverwaltung durchgeführt. Hier sind alle Centermanager und Hausmeister eingestellt, hier werden die Mieten und Umlagen abgerechnet, und die gesamte Vermietung der Objekte wird über die CIP AG durchgeführt.«

Diese Einnahmen mußte der CIP-Buchhalter monatlich bündelweise in Form von Schecks in Königstein abliefern. Nur das für die Abwicklung der Geschäfte Notwendigste blieb bei der CIP zurück.

Über die CIP kassierte der Königsteiner Baumogul seine Mieter dreist zweimal ab: sie mußten an die Gesellschaft nämlich zusätzlich eine fünfprozentige Verwaltungsgebühr bezahlen. Die hätte Schneider von Rechts wegen gar nicht kassieren dürfen, denn einem Immobilienbesitzer steht diese Gebühr nicht zu, wenn er seine Häuser selbst verwaltet. Schneider habe dafür den Begriff »umwegsrentabel« geschaffen, so ein ehemaliger Berater zum *Stern.*

Alles oder nichts, dieser Devise blieb der Doktor auch treu, als er sich den Elektrogroßhändler Mödinger einverleibte. Das Unternehmen mit etwa 120 Millionen Mark Jahresumsatz war der größte Konkurrent der Firma Elektro-Granzow, die den Grundstock des Schneider-Imperiums bildete. Zum Geschäftsführer berief Schneider den Wiesbadener Rainer Steffens, der später noch Gelegenheit bekam, seinem Brötchengeber vielfältige Dienste zu leisten.[22] Mit weiteren Firmen aus dem Elektrobereich rundete er sein Engagement in dieser Branche ab. Vielleicht um auch hier allen Zweiflern zu zeigen, daß er der Größte sei.

Man kann ja nie wissen, mag sich der Jürgen Schneider gedacht haben, als er auch ins Gesundheitsgeschäft einstieg. Hierfür gründete er die TMG Team Management Gesellschaft im Gesundheitswesen. Als Geschäftsführer und Mitgesellschafter holte sich Schneider den langjährigen Leiter der Wiesbadener Mayo-Klinik, Hermann Frey. Sechzig Prozent der Geschäftsanteile hielten er und Bruder Joachim. Der TMG gehörte unter anderem ein großes Altenheim in Nürnberg, außerdem verwaltete sie das Krankenhaus in Königstein. In dem oben bereits erwähnten Positionspapier vom 5. August 91 schrieb Schneider zur künftigen Entwicklung der TMG: »Wir sehen hier in der Bundesrepublik Deutschland und der ehemaligen DDR einen großen Markt.«

1987 kaufte Schneider in Heidelberg die Atos Praxisklinik und holte sich von der BHF-Bank in Frankfurt dafür das nötige Kleingeld. Die Schneider-Klinik mit Atombunker wurde schließlich mit 30 Millionen Mark Stammkapital ausgestattet. Wieder vertraute der Kaufwütige auf sein bewährtes Treuhänderprinzip. Er setzte später einen Mann an diese Stelle, der ihm noch so manch guten Dienst würde leisten können, einen Doktor der Mathematik und Honorarprofessor an der Uni Mainz: Mehdi Djavadi.

Der Zahlenkünstler ist im Hauptberuf jedoch Teppichhändler. Rechnen können muß man da ja schließlich. In Köln betrieb er am Kaiser-Wilhelm-Ring sein »Roya Orient-Teppichhaus«. Eine Filiale gab es in Hamburg am Neuen Wall in einer Schneider-Immobilie. Mit seiner 1965 gegründeten Firma »Gefoh Gesellschaft für Orienthandel« beteiligt sich Djavadi laut Handelsregister an »Geschäften jedweder Art«. Ende 1974, er hatte gerade seinen Doktor der Mathematik in der Tasche, ereilte ihn der Ruf der Heimat. Er sollte Vizepräsident der Universität Mesched werden und Berater des damaligen iranischen Ministerpräsidenten. 1980 kehrte er zurück.

Etwa 1988, so erzählte Djavadi später den Vernehmungsbeamten des BKA, habe er Schneider kennengelernt. Damals, so der Iraner, habe dieser für seine Villa Andreae Teppiche kaufen wollen. Er sei für einen entfernten Verwandten, ebenfalls Teppichhändler,

eingesprungen und mit einer Auswahl nach Königstein gefahren.
Die Ware muß den Schloßherrn überzeugt haben: Er bestellte weitere Stücke für seine anderen Immobilien sowie seine Privatvilla im Königsteiner Fasanenweg, und in der Folge wurde Djavadi Schneiders Hoflieferant für Teppiche. Auch andere Schneider-Gefährten deckten sich im Laufe der Zeit bei dem Iraner mit handgeknüpfter Orientware ein.

Zwischen dem Biedermann aus Königstein und dem zurückhaltenden, von einer Aura des Geheimnisvollen umgebenen Geschäftsmann aus dem Morgenland entstand allmählich Vertrauen, fast eine von Respekt geprägte Freundschaft. Den Djavadi hatte er immer mit »Herr Professor« und »Sie« angeredet, Djavadi sagte stets »Herr Dr. Schneider«, erinnern sich Mitarbeiter. Nach einer gemeinsamen Reise in den Iran Ende des Jahres 1992 hatte der Perser den Eindruck, von Schneider sogar als gleichrangiger Gesprächspartner akzeptiert zu werden.[23]

Der Baulöwe hatte Pläne mit dem Teppichhändler: Ob er nicht für ihn als Treuhänder tätig werden könne, soll er ihn gefragt haben. Und so durfte Djavadi ein weiteres Mal für Schneider seinen Namen hergeben: Bei der Wiesbadener Schneider-Firma Quicktulane (»Auf und davon«) wurde er Mitte 1993 für 30 000 Mark monatlich Geschäftsführer und hielt zudem noch zehn Prozent am Stammkapital treuhänderisch für Schneider. Den Rest nahm ein ominöses State Link Institute mit Sitz im US-Bundesstaat Delaware auf sich.[24]

Erstaunlicherweise wurde übrigens die Quicktulane mit 50 Millionen Mark Stammkapital ausgestattet. Warum, das ist ein Rätsel. 48,5 Millionen Mark werden jedoch schon im März 1994 als Darlehen wiederum der Schneider-Firma CIP Center AG zur Verfügung gestellt.

Djavadi dachte sich offenbar nichts Schlimmes dabei, für Schneider den Treuhänder zu spielen. »Die Begründung des Dr. Jürgen Schneider für die Treuhandschaften war, daß er nicht wollte, daß andere Leute seinen Reichtum sofort erkennen.« Die Behörden wie auch die Banken seien natürlich über die tatsächlichen Vermögensverhältnisse informiert gewesen, bloß das gemeine Volk sollte keinen Einblick haben.

Damit er seinen Vertrauten stets in der Nähe wußte, soll er Djavadi vorgeschlagen haben, sein Haus in Quadrath-Ichendorf aufzugeben und nach Bingen am Rhein zu ziehen. Dort gehörte der Quicktulane eine vornehme Villa mit überdachtem Swimmingpool und Park. Djavadi zog um. Als Geschäftswagen stellte Schneider dem Iraner, standesgemäß für seine Helfer, einen Daimler Benz 420SE zur Verfügung.

Gleichwohl hielt sich Schneider getreu dem Ratschlag Lenins »Vertrauen ist gut, Kontrolle ist besser« ein Hintertürchen offen. Djavadi mußte für die Wohltaten jeweils die Bürgschaft übernehmen, selbst für die 5000 Mark Büromiete der Quicktulane in der vornehmen Wiesbadener Parkstraße, sagte er bei seiner Vernehmung dem BKA.

Offensichtlich wollte Schneider für seinen Getreuen noch kurz vor seinem Verschwinden sorgen. Am 2. März etwa wies er seinen Anwalt Horst Schneider an, auf die Villa in Bingen ein Wohn- und Vorkaufsrecht für Djavadi eintragen zu lassen. Außerdem ließ er ihm, wenige Tage bevor er das Weite suchte, 2,6 Millionen Mark überweisen. Dies sei, so erklärte Djavadi den Geldsegen, teilweise als Risikoausgleich von Schneider gedacht gewesen.

Übrigens: Anwalt Schneider, mit dem Baulöwen weder verwandt noch verschwägert, kennt Djavadi seit dem sogenannten Fenstersturz-Fall. Im Jahr 1983 wurde ein Neffe Djavadis Opfer eines Raubüberfalles. An Händen und Füßen gefesselt, stürzte der Verwandte aus dem Fenster – unklar blieb, ob er gestoßen wurde oder durch eigene Unachtsamkeit fiel. Zwei Jahre noch lag Djavadis Neffe im Koma, bevor er starb. In dem Prozeß gegen den Täter, der zu zehn Jahren Gefängnis verurteilt wurde, vertrat Horst Schneider den Iraner als Nebenkläger. Seitdem sei er hin und wieder für Djavadi tätig geworden. Zwischen uns, so Advokat Schneider, besteht ein Vertrauensverhältnis.

Wichtiger Teil der Schneiderschen Strategie waren 26 Gesellschaften unter dem Namen Realty Developments (RD), um sie besser auseinanderhalten zu können einfach von eins bis 26 durchnumeriert.

Die Realty Developments stammte ursprünglich von Rolf Herbert Diederich, einem Hamburger Mitte der Fünfzig, der in Königstein noch eine Firma DIMA Diederich Immobilien betreibt und spätestens seit September 1991 von Schneider mit der Akquisition neuer Objekte betraut worden war. Als Schneider 1992 beim Kauf eines Objektes in Hamburg nicht selbst auftreten wollte, verkaufte ihm Diederich die RD. Er brauchte sie nicht mehr, wie er sagt. Gleichzeitig wurde er Treuhänder für die RD. Somit war Schneider mal wieder fein raus. Die Realty Developments traten als Käufer auf, Schneider mußte lediglich das nötige Kleingeld beschaffen, was nicht schwer war, wie man heute weiß.

Weil das alles so gut funktionierte, gründete das Duo die künftig benötigten Realty Developments gleich auf Vorrat. »Es wurden in der Regel gleich fünf oder zehn Gesellschaften gegründet bei ein und demselben Notar«, sagte Diederich in seiner Vernehmung dem Staatsanwalt. Doch Treuhänder wurde hier nicht Diederich persönlich, sondern seine DIMA. Das notwendige Stammkapital zur Gründung kam wiederum aus Königstein.

Gelegentlich trat die RD als Käufer auch gemeinsam mit anderen Treuhandfirmen Schneiders auf, so etwa als er auf der Frankfurter Ostzeil das Haus Nummer 123 erwarb: Käufer waren die 17. Realty Development und die Blasius Beleegingen B.V., ein Schneider-Unternehmen mit Sitz in Amsterdam.

Zu sagen hatte Diederich freilich nichts: »Die Entscheidung, welche Gesellschaften welches Grundstück kaufen sollten, wurde von Dr. Schneider getroffen und mir entweder von ihm oder der Rechtsabteilung mitgeteilt.« Diederich durfte sich an Schneiders Prachtimmobilien nicht einmal persönlich beteiligen. Schon bei den Verhandlungen für den Dienstvertrag zwischen Schneider und Diederich sei ihm gesagt worden, daß dies nicht in Frage komme. »Diese seien grundsätzlich ausschließlich im Familienbesitz.«

Nachdem Schneiders Geschäfte einen immer größeren Umfang

annahmen, suchte er 1987 mit Hilfe der Baumann Unternehmens-berater einen »Stellvertreter der Geschäftsleitung«. Zu diesem Zweck ließ er große Anzeigen in einschlägigen Zeitungen schal-ten. Eine »private Holdinggesellschaft mit überdurchschnittlichen Wachstumsraten«, so stand da zu lesen, benötige einen »Vertrau-ten und rechte Hand des Inhabers«. Geschick, strategischer Weit-blick und Fingerspitzengefühl mußte der Bewerber, möglichst eine »Unternehmerpersönlichkeit«, für dies hohe Amt mitbringen. Einer der Bewerber war ein gewisser Professor Dr. Horst Fisse-newert aus Gütersloh. Fissenewert hatte seine berufliche Lauf-bahn 1955 mit einer kaufmännischen Lehre in der Seiden- und Wollweberei A. Wellenbrink & Sohn in Gütersloh begonnen. Nach anschließendem kaufmännischem Studium promovierte er und stellte seine Kenntnisse fortan der Bauindustrie zur Verfü-gung. In seiner Vita finden sich so gewichtige Namen wie der des Bauriesen Deutsche Babcock. 1979 wird Fissenewert zum Profes-sor für Betriebswirtschaft und Recht berufen.

Für ein Jahresgehalt von anfänglich 250 000 Mark stellte Schneider den Professor ein. Fissenewert übernahm die kaufmän-nische Leitung in Schneiders rapide wachsendem Imperium und wurde vor allem mit der Steuerung der Großprojekte Fürstenhof, Frankfurt, und Bernheimer Palais betraut.

1987 glaubte Fissenewert noch, er liege mit seinem neuen Ar-beitgeber auf einer Linie. In einem Brief zum Vertragsabschluß (»Ein sehr entscheidender Schritt in meinem Leben«) schrieb der Professor: »Sie haben mir am Rande unserer Gespräche (...) be-stätigt, daß wir eine hohe Übereinstimmung auch in grundlegen-den Verhandlungs- und Entscheidungs- sowie in Risiko und Liqui-ditätsfragen haben. Das ist eine entscheidende Voraussetzung für eine fruchtbare Zusammenarbeit.« Der Gelehrte sollte sich irren.

Vielleicht war es die solide Ausbildung des Professors, einherge-hend mit einer langen Berufserfahrung, die ihn hinter die Fassade der Schneiderschen Prachtbauten, die den sprichwörtlichen Po-temkinschen Dörfern nicht nachstehen, blicken ließ. In einer Ana-lyse zum Standort Frankfurt, dessen Risiken und Chancen, schrieb der Professor bereits 1989 unter anderem,»Liquiditätsvorsorge in hinreichendem Umfang ist also als wichtige Risikostrategie angesagt«und»Trotz aller Chancen sollten die Risiken in ihrer Summe beherrschbar sein«. Schneider hätte auf seinen Professor hören sollen.

Wann immer ihm Fissenewert zu sehr auf den Leib rückte, ihn mit unbequemen Tatsachen konfrontierte, drängte der Schloßherr ihn aus den jeweiligen Bereichen, grenzte ihn aus Entscheidungsprozessen aus und enthielt ihm Informationen innerhalb des Unternehmens vor. Kritik zu ertragen, und sei sie auch noch so fundiert und konstruktiv, war nie Schneiders Stärke. Die Dinge spitzten sich offensichtlich zu, und am 22. September 1990 sah sich Fissenewert genötigt, seinem Arbeitgeber Schneider einen Brief zu schreiben, der mit deutlichen Worten nicht eben geizte.»Ich weiß natürlich, daß ein Unternehmer und Risikoträger Bestätigung braucht und nur begrenzt kritische Anmerkungen ertragen kann. (...) Andererseits sind Ihr Geschäftsumfang und Ihr Personalbestand in den letzten Jahren, speziell solange wir zusammenarbeiten, um ein Mehrfaches gewachsen. Daraus ergeben sich Notwendigkeiten der Arbeitsteilung wie auch ein Minimum an strukturierter Organisation und Hierarchie. (...) Der Informations- und Organisationstrend in unserem Haus ist in den vergangenen zwei Jahren eher gegenläufig.«

»Wir beide, Herr Dr. Schneider, wissen, daß wir sehr unterschiedlich sind«, konstatierte Professor Fissenewert zutreffend, doch gerade hierin liege ja eine Chance, denn»insbesondere in der Synergie von Unterschieden allein manifestiert sich der Sinn des auch in unserem Hause so viel bemühten Begriffes ›Team‹«. Ob's der Empfänger wohl begriffen hat? Unter Team jedenfalls verstand er: Ich bestimme, ihr folgt!

Wie nicht anders zu erwarten, waren die Meinungsverschiedenheiten zwischen den beiden ungleichen Männern unüberbrückbar: der analytisch denkende Realist Fissenewert und der Traumtänzer Schneider – das konnte nicht gut gehen. Zum 31. März 1991 schied Fissenewert aus der Schneider-GdbR aus,»weil ich das Geschäftskonzept Schneiders – soweit es schon damals für mich erkennbar war – nicht mittragen wollte bzw. konnte«. Fissenewert begann zu erkennen, offensichtlich als einziger, daß Schneiders Rechnung nicht aufgehen wird, seine Art der Unternehmensführung in die Katastrophe führen muß.[25]

Doch noch einmal ließ er sich breitschlagen: Auf Bitten Schneiders übernahm der Professor die Geschäftsführung der BuP in Leipzig, versuchte jedoch auch hier mehrfach aus der Schneider-Gruppe auszuscheiden. Zum 30. April 1994, so war es mit Schneider vereinbart, wollte Fissenewert dem Königsteiner Immobilienzar den Rücken kehren. Der kam ihm drei Wochen zuvor.

Ganz ähnliche Erfahrungen wie Fissenewert durfte Jürgens Bruder Joachim machen: Von seiner früheren Tätigkeit in einer Hamburger Anwaltskanzlei her war es Joachim Schneider gewohnt, an sämtlichen Entscheidungen mitzuwirken und auch über alles informiert zu werden.»Bei meinem Wechsel zu meinem Bruder hatte ich ursprünglich die Vorstellung, daß dies dort ebenfalls so sein würde. Dies war leider nicht der Fall.«

Als Schneider Wochen vor seinem Verschwinden den Anwalt Horst Schneider zum Generalbevollmächtigten beförderte, war dies eine seiner einsamen Entscheidungen. Joachim Schneider wußte davon nichts, wunderte sich aber auch nicht darüber: Bei der Unternehmensführung à la Jürgen sei dies »nichts Ungewöhnliches«.

Der übermächtige Bruder hatte sich für seine Art der Geschäftsführung ein altes Prinzip der Geheimdienste zu eigen gemacht: Jeder darf nur soviel von seiner Aufgabe kennen, wie er wissen muß, um seine Aufgabe zu erledigen. Der Rest geht euch nichts an. Basta! Dies war nur konsequent, denn anders hätte Jürgen Schneider seine Geschäfte auch nicht betreiben können, hätten ihm zu viele Mitwisser möglicherweise einen Strich durch die ohnehin nicht mehr zu bezahlende Rechnung gemacht.

Vielleicht fiel deshalb im Sommer 1992, als er einen Mitarbeiter brauchte, der die Vermögensaufstellungen für seine schnell wachsenden Gesellschaften machte, seine Wahl auf einen Mann, den der Mißtrauische seit Jahrzehnten kannte: Wilhelm Reifenberger, der schon Jürgens Vater Richard bei Kunz & Söhne gute Dienste geleistet hatte. »Es handelte sich um eine Vertrauensposition, die über das übliche Angestelltenverhältnis hinausging«, bewertet Reifenberger selbst diesen Karrieresprung.

Das Jahr 1992 markierte einen Meilenstein in der Firmengeschichte Schneiders. Das kaum noch zu überschauende Geflecht seiner zahlreichen Gesellschaften mag ihn dazu getrieben haben, über alles eine Holding zu stellen, die für die Vermögensverwaltung zuständig werden sollte. Zu diesem Zweck gründete der Immobilientycoon die familieneigene »Dr. Jürgen Schneider AG für Grundbesitz und Vermögensverwaltung«. Doch alle Fäden und vor allem das Geld hielt der Großpleitier weiterhin selbst in der Hand; das Immobilienvermögen beließ er in seinen Gesellschaften des bürgerlichen Rechts, die Aktiengesellschaft war letztlich eine Hülle ohne Wert.

Im Aufsichtsrat der Schneider AG saß unter anderen neben der Schneider-Gattin auch wieder der bewährte CIP-Treuhänder Herrlinger. Im Vorstand hatte er seinen Bruder Joachim untergebracht, zum Jahreswechsel 1994 holte er sich noch die damalige Chefin der städtischen Wirtschaftsförderung Frankfurts, Gabriele Eick. Sie sollte für Öffentlichkeitsarbeit und Marketing zuständig sein.

Ein Mann spielte in seinem Imperium eine offensichtlich herausragende Rolle: Ralf Matthias von der Wenge Graf Lambsdorff, Neffe des FDP-Ehrenvorsitzenden. Ihn hatte sich Schneider bereits 1987 ins Haus geholt.

Der heute 59jährige gebürtige Berliner war von 1969 bis 1986 als Bundeswehrsoldat beim Bundesnachrichtendienst beschäftigt, zuletzt zuständig für die Bekämpfung des internationalen Terrorismus. Als seine Aufstiegschancen beim BND erschöpft waren, quittierte er im Rahmen einer Frühpensionierungsaktion im Rang eines Oberstleutnants den Dienst in Pullach und ging in die Wirtschaft. Als Generalbevollmächtigter der Bernheimer KG lernte er Schneider kennen, als dieser das Bernheimer Palais kaufte. Schneider, der offensichtlich ein Faible für Geheimes hat, übernahm den Ex-BNDler und machte aus ihm seinen Statthalter in München. Offensichtlich hat sich der Graf dieses Vertrauens würdig erwiesen, denn ein Jahr später erhielt er Generalvollmacht auch über den Tod der Schneiders hinaus.

Lambsdorffs Vergangenheit bei den Schlapphüten in Pullach will Schneider nicht gekannt haben. Gegenüber dem Magazin *Focus* mimte er den Verblüfften: »Das ist das erste, was ich höre.«[26] 1992 holte Schneider, der Ahnungslose, den Vertrauten nach Königstein, wo er schließlich Aufsichtsratsmitglied der Schneider AG wurde und dann in den Vorstand wechselte. Dort war der Ex-Geheimdienstler Personalchef und für die Verwaltung der AG zuständig.

Anfang 1994, der Zusammenbruch des Schneider-Imperiums war nicht mehr aufzuhalten, übernahm Lambsdorff auch die kaufmännische Leitung von Schneider-Bruder Joachim. Im Jahre 1993, so erklärt Joachim Schneider diesen Schritt »hatte meine Arbeitsbelastung in so erheblichem Umfange zugenommen, daß ich mich mit dem Gedanken getragen habe, den kaufmännischen Bereich, für den ich mich aufgrund meiner Ausbildung sowieso nicht vollständig sachlich kompetent fühlte, abzugeben«. Im Herbst 1993 sprach er mit seinem Bruder darüber, die Lambsdorff-Lösung wurde geboren.

Immer mehr Aufgaben konzentrierten sich bei dem Grafen, und seinen eigenen Aufzeichnungen zufolge war Lambsdorff neben Schneider die Hauptperson im Immobilienimperium des Königsteiners. Nach Auswertung der Lambsdorff-Notizen durch das Bundeskriminalamt kamen die Beamten zu dem Ergebnis, daß der Graf »für alle Belange Vorschläge unterbreitete, Entscheidungen mit nachgeordneten Mitarbeitern besprach und auch für ihre Umsetzung sorgte«.

Schneider vertraute dem Grafen offensichtlich sogar mehr als seinem eigenen Bruder. Der hatte zwar auch eine Generalvollmacht, aber der Graf ging vor. Am 16. Dezember 1993 erweiterte Schneider die Vollmacht für Graf Lambsdorff auf Kapitalgesellschaften, an denen das Ehepaar beteiligt war. In einem Brief an Lambsdorff vom selben Tag erläuterte Schneider:»Falls einer von uns versterben sollte, soll Herr Dr. Joachim Schneider (...) von seiner Vollmacht nur in vorherigem Einverständnis mit dem Überlebenden von uns und, falls wir beide versterben sollten, nur im vorherigen Einvernehmen mit Ihnen Gebrauch machen. Bei Meinungsverschiedenheiten soll Ihre Meinung entscheidend sein.«

Besonders bemerkenswert ist, daß Lambsdorff sich von Anfang an auch um die Belange der beiden Schneider-Kinder Nicolai und Ysabel kümmerte und unter anderem dafür sorgte, daß der Papa immer ausreichend Geld aufs Konto der Kleinen überwies oder die Rechnungen des Golfclubs St. Eurach für den Nachwuchs rechtzeitig bezahlt wurden.

Und so viel sei hier bereits verraten: Graf Lambsdorff war zwischendurch Mitbeschuldigter im Schneider-Verfahren. Er soll dem Baulöwen, als dieser bereits zum Absprung ansetzte, noch die Hand gereicht haben, sein Geld in Sicherheit zu bringen. Allerdings wurde das Verfahren gegen ihn später eingestellt, und in Anwaltskreisen wird vermutet, Lambsdorff solle zum Kronzeugen gegen Schneider aufgebaut werden.

Schneider: Jäger und Sammler

Mit rund 5,3 Milliarden Mark stand Jürgen Schneider bei deutschen Banken in der Kreide, als er seinem Lebenswerk in Königstein den Rücken kehrte. Schneider dürfte damit einen Rekord geschafft haben: Niemals zuvor haben Banken in Deutschland einem Privatmann eine derartig hohe Summe geborgt.

Im Rückblick werden sich jetzt die Banken fragen, weshalb sie so großzügig waren, wo doch das Gros ihrer Kunden es eher mit Mark Twains Urteil hielten: »Ein Bankier ist ein Mensch, der dir einen Regenschirm leiht und ihn zurück haben will, wenn es zu regnen beginnt.«

Schneider wußte es besser. Er hat von den Banken fast immer bekommen, was er wollte, meist mehr, als ihm zustand, trotz allem nie genug. Schneider brauchte ständig frisches Geld, denn er gab mehr aus, als er einnahm – und das seit Jahren. Die Mieteinnahmen aus seinen zahlreichen Häusern reichten nicht einmal aus, um die Zinsen für die Kredite zu bezahlen. Für die Monate Januar bis März 1994 ermittelte das Bundeskriminalamt mit Unterstützung von Schneiders Buchhalter Mieteinnahmen von rund 15,5 Millionen Mark. Im gleichen Zeitraum waren jedoch Zinsen für Bankdarlehen in Höhe von 108 Millionen Mark fällig. Die Ermittler rechneten hoch: Bis zum Jahresende 1994 hätten Schneider rund 300 Millionen Mark gefehlt. Doch die Zahlungsunfähigkeit, bemerkten die Bundespolizisten, drohte bereits seit 1991; schon damals war Schneider hoffnungslos überschuldet.

Der Schloßherr aus Königstein konnte, so das Ergebnis der Ermittlungen, die Kosten für seine Luftschlösser nur noch decken, indem er immer neue Kredite aufnahm. Laut Schneiders ehemaligem Buchhalter Kern wurden die Kreditzahlungen der Banken jedoch nicht nur für das Objekt verwandt, für das sie beantragt waren. Mit einem Teil der Kredite wurden neue Immobilien gekauft, und Überschüsse aus den Krediten, die reichlich flossen, wurden zunächst auf Festgeldkonten gebunkert, um damit wieder andere Löcher zu stopfen.

Schneider mußte also, um überhaupt überleben zu können, immer höhere Kredite aufnehmen. Wie ist ihm das gelungen? So wie Schneider die breite Öffentlichkeit blendete, genau so blendete er die Banken. »Es hat uns natürlich auch beeindruckt, daß Herr Dr. Schneider abweichend von der heute immer wieder anzutreffenden Praxis persönlich mit seinem gesamten Vermögen haftete«, beschreibt ein hohes Tier bei der Deutschen Hypothekenbank in Hannover die Faszination Schneiders.

Staatsanwaltschaft und Bundeskriminalamt werfen ihm dagegen vor, er habe das erreicht, indem er die Banken über die tatsächliche Höhe des Kaufpreises einer Immobilie hinweg getäuscht habe. Aus der so gewonnenen Liquidität hat er dann neue Geschäfte angeschoben. Deshalb will die Staatsanwaltschaft den Immobilienkönig wegen Betruges vor Gericht bringen.

Ein anderer Frankfurter Immobilieninvestor, der Kaufmann Ignatz Bubis, glaubt sogar, Schneider habe »von Beginn an in Betrugsabsicht« gehandelt. Einem Bericht der *Frankfurter Allgemeinen Zeitung*[27] zufolge, will Bubis in seinem Geschäftsleben dreimal mit Schneider in Berührung gekommen sein. In allen drei Fällen ging es um Immobilien, die zum Verkauf anstanden, und in allen drei Fällen habe Schneider erheblich mehr gezahlt, als diese Objekte laut Bubis wert gewesen seien. Das zeige, daß Schneider von vornherein unredlich geplant habe.

Das Strickmuster der Schneiderschen Geschäfte war fast immer dasselbe: Irgendeine obskure Strohfirma kaufte eine Immobilie in allerbester Lage, verkaufte sie dann zu einem noch höheren Preis an eine weitere Strohfirma, und der so in die Höhe getriebene astronomische Kaufpreis diente den Banken als Beleihungsgrundlage. Der angebliche Mehrwert wurde jedoch nur auf dem Papier erzielt, denn alle diese Firmen waren Schneider-Firmen.

Die Liste von Schneiders »Schattenfirmen« ist lang, und die

Spuren der Mehrzahl dieser Gesellschaften verlieren sich im Ausland. »Schneiders Geschäftspartner Harry Leijssen aus Amsterdam leert fünf Briefkästen in der Prinses Irenestraat 61: Post für die Vierwielen Holding, die Blasius Beleegingen, Bredevaart, ING und Voltera«, staunt da etwa der *Spiegel*.[28] Allesamt Schneider-Firmen. Doch davon gab es noch mehr. Mehr als 130 Schneider-Unternehmungen hat der Konkursverwalter bis dato penibel aufgelistet. Allein in Leipzig hatte Schneider sich rund 40 Gesellschaften des bürgerlichen Rechts zugelegt.

Bei kaum einer dieser Firmen ist Schneider offiziell in Erscheinung getreten. Der Königsteiner hatte deshalb einen enormen Bedarf an Treuhändern. Die holte er sich selbst aus dem fernen Kalifornien, wie etwa den US-Manager Gregory Laetsch. Schneiders Strohmänner verhandelten auch mit Banken, bei denen der Eindruck entstand, Schneider habe mit der ganzen Sache gar nichts zu tun.

Schneiders Spitzenpreise – über die sich die Branche seit Jahren wunderte – fanden auch Einzug in seine Vermögensaufstellungen, die dieser regelmäßig den Banken vorlegte. Grundlage waren Gutachten. Doch diese Gutachten »wurden teilweise auf der Grundlage manipulierter Unterlagen (überhöhte Flächenberechnung, manipulierte Mietverträge) (...) erstellt«, wie das BKA herausgefunden zu haben glaubt: »Der Verkehrswert der Objekte reichte nicht zur Absicherung der darauf lastenden Kredite aus.«

Nicht nur für seine Immobilien verlangte Schneider Mondpreise. Das galt bisweilen auch für die Mieten. Obwohl bundesweit die Mieten für gewerbliche Immobilien immer weiter in den Keller sanken, hatte Schneider offenbar die Quadratur des Kreises entdeckt: Die Schneider-Firma CIP, nach außen ein angeblich unabhängiges Unternehmen, bestätigte Schneider Traummieten für dessen Objekte. Doch die waren so falsch wie des Doktors Haare.

Der Immobiliensachverständige Erwin Stenkewitz etwa, den Schneider für die Begutachtung zweier Objekte engagiert hatte, sagte: »Schneiders Mietansätze waren viel zu hoch.« Eine weitere Masche des Immobilienjongleurs war der Hinweis auf besondere Eilbedürftigkeit bei Finanzierungsanfragen – eine grundsätzlich angewandte Taktik, um die Banken unter Zeitdruck zur Entscheidung zu zwingen, analysiert das Bundeskriminalamt. Ein Beispiel hierfür ist die Finanzierung des Hauses Kurfürsteneck in Berlin. In einer Finanzierungsanfrage an die Deutsche Genossenschafts-Hypothekenbank (DG Hyp) formulierte die Frankfurter Kanzlei Thümmel, Schütze & Partner für ihren Klienten: »Jedoch bittet Sie Herr Dr. Schneider um Verständnis dafür, daß nach Möglichkeit binnen eines Monats die Finanzierungszusage (...) stehen sollte, um zu verhindern, daß der Hauptgesellschafter[29] (...) mit einer anderen Bank sprechen könnte, weil der Kaufpreis bezahlt werden muß.« Diese Bitte, verbunden mit dem Hinweis, daß dieser Hauptgesellschafter, bei dem es sich letztlich auch um eine Schneider-Firma handelte, über ein »sehr hohes Liquiditätsaufkommen« verfügt, mußte den Banken signalisieren: Zuschnappen, sonst ist der Zug abgefahren! Und der Dresdner Bank, dem dann tatsächlich finanzierenden Geldinstitut, blieb nicht viel Zeit, ihre Kreditentscheidung zu treffen, wie weiter unten deutlich werden wird.

Das Finanzmanagement war Schneiders heilige Kuh, meint Hajo Scholz, einer seiner führenden Mitarbeiter. Da habe er »keinen Einblick nehmen lassen«. Doch Scholz kann sich gut vorstellen, daß Schneider die Mieterwartungen für die Objekte gegenüber den Banken hochgelogen habe. Vielleicht wollte er deshalb nicht, daß die Mietkonten bei der gleichen Bank geführt wurden, die auch die Finanzierung für das jeweilige Objekt machte. Scholz: »Dies wurde von uns aus grundsätzlichen Überlegungen abgelehnt.« Das hatte durchaus Sinn, denn so fehlte es Schneider nie an Manövriermasse, die er hin- und herschieben konnte.

Nach Schneiders Verhaftung im Mai 1995 in Miami bekamen Reporter des Münchner Magazins *Focus* Gelegenheit, den Megapleitier in seiner Zelle im Federal Detention Center zu besuchen. Die Journalisten wollten wissen, ob die Banken etwas von Schneiders Machenschaften gewußt haben, schließlich ist das eine zentrale Frage.

Insbesondere wollten die Journalisten wissen, ob die Banken offiziell oder doch nur gerüchteweise davon gewußt hätten, daß Schneider Grundstücke an sich selbst verkaufte. Das sei kein Geheimnis gewesen, so Schneider.

Focus: »Verfahren Sie nicht nach der Methode, wenn die Bank es nicht selber richtig checkt, ist sie doch selber schuld – und ich habe damit nichts zu tun? Fühlen Sie sich gänzlich unschuldig bei so einem Geschäft?«

Schneider: »Es ist eine Angelegenheit des normalen Geschäfts und der Geschäftspartner. Der eine hat eine Vorstellung, und der andere hat sie zu akzeptieren. Es spielen natürlich Markt- und Imageüberlegungen eine Rolle. Meine Häuser waren an den besten Plätzen der Stadt. Die Banken haben sich sehr, sehr dafür interessiert. Die Banken sind zur Überprüfung verpflichtet, und das war für mich auch ein Test, ob meine Schätzungen und mein Konzept denn auch richtig sind. Eine Bank, insbesondere die Deutsche Bank, das viertgrößte Unternehmen der Welt, hat so viele Experten, so unendlich viele Spezialisten, die diese Konzepte und die Finanzierungsanfragen von A bis Z auf den Kopf gestellt haben. Für mich war es eine Bestätigung, daß ich richtig gelegen habe, wenn die nach den Gesetzen das Objekt und die Unterlagen geprüft haben. Ich drehe den Spieß um: Weil die Banken mir das so herum bestätigt haben, führte ich deswegen meine Geschäfte auch so weiter. Das war für mich die Sicherheit, daß diese Bankexperten, Spezialgutachter eingesetzt haben, mir diese Werte bestätigten.«[30]

Soviel zur Geschäftsauffassung des Dr. Jürgen Schneider. Nun einige Details zu seinen Geschäftsmethoden.

Ein Schneider in Berlin

Daß die Geschäftsverbindung mit dem smarten Herrn aus Königstein einmal ein so bitteres Ende nehmen würde, hätte sich Banker Leonhard Goebel wahrscheinlich auch nicht träumen lassen. Anfang 1992 hatte Goebel den Vorstand seines damaligen Arbeitgebers, der Frankfurter Bankgesellschaft, zu einem Gespräch nach Königstein begleitet. Im November desselben Jahres nahm Goebel die Gelegenheit wahr, noch mal bei Schneider vorzusprechen: Er wechselte nämlich zur Norddeutschen Landesbank (Nord/LB), als Leiter des Frankfurter Immobilienbüros.

Das treffe sich gut, ließ Schneider den Mann des Geldes wissen. Er arbeite gerade an einem Projekt in Berlin, für das er noch einen Finanzier suche. Wenn Goebel bei der Nord/LB anfange, solle er sich doch wieder bei ihm melden. Vielleicht könne man ins Geschäft kommen.

Gesagt, getan. Anfang Dezember hatte Goebel sein neues Büro in Frankfurt bezogen und dies Schneider sogleich kundgetan. Und damit die in Aussicht gestellten Geschäfte ins Laufen kamen, tat er noch ein übriges: Er bekundete das Interesse der Bank, das Objekt in Berlin finanzieren zu wollen.

Das vom Immobilienlöwe begehrte Grundstück gehört zu einer der besten Lagen im Herzen der Westberliner City: Nur wenige Schritte von der Gedächtniskirche entfernt, war der Grund und Boden noch teuer, wurden nach wie vor mit die höchsten Mietpreise Westberlins erzielt. Eigentümer war damals die holländische Barawexco B. V.

Im Sommer 1992 war seitens Schneider bereits geplant, die Barawexco durch die von ihm kontrollierte Aprova[31] zu kaufen. Als sich aber herausstellte, daß Schneider beim Kauf Steuerrisiken in Höhe von rund 20 Millionen Mark hätte übernehmen müssen, verzichteten die Königsteiner schließlich auf die Firmenübernahme und erwarben statt dessen lieber das der Barawexco gehörende Objekt in Berlin.

Um den Kauf abzuwickeln, gründeten die Schneiders eine neue Gesellschaft des bürgerlichen Rechts (GdbR). Mit von der Partie war eine dritte Realty Developments GmbH, die einen fünfprozentigen Anteil übernahm. Hinter dieser Firma steckte bekanntlich Rolf Diederich. Dieser führte letztlich im Auftrage Schneiders auch die Verkaufsverhandlungen. Erst nach etwa neun Monaten war man am Ziel, die Verkäufer von ihrer ursprünglichen Erwartung, 100 Millionen Mark zu erzielen, abgerückt. Auf 83 Millionen Mark, so bestätigt Diederich heute, habe sich der endgültige Kaufpreis belaufen.

Nun mußte nur noch das nötige Geld bei. Schneider handelte. Mit Datum vom 3. Dezember ließ er der Nord/LB seinen Kreditantrag zukommen. Auch die vom Wirtschaftsprüfer Klenke testierte Vermögensaufstellung per 30. September 1992 fügte er bei. In seiner Kreditanfrage gab Schneider den Gesamtwert von Grundstück und Gebäude mit 151 Millionen Mark an.[32] Mit Nebenkosten wie Grunderwerbssteuer, Vermittlungsgebühren oder Notarkosten summierten sich die Grundstücks- und Anschaffungskosten angeblich auf 162 139 000 Mark. Baukosten und sogenannte »Vorhaltekosten« erhöhten den Gesamtaufwand schließlich auf 231 395 000 Mark. Davon solle die Bank 186 Millionen finanzieren, den Rest bringe er aus Eigenkapital auf.

Schneider rechnete der Bank vor, daß er nach dem von ihm geplanten Umbau des Objektes im Jahr etwa 22 Millionen Mark Miete einnehmen werde. Daraus wiederum errechnete er bei einer durchaus üblichen Kapitalverzinsung von sechs Prozent einen Verkaufswert (Ertragswert) des Objektes nach Fertigstellung von sage und schreibe 365 Millionen Mark.[33]

Und Goebel handelte prompt: Nachdem er sich mit den Usancen seines neuen Arbeitgebers vertraut gemacht hatte, erarbeitete er am 7. Dezember eine »Eilkreditvorlage«, verbunden mit der Empfehlung, Schneider den Kredit zu gewähren. Darin heißt es unter anderem, Schneider und seine Frau hätten das fragliche Objekt zu einem Kaufpreis von 151 Millionen Mark sowie elf Millionen Mark sogenannter Erwerbsnebenkosten gekauft und »vorerst aus eigenen Mitteln bezahlt«. Schneider, so schrieb Goebel weiter »möchte unsere Entscheidung im Laufe der nächsten Woche haben«.

Die Finanzierungsanfrage Schneiders, war »in ihrem Gesamteindruck auffällig detailliert, professionell aufgemacht, klar strukturiert und gegliedert, wesentliche Eckdaten waren enthalten«, lautete das Urteil des leitenden Nord/LB-Managers Horst-Dieter von Behren. Es stimmte einfach alles: Das Konzept war überzeugend dargestellt. Die Bank kannte das Objekt und schätzte es als »hervorragend« ein. Also, warum sollte man dem rührigen Investor nicht das nötige Kleingeld dazu geben.

Das sah Schneider auch so, aber vor allem kam es ihm auf zwei Dinge an: auf absolute Vertraulichkeit und auf zügigen Bescheid. Die Eilbedürftigkeit, so erinnert sich von Behren, habe Schneider damit begründet, daß er aus steuerlichen Gründen das Objekt noch im Jahr 1992 »valutieren« wollte. Das schien einleuchtend. Klar, daß man ein paar Bedingungen stellt, wenn man schon so viel Geld aus dem Haus gibt. Im Falle Nord/LB (andere Banken verlangen dies freilich ebenfalls) war dies unter anderem eine Kopie des Kaufvertrages für das Objekt.

Am 21. Dezember sandte Schneider den von ihm und seiner Frau unterschriebenen Kreditvertrag an die Nord/LB mit einigen Bemerkungen zurück. Auf die Bitte der Bank, eine Kopie des Kaufvertrages beizufügen, ging er allerdings erst gar nicht ein.

Die Bank blieb hartnäckig. Am 5. Januar schrieb die Bank an Schneider, sie müßte aufgrund des § 18 Kreditwesengesetz darauf bestehen, daß ihr der Kaufvertrag vorgelegt werde.

Das ginge nun bedauerlicherweise auf gar keinen Fall, ließ Schneider jedoch die Nord/LB-Banker wissen. Der Verkäufer des Objektes, eine Investorengruppe aus Schweden, begründete Schneider seine Ablehnung, habe ihm das Versprechen abgerungen, die Details des Kaufvertrages auf keinen Fall preiszugeben. Auf gar keinen Fall! Daran sei er leider gebunden. Offensichtlich unter Zurückstellung aller Bedenken war er dann aber doch bereit, die Banker in seinem Büro in Königstein einen Blick auf das Geheimpapier werfen zu lassen. Welch eine Gnade.

Die Nord/LB-Manager gingen auf diese »unübliche Verfahrensweise« (von Behren) ein. Sie dachten sich nämlich nichts Schlimmes dabei. Schneider sprach, so erinnern sich die Banker heute, von einer sogenannten »Schwedenkiste«. Goebel erklärt das so: Ende der achtziger und Anfang der neunziger Jahre erwarben vor allem schwedische Investoren in großem Umfang Immobilien in Deutschland und anderen europäischen Ländern, größtenteils zu exorbitanten Preisen. In jener Zeit hatte in Schweden eine Liberalisierung des Kapital- und Finanzmarktes stattgefunden, und sie konnten plötzlich außerhalb Schwedens investieren. Wie die Heuschrecken fielen die Schweden über die Märkte her. Doch Anfang der neunziger Jahre brachen die Immobilienmärkte ein, erst in England, vor allem London, etwas später auch in Deutschland. Viele der Schweden-Projekte rechneten sich nicht mehr. Um halbwegs glimpflich aus der Sache herauszukommen, bemühten sich die Schweden, die Objekte geräuschlos auf dem Markt unterzubringen, zu verkaufen. Freilich wollten sie sich dabei nicht selbst die Preise verderben, und so durfte keinesfalls der Eindruck von Notverkäufen entstehen. Deshalb wurden häufig merkwürdige Konstruktionen gewählt, um die tatsächlichen Hintergründe im dunkeln zu lassen. Mit dieser Kenntnis ausgestattet, fraßen auch die Nord/LB-Banker Schneiders Geschichte.

Am 11. Januar 1993 tauchte eine Delegation der Nord/LB bei Schneider in Königstein auf: Die Abordnung bestand aus Herrn Goebel nebst seiner Assistentin. Zweck des Besuches war die von Schneider in Aussicht gestellte Einsichtnahme der Kaufverträge des Objektes Tauentzienstraße.

An dem folgenden Gespräch nahmen aus dem Hause Schneider neben dem Chef zeitweise auch ein Mitarbeiter aus Schneiders Rechtsabteilung, Dr. Hans-Günter Sieber, teil. Er war in der Villa Andreae zuständig für juristische Fragen des Grundstückseinkaufes und der Zahlungsabwicklung des Kaufpreises.

Nachdem man zunächst die unterschiedlichsten Fragen zur Abwicklung auf das ausführlichste diskutiert hatte, kamen die Herren zum Punkt: Schneider präsentierte drei notariell beglaubigte Urkunden, denen Goebel schließlich folgendes entnehmen konnte: Schneider hatte für den Kauf des Grundstückes 83 Millionen Mark an eine Barawexco B. V. mit Sitz in Amsterdam und weitere 68 Millionen an eine australische Tochterfirma bezahlt – macht unterm Strich 151 Millionen Mark.

Damit war die Neugier der Banker gestillt. Den Kaufpreis erachtete die Nord/LB als realistisch, wie Goebel in seiner Vernehmung später zu Protokoll gab. Man prüfte die Mieten und die Angaben aus dem Bauvorhaben und kam zum Ergebnis, daß dies alles in einer »marktüblichen Relation zum genannten Kaufpreis« stünde. Mehr noch: Nahm man die von Schneider angeblich zu erzielende Miete als Grundlage, dann lag die für das Objekt bezahlte Summe sogar noch etwas unter dem marktüblichen Preis.

In seinem Bericht an den Vorstand der Bank über den Besuch bei Schneider führte Goebel etwa zur Rolle Diederichs aus, daß dieser laut Schneider das Objekt eingefädelt und maßgeblich mitgewirkt habe. Auf Wunsch der Verkäufer sei er deshalb in die Erwerber-GdbR aufgenommen worden. Diederich, also die dritte Realty Developments, werde jedoch nicht Kreditnehmer und nach einer »Anstandsfrist« wieder aus der GdbR ausscheiden.

Tatsächlich gab es jedoch mindestens einen anderen Grund für die Konstruktion Schneider/Diederich. Dieser ging auf ein Gutachten von Anwälten der renommierten Frankfurter Kanzlei Pünder, Volhard, Weber & Axster zurück. Die Anwälte hatten im Auftrag Schneiders ein Gutachten zur grunderwerbssteuerlichen Situation erstellt. Danach war es notwendig, daß nicht alle Anteile an einer GdbR in einer Hand, in diesem Fall der Schneiders, vereinigt waren. Mindestens ein anderer mußte einen Zwerganteil halten. Damit wurde vermieden, daß Grunderwerbssteuer mehrfach anfiel – eine Technik, die Schneider häufig anwandte.

So nahmen die Dinge wie geplant ihren Lauf und am 15. Januar sprachen sich die zuständige Kreditabteilung und der Vorstand der Nord/LB für den Kredit an Schneider aus. Kein Wunder, die Fakten stimmten ja. Noch am selben Tag zahlte die Nord/LB von dem vereinbarten Kreditbetrag rund 29 Millionen an die Gothaer Versicherung wegen der Ablösung einer noch bestehenden Grundschuld und etwa 102 Millionen an Dr. Jürgen Schneider.

Der Geldregen wurde von Schneider sofort verteilt: Auf sein Festgeldkonto bei der Königsteiner Volksbank übertrug er 16 Millionen, auf die Commerzbank 83 Millionen, und an die Experta Treuhand überwies er als eigentlichen Kaufpreis 51 914 227,43 Mark, so die Ermittlungen des Bundeskriminalamtes.

Haus Kurfürsteneck

Schneider hatte es offensichtlich auf das traditionelle Zentrum Westberlins, die Gegend rund um die Gedächtniskirche, abgesehen. Als sich ihm eine neue Gelegenheit bot, seine Sammlung zu vervollständigen, schlug er zu.

Das Objekt seiner Begierde war ein 1916 erbautes Büro- und Geschäftshaus, Ecke Kurfürstendamm und Rankestraße, vis à vis der Gedächtniskirche gelegen. Wie eine Fingerkuppe schließt das Kurfürsteneck die Häuserzeile ab: massiv, mächtig, platzgreifend. Mit seiner halbrunden Fassade und seinen großen, mehrere Stockwerke übergreifenden Bogenfenstern mutet das Gebäude fast wie eine Fabrikhalle aus der Zeit der industriellen Revolution an und markiert optisch das Ende des Kurfürstendamms.

Zu fast 95 Prozent gehörte das Gebäude der Brau und Brunnen AG Dortmund (BuB). Die Brau und Brunnen ist eine Holding deutscher Brauereien und Mineralwasserabfüller, zu der etwa die Schultheiss-Brauerei, DAB, Paulaner oder Apollinaris gehören. Verwaltet wurde das Gebäude von der BuB-Immobilien, einer Gesellschaft, die zu 40 Prozent im Besitz der Brau und Brunnen AG steht und zu je 30 Prozent der Dresdner Bank und der Bayerischen Hypotheken- und Wechselbank gehört.

Rolf Meyer, Geschäftsführer der BuB-Immobilien, stand wegen des Verkaufs des Objektes mit der Kölner Maklerfirma Martin Zimmer in Verhandlung. Meyer wollte für das Gebäude 80 Millionen Mark herausschlagen, die Zimmer GmbH bot 60 Millionen und legte einen Notarentwurf für den Kauf vor, den der Kölner Notar Dr. Zimmermann erarbeitet hatte. Die Überlegungen der Maklerfirma Zimmer basierten auf eigenen Berechnungen über zu erwartende Mieterträge und Zukunftschancen des Projekts.

Notar Zimmermann mußte die Sorgen von BuB-Geschäftsführer Meyer erahnt haben. Er sprach ihn an und teilte ihm mit, daß Dr. Jürgen Schneider ebenfalls Interesse an dem Objekt habe. Und das Beste daran sei: Schneider würde mehr bezahlen.

Es spricht manches dafür, daß dies Angebot auf Vermittlung von Schneider-Intimus Mehdi Djavadi zurückzuführen ist. Nicht zuletzt betrieb dieser unter der gleichen Adresse wie der Notar sein Roya Orient-Teppichhaus. Klar, daß BuB auch an Schneider verkaufen würde. Vor allem, wenn die Aussicht bestand, mehr zu bekommen. Meyer machte gegenüber Zimmermann daraus keinen Hehl.

Kurz darauf meldete sich Schneider und vereinbarte mit Meyer einen Termin in der Villa Andreae. Bei diesem Termin war auch Djavadi anwesend, beteiligte sich laut Meyer jedoch nicht an den Verhandlungen. Er hatte seinen Job offensichtlich erledigt.

Meyer beschrieb Schneider das Objekt und verschwieg nicht, welche Mängel es gab, unter anderem langfristige Mietverträge. Außerdem waren einige Reparaturen überfällig. Als es um den Preis ging, ließ Meyer einen Versuchsballon steigen: Ins Blaue hinein verlangte er für den Anteil der BuB 121 Millionen Mark und Schneider tat das, womit Meyer nicht gerechnet hatte: Er akzeptierte sofort, ohne mit der Wimper zu zucken.

Zwar wußte Verwalter Meyer, daß Immobilienfreund Schneider für gewöhnlich gute Preise zahlte, doch dies übertraf alle seine Erwartungen: Der realistische Kaufpreis, so Meyer, lag bei einem zu erwartenden Mietertrag von zwei Millionen pro Jahr bei etwa 60 Millionen Mark. Die Jahresmiete multipliziert mit dem Faktor 30, in der Erinnerung Meyers war dies der höchste Preis, der bislang am Ku'damm gefordert worden war. Schneider zahlte gleich das Doppelte.

Wie in fast allen Fällen gründete Schneider nach bewährter Manier wieder eine Gesellschaft des bürgerlichen Rechts (GdbR), diesmal mit dem wohlklingenden Namen Haus Kurfürsteneck. Zu dieser Gesellschaft gehörten neben den Schneiders eine in Hamburg ansässige Firma Arnaud de Vienne Société Immobilière mbH. Am 15. Juni 1993 legte die »GdbR Haus Kurfürsteneck« zwei Angebotsurkunden für den Kauf der Immobilie vor.

Jetzt mußte der Verkauf nur noch vom Aufsichtsrat der BuB genehmigt werden. In diesem Gremium sitzen unter anderen das

Vorstandsmitglied der Hypobank, Martini, und der Dresdner Bank Frankfurt, Dr. Adenauer. Am 29. Juni stimmte der Aufsichtsrat dem Verkauf des Kurfürstenecks an Schneiders Gesellschaft zu.

Doch da gab es ja noch jemanden, dem ein Minianteil von einem Sechzehntel gehörte. Der Glückliche (auch er bekam ja nun einen höheren Preis für seinen Immobilienanteil) lebte auf Fuertoventura. Die Aufgabe, ihn zum Verkauf zu überreden, übernahmen Schneider-Freund Djavadi und Verwalter Meyer. Gemeinsam besuchten sie den Mann auf der spanischen Insel. Für 9,1 Millionen Mark war der bereit, sich von seinem Anteil zu trennen. Im Namen der Schneiders schloß Djavadi den Kaufvertrag ab.

Am 27. Juli 1993 beantragte Schneider bei der M. M. Warburg Bank in Hamburg für fünf Monate eine Zwischenfinanzierung für das Objekt Kurfürsteneck in Höhe von insgesamt 130 Millionen Mark. Schneider trug vor, Erwerber seien zu 97 Prozent ein potenter ausländischer Investor, nämlich die Arnaud de Vienne (AdV), und zu je eineinhalb Prozent er und seine Frau Claudia. Bei den renommierten Privatbankiers war der Mann aus Königstein seit 1992 als Kunde bekannt. Mehrfach schon hatte die Bank Schneider Kredite für den Ankauf von Immobilien zur Zwischenfinanzierung gewährt, etwa bei dem Erwerb des Fahning-Hauses in Hamburg oder des Bamberger Hauses in Leipzig.

Zunächst wollten die Warburg-Banker Schneider 100 Millionen leihen. Dabei hegten sie die Hoffnung, daß andere Geldhäuser sich an dem Darlehen beteiligen würden. Mehrere andere Banken hatten ihr grundsätzliches Interesse signalisiert, aber dann wurde nichts aus dem Konsortialgeschäft. So standen schließlich nur 60 Millionen Mark bereit, jeweils zur Hälfte von der Warburg und der Berenberg Bank. Da dies zuwenig war, wollte die Warburg Bank Schneider schon eine Absage erteilen.

Peter Köhnemann, der zuständige Kundenberater, rief Schneider an, um ihn von dieser Entscheidung zu unterrichten. Doch Schneider schien das nicht weiter zu stören. Er sei auch mit 60 Millionen zufrieden und werde den Rest aus eigenen Mitteln aufbringen.

Am 2. November 1993 wurde der Kaufpreis von 121 Millionen schließlich an die BuB gezahlt. Doch zu dieser Zeit war längst geplant gewesen, daß Objekt zu einem wesentlich höheren Preis weiterzuverkaufen. Am 8. Oktober hatten der Hamburger Rechtsanwalt Jens-Peter Meckel, nebenbei noch Geschäftsführer der Arnaud de Vienne, und Rainer Steffens, Geschäftsführer der Laetsch Properties, ihre Namen unter den Entwurf eines Kaufvertrages gesetzt, demzufolge die Arnaud de Vienne ihren 97-Prozent-Anteil an der GdbR Kurfürsteneck für sage und schreibe 370 Millionen Mark an die Laetsch Properties verkaufte.

Die Laetsch Properties sollte, so Geschäftsführer Steffens, die Führungsrolle zwischen Kauf und Verkauf des Objektes übernehmen – eines Objektes, das zweifellos zu den Spitzenlagen in Deutschland zählt.

Neun Tage später, am 11. November, hatte Dr. Hans-Günter Sieber in die Villa Andreae geladen. Einziger Gast: der Leiter des Filialbüros City der Dresdner Bank Berlin, Michael Stein. Sieber kannte Stein von einem früheren Geschäft her: 1992 hatte die Dresdner Bank ein Schneider-Objekt in Berlin, Unter den Linden, finanziert. Nun fragte Sieber an, ob die Dresdner Bank vielleicht Interesse hätte, ein weiteres Objekt zu finanzieren. Sie hatte.

Im Schneiderschen Schloß traf Stein auch mit dem Hausherrn höchstselbst zusammen. In groben Zügen erläuterte Schneider dem Bankmann seine Pläne mit dem Kurfürsteneck. Dann übergab ihm Schneider eine Finanzierungsanfrage über 325 Millionen Mark für das Objekt, das er wenige Monate zuvor für rund 130 Millionen Mark gekauft hatte. Außerdem bekam der Banker drei Aktenordner in Hand gedrückt. Der Inhalt unter anderem: ein Wertgutachten über 530 Millionen, Unterlagen über eine Laetsch Properties als Hauptgesellschafter der GdbR Haus Kurfürsteneck sowie einen Kaufvertrag zwischen der Arnaud de Vienne und der Laetsch Properties.

Ihm, Schneider, komme bei dem ganzen Geschäft die Rolle eines Projektentwicklers zu, klärte der Investor den Banker auf. Mit der Beteiligung wolle sich die Laetsch Properties seine langjährige Erfahrung auf dem Gebiet der Großimmobilien sichern und habe deshalb mit ihm einen Geschäftsbesorgungsvertrag abgeschlossen. Der sehe vor, daß er das Objekt »baulich entwickele« und anschließend lukrativ vermiete.

Wieder hatte Schneider Großes vor: Die historische und denkmalgeschützte Fassade des vorderen Teils sollte erhalten bleiben, während im hinteren Bereich ordentlich umgebaut werden sollte. Dies wäre nach der Schneider-Planung geradezu geboten gewesen: Bislang hatte das Gebäude eine Nutzfläche von 9380 Quadratmetern, Schneider aber wollte 16 000 bis 17 000 Quadratmeter herausholen. Erreicht werden sollte dies durch Aufstockung und Ausbau des Dachgeschosses sowie eine »Optimierung der Untergeschosse«. Ein »hochgestecktes Ziel«, wie Harald Postels, damals Projektentwickler bei Schneider, bestätigt. Seiner Meinung nach wären etwa 13 500 Quadratmeter Nutzfläche realistisch gewesen.

Aber mit solch kleinlichen Bedenken hatte Schneider sich nie lange aufgehalten. Und so beinhaltete sein Finanzierungsantrag konsequenterweise eine vermietbare Fläche von fast 18 000 Quadratmeter nach Umbau. Daraus errechnete er eine jährlich zu erzielende Mieteinnahme von immerhin rund 44 Millionen Mark. Die Mieteinnahmen vor dem Umbau bezifferte Schneider auf rund 8,5 Millionen Mark.

Die Berliner Filiale der Dresdner Bank darf Kredite selbständig nur bis zehn Millionen Mark vergeben. Zuwenig für das Vorhaben Schneiders. Deshalb mußte für das Darlehen der Konzernstab Kredite der Zentrale am Frankfurter Jürgen-Ponto-Platz eingeschaltet werden. Doch zuvor waren einige Details zu klären. Am 1. Dezember telefonierte Stein mit Sieber. Die Bank hatte nämlich durch Einblick ins Grundbuch festgestellt, daß der ursprüngliche Kaufpreis nur 130 Millionen Mark betragen hatte, und wollte nun wissen, wie es zu der »wundersamen Geldvermehrung« gekommen sei. Auch interessierte man sich dafür, wie Schneider aus rund 11 000 fast 18 000 Quadratmeter Nutzfläche zu machen gedachte.

Sieber ging zu Schneider. Denn alle Informationen, die mit der

Finanzierung der Objekte zu tun hatten, waren das Heiligtum des Dr. Schneider. Vor allem der Kaufpreis der jeweiligen Objekte war in der Villa zum Staatsgeheimnis erklärt worden. Sieber:»Das hat er gehütet wie seinen Augapfel.« In seinem Beisein notierte Schneider auf einem Zettel, was Sieber der Bank sagen solle: Die Arnaud de Vienne, die Graf Lambsdorff angeschleppt habe, hätte 160 Millionen Mark Abfindungen an internationale Mitbewerber für das Haus Kurfürsteneck zahlen müssen. Weitere 30 Millionen benötige Arnaud de Vienne, um die derzeitigen Mieter aus dem Haus zu bekommen. Die Erhöhung der Flächen erreiche man unter anderem dadurch, daß man zwei zusätzliche Obergeschosse und ein zusätzliches Untergeschoß errichte. Außerdem wolle man die Lichthöfe überbauen und die Haustechnik in ein neues Untergeschoß verlagern. Artig gab Sieber diese Informationen an Banker Stein weiter.

Am 3. Dezember erstellten Stein und seine Kollegen eine Kreditvorlage, um sie an den Konzernstab in Frankfurt weiterzuleiten. »In einem sehr kurzen Zeithorizont wurde der Kreditantrag zur Entscheidung vorbereitet«, erinnert sich der Filialleiter der Dresdner Bank Berlin, Eckhard Warnecke. Wie immer hatte Schneider auch diesmal auf die Tube gedrückt. Die erste Rate für den Kaufpreis war nämlich schon am 15. Dezember fällig. Warnecke:»Angesichts des kurzfristigen Zahlungstermins war die Eilbedürftigkeit schon plausibel.«

Nach längerer Diskussion kam der Gesamtvorstand der Dresdner Bank am 13. Dezember zu einer Entscheidung – die allerdings zunächst anders ausfiel, als von Schneider erwartet: So wie Schneider das wünsche, werde man den Kredit nicht gewähren. Die Gesamtverschuldung des Königsteiners sei mittlerweile auf über vier Milliarden Mark angestiegen, heißt es in einem Vermerk über die Vorstandssitzung. Die Banker nutzten offenbar die Gelegenheit, dem Großinvestor die Leviten zu lesen, denn weiter heißt es:»Bei dem Beleihungsobjekt fällt auf, daß das (...) für 130 Millionen erworbene Objekt nach Entmietung, Umbau und Erweiterung eine außerordentlich starke Verkehrswertsteigerung um 420 Millionen

Mark erfahren soll, obwohl eine vergleichsweise nur geringe Erweiterung der vermietbaren Nutzfläche von 11 400 qm auf 17 800 qm geplant ist.« Die Vorständler konnten auch überhaupt nicht verstehen, weshalb die Arnaud de Vienne »an internationale Mitbieter 160 Millionen Mark Abfindungen« sowie 30 Millionen Mark Abfindungen für die Entmietung des Objekts gezahlt haben soll. Deshalb wird festgestellt: »Zusammenfassend fällt uns mit Blick auf die vorgenannten Kritikpunkte (...) eine Befürwortung des vorgetragenen Neuengagements sehr schwer.«

Der gute Name Schneiders alleine genügte den Bankern offensichtlich nicht mehr. Sie wollten eine zusätzliche Sicherheit in Form eines verpfändeten Festgeldes.

Am 16. Dezember kam dann die freudige Botschaft aus Berlin. Die Dresdner Bank sei bereit, die erste Rate von 150 Millionen auszuzahlen – gegen gesamtschuldnerische Bürgschaft und 50 Millionen Mark verpfändetes Festgeld, versteht sich.

Fünf Tage später erklärte sich Schneider mit dieser Prozedur einverstanden und bat um Auszahlung der 150 Millionen nach folgendem Schlüssel: 50 Millionen auf das bei der Dresdner Bank eingerichtete Festgeldkonto (als Sicherheit), 60 Millionen an die Warburg Bank und 40 Millionen auf ein Konto der Arnaud de Vienne bei der Vereins- und Westbank Hamburg. Doch auf diesem Konto blieb das Geld nicht lange. Schneider hatte offensichtlich anderes damit vor, denn am 29. Dezember wurden diese 40 Millionen von der Arnaud de Vienne auf ein Festgeldkonto Schneiders bei der Commerzbank Frankfurt-Höchst überwiesen.

Warnecke lernte Sieber, mit dem er schon häufig telefoniert hatte, erstmals am 12. Januar 1994 kennen. An diesem Tag traf er sich mit dem Schneider-Mitarbeiter in der Villa Andreae. Anlaß war die zweite Kreditrate über 175 Millionen Mark, die in Schneiders Rechnung noch fehlte und Ende Januar fällig wurde. Die beiden Herren sprachen unter anderem über die Bauchschmerzen, die sich bei der Konzernzentrale wegen des Schneider-Kredites eingestellt hatten. Sieber, vor seiner Tätigkeit bei Schneider selbst einmal im Vorstand der BfG, dürfte die Nöte seines Gesprächspartners verstanden haben. Den trieb nämlich vor allem die Frage um, ob Schneider irgend etwas mit der Laetsch Properties oder der Arnaud de Vienne zu tun hätte, wovon die Bank vielleicht wissen müßte, vielleicht gar hinter diesen Gesellschaften steckte.

Ob Sieber es nicht besser wußte oder einfach log, mag dahingestellt bleiben. Jedenfalls beruhigte er den Banker aus Berlin: Nein, hinter der Arnaud de Vienne stehe ein reicher französischer Adliger und hinter der Laetsch Properties ein ehemaliger Börsenmakler aus den USA. Der verwalte ein riesiges Familienvermögen und wolle in Deutschland investieren. Schneider jedenfalls, so Sieber, habe mit beiden Gesellschaften nichts zu tun. Warnecke glaubte ihm. »Er machte einen absolut integeren Eindruck«, sagte er später.

Auch die Frage, an wen Arnaud de Vienne die 160 Millionen Abfindung bezahlt habe, wollte der Berliner Banker beantwortet haben. Der Chef, gab Sieber Auskunft, habe in Erfahrung bringen können, daß an insgesamt vier Mitbewerber je 40 Millionen bezahlt worden seien: zwei der Mitbieter kämen aus Frankreich, einer aus Japan, ein anderer aus den USA. Wenn man überlege, was sich aus dem Objekt alles machen lasse, gab Sieber zu Bedenken, dann seien die gezahlten Abfindungen durchaus akzeptabel. Bedauerlicherweise gebe es über diese Vereinbarungen keine Verträge, so daß auch nichts Schriftliches vorgelegt werden könne. Wenigstens eine Aktennotiz von Herrn Dr. Schneider, müsse doch wohl drin sein, bat sich Warnecke aus.

Im weiteren Verlauf des Gespräches diskutierten die Herren über mögliche Sicherheiten, mit denen die zweite Kreditrate unterlegt werden könnte. Von seiten der Bank favorisierte man dabei eindeutig weitere Festgelder, wenn möglich in der Größenordnung von 100 Millionen oder mehr. Sieber versprach, diese Vorstellungen mit Schneider und den anderen Investoren, vor allem der Laetsch zu besprechen, versäumte jedoch nicht, darauf hinzuweisen, daß eine bayerische Bank ebenfalls Interesse signalisiert habe, das Objekt zu finanzieren.

Ein Wink mit dem Betonpfahl, der sicherlich nicht überhört

wurde. Wenn man bedenkt, daß eine Bank bei einem 300-Millio-
nen-Kredit im Durchschnitt, je nach Verhandlungsgeschick des
Schuldners, zwischen 20 Millionen und 25 Millionen Mark bereits im ersten Jahr einnimmt, wird sie sich überlegen, ob sie sich
ein sicher erscheinendes Kreditgeschäft in dieser Größenordnung
nur wegen scheinbar übertriebener Sicherheitenforderung durch
die Lappen gehen läßt.

Am 14. Januar 1994 hatte der Vorstand der Dresdner Bank ein
zweites Mal über den Schneider-Kredit zu entscheiden. Als Zu-
satzsicherheit hatte der Investor 100 Millionen Mark Festgeld der
Laetsch Properties angeboten. Dies wurde von der Bank erwar-
tungsgemäß akzeptiert, und am 20. Januar wurde Sieber von der
positiven Entscheidung informiert. Allerdings benötigte man zusätzlich ein paar Unterlagen. So sollte beispielsweise erklärt werden, an wen die Arnaud de Vienne die Abstandszahlungen geleistet habe. Desgleichen wollte die Bank wissen, was es mit der
Abfindungszahlung in Höhe von 30 Millionen Mark für Entmietung auf sich habe.

Am Dienstag, dem 25. Januar, übersandte Schneider die zur
Auszahlung notwendigen Unterlagen, darunter eine Bankbestäti-
gung über das Guthaben der Arnaud de Vienne und einen Aktenvermerk über die Zahlung von Abstandsbeträgen an Dritte. Darin
heißt es unter anderem: »Vor Abschluß des Kaufvertrages mußten
von Arnaud de Vienne fünf anderweitige Interessenten aus dem internationalen Bereich mit insgesamt 160 Millionen Mark abgefunden werden. Diese Information habe ich aus Gesprächen mit
Arnaud de Vienne erfahren. (...) Die internationalen Verbindungen von Arnaud de Vienne haben diese Lösung ermöglicht.«

Von besonderer Finesse ist auch die Geschichte mit den 30 Millionen Entmietungskosten. Für diesen Betrag hatte sich nämlich
die Schneider-Firma Arnaud de Vienne gegenüber der Schneider-
Firma Laetsch Properties verpflichtet, das Objekt Kurfürsteneck
bis Ende 1994 zu entmieten.

Am darauffolgenden Freitag bat Schneider die Bank 125 Millionen auf das Konto der Arnaud de Vienne zu überweisen, 50

Millionen wurden auf das Konto der Laetsch Properties eingezahlt. Am gleichen Tag unterzeichnete Laetsch-Geschäftsführer Rainer Steffens eine Verpfändungserklärung über 100 Millionen Mark zugunsten der Dresdner Bank. Doch Schneider baute in seinem Schreiben vor:»Abschließend halten wir fest, daß uns für den Fall, daß Sie eine Verstärkung der Sicherheiten oder Bestellung zusätzlicher Sicherheiten verlangen, ein Kündigungsrecht des Darlehens zusteht.«

Die Arnaud de Vienne wiederum hatte nichts Eiligeres zu tun, als die 125 Millionen, die sie am 31. Januar von der Dresdner Bank bekam, am nächsten Tag auf ein Festgeldkonto Schneiders bei der Commerzbank in Frankfurt-Höchst zu überweisen. AdV-Geschäftsführer Meckel:»Für mich war der Betrag ein durchlaufender Posten.«

Anfang Februar tauchten bei der Dresdner Bank plötzlich Zweifel an der Höhe der von Schneider angegebenen Jahresmiete auf. Stein rief bei Laetsch-Geschäftsführer Steffens in Wiesbaden an und fragte nach. Und der bestätigte laut Stein: Ja, die Jahresmiete betrage tatsächlich 8,5 Millionen Mark. In seiner Vernehmung durch das Bundeskriminalamt am 12. Juli 1995 bestreitet Steffens jedoch, mit Stein über die Mieteinnahmen gesprochen zu haben.

Wie immer die Zahl 8,5 Millionen auch Eingang in die Bankakten fand, es scheint wieder ein Fall wundersamer Vermehrung zu sein. Hatte die Jahresmiete dem Kaufangebot vom 15. Juni 1993 an die Dortmunder Brau und Brunnen zufolge noch 2 278 729,80 Mark betragen, so war sie offensichtlich in einem Dreivierteljahr auf fast das Vierfache angewachsen.

Wegen der Bankauflagen hatte Schneider mit einemmal ein Finanzproblem: 370 Millionen Mark betrug der angebliche Kaufpreis. Die Dresdner Bank hatte 325 Millionen finanziert, davon jedoch 100 Millionen auf einem Festgeldkonto der Laetsch Properties einfrieren lassen. Somit entstand eine Finanzierungslücke von 155 Millionen Mark. Schneider trieb Steffens an, die Festgelder bei der Bank lockerzumachen, um wieder liquide zu werden.

Er brauche dies Geld dringend, erklärte er Steffens, um seine
»Kriegskasse« für zukünftige Projekte zu füllen. Es sei für ihn
wichtig, Ende März den Banken gegenüber Liquidität nachzuweisen. Laut Sieber habe Schneider Ende März der Deutschen Bank
eine neue Vermögensaufstellung vorlegen müssen. Dabei sei er
darauf erpicht gewesen, möglichst hohe Festgelder als »freie Festgelder« auszuweisen. »Ich versuchte also, die 100 Millionen freizubekommen, indem ich die Dresdner Bank über den Stand der
Entmietung informierte«, sagt Steffens. Die Dresdner Bank sei damit jedoch nicht zufrieden gewesen.

Im Februar war Gregory Laetsch, der angebliche Großinvestor
aus den USA, in Deutschland. Banker Stein wurde nach Wiesbaden gebeten, wo er mit dem Amerikaner zusammentraf. Sein
Arbeitgeber hatte ihn beauftragt, näheres über den mysteriösen
Mann aus den Staaten herauszufinden. Das Gespräch hatte Stein
zufriedengestellt: Laetsch sei die letzten 15 Jahre bei Smith, Bar-
ney & Shearson in Los Angeles tätig gewesen, zuletzt als Chefbro-
ker. Heute verwalte er das Familienvermögen und das dreier weiterer amerikanischer Partner: insgesamt über eine Milliarde US-
Dollar. Die Bank könne jederzeit Einblick in seine Bücher bekommen, bot der Amerikaner an.

Laetsch erklärte, was er weiter vorhatte: Einige hundert Millionen Mark wolle er in Berlin, Leipzig und Frankfurt investieren.
Nur in erstklassigen Lagen, versteht sich.

Über die Sicherheiten müsse man allerdings noch mal reden.
Der Amerikaner war nämlich der Auffassung gewesen, notierte
Stein, daß angesichts des Entwicklungspotentials der Immobilie
Kurfürsteneck eine Finanzierung eigentlich ohne zusätzliche
Sicherheiten möglich sein müsse.

Ausführlich legte Stein die Haltung seines Hauses dar, die bekanntermaßen auf jene Zusatzsicherheiten abstellte. »Unsere Haltung konnten die Herren nicht völlig nachvollziehen, zumal andere Banken für dieses Projekt bereits großes Interesse gezeigt
hätten«, schrieb Stein nieder und fügte hinzu, es sei nicht auszuschließen, daß Laetsch und seine Partner sich eine andere Bank su-

chen würden, wenn die Dresdner Bank in den nächsten Monaten keine »Meilensteine aufzeigen könne«. Da war sie wieder, diese altbekannte Drohung.

Laetsch gab dem Banker mit auf den Weg, er würde es begrüßen, wenn er bei seinem nächsten Besuch in Deutschland, voraussichtlich Ende April, über weitere Projekte, aber auch über die Sicherheiten mit der Bank sprechen könne.

Später vom Bundeskriminalamt gefragt, ob er sich denn nicht nach einer möglichen Rolle von Laetsch als Treuhänder erkundigt habe, sagt der Dresdner-Bank-Mitarbeiter: »Ich hatte überhaupt keinen Anlaß danach zu fragen, da wir eine solche Vermutung nicht hegten.«

Am 4. März fand noch mal ein Gespräch in Königstein zwischen Sieber und zwei Niederlassungsleitern der Dresdner Bank statt. Sieber übergab dabei die schon berühmte Vermögensaufstellung des Wirtschaftsprüfers Klenke, in der Schneider ein Nettovermögen von 3,7 Milliarden Mark bescheinigt wird. Außerdem legte er eine Neukalkulation der Mieten vor. Würde man heute – noch vor dem geplanten Um- und Ausbau – neu vermieten, könnte man glatt 17,8 Millionen Mark Miete jährlich kassieren. Dies sei eine wahrhaft beachtliche Wertsteigerung, wenigstens 50 Millionen Mark Festgeld solle die Dresdner Bank nun bitteschön freigeben.

Steffens zog am 7. März nochmals die Schraube in Sachen Festgeld an. Offensichtlich saß ihm ein ungeduldiger Schneider im Nacken. Nach einem Meeting mit seinen amerikanischen Partnern, so schrieb Steffens der Dresdner Bank, bat er um Freigabe der Hälfte des Festgeldes, also 50 Millionen, bis spätestens 25. März. Die Partner seien mittlerweile sehr ungeduldig. Die Laetsch Properties müsse sonst kurzfristig die Umfinanzierung bei einer anderen Bank, die schon bereitstehe, in Anspruch nehmen.

Wäre es alleine nach der Berliner Niederlassung der Dresdner Bank gegangen, Schneider hätte wahrscheinlich sein Festgeld ausgehändigt bekommen. In einem Vermerk hielten die Berliner Banker nämlich fest, sie erachteten den Kundenwunsch »für vertretbar und bitten um Genehmigung«. Allem Anschein nach sah die Zentrale in Frankfurt das aber anders, denn geflossen ist das Geld nicht. Und gut 14 Tage später hatte auch Steffens die Hoffnung aufgegeben, schnell an die Millionen zu kommen. Aus diesem Grunde könne man leider nicht weiter zusammenarbeiten, ließ er die Frankfurter Zentrale am 24. März wissen und teilte zugleich mit, wie es weitergehen soll: Die Gesamtablösung des Kredites erfolge im April, wenn alle Details geklärt seien.»Vielen Dank für den Versuch einer Partnerschaft – leider rechnen Sie von unten und spielen mit dem Faktor Zeit«, schrieb er den Bankern zum Schluß noch ins Stammbuch. Das war's.

Am 12. April, einem Dienstag, stellte die Dresdner Bank alle Kredite aus dem Geschäft Haus Kurfürsteneck fällig, da zum 31. März für das Darlehen keine Zinsen mehr bezahlt worden waren. Sieben Tage vor dem Verschwinden Dr. Schneiders aus Königstein.

Schneiders Schattenfirmen

Was in den Wochen nach dem Zusammenbruch des Schneiderschen Imperiums ans Tageslicht kam, wird so manchem Banker die Schweißperlen auf die Stirn getrieben haben: Der Kreditkunde aus Königstein, Aufenthalt derzeit unbekannt, nutzte für seine undurchsichtigen Geschäfte Methoden, wie man sie vielleicht am ehesten in der Schattenwelt der Geldwäscher eines Drogenkartells aus Südamerika vermutet hätte. Er hatte sich einen ganz Sack voll Scheinfirmen zugelegt, die ganz offensichtlich dem Zweck dienten, die Spuren des Doktors für allzu Neugierige zu verschleiern. Wobei der findige Schneider zu den Neugierigen natürlich die Banken zählte.

Den alten kaufmännischen Grundsatz der Klarheit hat Schloßherr Schneider hierbei völlig über Bord geworfen. Um keine verräterischen Spuren im Handelsregister zu hinterlassen, ließ er beispielsweise bei seinen holländischen Scheinfirmen jeweils einen

Minianteil von einem weiteren unverdächtigen Treuhänder halten. So sieht es das niederländische Gesetz für diejenigen vor, die mit ihrem Namen nicht in irgendeiner Akte stehen wollen, und öffnet damit Lug und Trug Tür und Tor.

Diese Schattenfirmen waren Schneiders Gelddruckerei. Mit ihnen konnte er den Kaufpreis in ihm genehme Höhen treiben und dies den Banken gegenüber einigermaßen glaubhaft vertreten. Dieses Sammelsurium von Schattenfirmen ist der wesentliche Eckpfeiler der Schneiderschen Täuschungsmasche, glaubt deshalb die Staatsanwaltschaft.

Um die Verwirrung komplett zu machen, kamen bei manchen seiner Geschäfte gleich mehrere dieser Firmenhüllen zum Einsatz. Ein Wunder, daß der Bauherr in seiner Königsteiner Villa da selbst noch durchblickte.

Geschäftsführer dieser Firmen wurden in aller Regel Vertraute Schneiders, nicht selten Rechtsanwälte, die als Strohmänner dienten und ihre Rolle nach außen hin zu spielen hatten. Tatsächlich aber fielen die Entscheidungen in Königstein.

Zu diesen Firmen, bei denen Schneider offiziell nicht in Erscheinung trat, in Wirklichkeit aber im Hintergrund die Fäden zog, gehörte nicht nur die Arnaud de Vienne oder die Laetsch Properties. Eine Auflistung des Bundeskriminalamtes führt allein für die Schneider-eigene Treuhandfirma Aprova weitere zwölf Unterfirmen in den Niederlanden auf mit so phantasievollen Namen wie Isatis B. V., Sagatex, Fabrum oder Fabula. Der Name ist hier Programm, wie die folgenden Beispiele belegen.

Den Ermittlungen des Bundeskriminalamtes zufolge stammte die Idee, eine »deutsch-französische Gesellschaft« zu gründen, angeblich von Ralf Matthias Graf Lambsdorff. Er soll auch den Hauptgesellschafter beigeschleppt haben: Arnaud Guy Comte de Vienne. In einem internen Vermerk für Schneider hielt Lambsdorff am 25. August zu seinen Gesprächen mit de Vienne fest: »Arnaud de Vienne kennt noch nicht den Hintergrund unseres Interesses an seiner Person. Er ist aber gesprächsbereit, da er die Möglichkeit einer neuen Aufgabe vermutet.«

Der Franzose De Vienne ist vom Fach: Nach seiner Banklehre arbeitete er in verschiedenen Positionen bei der französischen Bank Paribas, war Präsident einer ebenfalls französischen Broker-Firma. Zu jener Zeit, als Graf Lambsdorff ihn für eine Tätigkeit bei Schneider ins Auge faßte, war De Vienne als freier Mitarbeiter für verschiedene deutsche Investmentfirmen tätig – und zudem auf der Suche nach einer neuen Position.

Graf Lambsdorff erbot sich, die weiteren Gespräche mit de Vienne zu führen, der allerdings nur dann Einzelheiten über die Pläne Schneiders erfahren werde, wenn sich »eine erfolgversprechende Zusammenarbeit abzeichnet«. Offensichtlich waren diese Gespräche erfolgreich, und am 21. Oktober 1992 war es dann soweit: Monsieur de Vienne und die Haus- und Wohnungsbau Hamburg GmbH (HWH), vertreten durch Helgard Meckel, gründeten die Arnaud de Vienne Société Immobilière mbH. Geschäftsführer der Gesellschaft wurde Helgard Meckels Ehemann, der Hamburger Rechtsanwalt Jens-Peter Meckel. Die HWH wurde unter anderem auch deshalb in die neue Firma mit aufgenommen, damit Monsieur de Vienne als Pro-forma-Mehrheitsgesellschafter Rechtsanwalt Meckel nicht einfach als Geschäftsführer abberufen konnte. Schließlich konnte es Schneider nicht zulassen, daß sich irgend etwas seiner Kontrolle entzog. Folglich hatte er sich eine zusätzliche Sicherheit eingebaut.

Meckel war über Schneiders Bruder Joachim an den Königsteiner Immobilienkrösus geraten. Dieser war, bevor er in die Dienste seines Bruders trat, in Hamburg als Rechtsanwalt tätig. Als er die Hansestadt verließ, hatte Meckel dessen Mandanten übernommen.

Aber die Haus- und Wohnungsbau Hamburg GmbH ist ebenfalls eine Schneider-Firma. Meckel hatte sie 1989 von einer Erbengemeinschaft erworben und zunächst in die »Schublade gelegt«. Schließlich konnte man ja nie wissen, wozu ein solcher Firmenmantel einmal gut sein könnte.

Wie sich herausstellen sollte, war er zu etwas gut. Ende Oktober 89 erhielt Meckel aus Königstein 50000 Mark, offenbar als

Stammkapital für die Haus- und Wohnungsbau Hamburg GmbH. Doch noch bis zum Herbst 1991 ruhte die HWH.

Die neue Firmenkonstruktion Schneiders, die Arnaud de Vienne, sollte mit einem Stammkapital von 30 Millionen Mark ausgestattet werden. Nach dem GmbH-Gesetz mußten davon 25 Prozent sofort eingezahlt werden. Am 26. Oktober überwies Schneider deshalb 6,3 Millionen auf das Konto der Aprova Holdings B. V. bei der ING-Bank in Hamburg. Die Aprova, eine von Schneiders Briefkastenfirmen, übertrug davon 1,5 Millionen auf die Voltera B. V. und 4,5 Millionen auf die Sigilo Belegging B. V., beide ebenfalls Schneidersche Briefkästen. Diese beiden Firmen wiederum zahlten das Geld auf ein Treuhandkonto von Geschäftsführer Meckel ein. Somit waren zwei holländische und ein deutsches Unternehmen nach außen Eigentümer der Arnaud de Vienne, die in Wirklichkeit zu 100 Prozent Schneider gehörte.

Die Konstruktion war so kompliziert gewählt, daß es für einen neugierigen Konkurrenten Schneiders beispielsweise unmöglich gewesen wäre herauszufinden, wer hinter der Arnaud de Vienne steckt. Dies gilt (sicherlich unbeabsichtigt!) auch für die Banken. Meckel jedenfalls sagt, er wisse nicht, warum dieses verschachtelte System notwendig gewesen sei. Er sei immer davon ausgegangen, daß dieses System Schneiders den Banken bekannt sei. »So wurde mir dies aus der Rechtsabteilung der Schneider AG, vermutlich von Dr. Joachim Schneider, signalisiert.« Ob die Banken es wirklich wußten, darf bezweifelt werden.

Am 16. Dezember 1992 beurkundete der Frankfurter Notar Karl Stöckle die ersten größeren Grundstücksgeschäfte der Arnaud de Vienne. An diesem Tag erwarb die AdV von Schneider jeweils 95 Prozent an verschiedenen Objekt-GdbRs, unter anderem in Frankfurt, Erfurt, Leipzig und Hamburg zum Kaufpreis von insgesamt rund 700 Millionen Mark. Schneider hatte für die jeweiligen Gebäude gerade mal ein Drittel dessen bezahlt. Außerdem beteiligte sich die Arnaud de Vienne noch an anderen Schneider-Firmen, etwa der Andreae alpha, der Andreae beta und der Bau- und Planungsgesellschaft Leipzig (BuP). Alles in allem dürften die von der Arnaud de Vienne gehaltenen Anteile an Schneider-Firmen und Objekt-GdbRs weit über eine Milliarde Mark betragen haben.

Auch der Zahlungsverkehr für die Arnaud de Vienne wurde aus Königstein gesteuert. Dies lief über sogenannte Verrechnungskonten. Laut Meckel trat Schneider für notwendige Zahlungen in Vorleistung und belastete die Beträge dann in den Büchern der Arnaud de Vienne. Warum auch nicht, schließlich blieb es ja in der Familie. Seit dem 31. März 1994 aber war kein Geld mehr aus Königstein gekommen, mit dem die Arnaud de Vienne die Zinsen für die diversen Darlehen bei den Banken hätte zahlen können. Statt dessen gab es ein Rundschreiben der Schneider AG, daß man nicht mehr mit weiteren Zahlungen rechnen könne. Meckel war vor den Kopf gestoßen: Niemand in Königstein hatte es offenbar für nötig erachtet, ihn über die neueste Entwicklung auf dem laufenden zu halten. Telefonisch versuchte er, in der Zentrale im Hessischen Rat einzuholen. Gab es Empfehlungen für eine solche Katastrophe? Doch dort »herrschte die totale Konfusion, keiner konnte mir einen vernünftigen Vorschlag machen«.

Am 18. April 1994 wurde über das Vermögen der Eheleute Schneider der Konkurs eröffnet. Tags zuvor, an einem Sonntag, wurde der Name der Arnaud de Vienne in H. L. B. Grundstücksentwicklungs- und Verwaltungsgesellschaft mbH geändert, Mekkel als Geschäftsführer abberufen und statt seiner dessen Mitarbeiterin Gabriele Leithe als neue Geschäftsführerin eingesetzt. Seine Zustimmung zu diesem Revirement gab der »Hauptanteilseigner« de Vienne – vielleicht wegen der besonderen Eilbedürftigkeit? – vor dem deutschen Generalkonsulat in New York. Die nötigen Unterlagen hatte ihm der Notar aus Deutschland zugefaxt. Meckel: »Er hatte Angst um seinen guten Namen.« Auch die Führung der HWH wechselte: Frau Meckel hängte ihren Job an den Nagel, Frau Leithe übernahm auch dieses schwere Amt.

Daß die Meckels nicht wußten, welch sonderbares Spiel Immobilien-Schneider mit seinen Schattenfirmen und den Banken trieb, wollen wir ihnen mal glauben.

Ganz ähnlich trug es sich mit einer zweiten Konstruktion aus dem Hause des Königsteiners zu: der Laetsch Properties. Hierbei assistierte Rainer Steffens, ein gebürtiger Wiesbadener Mitte der Fünfzig. Schneiders Bekanntschaft mit Steffens geht auf Anfang der achtziger Jahre zurück. Damals war Steffens, der von einem amerikanischen Unternehmen kam, als Unternehmensberater selbständig. Bei verschiedenen Projekten, etwa dem Verkauf des Hotels Fürstenhof in Frankfurt, verhandelte er für Schneider mit arabischen und asiatischen Kaufinteressenten. Das Hotel Rose und das »Kureck«, beides in Wiesbaden, kaufte er ebenfalls für Schneider. Später wurde er Geschäftsführer bei der Elutec, einer Holding, in der Schneider die Firma seines Schwiegervaters, Elektro-Granzow, und die aufgekaufte Konkurrenzfirma Elektro-Mödinger zusammengefaßt hatte. Steffens wollte aus der Elutec einen Konzern mit einer Milliarde Mark Umsatz machen. Auch bei der Gründung der Green Estate, eines weiteren Schneider-Briefkastens, war Steffens zunächst mit im Boot.

Die Idee für die Laetsch Properties wurde am 28. Mai 1993 geboren – während eines gemeinsamen Brainstorming, wie Steffens aus seinem Terminkalender rekonstruiert. Ziel war, über die Laetsch Properties Schneider-Immobilien international zu vermarkten. Wie Steffens es darstellt, sei es Schneider dabei vor allem darum gegangen, nach außen hin nicht als Verkäufer der Objekte aufzutreten, um nicht als Spekulant dazustehen. Schneider schätzte es nämlich überhaupt nicht, in der Öffentlichkeit als Spekulant betitelt zu werden, wenngleich er einer war. Das Image, so erinnert sich sein ehemaliger Mitarbeiter Scholz, war für Schneider »ein ganz wichtiger und bestimmender Lebensfaktor«.

Aber auch in der Rolle des Erwerbers gefiel sich Schneider offensichtlich nicht immer. Deshalb sollte Laetsch Properties diese Funktion teilweise mit übernehmen.

Die Überlegung war durchaus berechtigt: Oft tätigte Schneider im Zusammenhang mit einem Objekt sogenannte Arrondierungskäufe, das heißt, er erwarb umliegende Häuser, um so eine »Gesamtimmobilie« zu haben, die logischerweise einen erheblich höheren Wert darstellte. Sobald aber die Eigentümer der Immobilien dies spitz bekamen, stiegen die Preise der betreffenden Immobilien stets dramatisch an. Die Objekte wurden teurer verkauft, weil die Veräußerer wußten, daß Schneider unbedingt kaufen wollte. In der Branche sprach man vom sogenannten »Schneider-Zuschlag«. Wenn nun ein – vermeintlich – Fremder auftrat, ließe sich dieser Zuschlag ja vielleicht sparen. Gregory Laetsch kam durch Steffens ins Geschäft. Die beiden waren alte Bekannte, und Laetsch brachte den Vorteil mit, über gute Kontakte in die USA zu verfügen. Dies konnte künftig hilfreich sein, denn Schneider wollte, so Steffens, Immobilienpakete im Wert von 500 Millionen bis einer Milliarde Mark schnüren und sie auf dem internationalen Markt unterbringen. Auf Steffens Vorschlag wurde Gregory Laetsch deshalb Mehrheitsgesellschafter der Laetsch Properties – die Geschichte über den angeblich reichen Amerikaner, der ein gigantisches Immobilienvermögen in Familienbesitz verwaltet (man bemerke die Ähnlichkeit mit Schneider!) war entstanden.

Am 14. Juni 1993 gründeten Gregory Laetsch und Rainer Steffens bei dem Notar Thamm in Wiesbaden die Laetsch Properties, die sie treuhänderisch für Schneider hielten. Laetsch bekam dafür einen Provisionsvertrag, der ihm ein halbes Prozent aus allen Finanzierungen zusicherte, die über die Laetsch Properties in die Schneider-Gruppe einfließen würden, Steffens wurde Geschäftsführer.

Auch die Laetsch Properties wurde aus dem Portefeuille Schneiders mit einem Stammkapital von 40 Millionen Mark ausgestattet. Acht Millionen davon hielt Steffens treuhänderisch.

Steffens wie auch Meckel waren als Geschäftsführer offensichtlich nur »Pappkameraden«: Alle Entscheidungen, das bestätigen beide, wurden grundsätzlich in Königstein von Jürgen Schneider getroffen. Nur nach außen hin hatten sie als Geschäftsführer aufzutreten.

So ist es nicht weiter verwunderlich, wenn Steffens heute

erklärt, er habe nicht gewußt, zu welchem Preis das Haus Kurfürsteneck tatsächlich gekauft worden sei, noch sei ihm klar gewesen, daß auch der Verkäufer, die Arnaud de Vienne, eine Schneider-Firma gewesen sei. Alle Verträge zu diesem Geschäft seien in Königstein vorbereitet und ihm nur noch zur Unterschrift vorgelegt worden.

Dies bezeugt auch Sieber, Mitarbeiter von Schneiders hauseigener Rechtsabteilung. Schneider habe die Abteilung etwa jeweils wissen lassen, Gesellschaft A verkaufe an Gesellschaft B, danach wurden die notwendigen Verträge, wie Kauf- und Treuhandverträge, ausgestellt und den Beteiligten zur Unterschrift vorgelegt. Anschließend wurden alle Verträge feinsäuberlich in der Rechtsabteilung aufbewahrt. Strengstes Stillschweigen war Ehrensache. Sieber:»Das ergibt sich aus der Natur der Sache, daß diese Verträge nicht offen nach außen getragen werden.«

Schneiders Briefkastenfirmen hatten eine große Bedeutung in seinem Geldverschiebebahnhof. So dienten Firmen wie die Laetsch nach BKA-Ermittlungen auch zur Refinanzierung anderer Schneider-Firmen: beispielsweise gewährte die Laetsch im Juli 1993 der Schneider-Firma CIP ein Darlehen über 9,5 Millionen und im September der Arnaud de Vienne eines über 30 Millionen Mark. Diese stellte die 30 Millionen wiederum als Darlehen Jürgen Schneider zur Verfügung. Mit den Zinsen aus dem CIP-Darlehen etwa seien laut Steffens wiederum die Betriebskosten für die Laetsch Properties bezahlt worden. So hatte Schneider das von ihm aufgewandte Stammkapital für die Laetsch gleich wieder für sich und seine anderen Firmen flüssig gemacht. Und die Zinsen, die die CIP an Laetsch zahlen mußte, konnte sie obendrein von der Steuer absetzen. Daß Schneider aber die der Laetsch gewährten Bankdarlehen jeweils sofort auf seine eigenen Festgeldkonten transferierte, das, sagt Steffens, sei ihm nicht bekannt gewesen.

Die Arnaud de Vienne mußte ebenfalls als Kreditgeber für weitere Schneider-Firmen herhalten: Sämtliche eingezahlten Eigenkapitalmittel in Höhe von sieben Millionen Mark wurden am 26. Oktober 1992 wieder abgezogen und als »Darlehen« der CIP zur Verfügung gestellt. Das Geld lag auf dem Konto der Arnaud de Vienne so herum, Rechnungen waren keine zu bezahlen, also sollte es angelegt werden, erinnert sich Meckel. Da kam von Schneider die Anweisung, der CIP ein Darlehen zu gewähren. Im November 1993 folgten noch mal 22,5 Millionen.

Das letzte Mal gewährte die Arnaud de Vienne ihrem Eigentümer am 4. März 1994 ein »Darlehen«: Von den 30 Millionen Mark, die als Bedingung der Dresdner Bank auf einem Festgeldkonto angelegt waren, angeblich, um damit die Entmietung des Hauses Kurfürsteneck zu bezahlen, überwies Meckels Mitarbeiterin Gabriele Leithe 29,5 Millionen auf ein Schneider-Konto in London. Dazu später mehr.

Das Arbeiten mit ausländischen Treuhandgesellschaften hatte im Hause Schneider Tradition. Dahinter verbarg sich jeweils, so vermutet das Bundeskriminalamt, die Absicht Schneiders, den Kaufpreis einer Immobilie in die Höhe zu treiben, um von den Banken einen höheren Kredit zu bekommen. Ein gutes Beispiel hierfür scheint der Fall »Geschäftshaus Kurfürstendamm 30« in Berlin zu sein, bei dem eine Firma Arkaba B. V. mit Sitz in Amsterdam zwischengeschaltet wurde, um einen höheren Kredit von der Deutsche-Bank-Tochter Centralboden zu bekommen.

Am 10. Februar hatte Schneider bei der Centralbodenkredit AG in Köln ein Darlehen über 76 Millionen Mark für den Erwerb der Berliner Immobilie beantragt. Der Gesamtkaufpreis sollte sich laut Schneider zusammensetzen aus einem Kaufpreisanteil von 30,5 Millionen und »grundstücksbezogenen Zahlungsverpflichtungen an externe Anspruchssteller« in Höhe von 45,5 Millionen Mark.

Zum Beleg dafür, daß diese Kosten tatsächlich entstanden sein sollen, legte Schneider dem Finanzierungsvermittler der Centralboden, Dr. Friedrich Möll, ein Schreiben der Arkaba B. V. vom 18. Dezember 1991 vor, mit der Bitte um Vertraulichkeit, in dem diese Arkaba dem »sehr geehrten Herrn Dr. Schneider« mitteilte, sie habe für »die Ablösung der lang laufenden Mietverträge (...) sowie für die Abfindung vorhandener Verpflichtungen externer

Anspruchssteller (...) inklusive der Lösung eines Kaufvorvertrages mit der Investorengruppe K. sowie die Abfindung zugesagter drei Mietverträge« jene 45,5 Millionen aufgewandt. Die Centralboden glaubte es und überwies am 24. April 1992 tatsächlich 30,5 Millionen an die Eigentümer der Immobilie und 45,5 Millionen auf das Notaranderkonto von Schneiders Hausnotar Dr. Karl Stöckle (Frankfurt), das dieser am 9. April bei der Deutschen Bank Baden-Baden eingerichtet hatte. Am selben Tag noch leitete Notar Stöckle auf Anweisung aus Königstein (!) die Millionen an die Arkaba weiter, auf deren Konto bei der Vereins- und Westbank in Hamburg. Zeichnungsberechtigt war allein Arnaud de Vienne-Geschäftsführer Meckel. Vier Tage nach dem Zahlungseingang überwies dieser das Geld dann auf ein Konto der Eheleute Schneider bei der Frankfurter Bankgesellschaft. Dort wurden die Millionen als Termingeld angelegt und, so die Ermittlungen des Bundeskriminalamt, im Laufe der folgenden Monate peu à peu auf andere Konten transferiert.

Freilich könnte Schneider hier argumentieren, er habe die Forderung der Arkaba bereits vor Darlehensauszahlung aus der eigenen Tasche finanziert. Doch welchen Sinn hatte es dann, daß die Bank das Geld erst auf ein Konto der Arkaba zahlt, die es wiederum auf ein Schneider-Konto überweist? Zweifel sind angebracht.

Zudem wurden sowohl das Notaranderkonto bei der Deutschen Bank in Baden-Baden als auch das Arkaba-Konto in Hamburg einzig für diesen Geldtransfer genutzt.

Viel entscheidender für die Frage, ob die Bank hier möglicherweise über den tatsächlichen Kaufpreis getäuscht wurde, ist allerdings die Tatsache, daß die Arkaba B. V. zum Einflußbereich Schneiders zählte, ja, offensichtlich sogar sein 100prozentiges wirtschaftliches Eigentum war. Auch die Arkaba wurde treuhänderisch gehalten, mal von einer Robema N. V. auf den niederländischen Antillen, mal von einer Sundale Ltd. in Monaco.

Laut Professor Dr. Horst Fissenewert kamen die Anweisungen für die Arkaba jedoch immer aus Königstein; von dort seien auch die Kosten für die Verwaltung der Arkaba bezahlt worden.

Fissenewert kennt noch einen Grund für die Gründung solcher Projektgesellschaften wie die Arkaba B. V. Einer solchen Konstruktion liege die Absicht zugrunde, »gegebenenfalls durch einen Konkurs zu gehen mit dem möglichen Ziel der beschleunigten Entmietung«.

Man darf sich dies auf der Zunge zergehen lassen. Wenn es stimmt, was der Professor hier zu Protokoll gab, dann hatte Schneider zumindest die Möglichkeit ins Auge gefaßt, eine von ihm begehrte Immobilie durch eine solche Briefkastenfirma zu erwerben, diese in Konkurs gehen zu lassen, um sie danach vielleicht sogar in eigenem Namen aufzukaufen. Das hätte den entscheidenden Vorteil, daß er dank des Bankrotts des angeblich »fremden« Vorbesitzers die Mieter schneller auf die Straße setzen konnte, weil er, anders als beim normalen Verkauf, nicht mehr an die Mietverträge gebunden wäre.

Kollege Kupferstecher

In der Villa Andreae nannten ihn die Kollegen nur »den Kupferstecher Schneiders«: Karl-Heinrich Küpferle ist ein Mann der Loyalität. Fast dreißig Jahre stand er in den Diensten der Schneiders, erst in Vater Richards Firma Josef Kunz & Söhne und später, nach dem Bankrott des Unternehmens, bei Sohn Jürgen. Der mittlerweile 65jährige hielt seinem Chef unverbrüchlich die Treue. Daher war es nicht weiter verwunderlich, daß er auf die Stimme seines Herrn hörte, selbst wenn die ihm, wie er sagt, etwas einflüsterte, was er, Küpferle, besser nicht getan hätte. Dies brachte ihm zwei Dinge ein: die Erkenntnis, daß einem eben nichts gedankt wird, und ein Ermittlungsverfahren der Frankfurter Staatsanwaltschaft.

Doch was hätte er tun sollen, der gute Herr Küpferle. Zwar äußerte er seine Bedenken, doch letztlich sei ihm gar keine Wahl geblieben. Denn hätte er sich den Anweisungen widersetzt, es wäre wohl seine Kündigung gewesen, mutmaßt er heute, vielleicht in später Reue.

Was ihm da sein Chef, der noble Dr. Schneider, so alles eingeflüstert haben soll, hat den Anschein als sei hier ein Lausbub am Werk gewesen, der die Note unter seiner Klassenarbeit fälscht, damit der Vater ihm zu Hause nicht die Ohren langzieht. Doch hier ging es tragischerweise nicht um Schulnoten, sondern um Millionenkredite.

Der Reihe nach: Wann immer Schneider neue Objekte kaufte und dafür bautechnische Informationen benötigte, also Baupläne oder Flächenberechnungen, schaltete er Küpferle ein. Und Küpferle zeichnete und rechnete, rechnete erneut und zeichnete wieder, bis alles den Vorstellungen seines Herrn und Meisters entsprach.

Zum besseren Verständnis dessen, was Küpferles Arbeit für Schneider so wertvoll machte, ist ein kleiner Exkurs in die Interna des Bauingenieurswesen notwendig. Wem dies zu trocken erscheint, der möge die folgenden Zeilen einfach überschlagen.

Für der Berechnung von Flächen bei Gewerbeimmobilien wird die sogenannte DIN 277 herangezogen (was ein Glück, daß wir alles so trefflich zu regeln wissen). Diese Norm unterscheidet zwischen Haupt- und Nebennutzflächen. Hauptnutzflächen sind demnach beispielsweise Läden oder Büros, Nebennutzflächen hingegen umfassen Toiletten, Sozialräume für Mitarbeiter (etwa Kantinen, Aufenthaltsräume) und Flure. Darüber hinaus gibt es die sogenannten Funktionsflächen. Dazu gehören Aufzüge, Rolltreppen, Treppenhäuser, Technikräume und auch Verkehrsflächen wie etwa Laderampen. Solche Funktionsflächen sind nicht vermietbar. Auch für die Nebennutzflächen kann nur eine geringere Miete verlangt werden als für die Hauptnutzflächen. Kein Wunder also, daß jeder Bauherr und Vermieter daran interessiert ist, die Hauptnutzfläche im Vergleich zur Nebennutz- und zur Funktionsfläche möglichst groß zu halten.

Dies zu bewerkstelligen ist nicht immer einfach, denn in der Realität bestimmten der Zweck und die Funktion eines Hauses dieses Verhältnis. Dafür, daß dieses stets im Sinne Schneiders ausfiel, hatte Herr Küpferle, nach seinen Angaben, zu sorgen.

So auch beim Objekt Haus Kurfürsteneck. Ursprünglich, so

wissen wir inzwischen, hatte das Haus eine vermietbare Fläche von knapp 11 000 Quadratmeter einschließlich der Treppen. Ebenso wissen wir, daß Schneider in seiner Finanzierungsanfrage an die Dresdner Bank am 11. November 1993 von insgesamt rund 17 800 Quadratmeter vermietbarer Fläche sprach. Dieser wundersame Zuwachs vollzog sich innerhalb von sechs Tagen, nämlich vom 8. Juli auf den 14. Juli 1993.

Als Grundlage für seine Arbeit hatte Küpferle die Pläne des Hauses Kurfürsteneck vom Berliner Architekten Galonska bekommen. Diese Pläne galt es nun so zu verändern, daß die oben beschriebene »Vermehrung« dabei herauskam. Denn scheinbar ließ sich nicht alles durch die geplanten Umbauten erzielen. Immer wieder erhielt Küpferle die dafür nötigen Anweisungen von Schneider, wie er später zu Protokoll gab. Die entsprechenden Tricks waren verhältnismäßig simpel. Küpferle rechnete etwa Wände und Stützen oder Lichthöfe der vermietbaren Fläche hinzu, benannte »Grundfläche« in »Nettogrundfläche« um. Doch das reichte anscheinend noch immer nicht, Schneider brauchte mehr und ließ Küpferle wieder rechnen. Am 1. Oktober änderte Küpferle die Pläne erneut ab. »Vermutlich fehlte Dr. Schneider noch Fläche«, begründet er dies später. Am 18. Oktober machte sich Küpferle wieder ans Werk. Den Wünschen seines Chefs entsprechend notierte er sich als Aufgabe: »Untergeschoß anstelle Keller« oder auch »Bestand mit Innenhof«. Und am 26. Oktober schrieb er sich auf: »Jetzige Bezeichnung Kellergeschoß in Entree umbenennen. Wie immer möglichst viele Flächen.« Vom Bundeskriminalamt gefragt, was Küpferle damit meinte, sagt er unter anderem: »Die Nutzfläche wurde durch die Einbeziehung der Innenhöfe vergrößert«, und »Kellergeschoß klingt als nicht vermietbar.«

Schneider trieb seinen Kupferstecher zur Eile an. »In aller Regel waren Schwierigkeiten mit kreditgebenden Banken hierfür der Grund«, erinnert sich Küpferle. »Hierfür benötigte er immer wieder neue Unterlagen.«

Hilfreich sprang Küpferle seinem Brötchengeber auch bei einem anderen Objekt bei, dem Haus an der Börse, dem Rahmhof, in

Frankfurt. Dies war bereits 1990. Dort frisierte er die Pläne so um, daß etwa aus nicht oder nur billig vermietbaren Technikflächen teuer vermietbare Flächen wurden. Aus »Haustechnik« oder »Archiv« wurde »Rechenzentrum, EDV, Tresor«, aus »Keller« wurde »Ebene -1« und »Ebene -2«.

Schneider gab die Zahlen vor, Küpferle paßte die Flächen an. Eine kleine Flasche mit einer weißen Flüssigkeit und der Aufschrift »Tipp-Ex« war fortan Küpferles wichtigstes Arbeitswerkzeug. Unerwünschte Bezeichnungen auf den Plänen wurden einfach übertüncht und durch neue, genehmere ersetzt.

Auch dem Architekten des Projektes Haus an der Börse, Sever Severain, war Sonderbares aufgefallen. Er hatte sich gewundert, daß Schneider ihn anwies, die Pläne samt der Statik so auszulegen, daß in jedem Fall drei weitere Etagen aufgestockt werden können. Dies sei deshalb verwunderlich gewesen, meint Severain, weil schon zu der Zeit, als er die Pläne zeichnete, völlig klar gewesen sei, daß weitere drei Stockwerke niemals genehmigt werden würden.

Als Severain später seine eigenen Pläne vom Bundeskriminalamt vorgelegt wurden, war er erstaunt: Aus den von ihm eingezeichneten Umkleideräume und Toiletten (Nebennutzflächen) für ein Caférestaurant waren plötzlich EDV-Räume (Hauptnutzflächen) geworden, aus Lager (Nebennutzflächen) wurden Läden (Hauptnutzflächen), aus Heizungsräumen wurden etwa Tresore, obwohl Geldschränke in dem Objekt gar nicht geplant gewesen seien. Und so weiter und so fort. Der Sinn solcherlei Umwidmungen liegt auf der Hand: Es läßt sich glaubwürdiger eine höhere Mieteinnahme behaupten, und solcherart veränderte Pläne halten einer flüchtigen Überprüfung durchaus stand.

Einen besonders hohen Tipp-Ex-Verbrauch hatte Küpferle bei einem anderen Objekt, Schneiders Renommierimmobilie, der Zeil-Galerie »Les facettes«.

Anfang Februar 1990 erhielt Küpferle von Schneider eine Flächenberechnung des Projektes Kaufhaus Zeil 112–114, die aus dem Darmstädter Architektenbüro Kramm stammte. Auf gelben

Haftzetteln soll Schneider verschiedene Anmerkungen gemacht haben, etwa »Kellergeschoß weg«, »brutto löschen« oder »brutto durch netto ersetzen«. Verbunden sei damit der Auftrag gewesen, die Berechnung so zu verändern, daß dem Gutachter Neumann eine plausible Flächenberechnung vorgelegt werden könne. Nach Anweisung seines Herrn will Küpferle zur Flasche gegriffen haben. Auf der Berechnung entfernte er zunächst die Bezeichnung »Kellergeschoß«. Auch die Bezeichnungen »brutto« und »netto« verschwanden auf diesem Weg. An einer anderen Stelle der Berechnung schnitt Küpferle das Wort »netto« aus und überklebte damit auf den letzten Seiten, auf denen die Summen der Flächenberechnung standen, die Spalte mit den Bruttozahlen. So wurde aus einer »Bruttogesamtfläche« eine »Nettogesamtfläche«, die vermietbare Fläche war damit gewachsen. Sie lag laut Küpferle je nach Planungsstand zwischen 12 000 und 15 000 Quadratmeter. Die Ebenen -3 und -4 etwa sollen überhaupt keine vermietbaren Flächen enthalten haben, sie seien lediglich für Technik vorgesehen worden. Doch laut Schneiders Kupferstecher habe man selbst solche Flächen noch in Lagerflächen umgetauft, um wenigstens einen geringen Mietanteil dafür berechnen zu können.

Dem Gutachter Dr. Neumann wurde schließlich eine Flächenberechnung vorgelegt, die eine Nettogrundrißfläche von 20 513 Quadratmeter auswies. Allerdings handelte es sich bei diesen Plänen um Vorentwürfe. Küpferle mußte daher auf den Plänen das Wort »Vorentwurf« entfernen. Dies geschah seinen Angaben zufolge mit dem Vorentwurf Nr. 3. Diesen Entwurf habe man unter anderem deshalb verwandt, weil »die größten Ladenflächen hieraus zu ersehen« waren.

Einem aufmerksamen Betrachter wären diese Veränderung durchaus aufgefallen, sagt Küpferle. Nur beim flüchtigen Überfliegen konnte sehr wohl der Eindruck entstehen, bei den angegebenen Flächen handele es sich um Hauptnutzflächen, also vermietbare Ladenflächen, was »sicherlich falsch« sei. Da drängt sich doch die Frage auf, wie sorgfältig die Banken sich derlei Pläne eigentlich anzusehen pflegten.

Kupferstecher Küpferle sagte bei seiner Vernehmung am 25. Mai 1994 aus, daß »bei vielen Objekten die Flächen zu Finanzierungszwecken erhöht wurden«. Die gravierendsten Fälle in seiner Erinnerung waren die Zeil-Galerie, das Bernheimer Palais in München oder das Hotel Rose in Wiesbaden. Hier seien den Banken sogar Berechnungen vorgelegt worden, von denen man schon im vorhinein wissen konnte, daß sie von diesen so niemals genehmigt werden würden.

Das Renommierstück

Acht Stockwerke hoch schraubt sich die Zeil-Galerie in den Frankfurter Einkaufshimmel. Ein Gebilde aus Stahl, Glas und Beton. Auf Deutschlands umsatzstärkster Shoppingmeile, der Zeil, ist die Galerie »Les facettes« ganz ohne Zweifel ein Glanzstück. Vor allem wenn man die langweilige Fünfziger-Jahre-Architektur der Nachbarschaft als Kontrastprogramm betrachten darf oder muß. »Paradiesisch verpackter Kommerz«, urteilte denn auch das Kunstmagazin *Art* in seiner Aprilausgabe des Jahres 1993.

Schneider ist mit der Zeil-Galerie mit Abstand die architektonisch ambitionierteste Einkaufsadresse Deutschlands gelungen. Dabei schuf die Not das Konzept. Wo horizontale Flächen kaum noch bezahlt werden können oder schlicht nicht vorhanden sind, bleibt allein der Ausweg in die Höhe. Auch das paßt zu Jürgen Schneider.

»Normalerweise beginnt das Vergnügen damit, daß die Käufer über lila getönte Rolltreppen oder in zwei gläsernen Fahrstühlen durch die Halle ganz nach oben schweben, um von dort aus gemächlich über die schiefen Ebenen nach unter zu schlendern. Querbrücken erlauben auch Abkürzungen«, so die *Art*-Redakteure.

An knapp siebzig Geschäften darf (oder muß?) der Besucher vorbei, wenn er von ganz oben wieder herunter möchte. Das ist

Schneiders Trick gewesen. Dabei kam es ihm vor allem auf den »Branchenmix« an: kaum teure Nobelboutiquen, dafür vor allem Geschäfte für den täglichen Bedarf, so erläuterte er damals allen Wißbegierigen seine Pläne.

»Es ist uns gelungen, in schweren Zeiten mit dem Minus in der Branche klarzukommen – das Konzept ist aufgegangen«, freute sich CIP-Manager Walter Walenziak anläßlich des einjährigen Jubiläums am 3. September 1993. Zirka 30 000 bis 40 000 Besucher locke die Zeil-Galerie täglich an.[34]

Die Freude konnten aber offensichtlich nicht alle Einzelhändler teilen: Die lokalen Medien wußten gelegentlich davon zu berichten, daß Ladenbesitzer aufgaben, weil die erhofften Kundenströme, kaum daß die erste Neugier befriedigt war, ausblieben.

Die Zeil-Galerie ist als Erlebniskaufhaus konzipiert: Da schlenderten mal Steffi Graf, mal Deutschlands Lieblingsmodel, Claudia Schiffer, übers Lochblech. In der *bel etage*, der Kommunikationsebene ganz oben, ist Platz für *events*, wie das heutzutage neudeutsch heißt: Talk-Shows, Vernissagen, Dichterlesungen und Disco.

Das größte Erlebnis aber hatten einige Herren im berufsbedingten Nadelstreifen – die Finanziers der Zeil-Galerie, die Centralbodenkreditbank (Centralboden) in Köln, eine Tochter der Deutschen Bank. Doch leider stellte sich dieses Schlüsselereignis erst ein, als Doc Schneider gerade auf und davon war – also zu spät. In den letzten Tagen sei der Bank »eine Vielzahl von Unregelmäßigkeiten« bekanntgeworden, ließen Deutsche Bank und Centralboden über ihren Anwalt die Staatsanwaltschaft Mitte April 1994 wissen. Da sahen die Herren Banker ihre Felle davonschwimmen: Die Rückführung der Kredite sei gefährdet.

Rückblick: 1990 hatte Schneider begonnen, auf Deutschlands umsatzstärkster Einkaufsstraße das scheinbar Unmögliche möglich zu machen: Dort, wo kaum noch für eine Würstchenbude Platz wäre, Fläche teurer und seltener als Gold ist, wollte er ein neues Einkaufsparadies schaffen: ein Einkaufszentrum, wo der

Frankfurter alles kaufen kann, was man fürs tägliche Leben so braucht, und das sich trotzdem von den Kaufhäusern abhebt, die sonst das Bild der Zeil beherrschen. Der »Frankfurter Bub« wollte sich in seiner Heimatstadt ein neues Denkmal setzen. Sicherlich zählte die Zeil-Galerie zu seinen aufwendigsten Bauvorhaben. Das alte P&C-Haus, das an dieser Stelle gestanden hatte, wurde vollständig abgerissen. Schneider baute gleichzeitig nach unten und nach oben. Ein schwieriges Unterfangen und ein teures dazu, denn der Baugrund, auf dem er die Zeil-Galerie errichten wollte, war schwierig zu bebauen. Dazu kam, daß links und recht davon unmittelbar andere große Gebäude anschlossen, die in Gefahr waren, durch Schneiders Bauarbeiten Schaden zu nehmen. In Bergbautechnik wurden die Tiefgeschosse vorangetrieben. Unter Tage schufen die Bauarbeiter ein Stockwerk nach dem anderen, während die Kollegen oberirdisch die Geschosse in Stahlbeton-Verbundbauweise montierten. Diese Art des Bauens war so neu und aufwendig, daß Lokalzeitungen und Fernsehsender laufend ihre Reporter aussandten, um über den Baufortgang auf der Zeil zu berichten.

Im Laufe der Zeit griff die Bank immer tiefer in ihren Tresor, damit Schneider seinen Konsumtempel bezahlen konnte: Erst bekam er 190 Millionen, dann weitere 85 Millionen und schließlich noch mal 95 Millionen Mark Kredit. Für die Finanzierung der Zeil-Galerie standen jetzt noch 45 Millionen Mark aus. Die Centralboden-Mutter, die Deutsche Bank, und zwar die Filiale Baden-Baden, hatte Schneider für eine Zwischenfinanzierung ebenfalls 16 Millionen geliehen, so daß aus der Deutsche-Bank-Gruppe allein für dieses Objekt 431 Millionen Mark kamen.

Die Auszahlung der letzten Tranche über 45 Millionen Mark hatte die Centralboden allerdings von weiteren Auflagen abhängig gemacht. Am 28. März 1993 trafen deshalb die Herren Hans-Jürgen Reuvers (Rechtsabteilung) und Hanno Sauer (Kreditabteilung) von der Centralboden mit Jürgen Schneider in der Villa Andreae zusammen. Ebenfalls anwesend bei diesem Gespräch war der damals 65jährige Dr. Friedrich Möll. Der Mann aus dem Taunusstädtchen Kelkheim fungierte als Repräsentant der Centralboden im Rhein-Main-Gebiet und hatte alle Schneider-Kredite der Bank vermittelt.

Um die notwendigen Kredite für die Zeil-Galerie zu bekommen, hatte Schneider die Bank wissen lassen, daß er mit seinem neuesten Objekt rund 57,8 Millionen Mark jährlich an Miete einnehmen werde. Nun wolle man die Mietverträge sehen, bat der Besuch aus Köln.

Sie sollten sie zu Gesicht bekommen. Schneider legte den Bankern Verträge vor, die, so schreibt Sauer in einer Aktennotiz am 4. Mai 1993, den Mieterlisten entsprächen, die auch einem Wertgutachten des Frankfurter Sachverständigen Werner Neumann zur Zeil-Galerie beigefügt waren. Anhand dieser Mietverträge kommen auch die Banker zu einer Jahresmiete von derzeit 57,8 Millionen Mark.

Alle Verträge haben den gleichen Vertragstext, notierte sich Sauer. Aus diesem ergebe sich, daß sämtliche Nebenkosten auf die Mieter abgewälzt werden können. Später sollte sich herausstellen, daß das nicht stimmte.

Doch die Kölner Geldgeber waren noch nicht ganz zufriedengestellt: Ob diese Verträge denn die einzige vertragliche Grundlage zwischen Schneider und den Mietern sei, wollten sie etwa wissen. Laut Sauer antwortete Schneider darauf mit einem klaren »Ja.« Es gebe auch keine Nebenabreden oder Umsatzmietvereinbarungen? Schneider: »Nein.« Auch das stimmte nicht, wie die Bank später herausfand.

»Insgesamt ist Herr Dr. Schneider mit der Entwicklung der ›Zeil‹ mehr als zufrieden« ergänzten Reuvers und Sauer in ihrer Aktennotiz. Kein Wunder, wenn man bedenkt, welch hohes Darlehen Doc Schneider von der Bank bekommen hat.

Schneider sattelte dem Aktenvermerk zufolge sogar noch eins drauf: Wenn Neuvermietungen notwendig würden, dann könnten diese sofort erfolgen, und zwar zu einem noch höheren Mietzins, soll er den Bankern versichert haben. Der besagten Aktennotiz zufolge hat Schneider dies mit einer »Warteliste« begründet, die es für die Zeil-Galerie gäbe. Schlange sollen sie gestanden haben, die Mieter.

Seinen Bericht an den Vorstand der Centralboden ergänzte Sauer noch um den Hinweis, daß nunmehr seitens der Bank entschieden werden müsse, ob man ein grundsätzliches Angebot der Nord/LB annehmen wolle, sich mit 100 Millionen Mark an der Finanzierung der Zeil-Galerie zu beteiligen. Die Konkurrenz aus Hannover hatte allerdings von den Kölnern eine Bestätigung darüber verlangt, daß die Mietverträge keine mieteinschränkenden Klauseln enthielten. Diese Bescheinigung, so empfiehlt Sauer, »kann m. E. abgegeben werden«. Aus diesem Geschäft zwischen den Banken wurde jedoch nichts. Dazu weiter unten mehr.[35]

Heute jammern die Banker, die ihnen vorgelegten Mietverträge seien offenbar falsch gewesen. Man habe sie schlicht getäuscht.

Doch woher stammt die Liste, die den Bankern vorgelegt wurde? Von der Center AG Immobilien & Passagen, kurz CIP. Angeblich.

Zur Erinnerung: Die CIP war neben der Technoteam Bauconsult AG Schneiders wichtigstes Standbein im Immobiliengeschäft. Die CIP machte die Mietverträge und kümmerte sich um die Verwaltung von Schneiders Immobilienschatz. Nach außen erschien die CIP als ein unabhängiges Unternehmen.

Von jener CIP soll die Mieterliste vom 7. Juli 1992 stammen, die von 20 513 Quadratmeter vermietbare Fläche und 57,7 Millionen Mark Mieteinnahmen spricht. In jenem Papier finden sich alle Mieter der Zeil-Galerie samt dazugehörigen Flächen- und Mietpreisangaben fein säuberlich aufgelistet. Unterschrieben ist das Papier angeblich von CIP-Vorstand Gerhard Wieland. Wieland aber kann sich nicht erinnern, jemals diese Listen unterschrieben zu haben. Mehr noch: er hatte sie nie zu Gesicht bekommen. Die Unterschrift, so der Ex-Vorständler, sei gefälscht. Von wem die ominösen Listen erstellt wurden, weiß er nicht, doch er hat einen Verdacht: »Ich vermute, daß sie aus dem näheren Umfeld von Dr. Schneider stammen.«

Walter Walenziak, seit September 1991 bei der CIP und zuständig für den Einzelhandel, hatte öfter Anlaß, sich zu wundern, vor allem in den Arbeitskreisen, die im Haus regelmäßig zum Thema Zeil-Galerie tagten:»Relativ schnell« sei ihm damals klar gewesen, daß einige Dinge, so wie sie geplant waren, nicht funktionieren würden. Er meint vor allem, daß »die organisatorischen Bedürfnisse des Einzelhandels nicht berücksichtigt wurden«.

Zum Verständnis für all diejenigen, die noch nie in der Zeil-Galerie waren: Die Rolltreppen etwa fuhren, wie Walenziak beklagt, nur nach oben. Wer hinunter wollte, mußte entweder den etwa einen Kilometer langen Weg über die Rampen wählen oder sich mit zahlreichen anderen Besuchern an den nur spärlich vorhandenen Aufzügen anstellen. Schnell mal eben einkaufen – dafür ist die Zeil-Galerie nicht gemacht.

Walenziak:»Es wurde mir allerdings untersagt, mich in die Vermietungsaktivitäten der Zeil-Galerie einzumischen.« Die Vermietung war Chefsache, und der Chef hatte hierfür eigens einen ausgesucht, der das alles in seinem Sinne regeln sollte: Bernhard Polgar. Der mittlerweile 52jährige war sozusagen Sonderbeauftragter Schneiders für die Vermietung der Zeil-Galerie.

Ende 1991 war für Walenziak klar: Polgar lügt. Walenziak glaubt, dies anhand verschiedener Beispiele belegen zu können. So habe Polgar etwa berichtet, die Firma Saturn Hansa wollte in der sechsten Ebene der Zeil-Galerie einen Laden für Unterhaltungselektronik eröffnen. RTL beabsichtigte, so habe Polgar erzählt, sein Landesstudio im »Les facettes« unterbringen.

Walenziak recherchierte. Vom Geschäftsführer der Handelskette Saturn Hansa erfuhr er, daß »seine Gesellschaft auch nicht den Hauch eines Ansatzes hatte, sich in der Zeil-Galerie einzumieten«. Walenziak rief RTL-Chef Thoma an. »Herr Thoma kannte weder die Zeil-Galerie noch Herrn Polgar.«

Dies waren laut Walenziak nicht die einzigen Merkwürdigkeiten: Einem Mieter etwa soll Polgar eine Fläche vermietet haben, die gar nicht existierte. Ein anderer beschwerte sich beim CIP-Vorstand, daß die an ihn vermietete Fläche bereits an eine andere Firma vergeben worden war.

Walenziak sprach Polgar auf seine Vermutung an, doch der Chefvermieter blieb bei seiner Darstellung. »Daraufhin informierten Herr Obermayr (CIP-Vorstand; Anm. des Verfassers) und ich Herrn Dr. Schneider über diesen Sachverhalt.« Der habe die Mitteilung wortlos zur Kenntnis genommen, und Walenziak war »überrascht, daß Herr Dr. Schneider keine Konsequenzen gezogen hat«.

Doch Schneider zog eine Konsequenz: Er entzog Polgar den Auftrag, die Zeil-Galerie zu vermieten, und übertrug ihn der CIP.

Er selbst habe es schließlich geschafft, sagte Walenziak dem Bundeskriminalamt, daß rechtzeitig zur Eröffnung im September 92 alle Flächen vermietet gewesen seien. Das habe nur dank seiner guten Verbindungen zum Einzelhandel funktioniert. Mit den Mietern hätten jedoch zum Teil individuelle Mietverträge abgeschlossen werden müssen – ganz anders, als Schneider dies ursprünglich geplant hatte.

Als Walenziak dann, nach seinen Worten das erste Mal, die berühmten CIP-Listen, vorgelegt vom Bundeskriminalamt, sieht, verschlägt es ihm fast die Sprache. An den Listen stimmte anscheinend so gut wie gar nichts: Die Firma Benetton etwa hatte knapp 230 Quadratmeter belegt und nicht, wie in der CIP-Liste ausgewiesen, 798, Konkurrent Hennes & Mauritz machte sich tatsächlich auf 1171 Quadratmeter breit, laut CIP-Liste sollen es jedoch 1980 Quadratmeter sein. Ferner werden Mieter aufgeführt, die gar nicht eingezogen sind, und ein anderes Unternehmen mietete nicht, wie die Liste glauben machen will, 110 Quadratmeter zu 22000 Mark monatlich, sondern 410 Quadratmeter zu 10387 Mark und so weiter und so fort.

Sein abschließendes Urteil: »Aufgrund der mir bekannten Mietverträgen sind Mietverträge in Höhe von 57 Millionen Mark völlig unrealistisch.«

Aber auch Chefvermieter Polgar kann sich nicht erklären, wie diese Zahl zustande gekommen sein soll. Die aufgeführten Mietverträge hätten ihm bekannt sein müssen, meint er und sagt, daß »die Aufstellung in der Summe komplett falsch ist«. Die angegebenen Flächen seien grundsätzlich überhöht, größtenteils völlig aus der Luft gegriffen. Das gleiche gelte für die Mietpreise.

Polgar kann sogar noch weitere Merkwürdigkeiten beisteuern: So waren beispielsweise 1000 von der CIP selbst gemietete Quadratmeter ausgewiesen. Diese Fläche war gar nicht vorhanden und hat demzufolge keine Miete erbracht. Zumal die CIP sich das überhaupt nicht habe leisten können, sagt Polgar. Ein Mietvertrag für das Mediencenter mit einer Jahresmiete von allein über elf Millionen Mark sei gar »mit nahezu hundertprozentiger Wahrscheinlichkeit gefälscht«.

Und weil der tatsächliche Mieter des Mediencenters, zwei Diskothekenbetreiber, lediglich 25 000 Mark Nebenkosten monatlich zu zahlen hatte, habe man, so das Bundeskriminalamt, die Schneidereigene Gesellschaft »A Point« als Mieter eingesetzt. Die Miete, die A Point bezahlen mußte, sei ihr aber von Schneider wiederum verdeckt erstattet worden. Wenn dem so ist, wäre es ein reines Scheingeschäft.

Mieten, die selbst eigene Gesellschaften nicht zu leisten vermochten: Dieses Phänomen stellten die Banken auch bei anderen Schneider-Objekten fest. So etwa beim Rahmhof, dem »Haus an der Börse«, mit der sogenannten Schillerpassage: Das dort untergebrachte Café Cult, ebenfalls eine Schneider-Firma, war nicht einmal in der Lage, die Miete zu zahlen, die Schneider den Banken, in diesem Fall der BHF und der Deutschen Hypothekenbank, mitgeteilt hatte.

Schneider hatte offensichtlich selbst nicht geglaubt, mit der Zeil-Galerie jemals auch nur annähernd die 57 Millionen Mark Miete einnehmen zu können. Der von ihm beauftragte Polgar jedenfalls meint sich erinnern zu können, daß Schneider ihn beauftragt habe, eine Jahresmiete von 24 Millionen aus dem Objekt herauszuholen, also nicht einmal ganz die Hälfte. Dies als wahr unterstellt, würde aber bedeuten, daß Schneider schon damals wissen mußte, daß er die Zahlungen an die Bank nie mit der Zeil-Galerie würde erwirtschaften können. Denn die betrugen 44,5 Millionen Mark jährlich. Wenn Polgar seine eigenen Planzahlen hochrechnet, kommt er sogar nur auf 18 Millionen Mark Miet-einnahmen. Noch einmal zehn Millionen weniger sind es dann schließlich geworden, so die Aufstellung der CIP AG vom 31. März 1994. Zieht man hiervon, wie es die CIP in der besagten Aufstellung einmal getan hat, die Neben- und Heizkosten ab, blei-ben unterm Strich nur noch rund 2,1 Millionen Mark übrig – nur rund fünf Prozent dessen, was Schneider an die Banken für den Kredit Zeil-Galerie zu zahlen hatte. Daß diese Rechnung nicht mehr aufgehen konnte, dürfte jeder Klippschüler bemerken. Die Listen aber enthalten Informationen, die nur Schneider be-kannt gewesen wären, sagt Polgar. Wo also kommen sie nun her, diese Listen?

Schneiders Sekretärin, Ruth Glaeske, meint sich noch gut erin-nern zu können, wie das in vergleichbaren Fällen lief:»Dr. Schnei-der hat die einzusetzenden Zahlen handschriftlich abgeändert.« Solche Aufstellungen der geplanten Flächen oder Mieteinnahmen habe der Chef immer persönlich gemacht. Schneider habe ihr auch Mietverträge zum Schreiben gegeben, bei denen Miete oder Qua-dratmeterzahlen zu verändern waren.

Hat also der Chef selbst die Mieterliste gefälscht? Dafür gibt es bis heute keinen Beleg, aber diese Frage dürfte eine wichtige Rolle in dem Strafverfahren spielen, das dem einstigen Immobilienkönig ins Haus steht.

Für die Deutsche Bank jedenfalls war dieser beispiellose Vor-gang Anlaß genug, Schneider des Betruges zu beschuldigen.»Aus dem Kreditvertrag vom 14.08.92 ergibt sich als ausdrückliche Grundlage für die weitere Darlehensvalutierung die Angabe der Darlehensnehmer, daß die für das Beleihungsobjekt abgeschlosse-nen Mietverträge ein Gesamtmietaufkommen von DM 57,7 Mil-lionen p. a. (netto) darstellen und der Bank die abgeschlossenen Mietverträge zur Einsicht gewährt würden, da die Mietertragssi-tuation für die finanzierende Bank die entscheidende Kreditgrund-lage war«, so deren Anwälte. Und:»Wäre der tatsächliche Miet-ertrag bekannt gewesen, hätten beide Institute die Kredite nicht gewährt.«

Doch es kommt noch schlimmer: Die Bank stützt sich ja auch auf ein Wertgutachten für die Immobilie. Dieses hatte der mittlerweile achtzigjährige Dr. Werner Neumann erstellt. Seit 1987 war er des öfteren für die Begutachtung von Schneider-Objekten tätig geworden. Gemäß seiner Aussage, sei dies stets auf die Vermittlung des rührigen Dr. Möll zustande gekommen, mit dem er schon seit 1968 in geschäftlichem Kontakt stünde. Auch im Fall der Zeil-Galerie sei dies so abgelaufen. Möll habe ihn angerufen und den Auftrag zur Begutachtung im Namen der Centralboden erteilt. Das Gutachten habe er wiederum an Möll übergeben. Was der damit gemacht habe, das wisse er nicht. Die Rechnung für seine Arbeit habe er an Schneider geschickt, vom dem wurde sie auch bezahlt. Damit war der Fall erledigt.

Neumanns Gutachten muß die Banker vom Sessel gerissen haben, kommt der Sachverständige doch auf einen Verkaufswert für die Zeil-Galerie von 966 Millionen Mark. Daneben nimmt sich der Kredit der Bank geradezu läppisch aus.

Wie aber kommt Neumann zu dieser gigantischen Zahl? Die Antwort ist einfach: Er hat sie aufgrund der ihm vorgelegten Unterlagen ausgerechnet. Selbst einmal nachzumessen, dazu sei ein Gutachter weder verpflichtet, noch sei dies üblich, erklärt Neumann.

Ansprechpartner Neumanns in der Königsteiner Villa war Schneiders Kupferstecher Küpferle. Von ihm bekam der Gutachter alle notwendigen Unterlagen, wie Pläne, Bauzeichnungen und Flächenberechnungen. Was von Küpferles Rechenkünsten zu halten ist, haben wir bereits weiter oben erfahren.

Um den Ertrag des Objektes prüfen zu können, durfte Neumann Einblick in die Mietverträge nehmen. Dies geschah in Königstein. »Die Verträge wurden von Dr. Schneider persönlich vorgelegt«, berichtet Neumann. Bei der Überprüfung sei zudem Dr. Möll als Repräsentant der Centralboden anwesend gewesen.

Schneider hat den Vorgang allerdings anders in Erinnerung. Kurz vor seiner Auslieferung nach Deutschland gewährte er *Focus*-Reportern eine Audienz. Ihnen erzählte er: »In der Erklärung vom 11. April 1994 (gemeint ist hier eine Eidesstattliche Versicherung eines Deutsche-Bank-Mitarbeiters; Anm. des Verfassers) heißt es, die Jahresmiete der Zeil-Galerie beträgt 57,7 Millionen Mark, und die Fläche ist 20 513 Quadratmeter groß. Die Zahlen stellen eine Zukunftsvision dar. In meinem Gutachten stehen niedrigere Zahlen: Anfangsmieten und echte Flächen. (...) Dadurch ist die Eidesstattliche Erklärung falsch.«[36]

Wollen wir dem guten Dr. Schneider nachsehen, daß man nach mehr als einjähriger Flucht und gut neunmonatiger U-Haft schon mal ein paar unerhebliche Details vergessen kann, und schwingen uns an dieser Stelle einmal zum Souffleur auf. Im Darlehensvertrag mit der Centralboden vom 14. August 1992 zur Zeil-Galerie heißt es wörtlich: »Das Gesamtmietaufkommen beträgt 57,7 Mio. p. a. (netto).« Drei Zeilen weiter unten prangt die Unterschrift von Dr. Jürgen Schneider.

Das Bundeskriminalamt hat die Mühe nachzurechnen nicht gescheut: Auf der Grundlage der tatsächlichen Mieteinnahmen ergibt sich nach der Rechenmethode des Gutachters Neumann demnach ein tatsächlicher Verkehrswert der Zeil-Galerie von rund 201 Millionen Mark. Zieht man davon die Bankdarlehen ab, kommt man auf einen »negativen Vermögenswert« von 214 Millionen Mark. »Unter diesen Voraussetzungen«, so die Ermittler, »wären die Darlehensauszahlungen vermutlich nicht in gleicher Höhe erfolgt.«

»Die Zeil-Galerie werde ich vielleicht nie verkaufen«, hatte Schneider einmal der *Bild*-Zeitung erzählt. »Mit diesem Bau identifiziere ich mich zu sehr, er gehört zu den Perlen meines Besitzes.«[37] Kein Wunder, hätte er doch wie man sieht, vermutlich nicht einmal das dafür bekommen, was es ihn gekostet hat.

Der schlaue Dr. Möll

Zwölf Jahre lang war sie die wahrscheinlich einträglichste Geschäftsverbindung des Dr. Jürgen Schneider: die Beziehung zu dem inzwischen 69jährigen Dr. Friedrich Möll. Der Mann aus dem

Taunusstädtchen Kelkheim war Schneiders wichtigster Geldbeschaffer.

Möll machte Millionen möglich: Insgesamt rund 1,2 Milliarden Mark holte er für Schneider aus den Geldspeichern der Deutschen Bank und der Centralboden, unter anderem für das Goldene Kreuz in Baden-Baden, wo nach BKA-Ermittlungen ebenfalls mit falschen Mietangaben gearbeitet worden sein soll, für das Bernheimer Palais in München, das Hotel Rose in Wiesbaden oder die Passage am Markt in Offenbach.

Möll war seit Jahrzehnten für die Centralboden in Köln tätig. Im November 1967 schlossen er und die Kölner Banker einen sogenannten Agenturvertrag. Demnach war Möll Repräsentant der Bank und erhielt für jeden vermittelten Kredit eine Provision. Und dabei kam er nicht gerade schlecht weg: Ein halbes Prozent Provision sollen ihm die Banken laut dem ehemaligen Deutsche-Bank-Direktor Michael Prinz von Sachsen-Weimar gezahlt haben – das wären immerhin rund sechs Millionen Mark. Und offenbar zahlte ihm Schneider auch noch mal eine Aufbesserung dieses kärglichen Salärs. Als Beamte des Bundeskriminalamts die Villa Andreae auf den Kopf stellten, stießen sie unter anderem auf handschriftliche Aufzeichnungen Jürgen Schneiders. Und dort sei unter anderem zu lesen gewesen:»Provision Möll für hohe Finanzierungen!« Was der Baulöwe damit gemeint haben könnte, stand bei Abschluß der Arbeit zu diesem Buch noch nicht fest.

Bei der Prüfung der Geschäfte der Centralboden im Auftrag des Bundesaufsichtsamtes für das Kreditwesen stellte die Düsseldorfer Wirtschaftsprüfungsgesellschaft Wollert-Elmendorff unter anderem fest:»Eine wesentliche Rolle bei der Würdigung der Kreditvergabe der Bank an die Dr. Schneider-Gruppe spielt der Repräsentant der Centralboden im Raum Frankfurt/Main. Der Repräsentant hat sämtliche Finanzierungen der Dr. Schneider-Gruppe an die Centralboden vermittelt. Zugleich war er auf ausdrücklichen Wunsch Schneiders fast ausschließliche Kontaktperson der Bank zum Kreditnehmer.«

Möll war das Bindeglied zwischen der Centralboden und den

Schneiders: Alle Finanzierungen liefen über ihn, Rückfragen seitens der Bank wurden mit Möll telefonisch oder in Gesprächen in Köln geklärt. »Der Repräsentant genoß beim Vorstand der Deutschen Centralboden ein hohes Vertrauen und hatte zu ihm direkten Zugang«, steht bei Wollert-Elmendorff zu lesen.

Möll war jedoch nicht nur für die Deutsche-Bank-Tochter Centralboden involviert, sondern offensichtlich auch für die Muttergesellschaft. Dies ergibt sich jedenfalls aus einem Schreiben der Deutschen Bank, Filiale Baden-Baden, vom 9. September 1993. Darin wird Schneider eine Reihe weiterer Kredite bestätigt, unter anderem für das Bernheimer Palais, das Hotel Rose, das Börsencenter, die Zeil-Galerie und andere. Die Zustellung dieses Schreibens erfolgte nicht an Schneider direkt, sondern ging über Möll.

Der verstand seinen Job: In den höchsten Tönen etwa pries er das Schneider-Projekt Zeil-Galerie bei seinem Arbeitgeber Centralboden an. Die rückte daraufhin ja auch 415 Millionen Mark heraus. Inwieweit Möll von den Manipulationen Schneiders wußte, wird die Staatsanwaltschaft sicher noch untersuchen. Daß er davon überhaupt nichts bemerkt haben soll, ist schwer vorstellbar. Die Zusammenarbeit zwischen Möll und Schneider war schließlich eine enge, wie mehrere Zeugen bestätigen. Möll war sehr häufig in der Villa, und wenn Gespräche mit der Centralboden anstanden, hat Schneider stets auf die Unterstützung Mölls zurückgegriffen, sich gemeinsam mit ihm darauf vorbereitet, wie sich Schneider-Sekretärin Ruth Glaeske erinnert. Schneiders früherer kaufmännischer Leiter, Hajo Scholz, hatte immer den Eindruck, Möll sei Schneiders Finanzierungsberater gewesen.

»Offenbar hat Möll im Lauf der Geschäftsbeziehungen die Seiten gewechselt«, mutmaßt der *Focus*.[38] Und Möll hat an der Geschäftsbeziehung zu Dr. Schneider möglicherweise doppelt verdient – an mindestens einer der Immobilien Schneiders war er nämlich selbst beteiligt: dem Thiemes Hof in Leipzig, einer einst heruntergekommenen Immobilie im Graphischen Viertel der Messestadt. Mit 30 Prozent wurde Möll an dem Objekt beteiligt.

Nach Schneiders Einschätzung entsprach dieser Anteil einem Wert von 18 Millionen Mark.

Damit Mölls merkwürdige Geschäfte mit Schneider nach außen nicht bekanntwurden, schlossen die Beteiligten am 25. Oktober 1991 einen Treuhandvertrag ab. Danach trat Schneider-Bruder Joachim als Strohmann für Möll auf. Ihm wurden die Möll-Anteile am Thiemes Hof treuhänderisch übertragen.

Gegenüber dem Magazin *Focus* hat Schneider übrigens Mölls 30-Prozent-Beteiligung bestätigt: »Herr Möll verdiente immens viel Geld und brauchte dringend Steuerersparnisse«, so die Begründung des Ex-Baulöwen.[39] Erstaunlich ist hierbei nur eines: Hatte Schneider laut seinem Vertrauten Steffens nicht stets drauf geachtet, daß sein Vermögen, seine Immobilien grundsätzlich im Familienbesitz blieben? Warum machte er bei Möll eine Ausnahme? Im Fall Möll gibt es jedenfalls bis heute mehr Fragen als Antworten.

Im Januar 1994 wollte Joachim Schneider seine und Mölls Anteile am Thiemes Hof verkaufen und nach Ablauf der Spekulationsfrist den Gewinn realisieren. Möll war einverstanden. Jürgen Schneider übernahm die Anteile für 36 Millionen Mark und schloß mit Möll sogleich einen neuen Treuhandvertrag ab. Sein Bruder Joachim sollte die 36 Millionen in drei Raten ausbezahlt bekommen. Die erste Rate in Höhe von zwölf Millionen erhielt er im März 1994 als Scheck einer Genfer Privatbank aus Jürgen Schneiders »Flucht- und Kriegskasse«. Den Scheck wollte Joachim Schneider dann über den Umweg einer liechtensteinischen Bank verflüssigen.[40]

Doch dies scheint nicht das einzige Treuhandgeschäft der Connection Schneider–Möll gewesen zu sein. Schon am 16. Dezember 1992 übernahm die Schneider-Firma Arnaud de Vienne 75 Prozent des Treuhandvermögens von Dr. Möll. AdV-Geschäftsführer Meckel kann sich jedoch nicht mehr erinnern, welche Treuhandvermögen da verwaltet wurden. »Mit diesen Herren habe ich keine Verträge ausgehandelt«, sagte er dem Bundeskriminalamt. Dies sei alles in Königstein gemacht worden.

Laut Joachim Schneider war Möll noch an ein oder zwei weiteren Projekten seines Bruders beteiligt.

Das Wollert-Elmendorff-Gutachten jedenfalls stellt der Centralboden und damit zugleich der Deutschen Bank ein vernichtendes Urteil aus. »Erst 1992 gewann der Vorstand der Bank den Eindruck, daß sich der Repräsentant nicht mehr hinreichend für die Interessen der Centralboden einsetzte, sondern verstärkt für die Interessen Dr. Schneiders eintrat.«

Laut Centralboden-Banker Sauer kühlte das Verhältnis zu dem Kreditvermittler Anfang der neunziger Jahre merklich ab: Die Bank war Schneider gegenüber wegen der Höhe des Gesamtengagements vorsichtiger geworden. Weiteres Geld sollte es nur dann geben, wenn entsprechende Syndizierungspartner, also Banken die einen Teil der Darlehen übernehmen, gefunden werden könnten. »Für diese Entscheidung fand die Bank keine genügende Unterstützung bei Herrn Dr. Möll«, sagt Sauer. Dies hatte dann seit Sommer 1992 zu der »spürbaren Verstimmung« zwischen Bank und Möll geführt.

Trotzdem ließen die Bankiers fast weitere zwei Jahre ihren Möll schalten und walten. Fast dreißig Jahre nachdem sie begonnen hatte, wurde die Beziehung Möll–Centralboden beendet: Am 30. September 1993 kündigten die Kölner den Vertrag mit ihrem Handelsvertreter fristgerecht zum 31. März 1994. Eine Woche nach diesem Termin suchte Schneider das Weite.

Geschichten aus 1001 Nacht

Es dürfte vermutlich Schneiders bestes Geschäft gewesen sein: der Verkauf des Frankfurter Fürstenhofs. 450 Millionen Mark soll ihm eine japanisch-niederländische Investorengruppe dafür gezahlt haben, rund 200 Millionen Mark mehr, als der Baulöwe in das Objekt hineingesteckt hatte. Nach allem, was bisher bekannt ist, war dieser Deal wahrscheinlich der einzige, den Schneider mit Gewinn abgeschlossen hat.

Seinem Vorsatz »Ich verkaufe nicht!« ist Schneider beim Fürstenhof jedenfalls nicht lange treu geblieben. Hatte er nicht Ende 1988 gesagt, er könne den Fürstenhof jetzt schon mit hohem Gewinn weiterverkaufen. Doch das liege ihm fern? »Ich mache meine Sache gut. Ich behalte die Häuser und ich bin stolz darauf.«[41] Etwa ein halbes Jahr später galt diese Aussage nicht mehr. Ein möglicher Grund für den Sinneswandel könnte darin liegen, daß Schneider mit seiner Sammelleidenschaft im eigenen Haus zunehmend unter Druck geriet. Vor allem sein Querdenker Fissenewert setzte ihm zu: »Das Finanzkonzept von Schneider, sein Investitionskonzept im Sinne einer Familiengesellschaft ohne Verkauf, habe ich finanziell nicht für tragbar gehalten.« Es sei für ihn »eine ziemlich einfache Rechenaufgabe« gewesen, daß jemand, der nur erstklassige Standorte zu einer marktüblichen Rendite von etwa vier Prozent einkaufe, auch bei 100 oder 120 Prozent Finanzierungsmittel langfristig keine Darlehen mit sieben oder acht Prozent Zinsen bezahlen könne. Er habe dem Großinvestor deshalb »sehr früh den Abverkauf seiner fertigen Objekte empfohlen«. Doch mit Ausnahme des Fürstenhofes habe Schneider »diesen Weg verhindert«.

Auch andere Mitarbeiter hatten ihre Zweifel. Chefbuchhalter Siegfried Kern etwa. Dessen Aufgabe in der Jürgen Schneider AG war unter anderem das Erstellen von Listen, aus denen sich die Mieteinnahmen und die fälligen Zinszahlungen an die Banken ergaben. Dabei gewinnt man Einblicke. Kern sagt, er habe die Listen an den Vorstand der Schneider AG weitergegeben, »verbunden mit dem deutlichen Hinweis, daß keine Kostendeckung für die Objekte gegeben war«. Eine Reaktion hierauf habe er gleichwohl nicht erhalten.

Eine von Schneider stets praktizierte Methode war auch, sich Darlehen auszahlen zu lassen, obwohl er die Gelder für die jeweiligen Projekte vorerst nicht brauchte, etwa weil die Bauarbeiten noch nicht begonnen hatten. Die überschüssigen Beträge ließ er seinen Festgeldkonten zufließen. Ein wesentlicher Grund dafür war Schneiders »Mühle-Prinzip«: An einer Stelle riß er eine

Lücke, um anderorts eine zu schließen. Ein zweiter, daß er so gegenüber den Banken immer hohe Festgelder als Sicherheiten vorweisen konnte. Wirtschaftlich gesehen war dies allerdings ein Vabanquespiel, denn die Zinsen auf den Festgeldkonten deckten nie die Darlehenskosten. Schneider legte jedesmal Geld drauf.

Unter diesen Gesichtspunkten war es also nur folgerichtig, sich vom Fürstenhof zu trennen, zumal das Angebot höchst verlockend war. »Da habe ich nicht nein sagen können«, ließ sich Schneider damals vernehmen.

Auch aus einem anderen Grund paßte der Verkauf durchaus in Schneiders Strategie. Erstmals konnte er den Banken gegenüber den Nachweis erbringen, daß seine Objekte tatsächlich auf dem Markt einen Preis erzielten, der erheblich über seinem Einstandspreis lag. So erinnert sich etwa Dr. Jörg Schröder, bei der Deutschen Hypothekenbank in Hannover für Hypothekendarlehen verantwortlich, Schneider habe in Gesprächen immer wieder darauf hingewiesen, daß »insbesondere die erfolgreiche Vermarktung des Fürstenhofes ein Beweis für die Güte seiner Immobilien sei.« Der Verkauf also als Argument für neue Kredite.

An seinem guten Vorsatz hielt er wie gesagt nicht einmal ein Jahr fest: Schon am 10. August 1989 schloß Schneider eine Vereinbarung mit einer Arab Building Materials Co. in Dubai, die einem kuwaitischen Geschäftsmann mit dem klangvollen Namen Scheich Abdolhossain Bahman gehören soll. Die Arab Building, so sah dieser Vertrag vor, sollte Schneider bei Verhandlungen über den Verkauf des Fürstenhofes mit zahlungskräftigen Investoren unterstützen. In der Vereinbarung waren mögliche Interessenten schon genannt, mehrheitlich Adressen allererster Güte: etwa die Bank of Tokyo, der Mitsubishi Trust, der OPEC Fund in Wien, die ADNAN International in Dubai oder die Sumitomo Life, eine der größten Versicherungsgesellschaften der Welt. Und zwei weitere Namen finden sich darunter: ein gewisser Dr. Moh. Moss, Inhaber einer Firma Diwan S. A. in Genf und eine Kowa Real Estate aus Tokio.

Die Japaner machten schließlich das Rennen, und am 16. Januar 1990 traf sich eine illustre Gesellschaft zum Dinner in der Villa Andreae: Seishero Mimura, Europachef der Kowa Real Estate, die Herren Tsu Boy und Hirose, ebenfalls Kowa-Abgesandte, auf der einen Seite, Herr und Frau Schneider sowie Professor Fissenewert auf der anderen. Letzte Details im Zusammenhang mit dem Verkauf des Fürstenhofes wurden besprochen.

Laut Fissenewert trennte sich Schneider nur widerwillig vom Fürstenhof: Als man am Tage des geplanten Verkaufs beim Notar beisammensaß, um endlich alles unter Dach und Fach zu bringen, trug er noch tausend Dinge vor, um den Verkauf zu verhindern, wie der Professor meint. Der Immobiliensammler habe seine Unterschrift »durch außerordentlich komplizierte Verhandlungstechnik um etwa zehn Stunden hinausgezögert«.

Doch hat Schneider die behaupteten 450 Millionen Mark tatsächlich bekommen? Daran gibt es ernsthafte Zweifel. Im Kaufvertrag zwischen der Kowa Real Estate und der Doring B. V. auf der einen Seite und Schneider auf der anderen, der am 19. Dezember 1990 vor dem Frankfurter Notar Georg Bambach beurkundet wurde, ist von einem Gesamtkaufpreis von »nur« 365 Millionen Mark die Rede, also 85 Millionen Mark weniger. Hat Schneider auch den Verkauf des Fürstenhofes genutzt, um mit geschönten Zahlen andere zu täuschen? Oder sind hier noch riesige Summen »unter dem Tisch« geflossen? Diese Frage ist bislang offen.

Es kommt noch besser: Der Deutschen Bank wollte der einfallsreiche Schneider bereits Ende 1990 weismachen, er habe ein Kaufangebot für das ehemalige Palasthotel über 550 Millionen Mark. Am 29. Mai 1992 erzählte er den Herren des Geldes, er habe beim Verkauf des Fürstenhofs brutto 641 Millionen Mark eingenommen, der Gesamtüberschuß aus dem Geschäft betrage 272 Millionen Mark. 225 Millionen Mark, so Kreditnehmer Schneider zu Kreditgeber Deutsche Bank, wären von den Japanern zusätzlich zu zahlen, weil er Leistungen erbracht habe, die über den »ursprünglich vereinbarten Rahmen hinausgehen«.

Doch eines sei hier schon angemerkt: Als der Frankfurter Zentrale der Deutschen Bank Zweifel kamen und ein Mitarbeiter der Kreditüberwachung nachhakte, rechnete die Deutsche-Bank-Filiale Baden-Baden den Kaufpreis unter Angabe von Zusatzleistungen kurzerhand auf 550 Millionen Mark hoch.[42] Ist es also so, wie Schneider behauptet, daß er in den Banken willfährige Helfer fand, wenn er seine Immobilien schönrechnete?

Fissenewert, der mit der Abwicklung des Projektes Fürstenhof betraut war, kann sich nicht an höhere Angebote als das der Japaner über 365 Millionen Mark erinnern. Zusatzkosten, wie von Schneider behauptet, habe es nicht gegeben.

Auch beim tatsächlichen Aufwand für die Sanierung der Nobelimmobilie hatte Schneider zur Wahrheit vielleicht nur ein taktisches Verhältnis. Die von ihm beauftragte HSG Treuhand Heidelberg GmbH etwa kommt auf Anschaffungs- und Herstellungskosten von rund 117 Millionen Mark. Fissenewert meint, die Herstellungskosten hätten nach seiner Hochrechnung unter 90 Millionen Mark gelegen. Deutsche Bank und Centralboden hatten Schneider 293 Millionen Mark kreditiert.

Am 9. April 1991 flatterte eine Rechnung aus Dubai auf Schneiders Schreibtisch: Die Arab Building stellte für ihre Bemühungen um den Verkauf des Fürstenhofes 18,25 Millionen Mark in Rechnung. Dies waren exakt die fünf Prozent Provision vom Verkaufspreis, die man vereinbart hatte. Hoch gerechnet kommt man also wieder auf die Gesamtsumme von 365 Millionen Mark und nicht 450 oder gar 550 Millionen.

Sechs Millionen Mark der Provision überwies Schneider schon tags darauf auf Bahmans Konto bei der Credit Swiss in London. Am 18. April stellte Schneider noch einen Scheck über 8,75 Millionen Mark an die Arab Building aus. Das Bundeskriminalamt wundert sich allerdings darüber, daß zuvor eine Kopie des Schecks an Djavadi nach London gefaxt wurde.

Der stete Tropfen höhlt selbst den härtesten Stein, auch wenn dieser Jürgen Schneider heißt. Ob es die fortwährenden Mahnungen seines engsten Umfeldes waren oder die pure Not, ist ohne Belang. Doch irgendwann im Jahr 1993 muß Schneider sich entschlossen haben, sich wieder von einem erheblichen Batzen seines Immobilienbesitzes zu trennen.

Am 23. März war Laetsch-Geschäftsführer Steffens bei Schneider in der Villa, um mit ihm eine geplante Hongkong-Reise zu besprechen. Steffens sollte in der britischen Kronkolonie herausfinden, in welcher Höhe Chinesen in Deutschland zu investieren bereit seien. Auch Djavadi suche bereits Käufer, spornte Schneider Steffens an, und der Perser sei im übrigen schon weiter in seinen Bemühungen. Der Ausverkauf hatte offensichtlich begonnen.

Am Gründonnerstag des Jahres 1994 rief Steffens aus Hongkong bei Schneider an. Er stünde mit einem Hongkong-Chinesen im Kontakt, der die Zeil-Galerie in der asiatischen Megametropole nachbauen wollte. Außerdem gebe es Gespräche mit anderen Chinesen, die bereit gewesen sein sollen, ein Immobilienpaket bestehend aus Zeil-Galerie, Bernheimer Palais und Mädler-Passage zu übernehmen. Das sehe alles sehr gut aus, teilte Steffens seinem Chef mit. Schneider verabschiedete sich von seinem Handlungsreisenden mit dem Hinweis, daß er über Ostern in die Toskana fahre, und beide verabredeten sich für den 18. April in Königstein. Daß aus diesem Treffen nichts mehr wurde, ist bekannt.

Der Sultan von Brunei

Es war nicht gerade eine Postwurfsendung, doch das Angebot das da von einer AUI Alexander Uberoi Immobilien ins Haus flatterte, hatten auch andere erhalten. In dem Schreiben vom 18. März 1994 ließ Uberoi wissen, daß »ein Vertreter unseres Hauses« Ende des Monats nach Brunei fliege, um mit dem dortigen Bruneier Investment-Office Verhandlungen über den Ankauf von »High-Profile«-Immobilien durch den Sultan von Brunei zu führen. Damit meinte der Immobilienmakler Häuser, die an erstklassigen Standorten an Mieter einwandfreier Bonität langfristig zu vergeben seien; eine reibungslose Verwaltung sollte gewährleistet sein, kurz:

Traumobjekte. Bekanntlich, so klärte Uberoi die Empfänger auf, habe der Sultan in den vergangenen Jahren eine ganze Reihe von Immobilien in den USA und Europa erworben. »Sofern aus dem Bestand Ihrer Gruppe ein solches Projekt zum Verkauf anstünde, wären wir dankbar, wenn wir rechtzeitig zur Abreise unseres Vertreters am Ende dieses Monats eine komplette Dokumentation in englischer Sprache über das Objekt haben könnten.«

Bei dem »Vertreter unseres Hauses« handelte es sich um den Schweizer Markus Herzig. Der ist Geschäftsführer einer Firma Hedag AG im schweizerischen Schlieren und hatte vor, am 2. April nach Brunei zu fliegen. Was Herr Herzig angeblich für den Sultan suchte, seien ausgesuchte Objekt, historisch bedeutsam und baulich von ausgesuchter Qualität. Auf die Rendite komme es weniger an.

»Ich war dann ganz überrascht, daß Herr Diederich mich bereits am nächsten Tag anrief«, berichtet Uberoi über den Erfolg seiner Aussendung. Diederich verwies den geschäftstüchtigen Makler an die Realty Administration, die innerhalb der Schneider-Gruppe für den Immobilienverkauf zuständig sei. Dort sollte Uberoi mit einem Matthias Düsterdick sprechen, der seit April 1993 Geschäftsführer der Realty Administration war.

Sinn und Zweck der Realty Administration sind schnell erklärt: Schneider brauchte Höchstpreise, wenn er seine Häuser verkaufen wollte. Dies sollte mit einem Trick erreicht werden. Laut Düsterdick sprach die Realty Administration, die auf dem Immobiliensektor bewußt als No-Name-Gesellschaft auftrat, Immobilienmakler an und gab vor, daß Schneider eigentlich gar nicht verkaufen wolle. Wenn allerdings ein lukratives Angebot gemacht würde, ließe man sich vielleicht »zu Verhandlungen an den Tisch zwingen«. Dadurch sollte erreicht werden, daß sich die Makler an die Realty Administration wendeten und »im Wissen, daß Schneider eigentlich nicht verkaufen will, einen möglichst hohen Preis anbieten«, so Düsterdick.

Für einige wenige Objekte hatte die Realty Administration den Auftrag, sie zu verkaufen. In der oft knapp bemessenen Zeit klappte dies entweder nicht, oder aber die Schneiderschen Traumpreise konnten einfach nicht erzielt werden.

Beispiel Bamberger Haus in Leipzig: Schneider hatte diese Immobilie einst für 45 Millionen Mark gekauft. Durch intensives Verhandeln konnte die Realty Administration ein Kaufangebot für 90 Millionen Mark herausholen. Doch vergeblich, erklärt Düsterdick, habe man versucht, Schneider vom Verkauf zu diesem Preis zu überzeugen. Später erst habe sich herausgestellt, daß Kreditbelastungen von 108 Millionen Mark auf dem Haus lagen. Kein Wunder, daß Schneider nicht verkaufen wollte. Düsterdick: »Die Belastungen auf den Objekten waren uns nicht bekannt. Herr Schneider hat hier nicht mit offenen Karten gespielt.«

Einige Tage nach dem Telefonat zwischen Uberoi und Düsterdick, am 22. März, fand das vorgeschlagene Treffen im Büro der Realty Administration am Roßmarkt in Frankfurt statt. Düsterdick begrüßte die Geschäftsmöglichkeiten, die Uberoi offerierte. Aber offensichtlich hatte Düsterdick sich vom Größenwahn seines Chefs anstecken lassen, als er Uberoi gegenüber erwähnte, man sei vom Sultan als Käufer sehr angetan, da er auf der gleichen Stufe wie Schneider stehe. Der Sultan allerdings gilt, ganz im Gegensatz zu Schneider, als der reichste Mann der Welt.

»Ich hatte nach diesem Gespräch den Eindruck, daß die Realty Administration am liebsten sämtliche Schneider-Objekte verkaufen würde«, sagte Uberoi später dem Bundeskriminalamt.

Kurz darauf trafen sich Uberoi und Düsterdick ein weiteres Mal. Diesmal war auch Herzig aus der Schweiz dabei. In Brunei sei man durchaus an Schneider-Immobilien interessiert, wußte der Schweizer zu berichten. Wenn dem so sei, dachte man sich bei der Realty Administration, könne dem Mann geholfen werden. Herzig bekam Unterlagen über die Schneider-Objekte Bernheimer Palais (München), Fahning-Haus (Hamburg) und Goldenes Kreuz (Baden-Baden). Damit wollte man erst einmal die Philosophie Schneiders vorstellen und später mit dem Sultan direkt in Kontakt treten.

Zuvor wurden allerdings Uberoi und Herzig zum Stillschweigen vergattert. Nur der Sultan beziehungsweise dessen Beauftragter dürfe von den Verkaufsabsichten erfahren. Auch auf der Provisionsvereinbarung vom 30. März, die von den Parteien anschließend geschlossen wurde, erschien der Name Schneider »aus Diskretionsgründen« nicht. Das Angebot an den Sultan war zudem auf den 20. April befristet. An diesem Tag wollte Herzig aus Brunei zurück sein.

Herzig war laut Uberoi begeistert: die Aufmachung der Unterlagen sei sehr exklusiv, die Objekte könnten durchaus der Erwartungshaltung des muslimischen Herrschers entsprechen.

Doch die Zeit arbeitete offensichtlich gegen die Geschäftsmänner: »Bevor eine Resonanz aus Brunei erfolgte, erfuhren wir über die Presse von dem Abgang der Eheleute Schneider«, bedauert Uberoi. Er habe später noch einmal mit Düsterdick telefoniert, und der habe ihm »gewisse Hoffnungen« gemacht, daß man vielleicht doch noch ins Geschäft kommen könnte. Düsterdick soll Uberoi in Aussicht gestellt haben, daß er, Düsterdick, von einem Bankenkonsortium mit dem Verkauf der Schneider-Objekte beauftragt werden könne. Auch daraus wurde nichts.

Herzig will zwar erfahren haben, daß die Deutsche Bank nach der Flucht Schneiders dem Sultan angeboten habe, sich günstig in den Schneiderschen Immobilienbestand einzukaufen, doch in dem Sultanat habe man sich dagegen entschieden. Offensichtlich rechnete man dort laut Herzig mit der Möglichkeit, daß Schneider zurückkommen könnte und man sich dann mit ihm über die Rückgabe der Häuser streiten müßte. Auch wegen des schlechten Klanges, den der Name Schneider mit einemmal angenommen hatte, wolle man die Sache nicht weiterverfolgen, teilte Herzig mit.

Die Deutsche Bank bestätigt dies: Schon Tage nach Schneiders Verschwinden hatten Mitarbeiter der Deutschen Bank erfahren, daß der Herrscher von Brunei Interesse an Schneider-Objekten gezeigt haben soll. Die Frankfurter Zentrale kontaktierte ihre Tochter in Singapur. Die stand seit geraumer Zeit in geschäftlichen Beziehungen zu dem Sultan. Man solle doch mal sondieren, so lautete der Auftrag aus Frankfurt, ob das Interesse dort noch bestehe. Man habe erfahren, so teilten der Leiter der Rechtsabteilung der Deutschen Bank, Dr. Obermüller, später dem Bundeskriminalamt mit, daß in Brunei kein Interesse an den Schneider-Immobilien bestehe. »Damit war für uns die Sache erledigt«, so Obermüller.

Düsterdick vermutet, daß dies der erste Versuch war, mit dem Sultan von Brunei ins Geschäft zu kommen. »Schneider hätte uns einen Sperrvermerk gegeben, wenn er zuvor bereits in Kontakten mit dem Sultan gestanden hätte.«

Doch der Name des märchenhaft reichen Sultans aus Fernost hatte schon früher in der Königsteiner Villa Erwähnung gefunden. Dies war 1993, und in Bankkreisen raunte man sich zu, Schneider stünde mit potenten Investoren aus Südostasien in Verkaufsgesprächen.

Tatsächlich gab es sogar schon Entwürfe notarieller Kaufverträge, die diesen Schluß nahelegten. Was diese Dokumente allerdings wert waren, ist eine andere Frage. Es ging um das Tauentzienhaus in Berlin, den Barthels Hof in Leipzig, die Praxisklinik Heidelberg und, als größten Batzen, die Zeil-Galerie in Frankfurt. Gesamtverkaufspreis: 1,258 Milliarden Mark.

Genauso erstaunlich wie dieser gigantische Kaufpreis ist die Tatsache, daß die angeblichen Käufer mehrfach wechselten: Zunächst sollte eine Gesellschaft bürgerlichen Rechts, bestehend aus Scheich Bahman und einem gewissen Mostafa El Kastaui, Käufer sein. Ende März tauchte dann plötzlich der Sultan von Brunei als Erwerber in dem Papier auf, vertreten durch Geschäftsmann El Kastaui. Schnell zimmerte man im Hause Schneider jeweils die entsprechende Vertragstexte zusammen und ließ sie dem Hausnotar Stöckle zukommen. Unterschrieben und notariell beglaubigt ist jedoch keiner der Kaufverträge. Eine Luftnummer wie andere auch?

Am 30. August 1994 strahlte das ARD-Magazin »Plusminus» einen Beitrag über das dubiose Geschäft aus. Darin äußerte Scheich Bahman: »Ich kann nicht verstehen, wie mein Name in diesem Zusammenhang genannt wird. Ich war nie hier und habe den Notar nie zu Gesicht bekommen.« Auf die Frage des Reporters, ob der Scheich den Geschäftsmann Kastaui kenne, sagte der Mann aus dem Golfstaat:»Diesen Herrn kenne ich nicht, ich habe ihn noch nie getroffen, weder beim Notar noch irgendwo anders.«[43]

In der gleichen Sendung erklärte der Scheich interessanterweise, auch mit Schneider keine Geschäfte gemacht zu haben. Zwar habe er den Immobilienmogul einmal in dessen Märchenschloß besucht, aber zu mehr als einer Tasse Kaffee sei es nicht gekommen. Bei dieser Gelegenheit soll Schneider dem arabischen Gast ein Album seiner schönsten Objekte präsentiert haben. Scheich Bahman:»Ich erklärte ihm, als Großhändler habe ich kein Interesse an seiner Art von Geschäften.«

Vielleicht gibt es ja noch einen zweiten Scheich dieses Namens? Wie sonst sollte sich die Überweisung von sechs Millionen Mark auf das Londoner Konto eines »A. H. Bahman« bei der Credit Swiss erklären? Und wer sollte am 10. August 1989 für eine Arab Building eine Vereinbarung mit Schneider über den Verkauf des Fürstenhofes geschlossen haben? Oder ist dies wieder eine der phantastischen Ausgeburten des Dr. Jürgen Schneider? Doch wer hat dann die insgesamt 14,75 Millionen Mark erhalten, die einmal per Überweisung und einmal per Scheck bezahlt wurden, und warum ist auf beiden als Verwendungszweck jene ominöse Vereinbarung erwähnt? Auf diese Frage gibt es bis heute keine – nicht einmal eine vage – Antwort.

Die Ermittler wunderte auch, weshalb die Arab Building am 10. August 1989 mit Schneider eine Vereinbarung über den Verkauf des Fürstenhofes traf, obwohl zu dieser Zeit bereits festgestanden habe, daß der Fürstenhof an die Kowa verkauft werden solle. Sie baten Kastaui um Aufklärung, doch der sagte nur:»Ich habe keine Ahnung. Ich kenne weder Arab Building noch Kowa, noch das Objekt Fürstenhof.«

Ein Freund aus Genf

Der Mann bietet genug Stoff für ein oder zwei Agentenromane. Er gehört zu der Sorte Menschen, deren Profession es vorschreibt, sich nicht zu sehr dem Licht auszusetzen und keinesfalls dem Lichte der Öffentlichkeit.

Die Rede ist von Dr. Ing. Mostafa El Kastaui alias M. K. Moss – oder auch umgekehrt, dem Mann, der die wohl geheimnisumwittertste Rolle im Leben des Dr. Jürgen Schneider spielen dürfte.

El Kastaui arbeitet ebenso für den amerikanischen Geheimdienst CIA wie für den israelischen Mossad, heißt es. Ein iranischer Waffenhändler, selbst im Sold der amerikanischen Schlapphüte, will in Kastauis Genfer Büro sogar schon auf den CIA-Chef Robert Gates getroffen sein. Im Pentagon, enthüllt ein FBI-Beamter, gehe er ein und aus. Er handelt mit Waffen und wäscht Geld, behaupten Ermittler der US-Bundespolizei. Offensichtlich handelt er stets legal, denn dauerhaft eingesperrt wurde er deswegen nicht. Ein einziges Mal, so weiß das Magazin *Focus* zu berichten, saß er 22 Tage in einem saudischen Gefängnis. Mitunter würde zudem Interpol Belgrad wegen gefälschter Finanzpapiere, Interpol Ottawa wegen Waffenhandels oder das Drogendezernat der Polizei in Miami nach dem »Dunkelmann aus dem Morgenland« fragen.[44]

Jetzt sucht ihn auch die Frankfurter Staatsanwaltschaft mit internationalem Haftbefehl. Mostafa El Kastaui alias Mister Moss habe nämlich dem Ehepaar Schneider zur Flucht verholfen, lautet der Vorwurf.

Die Suche erübrigt sich, er ist leicht zu finden. Und den 56jährigen Ägypter mit Wohnsitz in Miami, Florida, und Genf läßt dies alles ziemlich kalt. In seinem Genfer Büro empfängt er Journalisten zum Interview und fühlt sich sicher. Verständlich: inzwischen hat er sich auch die Schweizer Staatsbürgerschaft zugelegt, und wie die meisten anderen Länder liefert die Schweiz ihre Bürger nicht aus. Den eidgenössischen Paß kann er nun zu seinen beiden anderen legen, dem kanadischen und dem ägyptischen.

In der Genfer Cours de Rive 4 betreibt El Kastaui seine Firmen: Diwan S. A. Nisma S. A. Credofin S. A. und die State Link Institute, jene Briefkastenfirma die im US-Bundesstaat Delaware, dem Liechtenstein der Vereinigten Staaten, eingetragen ist. Kastaui, der Kettenraucher (*Focus*), spricht mehrere Sprachen, darunter Deutsch. Er ist eben ein weltgewandter Geschäftsmann mit vielschichtigen Verbindungen: Seine Wohnung in der Avenue de Frontenex schmücken Fotos, die den Businessman mit so prominenten Persönlichkeiten wie Königin Elizabeth II., mit Waffenhändler Adnan Kashoggi, dem amerikanischen Ex-Präsidenten George Bush oder dem philippinischen Ex-Diktator Marcos, dessen Vermögen El Kastaui verschoben haben soll, zeigen. Eine bunte Mischung fürwahr. »Kastaui ist ein begnadeter Hochstapler. Den Titel Dr. Ing. führt er zu Unrecht«, qualifiziert der *Spiegel* den Geschäftsmann.[45] Die Bilder in seiner Wohnung seien zudem Fotomontagen. Das sagt aber nicht viel über seine sonstigen Geschäfte aus, und wie zu erfahren ist, hat Kastaui in allem, was Geld bringt, seine Hände im Spiel. Ein echter Handelsmann aus dem Orient eben.

Wie kommt nun der Immobilienkrösus aus Königstein, der trotz allem Pomp ein eher bürgerliches Leben führte, an den Schattenmann aus Ägypten? Zwei Charaktere, wie sie verschiedener nicht sein könnten. Oder etwa doch nicht?

Professor Fissenewert erinnert sich, El Kastaui alias Moss das erste Mal in der Villa Andreae begegnet zu sein, als der Ägypter Schneider ein Objekt in Paris vorstellte, daß er verkaufen wollte. Ein zweites Mal habe er den Geschäftsmann in Genf getroffen. Zu diesem Zeitpunkt ging es schon um den Verkauf des Fürstenhofes.

Etwa 1990 oder 1991 habe er Schneider durch Djavadi kennengelernt, berichtet El Kastaui. Entgegen der Darstellung von Fissenewert habe er nie eine Immobilie in Paris besessen und folglich Schneider auch nicht zum Kauf angeboten. In dem Königsteiner habe er gleichwohl vor allem einen potentiellen Kunden für Handelsgeschäfte gesehen. »Djavadi hat mir berichtet, er sei steinreich.« Zu einem Geschäft sei es schließlich nicht gekommen.

Das ist freilich nicht ganz richtig, denn am 11. Februar 1993 wurde Kastauis amerikanische Firma State Link Institute Treuhänderin für die Schneider-Firma Quicktulane. Ein reiner Gefälligkeitsdienst, um den ihn Schneider durch Djavadi habe bitten lassen, erläutert Kastaui. Nicht einen Dollar habe er von den Schneiders erhalten. Ein echter Menschenfreund. Daß es so etwas noch gibt. Aber die State Link Institute hat für ihre Bemühungen freilich etwas bekommen, oder? »Ja, einmal einen Scheck.« Die Summe? Da schweigt der Gentleman. Ehrensache, versteht sich. Die State Link gehöre seiner Familie (Mutter, zwei Brüder, zwei Schwestern), aber es handle sich lediglich um eine Briefkastenfirma, die nur für Schneider tätig war. »Direktoren sind zwei Anwälte auf der Isle of Man. Die Namen dieser Leute kenne ich nicht.«

Am 16. März 1995 sitzt Kastaui im Büro der Genfer Polizei, Sicherheitsabteilung 204, zwei Schweizer Polizisten, drei Beamten des Bundeskriminalamtes und einem Frankfurter Staatsanwalt gegenüber. Die Herren haben peinliche Fragen im Gepäck und erhoffen sich entsprechende Antworten. Die BKA-Beamten erinnern sich, daß Kastauis Frau dem Geschäftsmann, während die Polizisten seine Wohnung durchsuchten, »gegen 10.45 Uhr« ein Wasserglas voll Whiskey habe bringen müssen, damit dieser überhaupt einen klaren Gedanken habe fassen können.

Ganz anders als man es von einem angeblichen Geheimdienstmann seiner Garnitur vielleicht erwarten würde, weiß El Kastaui nicht viel Erhellendes beizutragen – jedenfalls soweit es die Fragen angeht, die ihm die Ermittlungsbeamten stellen.

El Kastaui identifiziert sich durchaus mit jenem Dr. Moh. Moss, dessen Name in der Vereinbarung zwischen Schneider und der Arab Building über den Verkauf des Fürstenhofes erwähnt wird. Wie sein Name allerdings auf das Papier gelangte, das kann sich El Kastaui überhaupt nicht erklären. Er kenne weder die Arab Building noch einen Scheich Bahman und schon gar nicht das Objekt Fürstenhof. Völlig ausgeschlossen, daß er damit etwas zu tun hatte.

Ganz anders beim vermeintlichen Geschäft mit dem Sultan von Brunei. Er habe sogar einen dieser Verträge gesehen, in denen es um den Verkauf von Schneider-Immobilien an den fernöstlichen Herrscher ging. »Djavadi hat ihn mir gezeigt, und ich persönlich war nicht abgeneigt.« Schließlich kenne er den Sultan von Brunei ja persönlich, seinem Vater habe er geholfen, reich zu werden. Hingegen sei er weder sein Bevollmächtigter, wie das Dokument glauben machen will, noch habe er mit dem Sultan jemals über die Schneider-Häuser gesprochen. Djavadi habe ihm lediglich irgendwann einmal gesagt, man müsse nochmals zum Notar Stöckle, um dort etwas zu unterschreiben. »Ein solches Treffen hat aber nie stattgefunden.«

Und sonst? »Keine Ahnung«, »Nie gesehen«, »Weiß ich nicht«, »Ist mir nicht bekannt« sind Sätze, die sich die Polizisten bei der Vernehmung Kastauis häufig anhören dürfen.

Tja, wie dem auch sei, einer hat hier wohl gelogen. Entweder der arabische Tausendsassa El Kastaui oder der Verfasser des ominösen Vertrages mit dem Sultan von Brunei, also mutmaßlich der Schloßherr aus Königstein.

Teheraner Geschäfte

Der Orient hat es dem Immobilienlöwen offensichtlich angetan. Im Spätherbst des Jahres 1992 reiste Schneider in den Iran. Sein Vertrauter Mehdi Djavadi und Finanzberater Fissenewert waren mit von der Partie. Ohne die üblichen Zollformalitäten, so Fissenewert, reisten die drei ins Land, besuchten Teheran und das 300 Kilometer von der Hauptstadt entfernte Isfahan.

Da der Iran nicht gerade auf der Liste der typischen Urlaubsziele steht, mußte der Großinvestor einen anderen Grund für den Trip gehabt haben. Über den Zweck der Reise befragt, erzählte Djavadi später dem BKA, Schneider habe »gegenüber hochrangigen Ministern Investitionsbereitschaft im Iran gezeigt«.

Tatsächlich hatte das Trio aus Hessen Immobilien besichtigt.

Auf dem Plan stand standesgemäß Märchenhaftes aus 1001 Nacht, zuerst die blendendweiße Traumvilla Khodadad, sozusagen das persische Pendant zum heimischen Schloß in Königstein. Man gönnt sich ja sonst nichts. 1925 erbaut, liegt das Prachtstück inmitten eines Parkgrundstückes, nur 30 Minuten von der City entfernt in der Saladschar Falahi Street 12 im nördlichen Stadtteil Schemiran. Meterhohe Mauern und ein Stahltor schützen vor neugierigen Blicken und ungebetenen Besuchern. Den Rest erledigten die Videoüberwachung und uniformierte Posten, die auf dem Gelände Streife gingen. Fünf Millionen Dollar sollte das Kleinod kosten

Den Rest der Reise verbrachten Schneider und seine Begleiter mit Geschäftsbesprechungen und Galadiners. Auch ein gewisser Mohssen Rabbani Zarei, ein Verwandter von Djavadi, sowie ein weiterer Neffe des Kölner Teppichhändlers waren bei den diversen Treffen zugegen.

Fortan, so erinnert sich Schneiders Sekretärin, hatte der Chef in seinem Schrank einen weißen Ordner mit der Aufschrift »Iran« zu stehen. Darin bewahrte er Vertragstexte auf und einen Plan der Märchenvilla Khodadad.

Etwa einen Monat später, im Dezember 1992 leistete Schneider eine Anzahlung von einer Millionen Mark. Ein entsprechender Scheck wurde auf Herrn Seyed Hassan Aqhamir Moosawi, Berater der Mostafazan + Janbazan Foundation Teheran, ausgestellt. Betrifft: Anzahlung Immobilie Teheran.

Schneider hatte sich hier mit dubiosen Geschäftspartnern eingelassen, denn hinter der Mostafazan + Janbazan Foundation, was auf deutsch soviel wie Stiftung für Waisen und Behinderte bedeutet, verbirgt sich eine Organisation, die weltweit das Vermögen des früheren Schah verwaltet. Dazu gehören rund 700 Firmen, Hotels, Reedereien, Reisebüros und Handelsniederlassungen auf der ganzen Welt. Jahresbudget: zehn Milliarden Dollar. Auch in Frankfurt unterhält die Stiftung ein Büro. Geheimdienstexperten sehen in der Mostafazan allerdings eher eine der vielen Schaltzentralen des iranischen Nachrichtendienstes VEVAK, der immer wieder durch spektakuläre Mordanschläge auf Regimekritiker im Ausland von sich reden macht. Chef der Stiftung ist seit rund sieben Jahren der Iraner Mohsen Rafiqdoust. Der stets braungebrannte Bartträger arbeitete einst als persönlicher Fahrer des Revolutionsführers Ajatollah Khomenei, als dieser noch im Pariser Exil lebte. Nach der Revolution im Iran wurde der getreue Gefolgsmann Chef der berüchtigten Revolutionsgarde Pasdaran, später sogar Minister und damit verantwortlich für die erbarmungslose Jagd auf alle, die bei den Ajatollahs in Ungnade gefallen waren. Der 53jährige gilt Geheimdienstexperten heute noch als eine der mächtigsten Figuren des iranischen Terrorregimes und Waffenhändler.

Zweck der Reise in den Iran sei gewesen, eine Villa, ein Hochhaus in Teheran und Anteile einer Erzmine im Norden des Landes zu kaufen, vertraute der iranische Botschafter in Bonn später dem BKA an. Rafiqdoust habe klären sollen, ob ein Ausländer im Iran überhaupt Immobilien erwerben könne. Dieses Begehren wurde offensichtlich abschlägig beschieden.

Anfang November 1994 waren drei Beamte des BKA im Iran, um sich nach den Hintergründen der Schneider-Reise zu erkundigen. Kollegen der Teheraner Polizei teilten den Deutschen lapidar mit, Inhaber der Villa sei ein unbescholtener Iraner, der nie im Leben daran gedacht habe, sein Haus zu veräußern. Auch wisse man nichts über Schneiders Absichten, ein Hochhaus und eine Erzmine zu kaufen, und mit Rafiqdoust habe es keinerlei Verhandlung gegeben.

Merkwürdig, denn daß Schneider sich mit Rafiqdoust und hochrangigen Mullahs in Teheran getroffen hat, steht fest. Es gibt Bilder, die den Baulöwen aus Königstein mit den persischen Machthabern zeigen: bequem auf dem Diwan wie an der festlichen Tafel. Die Gespräche werden zudem von Djavadi und Fissenewert bestätigt. Und hatte nicht der iranische Botschafter dasselbe berichtet?

Djavadi sei aufgrund dieser Gespräche von der Regierung sogar zum Sonderbotschafter des Iran als Generalbevollmächtigter zum

Aufbau des Landes ernannt worden. Seine Aufgabe: unbedingt Kontakt zu dem scheinbar finanzstarken Deutschen zu halten.

Am 29. Juni 1993 beschäftigte sich Schneider noch einmal mit dem Iran. Er rief seinen Buchhalter Kern an und erteilte ihm den Auftrag, einen Scheck vom Konto 12 807 bei der Königsteiner Volksbank über 14,5 Millionen Mark auszustellen. Als Verwendungszweck trug Schneiders Kassenwart ein: »Immobilien-Objekt Teheran-Teilzahlung«. Kern sollte außerdem mit der Bank einen Termin ausmachen, an dem das Geld abgeholt werden könne. Bei der Königsteiner Volksbank wurde der Barscheck dann in einen LZB-Scheck getauscht. Anschließend fuhr ein Mitarbeiter der Bank mit Djavadi und den beiden Iranern zur Landeszentralbank nach Frankfurt, wo das Geld bar abgehoben und an die Iraner ausgezahlt wurde. Kern: »Welche Rolle Djavadi dabei spielte, weiß ich nicht. Für mich schien er als Mittelsmann, vielleicht auch nur als Dolmetscher aufzutreten.«

Auf dem Scheck wurde als Buchungsnotiz festgehalten: »Bargeld übergeben, Gebäude im Iran der Regierung unentgeltlich zur Verfügung gestellt, gebucht auf 1808 Auslandsimmobilien.«

Doch schon einen Tag später bekam Schneider das Geld zurück. Ebenfalls in bar. Wohin er es danach geschafft hat, ist unbekannt. Das BKA hat zwar alle bekannten Schneider-Konten auf diesen Betrag hin überprüft, konnte das Geld aber nicht mehr finden. Auch der Sinn dieser Transaktion erschließt sich den Fahndern nicht.

Was Schneider sich tatsächlich von der Reise in den Iran versprach, ist vorerst sein Geheimnis. Seinem Intimus Fissenewert hatte er jedenfalls einige Monate später anvertraut, er habe den Gedanken, die Märchenvilla zu kaufen, fallengelassen. »Schneider machte auf mich auch nicht den Eindruck, als ob er an der Villa sehr interessiert war.« Er hätte sich sonst anders verhalten. Warum der Immobilienfreund dann allerdings eine Million Mark als Anzahlung geleistet hatte, bleibt ein Rätsel.

Götterdämmerung

Was letztlich tatsächlich den rasanten Abstieg des Immobilienlöwen Dr. Jürgen Schneider, Hätschelkinds der Banken, Medien
und Politiker, herbeiführte, läßt sich heute kaum mit Bestimmtheit
sagen. Man kann nur spekulieren, was ihn schließlich bewogen
haben mag, seinen Höhenflug als gescheitert zu erkennen und
im April seine Koffer zu packen.

Doch es gibt eine Reihe von Ereignissen, die jedes für sich genommen, vor allem aber in ihrer Gesamtheit, nichts Gutes erahnen ließen. Zum Jahreswechsel 93/94 war es um Schneider jedenfalls nicht mehr zum besten bestellt. Mag sein, daß er die Zeit des
Abschieds von seinem mühsam aufgebauten Imperium kommen
sah.

Hartnäckig etwa hielten sich seit Jahren in der Branche Gerüchte, wonach Schneider den Käufern des Frankfurter Fürstenhofes, der japanischen Kowa-Gruppe, eine Mietgarantie gegeben
habe und nun, weil nicht zum erwarteten Preis vermietet werden
konnte, die Differenz drauflegen müsse. Das wäre den Luxussa-
nierer aus dem Taunus teuer zu stehen gekommen. Gerüchte dieser Art sind nicht eben dazu angetan, das Vertrauen der Banken in
einen ihrer größten privaten Gläubiger zu stärken.

Vielleicht hatte auch zu Schneiders Verunsicherung beigetragen,
daß sein Geschäftsfreund Rolf Diederich, Inhaber der DIMA Diederich Immobilien, Geschäftsführer und Treuhänder diverser
Schneider-Firmen, am 19. Januar 1994 ungebetenen Besuch bekam: Beamte der Steuerfahndungsgruppe V tauchten frühmor-
gens bei dem Geschäftsmann auf und hatten, ärgerlich für Diederich, einen Durchsuchungsbefehl in der Tasche. Einem Beschluß
des Frankfurter Amtsgerichts zufolge suchten die Steuerfahnder
nach Belegen für angebliche Geldverschiebungen Diederichs. Gab

es hier einen Zusammenhang mit den Schneider-Firmen Realty Developments? Man konnte ja nie wissen, mochte man sich in Königstein gedacht haben. Schneider soll von der geplanten Durchsuchung nämlich schon eine Woche vorher gewußt haben.

Einer der wichtigsten Gründe war zweifelsohne, daß mehr und mehr Banken sich mit Schneiders Märchenstunden nicht mehr zufriedengaben. Auch die fortlaufenden Meldungen aus der Zentrale des Geldes, der Bundesbank, verhießen Schlimmes. Wenngleich die Banken hier jahrelang großzügig darüber hinweggesehen haben, so waren die Zeichen nun nicht mehr zu leugnen: Der emsige Krediteinsammler aus Königstein war verschuldet wie nie ein Privatmann der Bundesrepublik vor ihm. Auf knapp fünf Milliarden Mark beliefen sich laut Evidenzliste der Frankfurter Währungshüter die Gesamtschulden des scheinbaren Vorzeigeinvestors.

Besonders Schneiders langjährige und treue Weggefährtin, die Deutsche Bank, strafte ihren »Zögling« (Schneider über Schneider) mit Liebesentzug: In einem offenen Gespräch, so schreibt der *Spiegel*, hätten ihre Verantwortlichen ihm vorgehalten, er verschulde sich wie ein Großkonzern.[46] Nun sei es an der Zeit, daß er ein genaues Bild seiner Lage gebe, und zwar bis Anfang April. Dann sollte Klarheit herrschen. Damit Schneider dies über seinen vielfältigen Tätigkeiten nicht aus dem Auge verlor, erinnerten sie ihn Ende März noch mal daran.

Der Baulöwe reagierte, wie er es seit Jahrzehnten erfolgreich praktiziert hatte: Er suchte nach Ausflüchten, vermied, die Banker mit der Wahrheit zu konfrontieren. Den Wunsch der Bank zu erfüllen sei im Moment etwas schwierig, soll Schneider erwidert haben: Der Buchhalter sei nämlich im Urlaub.

Die Deutschbanker sollten ihren Lagebericht bekommen, fast termingerecht, doch eines Inhalts, der ihnen die Sprache verschlagen haben dürfte.

Einige Banken aber machten gewaltig Druck, bestanden sogar auf einer vorzeitigen (Teil-)Rückzahlung der Kredite. Die BfG-Bank etwa verlangte zum 14. April 15 Millionen Mark zurück, die

Deutsche Bau- und Bodenbank (BauBoden) bereits sechs Tage früher 48 Millionen, und die Nord/LB schließlich hatte zum 20. April 131 Millionen Mark fällig gestellt.

Der Umgangston war längst schärfer geworden. So schrieb beispielsweise die BfG-Bank an ihren Kreditnehmer am 21. März 1994:»Ihre Ausführungen (...) sind nicht geeignet, konstruktiv zu der angestrebten Lösung beizutragen. Es handelt sich um einseitige Schuldzuweisungen, denen wir ausdrücklich widersprechen.«

Hintergrund des Debakels waren zum einen die Forderungen mehrerer Banken nach zusätzlichen Sicherheiten, zum anderen eigene Schätzungen über den Wert der Schneiderschen Immobilien. Dabei kamen die Geldverleiher – so etwa die Deutsche Hypothekenbank (DHB) in Hannover, eine Tochtergesellschaft der BHF-Bank – meist auf andere Zahlen, als die von Schneider vorgelegten.

Der BHF-Konzern hatte neben der Mädler-Passage in Leipzig den Rahmhof in Frankfurt mitfinanziert. Im Frühjahr 1993 kamen die Banken jedoch auf den Trichter, daß bei der Flächenberechnung wohl nicht alles mit rechten Dingen zugegangen sein könne.[47] Eigene Berechnungen ergaben »beträchtliche Flächendifferenzen«, so der DHB-Manager Dr. Jörg Schröder.

Die Bankiers waren sauer, es muß sie wie ein Schlag ins Gesicht getroffen haben. Jahrelang hatte man mit dem Kunden aus Königstein aufs beste zusammengearbeitet und nun so was. Auf der Suche nach Lösungen »stellten wir verschiedene Überlegungen an, wie wir reagieren sollten«, so Schröder. Dabei habe man auch erwogen, »den Kredit, möglicherweise sogar die ganze Geschäftsverbindung zu kündigen«.

Aus »geschäftspolitischen Überlegungen« wollte sich die Bank schließlich mit einer Reduzierung des Engagements zufriedengeben. Ursprünglich hatte die Bank Schneider ein Kreditvolumen von 140 Millionen Mark Kredit einräumen wollen. Als der Schwindel mit den Flächen auffiel, beschlossen die Geldgeber, es bei den zu diesem Zeitpunkt bereits ausbezahlten 112 Millionen zu belassen.

Der Leiter des Bereiches Immobilienfinanzierung bei der BHF-Bank in Frankfurt, Gunther Wunderlich, kann sich noch genau an einen Fall erinnern, bei dem es um die vorzeitige Rückführung eines Kredites über 20 Millionen Mark für das Objekt Rahmhof ging:»Dr. Schneider hat uns insoweit hingehalten und zuletzt zu diesem Zweck auch ein Kaufangebot einer Firma Arnaud de Vienne über 235 Millionen Mark für 90 Prozent der Anteile am Rahmhof vorgelegt.« Damit habe Schneider den höheren Wert der Immobilie belegen wollen. Die Bank habe daraufhin »zuletzt mit Schreiben vom 3. März 1994 die Rückführung der Gelder angemahnt« und darum gebeten, hierfür einen kurzfristigen Termin zu nennen. Banker Wunderlich:»Eine Reaktion erfolgte hierauf meines Wissens nicht.«

Zu jener Zeit hatte Schneider längst ein echtes Problem: Die laufenden Einnahmen reichten bei weitem nicht aus, um die Verpflichtungen gegenüber den Banken zu erfüllen. Die Finanzsituation des Schneider-Konzerns hatte sich dramatisch verschärft. Den Ermittlungen des Bundeskriminalamtes und des Konkursverwalters zufolge hatte Schneider bis März 1994 rund 20,6 Millionen Mark an Mieten und Zinsen für seine Festgelder eingenommen. Im gleichen Zeitraum mußte er jedoch rund 130 Millionen Mark für Zinsen an die Bank, Gehälter für seine Mitarbeiter und Betriebsausgaben zahlen. In Schneiders Kasse fehlten rund 109 Millionen Mark.

Und ein Blick in die nahe Zukunft verhieß noch Schlimmeres: Abzüglich der zu erwartenden Mieteinnahmen hätten Schneider am Jahresende 205 Millionen Mark gefehlt, wenn er nicht von irgendwoher neue Kredite bekommen hätte. Im März 1995 kam das Bundeskriminalamt nach umfangreichen Ermittlungen deshalb zu dem Ergebnis, daß auch die laufenden Betriebskosten aus den Einnahmen nicht mehr bestritten werden konnten, so daß »eine dauernde Zahlungsunfähigkeit gegeben war«. Allein weitere Kredite retteten Schneider über die Runden.

Doch das Problem war nicht erst 1994 aufgetaucht, sondern gehörte seit Jahren zur Tagesordnung im Hause Schneider. Rückwirkend zum Jahr 1991 hat das Bundeskriminalamt eine Unterdeckung der Schneiderschen Unternehmungen von 709 Millionen Mark errechnet. Dabei war noch nicht berücksichtigt, daß die Immobilien, für die Schneider am Schluß insgesamt 5,173 Milliarden Mark Kredit bekommen hatte, angeblich nur 3,235 Milliarden Mark wert gewesen sein sollen.

Die Wiesbadener Ermittler kommen zu einem niederschmetternden Ergebnis:»Der Eintritt der Zahlungsunfähigkeit drohte auch schon 1991 und 1992, lediglich durch immer weitere Kreditzuflüsse konnten die Verpflichtungen aus Kapitaldienst und Geschäftsbetrieb erfüllt werden, was wiederum eine höhere Verschuldung nach sich zog.« Ohne die ständig neuen Kredite wäre die»dauernde Zahlungsunfähigkeit« also schon Jahre früher eingetreten.

Dieser Zeitplan ist juristisch von Bedeutung: Nach dem Konkursrecht muß ein Firmeninhaber oder Geschäftsführer dann Konkurs anmelden, wenn er seine Verpflichtungen nicht mehr aus den Einnahmen decken kann. Dank der ständig fließenden Kredite konnte Schneider diesen immer wieder hinauszögern.

Daß das Geld jedoch knapp wurde, die laufenden Kosten und Kredite nicht mehr abgedeckt werden konnten, blieb freilich auch im Hause Schneider nicht unbemerkt. Schneiders kaufmännischem Leiter Wilhelm Reifenberger war beispielsweise Mitte März 1994 aufgefallen, daß»seit einiger Zeit so gut wie keine Handwerkerrechnungen mehr bezahlt wurden. Dies allein war für mich noch immer kein Liquiditätsproblem, hinzu kam, daß keine Finanzierungszahlungen seitens der Banken (...) mehr erfolgten.«

Reifenberger will darüber mit Schneiders Bruder Joachim, Vorstandsmitglied der Schneider AG, gesprochen haben. Das von Reifenberger vorgetragene Problem habe Joachim Schneider nicht gekannt. Er»zeigte sich ziemlich erschrocken«.

Schon etwa Mitte 1993 aber, so erinnert sich Joachim Schneider, habe ihm Buchhalter Kern zwei Listen in die Hand gedrückt, die es in sich hatten: die eine führte die laufenden Zahlungen an die Banken auf, die andere die Mieteinnahmen aus fertiggestellten

Objekten. Auch ohne Mathematikstudium ließ sich schnell erkennen, daß die Kosten die Einnahmen bei weitem übertrafen. Eine solche Entwicklung kann man schon nicht mehr nur als Warnsignal bezeichnen. Das ist bereits die Urteilsverkündung: Pleite! Joachim Schneider erkannte messerscharf, daß hier etwas geschehen müsse. Er sprach mit seinem Bruder. Doch Jürgen bügelte Bruder Joachim ab. Solche Listen, belehrte er den Jüngeren, würden über die Wirtschaftlichkeit überhaupt nichts aussagen. Wenn man ein neues Objekt beginne, müsse man immer mit »erheblichen Anlaufkosten« rechnen. »Im übrigen gab er mir sinngemäß zu verstehen, daß solche Aspekte nicht unter meine Beurteilungs- und Sachkompetenz fielen«, erklärt Joachim Schneider. Was soviel bedeutet wie: Lieber Bruder, das geht dich alles überhaupt nichts an!

So wie sich die Dinge für Schneider entwickelten, waren sie durchaus dazu angetan, den Königsteiner Immobilienkrösus um die verdiente Nachtruhe zu bringen. Besonders müssen ihn die Sorgen geplagt haben, die ihm die Nord/LB in jenen Tage bereiteten.

Die Nord/LB kriegt kalte Füße

Werner Schildt, Vorstandsmitglied der Nord/LB und zuständig für Baukunden, hatte in der Vorstandsrunde am 15. Januar 1993 für den Kredit an Schneider gestimmt. Zwar kannte er den Baulöwen nicht persönlich, doch der Name Schneider war in der Branche bekannt. Und Schildt war auch erinnerlich, daß Schneider gelegentlich richtig gute Geschäfte machen soll. Er entsann sich des Verkaufs des ehemaligen Hotels Fürstenhof in Frankfurt an die Japaner. Schildt kannte den (kolportierten) Einstandspreis Schneiders und auch den (vermeintlichen) Erlös. Ja, so etwas nennt man Erfolg.

Im Frühjahr 1993 bekam Schildt endlich Gelegenheit, Schneider persönlich zu treffen. Goebel vom Frankfurter Nord/LB-Büro hatte den Termin in der Villa Andreae arrangiert.

Nach diesem Gespräch, in dem Schneider den Bankvorstand über seine Geschäftspolitik und seine zahlreichen Objekte unterrichtete, wandelte sich das Bild allerdings etwas, das Schildt von dem Großinvestor hatte. »Ich kam zu dem Ergebnis, daß Schneider als einzelner ein zu großes Rad dreht, die Ausweitung seiner Geschäfte zu groß ist.« Er besprach sich mit einem Kollegen, und die Banker kamen überein, sich nicht weiter an Schneider-Engagements zu beteiligen.

Doch darüber hinaus sah Schildt offenbar keinen Anlaß zur Sorge. Dazu mag beigetragen haben, daß die fälligen Zinszahlungen jeweils pünktlich bei der Bank eingingen.

Banken haben bisweilen eine etwas hinterlistige Angewohnheit: Wenn ein Kunde geschäftlich etwas wackelig wird, versuchen sie schnell noch andere Banken mit ins Boot zu nehmen, in der leisen Hoffnung, daß sie nicht allein untergehen. So war es nicht weiter erstaunlich, als zum Jahreswechsel 93/94 auch der Nord/LB von anderen Banken nachträglich Unterbeteiligungen an Schneider-Krediten angeboten wurden. Überrascht stellten die Nord/LB-Banker jedoch fest, daß diese Unterbeteiligungen zu haben waren, ohne daß man ihnen nachlaufen mußte. Sie wurden sozusagen wie Sauerbier angeboten, und dergleichen ist immer ein schlechtes Zeichen.

So hatte etwa die Centralboden der Nord/LB angeboten, aus deren Engagement bei der Frankfurter Zeil-Galerie eine Beteiligung über 100 Millionen Mark zu übernehmen. Zunächst wollten die Hannoveraner auch zuschlagen. Bei näherer Betrachtung aber überzeugte sie die Zusammensetzung der Mieter, der sogenannte Mietermix, nicht mehr. Und trotz wiederholter Bitten der Nord/LB konnte die Deutsche-Bank-Tochter Centralboden keine Fakten liefern, die die Nord/LB zufriedengestellt hätte. Damit zerschlug sich dieses Geschäft.[48] In Hannover dürfte man heute ob dieser Weitsicht dankbar sein.

In jener Zeit gab es eine seltsame Häufung von Ereignissen, die mit dem Namen Schneider in Verbindung standen. Auffällig war vor allem das stete Anwachsen der Schulden Schneiders, das aus der sogenannten Evidenzliste der Deutschen Bundesbank ablesbar war. Diese Liste lag allen beteiligten Banken vor. Auch in der Presse häuften sich die Meldungen über Immobilienzukäufe der Schneider-Gruppe. »In der Branche wurde auch gemunkelt, daß Schneider etwas schwach auf der Brust sei, also seine Kreditwürdigkeit nicht mehr so gegeben sei«, weiß Nord/LB-Syndikus Eicke Florkowski noch.

Schneider reagierte gelassen, als ihn Goebel darauf ansprach. Er hatte eine Erklärung parat: Ausländische Investoren wären an ihn mit dem Anliegen herangetreten, wegen seiner Erfahrung und seiner Erfolge für sie Grundstücke in erstklassigen Stadtlagen aufzukaufen und zu entwickeln. Er tue dies zwar in eigenem Namen, aber auf deren Rechnung. Die erforderlichen Kredite nehme er unter seinem Namen auf, deshalb auch das Anwachsen seiner Verbindlichkeiten. An den entsprechenden Objekten halte er lediglich eine Minderheitenbeteiligung von fünf Prozent, das materielle Risiko trügen also diese »ausländischen Investoren«. Der Bankier gab sich mit dieser Auskunft zufrieden.

Manfred Wawer war erst wenige Wochen für Jürgen Schneider tätig, aber er kannte den Großinvestor bereits seit Anfang der neunziger Jahre. Damals war Wawer bei der DSL-Bank in Bonn beschäftigt, die in Geschäftsverbindung zu Schneider stand. Wawer, der sich nach seinem Ausscheiden aus der Bank selbständig gemacht hatte, sollte nach den Vorstellungen Schneiders sein persönlicher Berater für Finanzierungsfragen werden.

Anfang März 1994 besuchte Wawer die Nord/LB in Hannover, um sich dort als Unternehmensberater vorzustellen. Hilfreich war ihm dabei eine alte Bekanntschaft mit einem leitenden Mitarbeiter der Bank. Mit seinem Bekannten und Vorstandsmitglied Schildt sprach er übers Geschäft. Beiläufig erwähnte Wawer, daß er auch für Schneider tätig sei, und mußte zu seiner Überraschung zur Kenntnis nehmen, daß die Nord/LB bereits bei Schneider engagiert war. Sollte ihm das Schlitzohr aus Königstein da etwas verschwiegen haben?

Schildt klärte Wawer auf, daß die Bank sich aufgrund des Engagements, das sie in den Büchern habe, derzeit etwas Zurückhaltung auferlege. Wawer, dem Schneider die aktuelle Vermögensaufstellung per 31. Dezember 1993 übergeben hatte, reichte diese an Schildt weiter. Der versprach, sie durchzusehen. Danach könne man dann ja vielleicht noch mal miteinander reden, stellte der Banker in Aussicht.

Die Vermögensaufstellung 1993, erstellt und testiert wie in den Jahren zuvor vom Königsteiner Wirtschaftsprüfer Wolfgang Klenke, war beeindruckend.

Klenke schrieb darin unter anderem: "Das liquide Vermögen setzt sich ausschließlich aus kurzfristigen Festgeldern, in der Regel Monatsgeldern, zusammen, die bei verschiedenen Banken angelegt sind. (...) Verfügungsbeschränkungen, die über die Laufzeit dieser Monatsgelder hinausgehen, oder andere Rechte und Ansprüche Dritter bestanden zum Prüfungszeitpunkt nicht.« Gegenüber 1992, so wies die Aufstellung aus, hatte sich diese liquide Vermögen um rund 24 Millionen Mark auf sage und schreibe 582 955 744 Mark erhöht.

Insgesamt bewertete Klenke das Gesamtvermögen einschließlich der Immobilien auf rund 3,7 Milliarden Mark, nach Abzug aller Belastungen. Allein die Zeil-Galerie war darin mit einem Wert von 983 Millionen Mark erfaßt.

Als Schildt die Aufstellung über Schneiders Vermögen durchsah, muß es ihm wie Schuppen von den Augen gefallen sein. Vor allem zwei Dinge fielen ihm auf: Wenn jemand wie Schneider am laufenden Band Immobilien kauft, die erst umgebaut und saniert werden müssen, bevor sie Miete abwerfen, kann dessen Barvermögen schwerlich stetig anwachsen, sondern müßte abnehmen. Viel entscheidender war allerdings: Schildt vermißte in der Aufstellung das von der Bank beliehene Objekt Tauentzienstraße.

Einige Tage dachte Schildt über dieses Phänomen nach. Dann hatte er einen Verdacht, der, wenn er sich als begründet herausstellen sollte, alles andere als erfreulich für die Bank wäre: Schneider könnte ja, so grübelte der Banker, Überfinanzierungen vornehmen, um dadurch seine Liquidität zu erhöhen.

Der Sache mußte auf den Grund gegangen werden, und Schildt wußte wie. Er beauftragte eine Mitarbeiterin der Berliner Niederlassung der Nord/LB, auf dem Amtsgericht das Grundbuch einzusehen. Ein Blick darauf könnte Klarheit verschaffen.

Am 4. März antwortete die Berliner Filiale. Das Ergebnis ihrer Recherche ließ Schildts schlimmste Befürchtungen wahr werden. In den Grundbuchakten fand sich ein Kaufvertrag über 83 Millionen Mark. Auch die Maklerprovision und die Grunderwerbssteuer waren lediglich auf 83 Millionen Mark und nicht, wie in Schneiders Finanzierungsantrag behauptet, auf 151 Millionen Mark bezahlt worden.

In dem Kaufvertrag mit der Barawexco B.V. war zudem die Rede, daß Schneider für den Monat Januar 1993 eine Mietzahlung in Höhe von knapp 250 000 Mark mit dem Kaufpreis verrechnen werde. Offensichtlich war diese Miete von den Mietern noch auf das Konto der Holländer bezahlt worden, obschon das Objekt bereits Schneider gehörte. In seinem Kreditantrag allerdings hatte Schneider angegeben, daß er bis zum Baubeginn, dies entsprach einer Dauer von zehn Monaten, 7,8 Millionen Mark Miete aus dem Objekt einnehmen werde. Wie er aber auch rechnete, Schildt kam, wenn er seine neuesten Erkenntnisse berücksichtigte, nur auf eine Jahresmiete von 2,9 Millionen Mark; daraus zog er den Schluß, daß Schneider die Mieteinnahmen um rund 400 Prozent zu hoch angesetzt habe.

Diese skandalösen Vorgänge bedurften dringend einer Klärung. Am 7. März schrieb Schildt an Schneider; er teilte ihm das Ergebnis seiner Recherchen mit – und welche Folgerungen er daraus zog: »Sie werden verstehen, daß nach diesen Feststellungen der Eindruck entstehen könnte, daß Sie uns über die Höhe des von Ihnen aufgewandten Kaufpreises getäuscht haben könnten, um einen erhöhten Kredit von zunächst 131 Millionen zu erhalten.«

Doch Bankier Schildt bot Schneider zugleich einen Ausweg aus dem Dilemma an: Wenn der Großinvestor die Originaldokumente vorlege und so nachweise, daß tatsächlich 151 Millionen als Kaufpreis an die Barawexco geflossen seien und daß die Monatsmieten für das Objekt im Januar wirklich 780 000 Mark betragen hätten, sei man durchaus geneigt, die Zusammenarbeit fortzusetzen. Für den Fall, daß die Aufklärung dieser Ungewißheit Herrn Schneider bis zum 11. März Schwierigkeiten bereite, gebe es noch eine zweite Möglichkeit: die Hinterlegung einer zusätzlichen Sicherheit etwa in Form eines Festgeldes in Höhe von 60 Millionen.

Sollte sich Schneider allerdings weder zu dem einen noch dem anderen in der Lage sehen, müßte die Nord/LB leider auf Beendigung der Geschäftsbeziehung bestehen. Die Ablösung des Kredites könne in diesem Fall von Schneider dann in Ruhe und ohne Zeitdruck seitens der Bank betrieben werden.

Schneider war, so darf vermutet werden, entsetzt. Dies läßt sich so jedenfalls seinem Antwortschreiben an den Frankfurter Statthalter der Nord/LB, Goebel, entnehmen, dem er mitteilte, das Schreiben der Bank habe ihn »einigermaßen erstaunt«. Schneider wies darauf hin, daß hier offensichtlich »Mißverständnisse« vorlägen, und beruhigte den Banker, denn es sei für ihn kein Problem, diese aufzuklären. Er sei bis Freitag, den 11. März terminlich arg gebunden, stünde der Bank aber am darauffolgenden Montag um 14 Uhr in der Villa Andreae zwecks Erläuterungen und Vorlage der Dokumente zur Verfügung.

Als »offenkundigen Versuch, die Bedeutung der Angelegenheit herunterzuspielen«, wertete Nord/LB-Manager von Behren das Schreiben. »Nonchalant und sehr pauschal« habe Schneider die »detailliert vorgetragenen Zweifel« der Bank vom Tisch gewischt.

So nicht! Am 9. März schrieben die Banker unbeeindruckt erneut an Schneider und teilten ihm mit, man bestehe »nachhaltig« auf einer umgehenden Klärung. Falls Schneider diesem Wunsch nicht nachkomme, käme man wohl nicht umhin, »Öffentlichkeit herzustellen«. Damit lagen die Folterinstrumente auf dem Tisch, und der bloße Anblick verfehlte seine Wirkung nicht.

Denn an Öffentlichkeit, so spekulierten die Banker, könne Schneider in keiner Weise gelegen sein. Womit sie recht behielten. Schneider bot den Hannoveranern an, am Freitag, den 11. März um 19 Uhr in der Villa Andreae zusammenzukommen. Vielleicht rechnete er damit, daß dies den Bankern zu kurzfristig wäre. Er sollte sich irren.

Pünktlich standen zum vereinbarten Termin Horst-Dieter von Behren und der Syndikus der Nord/LB-Rechtsabteilung, Dr. Eicke Florkowski, bei Schneider auf der Matte. Der Königsteiner empfing die Abordnung und führte sie ins Besprechungszimmer. Dort wartete bereits sein Anwalt Horst Schneider. Aufgrund des Inhalts der jüngsten Schreiben, so erklärte Schneider die Anwesenheit seines Namensvetters, schien es ihm geraten, unverzüglich Rechtsbeistand zu der Besprechung hinzuzuziehen.

Schneider mimte den Verblüfften, erinnert sich von Behren, wirkte jedoch weder angespannt noch nervös, eher gelassen. Vermutungen, wie sie die Bank geäußert habe, seien ihm in seinem ganzen Leben noch nicht vorgekommen, kanzelte er die Banker ab. »Ich verstehe gar nicht, was Sie wollen. Erläutern sie mir doch einmal, was eigentlich Ihr Anliegen ist«, soll er gefragt haben.

Von Behren startete den ersten Versuch: Ohne sich mit Umschweifen oder langer Vorrede aufzuhalten, präsentierte er Schneider den Verdacht, er habe die Bank über die Höhe des tatsächlichen Kaufpreises getäuscht. Man stütze sich hierbei auf die Feststellungen aus der Einsichtnahme in das Grundbuch, führte von Behren weiter aus.

Schneider ließ diesen massiven Vorwurf zunächst unkommentiert im Raum stehen und erging sich in Grundsatzdarstellungen dergestalt, daß es auf dem Immobilienmarkt bei erstklassigen Objekten durchaus üblich sei, neben dem notariell beurkundeten Kaufpreis noch einen weiteren, erheblichen Betrag außerhalb des Kaufvertrages zu zahlen. In diesem Fall, so belehrte Schneider seine Gläubiger, habe er lästige Mitbewerber und andere Störenfriede abfinden und herauskaufen müssen.

Das fand von Behren einen spannenden Aspekt und interessierte sich sogleich dafür, aufgrund welcher Rechtslage Schneider denn gezahlt habe. Da platzte dem Investor der Kragen. Unwirsch polterte er den Bankmensch an, er verstehe wohl nicht viel vom Großimmobiliengeschäft. Von Behren griff dies dankbar auf, mimte den Ahnungslosen und gab Schneider die Chance, ihm zu erklären und zu zeigen, was er, von Behren, sich nicht vorstellen könne. Schneider solle einfach die Originale vorlegen. Doch der Investor dachte gar nicht daran. Habe er nicht seinerzeit Herrn Goebel einen vollumfassenden und detaillierten Einblick in die gesamten Unterlagen gewährt? Sei er damit seiner Offenlegungspflicht gegenüber der Bank etwa nicht nachgekommen? Da alles nach Plan laufe und sich von seiner Seite auch keine negativen Veränderungen ergeben hätten, sehe er nicht ein, warum er die Bank neuerlich über die bereits bekannten Fakten informieren solle.

Während des Gespräches, so erinnert sich von Behren, änderte Schneider mehrfach seine Taktik: Mal versuchte er die Zweifel der Bank pauschal als unbegründet herunterzuspielen, ohne Fakten auf den Tisch zu bringen, mal versuchte er mit Schadensersatzdrohungen und Verunsicherungstaktik, die Banker davon abzubringen, die Dokumente sehen zu wollen. Dazwischen kam es wieder zu versöhnlichen Phasen mit einer »geradezu harmonischen Stimmung«, wie Syndikus Florkowski heute bestätigt. Schneider habe sich durchaus um eine einvernehmliche Lösung bemüht, aber immer wieder auf die Vertraulichkeit hingewiesen, die er seinen Vertragspartnern beim Ankauf der Immobilie zugesagt habe.

Bei fast jeder Frage der Banker wandte sich Investor Schneider an seinen Advokaten und wollte wissen, ob es ratsam sei, auf solche Fragen zu antworten. Doch der Anwalt, so bemerkte von Behren, machte einen eher uninformierten und zurückhaltenden Eindruck.

Im weiteren Verlauf der Verhandlungen lenkte Schneider schließlich das Gespräch auf mögliche Konsequenzen. Und die sahen so aus: Eine zusätzliche Sicherheit in Höhe von 60 Millionen Mark werde er nicht stellen. Dies widerspreche nämlich völlig seinen geschäftlichen Prinzipien, außerdem könne ein solches Beispiel »Schule machen«, und wo käme man denn da hin. Abgesehen davon würde dies ja den Eindruck erwecken, irgend etwas in seinem Geschäftsgebaren sei nicht in Ordnung, was mitnichten der Fall sei.

Sollte die Bank allerdings auf die unsinnige Idee verfallen, seinen guten Namen in der Öffentlichkeit in den Schmutz zu ziehen und dadurch womöglich einen »Insolvenzstrudel« auslösen, dann kämen – darüber sollten sich die Herren im klaren sein – massive Schadensersatzforderungen auf sie zu. Er sehe derzeit nur zwei Alternativen: entweder lasse er sich in aller Ruhe von der Bank verklagen und fechte dies durch, oder er schaffe sich diesen lästigen Störer vom Hals, indem er das gestörte Vertrauensverhältnis durch vorzeitige Rückzahlung des Kredits ein für allemal beende. Basta!

Die einfachste Alternative, die Zweifel der Bank durch entsprechende Dokumente zu zerstreuen, zog er nicht in Betracht. Kein Wunder, es gab diese Dokumente nicht, stellte später das Bundeskriminalamt fest.

Damit waren alle Möglichkeiten ausgelotet. Innerhalb weniger Tage, so beschied Schneider seine Kontrahenten zum Abschluß, werde er ihnen seine Entscheidung mitteilen. Rechtsanwalt Schneider riet seinem Mandanten zur Rückzahlung: »Ich habe den Eindruck gewonnen, daß Sie die Herren durch keine Argumente, welche auch immer, überzeugen und davon abhalten können, Ihre Auffassung durchzusetzen, und rate Ihnen, doch zu erwägen, ob sie die gestörte Geschäftsverbindung nicht doch insgesamt von sich aus beenden.«

Am 14. März erreichte die Nord/LB ein Schreiben Schneiders: Darin teilte der verärgerte Kunde mit, daß er grundsätzlich dazu bereit sei, daß Kreditverhältnis vorzeitig zu beenden – allerdings nicht umgehend, sondern mit einer Frist von drei Monaten zum 15. Juni 1994. In den darauffolgenden Tagen wechselten die zerstrittenen Parteien noch mehrere Schreiben, in denen Schneider unter anderem die Bitte äußerte, die vorzeitige Rückzahlung nicht in der Öffentlichkeit bekanntzumachen, während die Bank ihrerseits auf einem früheren Rückzahlungstermin als dem von Schneider angebotenen bestand. Am 24. März einigte man sich schließlich darauf, die Geschäftsbeziehung mit Rückzahlung des Kredits am 20. April insgesamt zu beenden. Die Nord/LB bat um schriftliche Bestätigung dieser Vereinbarung – statt dessen kam aus Königstein ein Schreiben, in dem Schneider mitteilte, daß er in dieser Sache nunmehr anwaltlich vertreten werde und darum bitte, alles weitere direkt mit seinem Anwalt zu besprechen.

Als von Behren aus dem Osterurlaub zurückgekehrt war, kam ihm in den Sinn, sich mal bei Rechtsanwalt Horst Schneider nach dem Stand der Dinge zu erkundigen. Das war am 11. April. Am Telefon eröffnete der Rechtsgelehrte dem verblüfften Bankmanager, sein Chef habe sich über Ostern krankheitsbedingt außer Landes begeben. »Was soll das heißen«, bohrte ein entsetzter von Behren. »Bedeutet das etwa, daß Herr Schneider abgehauen und das Geld nicht mehr da ist, also aus unserer Vereinbarung nichts mehr wird?« »Das kann man wohl so sehen«, bestätigte der Anwalt.

Tags darauf erhielt von Behren ein Informationsschreiben der Schneider AG, unterzeichnet vom Vorstandsmitglied Graf Lambsdorff. Das Schreiben beinhaltete die Einladung zur Krisensitzung am 14. April in der Zeil-Galerie.

Die Nord/LB rechnet damit, daß selbst nach der Verwertung des Objektes Tauentzienstraße der Bank ein Schaden von rund 35 Millionen Mark bleibt. Für Bundeskriminalamt und Staatsanwaltschaft aber ist das Kreditgeschäft mit der Nord/LB ein typisches Beispiel dafür, wie Schneider die Banken mit falschen Angaben getäuscht haben soll, um höhere Kredite zu bekommen. Die habe er auch dringend benötigt, so die Staatsanwaltschaft, um seine massiven Verluste aus den laufenden Geschäften auszugleichen. Dem Nord/LB-Kredit verdankt Jürgen Schneider deshalb, daß der bereits gegen ihn bestehende Haftbefehl am 27. Februar 1995 erweitert wurde.

Der zentrale Vorwurf lautet: Schneider habe der Bank gegenüber behauptet, der Gesamtkaufpreis des Objektes (ohne Nebenkosten) habe 151 Millionen Mark betragen. Dies habe die Bank zur Grundlage ihres Kredites gemacht. Wirklich bezahlt habe Schneider hingegen 83 Millionen Mark.

Wer hat die zusätzlichen 68 Millionen bekommen? In seiner Finanzierungsanfrage sprach Schneider von einer australischen Gesellschaft. Das Bundeskriminalamt vermutet, daß hinter diesem ominösen Hinweis eine Firma European Pacific Investments PTY Ltd. steckt, ein tatsächlich im australischen Sydney beheimatetes Unternehmen. So mysteriös wie die Firma ist auch ihr Inhaber Hans-Peter Gassner. Der 51jährige Gassner, ein geborener Vaduzer, war am 18. Mai 1987 von Liechtenstein mit seiner Familie nach Australien emigriert. Doch die Liechtensteiner Behörden hätten ihren ehemaligen Staatsbürger am liebsten zurück. Seit dem 26. März 1987 haben sie gegen ihn nämlich einen internationalen Haftbefehl wegen Betruges, Untreue, betrügerischen Bankrotts und Erpressung in der Hand.

Zehn Tage nach Gassners Ankunft in Australien wurde die European Pacific mit einem Stammkapital von 10 000 Australischen Dollars gegründet. Seitdem will sie sich bemühen, Investoren aus Europa nach Australien zu locken.

Gassner und Schneider sind alte Bekannte. Die Freundschaft geht mindestens auf das Jahr 1984 zurück. Damals kündigte Gassner auf einer vorgedruckten Antwortkarte (»2 Personen«) sein Kommen zu einer Geburtstagsfeier Schneiders im Königsteiner Sonnenhof am 30. April 84 an.

Am 3. Dezember 1990 revanchierte sich Schneider und überraschte den Wahlaustralier mit einem Blumengruß zu dessen 45. Geburtstag. Über diesen »erneuten Beweis Ihrer Freundschaft« bedankte sich Gassner noch am selben Tag artig per Fax in Königstein und schwärmte dabei von dem »wunderschönen Gesteck«: »Sagenhaft! Meine Sekretärin wäre beinahe in Ohnmacht gefallen!« Im selben Jahr war sogar ein Wiedersehen in Australien geplant: Immer schon wollte er mit seiner Familie nach Australien kommen, ließ Schneider Gassner wissen. Nun sei es endlich soweit, kündigte er an und bat um die Übermittlung der Modalitäten für ein Treffen.

Gassner hatte allen Anlaß sich auf das Treffen zu freuen. 1989 noch hatte Schneider seinem australischen Bekannten 75 000 Mark geliehen, zu acht Prozent Zinsen. Im darauffolgenden Jahr hatte Gassner solche Finanzspritzen schon nicht mehr nötig, denn jetzt kam die Geschäftsverbindung Sydney–Königstein so richtig in Schwung, wenigstens auf dem Papier.

Am 13. Juli etwa unterzeichneten Gassner und die Eheleute Schneider eine Vereinbarung zum Objekt »Pressehaus« in der Frankfurter Schillerstraße. Wesentlicher Inhalt dieser Vereinbarung ist, daß die European Pacific sich bemühen will nachzuweisen (wie, wird nicht gesagt), daß bei dem Objekt eine höhere »Gesamtnettogrundrißfläche«, als von Schneider angenommen, erzielbar ist. Demnach soll die European Pacific ein Honorar von 6000 Mark für jeden zusätzlichen Quadratmeter erhalten, den sie »nachweist«. Eine Aufgabe, die geradezu biblisch anmutende Fähigkeiten voraussetzt.

Und tatsächlich zaubert die European Pacific 5800 Quadratmeter mehr aus dem Hut (wie sie das machte, bleibt ihr Geheimnis) und stellt dafür am 31. Dezember 1991 eine Rechnung über 35 Millionen Mark.

Die European Pacific taucht noch bei anderen Schneider Geschäften auf: so etwa beim Objekt Nobelhaus auf der Frankfurter Zeil, für das die australische Firma 33 Millionen Mark für angeblich erbrachte Leistungen in Rechnung stellte. In diesem Fall will die European Pacific für Schneider die »Auszahlung von Ansprüchen« übernommen haben. Auch hier bleibt unklar, welche Ansprüche an wen gezahlt werden mußten.

Unklar ist vor allem, ob Schneider überhaupt an die European Pacific gezahlt hat. Schneiders früherem kaufmännischen Leiter, Hajo Scholz, ist die Firma mit dem klangvollen Namen nicht bekannt. Hätte diese Firma Leistungen erbracht, dann hätte Scholz dies gewußt. »Die entsprechende Rechnung hätte ich zur Zahlung anweisen müssen«, sagt er dazu. Während seiner Tätigkeit für Schneider wäre dies jedoch nie erfolgt.

Als die C & L Treuarbeit Deutsche Revision im Auftrage des Bundesaufsichtsamtes für das Kreditwesen eine Prüfung bei der Centralboden in Köln machte, fand sie dort Kreditunterlagen Schneiders für das Objekt Pressehaus Frankfurt, in denen eine

Zahlung über 35 Millionen Mark an die European Pacific für eine »bessere Ausnutzungsmöglichkeit der Immobilie« erwähnt wird. Nachgefragt bei der Centralboden, heißt es, die 35 Millionen seien am 28. April 1993 auf das Konto 12 807 bei der Königsteiner Volksbank überwiesen worden. Das Konto gehört den Eheleuten Schneider.

Auch Rolf Diederich, Geschäftsführer der Realty Developments, der schließlich die Verhandlungen führte, kann sich nicht daran erinnern, daß auf »Käufer- oder Verkäuferseite eine australische Gesellschaft eine Rolle spielte«. Seinen Aussagen zufolge sei mit dem Verkäufer noch nicht einmal – wie von Schneider behauptet – Geheimhaltung vereinbart worden.

Offensichtlich sind die Rechnungen der European Pacific in der Villa Andreae geschrieben worden. Das meint jedenfalls die frühere Sekretärin Schneiders, Petra Weinell. In aller Regel habe Schneider ihr solche Rechnungen diktiert. »Die Originalbriefbögen habe ich direkt von ihm erhalten.« Bei der angeblichen Unterschrift Gassners will sie sogar gewisse Ähnlichkeiten mit der Unterschrift Schneiders erkannt haben. Auch Buchhalter Scholz sagte beim Anblick der Unterschriften auf den European Pacific-Rechnungen spontan: »Das ist Schneider.«

Und das dicke Ende: Von der australischen Polizei befragt, gab Hans-Peter Gassner zu Protokoll, er könne sich nicht erinnern, Schneider jemals solche Rechnungen ausgestellt oder die in Rede stehenden Summen erhalten zu haben.

Handelt es sich bei den Rechnungen der European Pacific also um Scheingeschäfte, die nur getätigt wurden, um den Banken einen angeblich höheren Kaufpreis für die Immobilien vorzugaukeln? Das Bundeskriminalamt und die Staatsanwaltschaft glauben ja.

Das »Krefelder Urteil« oder:
Wie man billig und doch gut bauen kann

Die mißliche Sache mit dem Urteil hatte der Hausherr der Villa Andreae wahrscheinlich längst vergessen, lag sie doch schon drei Jahre zurück. Im Januar 1994 aber wurde Jürgen Schneiders Erinnerungsvermögen jäh und unerwünscht aufgefrischt. Das besorgten Leute, die einfach nicht vergessen, die nicht klein beigeben und die alten Geschichten ruhen lassen wollten. Diese ewigen Nörgler brachten Anfang des Jahres 1994 einen Stein ins Rollen, der wesentlich zum Untergang des Schneider-Imperiums beitragen sollte. Wobei zur Ehrenrettung dieser »Nörgler« gesagt werden muß: Adressat Schneider hätte das Fiasko vermeiden können, doch bedauerlicherweise hatte er nichts hinzugelernt.

Es ging um den dauernden Streit, auf den sich Schneider in schöner Regelmäßigkeit mit Handwerksfirmen einließ. Gelegentlich endeten die Streithähne vor Gericht, und praktisch jeden Prozeß konnte Schneider für sich entscheiden – bis zum Sommer 1991.

Ein Rückblick: Schneiders Erfolgsrezept war denkbar einfach: Er diktierte – meist handschriftlich und oft sogar in Kneipen und Restaurants – seine Bedingungen, die kleinen Handwerker hatten zu gehorchen, wenn sie einen vorgeblich fetten Auftrag vom »Imperium« haben wollten. Heute noch existieren zahlreiche Verträge mit Handwerkern, von Dr. Jürgen Schneider höchstpersönlich mit der Hand geschrieben und mit Handschlag besiegelt.

In den ersten Wochen und manchmal auch Monaten nach den ungewöhnlichen Vertragsabschlüssen zahlte Schneider überaus korrekt. Dann ließ er seine »Kettenhunde« los: Bauprüfer von der Wiesbadener Technoteam und einer weiteren Bauprüfungsgesellschaft. Die lugten in jede Ecke, beäugten jeden Winkel, zückten Lot und Millimetermaß, verglichen penibel mit jeder Zeichnung und Leistungsbeschreibung, drehten und wendeten die handgemalten Schneider-Verträge. Fast in jedem Fall wurden Schneiders Spürhunde fündig und bescheinigten fast immer: »Pfusch am

Bau«. An diesem Punkt begann für Schneider ein aufregendes Spiel, das für ihn wohl zu den schönsten und angenehmsten seiner ganzen Karriere gehört haben muß.

Nach der »Schadensmeldung« seiner Trüffelschweine stellte der Milliardär prompt jede Zahlung an die Handwerker ein. Nach dem Grundsatz »Zuckerbrot und Peitsche« kam es dann in der Villa Andreae zur alles entscheidenden Sitzung der beiden ungleichen Kontrahenten: hier der allmächtige Bauherr, dort der auf dem letzten Loch pfeifende Handwerker. Oftmals spielten sich dabei dramatische Szenen ab, die Schneider nach Aussagen vieler ehemaliger Mitarbeiter wie ein Staatsschauspieler genoß. Er wußte nämlich aufgrund seiner Nachforschungen ganz genau, daß sich die meisten Handwerksbetriebe für seine Großprojekte selbst hoch verschuldet hatten, um den scheinbar so lukrativen Auftrag zu ergattern. Jetzt saßen sie in der Klemme: Auf der einen Seite die eigene Bank im Nacken, hohe Lieferantenschulden, unbezahlte Rechnungen und Lohnforderungen der eigenen Mitarbeiter, auf der anderen der listig schmunzelnde Baulöwe, von dessen Wohlverhalten oftmals die gesamte Existenz der zu Bettelbrüdern degradierten Kleinbetriebe abhängig war.

Bei solchen »Verhandlungen« saß Schneider, fast immer überkorrekt im Zweireiher mit sorgfältig gebundener Krawatte, hinter seinem blankgewienerten meterlangen Edelholzschreibtisch. In der für ihn typischen Art hatte er seine Halbbrille weit vorn auf die Nase gerückt, die Hände vor dem Gesicht gefaltet, den Blick auf den mit kostbaren Orientteppichen belegten Parkettboden gerichtet und pflegte wohlgefällig die ringsum auf dem Boden verteilten eingerahmten Fotos von Schneiderschen Bauprojekten zu betrachten. Dann begann er sein »Standardgebet«, wie seine Mitarbeiter auch heute noch spötteln: »Ich war selbst einmal Maurer. Ich weiß, wo am Bau beschissen wird...«

Gegen das raffiniert erdachte psychologische Spiel hatten die Handwerker keine Chance. Der Baulöwe saß in dem weiten Raum an einem fast leeren Monstrum von Schreibtisch, mit dem Rücken zu einer riesigen Fensterfront, die den Blick auf die Burgruine von

Königstein freigab. Sein Sessel war, wie seine Geschäfte, überdimensioniert. Für seinen weniger eloquenter Gast hatte der Hausherr einen einfacheren Stuhl vor seinem Schreibtisch parat. Dort mußte er Platz nehmen, der arme Sünder, gegen das Licht; je nach Wetter schien ihm die Sonne mitten ins Gesicht. Und die Geometrie dieser grotesken Situation brachte es mit sich, daß jeder Besucher, ungeachtet seiner Körpergröße, zu ihm aufschauen mußte, wie der Lakai zu seinem König.

Schneider konnte indes, über seine Brille hinweg lugend, exakt jede Bewegung, jede Miene im Gesicht seines Gegenübers verfolgen. Manchmal, wenn er einen gar zu hartnäckigen »Kunden« hatte, sprang Schneider auf, gestikulierte wild und lief, wie ein hungriger Löwe brüllend, in dem Riesenraum auf und ab. Selbst der hartleibigste Bittsteller war nach einer gewissen Zeit eingeschüchtert und weichgekocht.

Noch mehr Eindruck verstand Schneider mit seinen Spielereien auf der Telefonanlage zu schinden, die links neben dem Schreibtisch stand. Mitten in der härtesten Phase der »Verhandlungen« ließ Schneider sich anrufen und sprach oft minutenlang mit imaginären oder auch tatsächlichen Kunden, während sein »Gast« unruhig auf dem Holzstuhl hin- und herrutschte, um endlich an sein Geld zu kommen. Stets ging es bei diesen »Telefonaten« um hohe Millionensummen, was bei dem einfachen Handwerker den Eindruck nicht verfehlte. Schneider beobachtete seine Partner während des oft stundenlangen »Rituals« haargenau. Erst wenn er meinte, der Gast sei reif, ließ er die Katze aus dem Sack.

Dieser hundertfach zelebrierte und exakt abgestimmte Auftritt brachte fast immer das gewünschte Ergebnis: Schneider schlug vor, den Rest der ausstehenden Zahlungen zu halbieren und die um 50 Prozent gekürzte Summe sofort und in bar auf den Tisch zu legen – dabei beugte er sich hinter seinem Schreibtisch hinunter und holte ein Bündel Bares heraus, um die Angelegenheit abzuschließen. Ein betroffener Handwerker, der schon auf dem »Armesünderstuhl« saß, kommentierte das später so: »Schneider konstruiert Mängel, zieht dafür Summen ab, die in keinem Verhältnis mehr zur Höhe des angeblichen Schadens stehen. Dann schlägt er eine bestimmte Summe vor und sagt: Findet euch damit ab oder ihr bekommt gar nichts.«

Einen anderen Schneider-Trick schildert ein weiterer Betroffener: »Oft wünscht er während des Baus Änderungen und behauptet später, daß er dazu keinen Auftrag erteilt habe.«

Nach ein paar Jahren Erfahrung mit dem ewig meckernden Baulöwen kursierte in Frankfurt ein geflügeltes Wort unter den Handwerkern: »Der beste Schneider-Auftrag ist der, den man erst gar nicht annimmt.« Nur in des Baulöwen größter Höhle, in den neuen Bundesländern, hatte sich diese Weisheit bis 1991 noch nicht herumgesprochen.

Die minutiös vorbereiteten Aktionen – nichts blieb dabei dem Zufall überlassen – pflegte Schneider fast immer mit dem Satz zu beenden: »Wenn Sie darauf nicht eingehen wollen, müssen Sie klagen. Sie haben aber schlechte Leistungen erbracht, die ich nicht bezahlen kann und will. Solche Prozesse dauern viele Jahre – und ich habe noch keinen einzigen verloren.«

Nur wenige Handwerker hatten sich Schneiders teuflischem psychologischen Spiel in seinem Arbeitszimmer im ersten Stock der Villa Andreae entziehen können. Zähneknirschend griffen die meisten Gläubiger, wohl eingedenk der Volksweisheit von Spatz und Taube, zum lockenden Bargeld, auch wenn die niedrige Vergleichssumme sie an den Rand des Ruins brachte. Auf diese Weise gelang es dem Baulöwen seine Handwerkerrechnungen ganz erheblich zu reduzieren und oft billiger zu bauen als die gesamte Konkurrenz. Über viele Jahre hatte dieses ausgeklügelte System perfekt funktioniert.

Im Sommer 1991 war das Maß für einige schließlich voll: Die Industrie- und Handelskammer »Mittlerer Niederrhein, Krefeld, Mönchengladbach und Neuss«, vertreten durch den Präsidenten Karl Albert Schiffers und den Hauptgeschäftsführer Dr. Wessel de Weldige-Cremer, hatte inzwischen gegen Schneiders Drückermethoden vor dem Landgericht in Frankfurt am Main Klage eingereicht.

Am 27. Juni 1991 gab es eine mündliche Verhandlung, am 14. November unter dem Aktenzeichen 2/13 O 328/89 ein für Jürgen und Claudia Schneider auf 25 Seiten vernichtendes Urteil:»Für jeden Fall der Zuwiderhandlung«, drohten die Richter in ihrer Zusammenfassung, müßten Jürgen und Claudia Schneider»ein Ordnungsgeld bis zu DM 500 000, ersatzweise Ordnungshaft bis zu sechs Monaten« erleiden, wenn sie sich nicht daran hielten,»im Zusammenhang mit Verträgen über die Errichtung und Ausstattung von Bauwerken in allgemeinen Geschäftsbedingungen folgende oder inhaltsgleiche Klauseln zu verwenden...«. Es folgten genau jene Klauseln, mit denen Jürgen Schneider in seinen»Privataudienzen« in der Villa Andreae die Daumenschrauben bei den Handwerkern anzulegen pflegte. Gerügt hatte das Gericht unter anderem:

- daß Schneider sich vorbehalten hatte, einen Sachverständigen (Revisionsstelle) mit der Prüfung der Schlußrechnung eines Gewerks zu beauftragen. Diese Prüfung erfolge»unabhängig von den Feststellungen des Architekten«. In Schneiders Verträgen hieß es dazu:»Ergeben sich hierfür Minderungen von mehr als 5% gegenüber der Forderung des Auftragnehmers, so hat dieser die dabei anfallenden Kosten einschließlich aller Nebenkosten voll zu tragen. Sie werden mit 100 Mark pro aufgewendeter Ingenieurstunde in Abzug gebracht«, oder
- »Werden die festgelegten Vertragsfristen nicht eingehalten, so zahlt der Auftragnehmer für jeden überschrittenen Arbeitstag eine Vertragsstrafe von 0,25% der Angebotssumme. Bei der Berechnung einer Fristüberschreitung gilt der Samstag als Arbeitstag. Die Vertragsstrafe kann ohne Rücksicht auf ein Verschulden verlangt werden.« Eine oftmals ruinöse Klausel bei den millionenschweren Schneider-Aufträgen, die viele Handwerksbetriebe in den Abgrund stürzen konnte.

Schneider mußte die vollen Kosten des Rechtsstreits gegen die Krefelder IHK tragen. Peinlicher war es, daß das Landgericht Frankfurt angeordnet hatte:»Der Klägerin wird die Befugnis zugesprochen, die Urteilsformel mit der Bezeichnung des verurteilten Verwenders auf Kosten der Beklagten im Bundesanzeiger, im übrigen auf eigene Kosten bekannt zu machen.« Im Klartext bedeutete dies: Die IHK durfte den Baulöwen öffentlich an den Pranger stellen – und Schneider mußte die Anzeigen auch noch bezahlen.

Wäre der Text jemals veröffentlicht worden, hätte es weder Frankfurts »Les facettes« noch Hamburgs Fahning-Haus, ein Berliner Kurfürsteneck oder eine Mädler-Passage in Leipzig à la Schneider und auch keine Milliardenpleite gegeben. Keine Bank hätte ihm mehr eine einzige Mark Kredit gegeben, wenn die entscheidenden Sätze des gerichtlichen Verdikts bekanntgeworden wären, wie es das Urteil eigentlich vorsah. Das Schneider-Imperium wäre zusammengebrochen, bevor es seine höchste Blüte überhaupt erreicht hätte – und den Banken wäre der Verlust vieler Milliarden Mark erspart geblieben.

Die schwerwiegenden Passagen im Urteil vom 14. November 1991 klingen heute so, als hätten die drei Berufsrichter des Landgerichts Frankfurt damals hellseherische Fähigkeiten entwickelt. Die wichtigsten, Schneider entlarvenden Aussagen stehen im letzten Absatz des Urteils, der hier einmal ungekürzt wiedergegeben werden soll, weil er in vielen Veröffentlichungen bisher unkorrekt zitiert wurde (Hervorhebungen durch den Autor):

»Nach Würdigung sämtlicher, die Unwirksamkeit der Klauseln begründenden Umstände ergibt sich für das Gericht die Überzeugung, daß die den Auftragnehmern (den Handwerkern; Anm. des Verfassers) *diktierten* Klauseln *inhaltlich Teil eines betrügerischen Systems sind,* mit dem die Beklagten (Jürgen und Claudia Schneider; Anm. des Verfassers) *skrupellos und in der klaren Absicht handeln, rechtlich unerfahrene Auftragnehmer zu übervorteilen* und, wie die Beweisaufnahme eindrucksvoll belegt hat, *sich auf deren Kosten ungerechtfertigte Vermögensvorteile zu verschaffen. Dies stellt ein von unserer Rechts- und Wirtschaftsordnung höchst zu mißbilligendes Verhalten dar und diskreditiert diese.* Die Veröffentlichungsbefugnis (Schneider mit Zeitungsanzeigen an den Pranger zu stellen; Anm. des Verfassers) ergibt sich aus § 18 Satz

1 AGBG (Gesetz über Allgemeine Geschäftsbedingungen; Anm. des Verfassers)«.

Schneider muß viele Stoßgebete abgesandt haben, als er Mitte November 1991 diese Zeilen von den drei weisen Richtern ins Stammbuch geschrieben bekam. Das war der *worst case*, die absolute Katastrophe, sein persönlicher GAU. Am allerschlimmsten aus seiner Sicht: Jeder durfte nunmehr öffentlich und ungestraft behaupten, Schneider handele »skrupellos«, seine Geschäftsbedingungen seien »Teil eines betrügerischen Systems« und er verschaffe sich Vermögensvorteile auf Kosten der Handwerker. Zu allem Überfluß hatte die IHK Krefeld mit der Veröffentlichungsbefugnis den Sprengstoff in der Hand, das noch nicht in seiner vollen Pracht existierende Bauimperium Schneider zu einem sehr frühen Zeitpunkt, als »erst« ein, zwei Milliarden verbaut waren, in die Luft zu sprengen. Fünfundfünfzig später düpierte Banken hätten es den Krefeldern gedankt.

Aber Schneider wäre nicht Schneider, wenn er das sich abzeichnende Desaster nicht zu hintertreiben verstanden hätte. Er schaffte es nicht nur, die vom Gericht angeordnete Veröffentlichung zu verhindern und geheimzuhalten – obwohl das Urteil rechtskräftig wurde –, sondern brachte die Krefelder IHK sogar dazu, vor ihm in die Knie zu gehen. Das listige Schneiderlein verkehrte das Urteil volle zwei Jahre lang ins Gegenteil seiner Aussage, und niemand verwehrte ihm diesen Triumph. Dieses an Zauberei grenzende Kunststück ist ein Musterbeispiel perfekter Schneiderscher Verhandlungstechnik.

Hatte die richterliche Heimsuchung den »Doktor« zunächst in höchste Panik versetzt, handelte er gleich darauf wieder – aus seiner Sicht – überraschend folgerichtig und präzise mit Haken und Ösen. Kaum lag das Urteil in seiner schriftlichen Form Mitte Januar 1992 vor, ließ Schneider am 20. Januar 1992 einen Brief an die IHK Krefeld schreiben. Frei nach dem in der Villa Andreae sattsam geübten System Zuckerbrot und Peitsche.

»Es erscheint uns zweifelhaft«, lamentierte der zahme Baulöwe zunächst, »ob die Durchführung eines solchen Verfahrens in Ihrem Namen unbedingt notwendig und sinnvoll war, zumal nunmehr mit erheblichen Weiterungen gerechnet werden muß.« Ganz vorsichtig fährt er die Krallen aus:»Insbesondere ist für uns die Art und Weise des Urteils untragbar. Die Äußerungen des Gerichts (...) sind für uns im höchsten Maße beleidigend und geschäftsschädigend.« Dann stürzt er sich falkengleich auf seine Beute:»Es ist uns somit jede Möglichkeit genommen, die Angelegenheit auf sich beruhen zu lassen. Der Vorwurf des betrügerischen Verhaltens seitens der Richter (...) hat einen strafrechtlichen Aspekt und soll nach unserer Auffassung auch dahingehend untersucht werden. Zur Zeit lassen wir überprüfen, in welcher Form von uns die Staatsanwaltschaft zur endgültigen Überprüfung und Klarstellung des Vorwurfs eingeschaltet werden kann.«

Der »Doktor« wußte natürlich ganz genau, daß seine starken Worte reiner Unsinn waren. Er konnte es sich überhaupt nicht leisten, in die Berufung zu gehen. Denn bis dahin hatten die Medien – das hatte er genauestens registriert – keinen blassen Schimmer von dem vernichtenden Richterspruch. Wäre er in die Berufung gegangen, hätte er sie unweigerlich auf den Plan gerufen, selbst wenn er in der Berufung gewonnen hätte. Die Banken hätten sich dann mit der Verweigerung neuer Milliardenkredite revanchiert.

Ein solches Risiko einzugehen, immerhin bestand zusätzlich die Gefahr in der zweiten Instanz ebenfalls zu verlieren, wäre für den gewieften Taktiker Schneider undenkbar gewesen. Er konnte nur verlieren.

Also plusterte er sich mit starken Worten gewaltig auf, um dann im letzten Absatz der IHK ein Friedensangebot zu unterbreiten: »Wir möchten ausdrücklich betonen, daß wir Sie in keiner Weise für die Überreaktion der Richter in dem Urteil vom 14. November 1991 verantwortlich machen wollen und können«, flötete der Baulöwe,»...möglicherweise lassen sich die für alle Seiten negativen Konsequenzen dadurch begrenzen, daß die Gründe des Urteils nur einem begrenzten Personenkreis zugeleitet werden.«

Damit hatte er seine eigentlichen Absichten aufgedeckt. Er wollte in Wahrheit gar keine Berufung, konnte sie sich aus seiner

Sicht unmöglich leisten, wollte er die ausstehenden ganz dicken Milliardengeschäfte nicht aufs Spiel setzen. Dem schlauen Schneiderlein mußte in dieser Situation einzig daran gelegen sein, daß niemand erfuhr, wer er nach Ansicht des Frankfurter Landgerichts wirklich war...

Entgegen jeder realistischen Prognose, auch im eigenen Hause, gelang es Jürgen Schneider, mit einem dialektischen Trick – Verdrehung des Sachverhalts, Feststellung der Schuldigen, Gegenangriff – eine Meisterleistung der höheren Verhandlungskunst hinzulegen. Einmal mehr bewährte sich die bei seinen jammernden Kleingewerbebetrieben so erfolgreich angewendete Methode. Kleinlaut reagierte der IHK-Anwalt Georg Nolden am 19. Februar 1992 auf das Schneidersche Trommelfeuer:»Meine Mandantin wäre bereit, die Angelegenheit wie folgt zu beenden (Hervorhebungen durch den Verfasser):

1. Die IHK verpflichtet sich, das Urteil des Landgerichts Frankfurt *nicht im Bundesanzeiger zu veröffentlichen.*

2. Die IHK verpflichtet sich ferner, die letzte Seite der Urteilsbegründung (...) *an keine dritte Person oder öffentlich-rechtliche Körperschaft weiterzugeben.*

3. Die GdbR Dr. Schneider nimmt die Berufung bis zum 28. Februar 92 zurück...«

Wie müssen da bei Schneiders die Champagnerkorken geknallt haben! Er soll eine Berufung zurücknehmen, die er nie beabsichtigt hat, weil sie ihn selbst vernichtet hätte, die nichts als eine psychologische Waffe gewesen war. Der durchtriebene Schneider hatte wieder einmal auf der ganzen Linie gewonnen. Die IHK Krefeld hatte den Krieg verloren gegeben, bevor die erste Schlacht überhaupt geschlagen worden war. Sie hatte sich genauso verhalten, wie die kleinen Handwerksmeister vor Schneiders Schreibtisch. Sie hatte gekuscht. Das Friedensangebot der Krefelder muß noch druckfrisch im Zentralbüro der Villa Andreae beantwortet worden sein. Denn schon sechs Tage später, Postweg eingerechnet, bestätigt der siegreiche Bauherr nach vorherigen Telefonaten blitz-artig und gönnerhaft:»Wir nehmen Ihr Angebot an und werden sofort die Berufung zurücknehmen.« Und vorsichtshalber:»Ich zeichne zugleich für meine Ehefrau.« Dann wiederholte er wort-wörtlich die freiwillige Unterwerfung der Industrie- und Handels-kammer mit der vollmundigen Behauptung:»Die GdbR Dr. Schneider nimmt die Berufung bis zum 28. Februar 1992 zurück. Die IHK stellt für das Berufungsverfahren keinen Kostenantrag. Mit freundlichen Grüßen.«

Schneider hatte erreicht, was seine eigenen Juristen für unmög-lich gehalten hatten: Das Urteil existierte nicht mehr, eine Veröf-fentlichung schien ausgeschlossen, die Vergleichsvereinbarung mit der IHK hatte sich in das genaue Gegenteil von dem gekehrt, was das Frankfurter Landgericht gewollt hatte.

Ein grandioser Sieg für Jürgen Schneider. Erst gut zwei Jahre später sollte sich herausstellen, daß es ein klassischer Pyrrhussieg gewesen war. Schneider wurde von der eigenen Vergangenheit wieder eingeholt und stolperte schließlich über die selbst ausgeleg-ten Fangstricke.

Der Anfang vom Ende begann mit einer zweispaltigen Anzeige am letzten Samstag des Januar 1994 in der konservativen *Frank-furter Neuen Presse*, die bis dahin Schneider gehätschelt und gern mit ihm über seine Großprojekte geplaudert hatte.»Achtung«, hieß es klotzig in der Überschrift des bezahlten Inserats,»Bau und Baunebengewerbe. Wo sind bei der Abrechnung von erbrachten Leistungen für die ›Firmengruppe Dr. Jürgen Schneider AG‹ Pro-bleme aufgetreten? z.B. Bauvorhaben Zeil in Frankfurt/Main. Bitte melden unter 589 299 an Frankfurter Neue Presse, Franken-allee 71–81, 60327 Frankfurt, zwecks Gründung einer Interessen-gemeinschaft.«

Wie ein Blitz fuhr diese Initiative in die feinen Büros in der Villa Andreae. Schneider hatte zwar vorher aus Frankfurter Banker-kreisen munkeln gehört, daß seine restriktive Verhandlungstech-nik bei vielen Handwerkern mehr als bloßes Murren hervorrief und eine ominöse»Aktion« geplant war: Aber was war das? Eine öffentliche Handwerkerinitiative gegen das Imperium? Eine Bürgerbewegung? Wer steckte hinter dieser tückischen Kampagne? Schneider traf das Inserat an seiner empfindlichsten Stelle. Gerade jetzt, wo es bereits die ersten Probleme mit der mißtrauischen Nord/LB und anderen Banken gegeben hatte, konnte er Öffentlichkeit nicht gebrauchen. Schon wähnte sich der mißtrauische Baugigant als Opfer einer finsteren Intrige, was seinem ausgeprägten Sicherheitsbedürfnis (um es vorsichtig zu formulieren) sehr entgegenkam. Er setzte die von ihm seit Jahren benutzten ehemaligen Frankfurter Kripobeamten Wilhelm Meurer und Klaus Stennei auf den Fall an. Wilhelm Meurer, ehemaliger Kriminalhauptmeister beim Mobilen Einsatzkommando (MEK) Frankfurt, und Klaus Stennei, früherer Kriminaloberkommissar ebenfalls des MEK Frankfurt, hatten in Assenheim bei Friedberg eine spezielle »Unternehmensberatung« gegründet, die sich auf die Aufklärung besonders komplizierter Fälle spezialisierte. Wichtigster Kunde dieser beiden erfahrenen Ex-Kripo-Leute war neben Versicherungen Dr. Jürgen Schneider, der zu beiden im Laufe der Jahre ein besonders enges Vertrauensverhältnis aufgebaut hatte.

In den folgenden Wochen, so erinnert sich Schneiders Kassenhüter Reifenberger, wurden einige der Handwerkerrechnungen bezahlt. Dabei habe es sich zum Teil »um offene Handwerkerforderungen aus zurückliegenden Jahren« gehandelt.

Den Untergang konnte er damit nicht mehr aufhalten. Die Luft in Königstein wurde für Schneider zunehmend dünner. Eine Luftveränderung, so wird er sich wahrscheinlich gedacht haben, könne da nicht schaden.

Schneiders Sicherheitstick

Am Gründonnerstag 1994 bat Jürgen Schneider seine beiden »Soldaten« Klaus Stennei, 46, und Wilhelm Meurer, 48, zu sich in die Villa Andreae. Knapp zwei Jahre vor diesem denkwürdigen Treffen waren sie vom Baulöwen engagiert worden, es hatte sich ein sehr enges persönliches Verhältnis zwischen diesen so ungleichen Partnern entwickelt: »General« Dr. Jürgen Schneider empfing zum letzten Mal die zwei wichtigsten »Soldaten« seiner Prätorianergarde.

Jürgen Schneider gab seinem Pförtner an diesem Abend den Befehl, das elektrische Tor vor der Villa Andreae zurückzufahren. Meurer und Stennei konnten problemlos die elektronischen Sicherheitseinrichtungen passieren. Der Hausherr lud sie in den ersten Stock. Etwas war an diesem Abend ganz anders als sonst, wie sich die beiden Ex-Polizisten später vor dem BKA erinnerten. »Körperlich«, so erzählte Wilhelm Meurer, machte der Baulöwe »keinen erschöpften Eindruck«. Überhaupt seien äußerlich keine Veränderungen feststellbar gewesen. Das entsprach präzise Jürgen Schneiders Versteckspiel, wie er es seit Wochen betrieb: Um jeden Preis nach außen bloß keine Hektik entwickeln. Selbst seinen engen Vertrauten Meurer und Stennei gab er nach deren Angaben nicht das geringste preis. »Es war eines unserer Routinegespräche, Besonderheiten sind uns nicht aufgefallen«.

Dennoch gab es eine winzige Merkwürdigkeit. Entgegen seiner sonstigen Gewohnheit lud Schneider die beiden nicht wie sonst zum Rapport vor seinen riesigen Schreibtisch, sondern er stieg von seinem »Generalssessel« herunter und begab sich zu einem kleinen messingbeschlagenen Glastisch rechts vor seiner Kommandozentrale. Schneider löschte alle Lichter und ließ nur die kleine Lampe vor dem Tischchen brennen.

Eine unheimliche Szene. Da saß der Milliardär fast im Dunkeln in einem riesigen Raum, nahezu verdeckt, und besprach wenige Stunden vor seinem Verschwinden mit seinen Sicherheitsexperten Alltäglichkeiten.

Zu guter Letzt ereignete sich etwas Außergewöhnliches. Schneider druckste herum und bat seine beiden Getreuen, sie möchten sich um seine Kinder kümmern, wenn ihm einmal etwas passieren würde.

War der Alte übergeschnappt? Konkret, so Wilhelm Meurer, »nannte er die Möglichkeit eines Flugzeugabsturzes«. Vielflieger

Schneider sollte plötzlich Angst vorm Fliegen haben? Was sollte die Bitte, sich um die Kinder kümmern, und wie sollte das aussehen? Schneider befriedigte offensichtlich nicht die Neugier der beiden professionellen Ermittler. »Wir haben uns nach diesem Gespräch Gedanken darüber gemacht«, berichtete Meurer, konnten das aber »an diesem Tag nicht bewerten«.

Wenige Tage später bekam die Äußerung Schneiders auch für die beiden Sicherheitsexperten einen Sinn, als nämlich die ersten Nachrichten über Schneiders Flucht weltweit publik wurden. Die beiden Kripoexperten Wilhelm Meurer und Klaus Stennei spielen in der Ermittlungsakte Schneider eine gewichtige Rolle. Nach der Flucht des Baulöwen wurden alle ihre Telefonate registriert, es gab aber zu keinem Zeitpunkt einen Hinweis darauf, daß die beiden von der Flucht Jürgen Schneiders etwas gewußt haben.

Kennengelernt hatte Schneider zunächst Wilhelm Meurer – 1991 durch eine Anzeige in einer Frankfurter Zeitung. Der Baulöwe suchte einen »Mitarbeiter für Sicherheitsaufgaben«. Meurer schien dazu ideal geeignet, er war sozusagen ein Universaltalent. Der gelernte Industriekaufmann ging 1965 zum Bundesgrenzschutz. Nach dieser Ausbildung kehrte er wieder als Angestellter in den kaufmännischen Bereich zurück, bevor er dann 1973 endgültig Beamter der hessischen Kriminalpolizei beim Polizeipräsidium Frankfurt wurde. Vierzehn Jahre später, nach hartem Dienst im Mobilen Einsatzkommando, war Kripo-Hauptmeister Wilhelm Meurer pensionsreif. Mit 41 Jahren wurde er in den einstweiligen Ruhestand versetzt, ein Jahr später tauchte der Dienstunfähige aber mit einem privaten Ermittlungsbüro als Selbständiger wieder auf der Frankfurter Bühne auf.

Nachdem sein Aufgabenbereich bei Jürgen Schneider immer umfangreicher geworden war und er die anstehenden Probleme nicht mehr allein lösen konnte, tat er sich mit seinem alten Freund aus MEK-Zeiten, Klaus Stennei, zusammen, um ab 1. Oktober 1993 mit ihm gemeinsam das »Unternehmensberatungsbüro Meurer + Stennei GbR« im hessischen Assenheim bei Friedberg zu führen.

Klaus Stennei hatte eine ähnliche Karriere wie sein Freund Wilhelm Meurer hinter sich. Ursprünglich war er als Beamter auf Probe bei der Bundesbahn angestellt. Aber bei der Bahn war es dem ehrgeizigen jungen Mann offensichtlich zu langweilig. 1966 wechselte er zur Bereitschaftspolizei nach Hessen und ließ sich dort ausbilden. Nachdem er zunächst als normaler Streifenpolizist seinen Dienst auf Frankfurts Straßen versehen hatte, wechselte er zur Kriminalpolizei, wo er schon sehr früh seinen späteren Freund Wilhelm Meurer kennenlernte. Nach seiner Beförderung zum Oberkommissar schied er – wie Meurer – 1987 aus dem Polizeidienst freiwillig aus, bekam aber keine staatliche Pension.

Als nächstes versuchte sich Klaus Stennei in der Industrie. Beim Pharmakonzern Fresenius wurde er als Bereichsleiter für die interne Sicherheit angestellt, 1993 verließ er das Unternehmen wieder, um mit seinem Freund Wilhelm Meurer den verlockenden Angeboten des Baulöwen Dr. Jürgen Schneider nachzugehen. Der gab seinen beiden »Soldaten« genug zu tun – und entlohnte sie fürstlich aus der prall gefüllten Kriegskasse mit insgesamt rund 1,6 Millionen Mark.

Das verquere Sicherheitsbedürfnis Jürgen Schneiders dokumentieren seine Aufträge, die er an die beiden Sicherheitsexperten vergab. Selbst das BKA konnte sich die Frage an die beiden: »Hatten Sie den Eindruck, daß Schneider unter Verfolgungswahn litt?«, nicht verkneifen. Brav antworteten sie im besten Behördendeutsch: »Schneider fühlte sich höchst gefährdet und hatte dementsprechend ein erhöhtes Sicherheitsbedürfnis. Unter Verfolgungswahn litt Schneider nach meinem Eindruck nicht.«

Bei 1,6 Millionen Mark Honorar können die Eindrücke gelegentlich täuschen. Denn was Schneider da in Auftrag gegeben und hoch bezahlt hatte, entspricht eher der Romanvorlage eines schlechten Krimi-Autors:

Der erste größere Auftrag betraf 1993 die berühmte Zeil-Galerie »Les facettes« in der Frankfurter Innenstadt. Die Geschäftsleute, die für Schneiders extrem hohe Mieten mühsam ihre Waren an die Kunden bringen mußten, waren sauer auf die Stadtstreicher, die sich in den glasüberdachten Flanierzonen des Luxusschuppens überaus wohl fühlten und gar nicht daran dachten, ihre trockenen, warmen Plätzchen aufzugeben. Selbst gelegentliche polizeiliche Razzien konnten die Berber nicht vertreiben, die zwar harmlos waren, aber das »Einkaufsgefühl« der Yuppies vor den Luxusläden nach Meinung der Ladenbesitzer erheblich störten, und somit die Geldbörsen wohl nicht so locker saßen, wie sich das die Verkäufer gedacht hatten.

Ein weiteres Problem waren nordafrikanische Drogenhändler, die in der Einkaufsmeile Zeil und folglich vor der Zeil-Galerie den lieben langen Tag zu Dutzenden herumlungerten und auf Kundschaft warteten.

Meurer bekam den Auftrag, alle möglichen Informationen über die Lebensgewohnheiten der Obdachlosen herauszufinden. Nach dieser »Marktanalyse« sollten Vorschläge und eine Konzeption erarbeitet werden, »die die Einleitung von sozialverträglichen Maßnahmen zur Verdrängung der Stadtstreicher von der Hauptwache und insbesondere vor dem Zeil-Eingangsbereich beinhaltete«, wie sich der Ex-Kripo-Mann später einließ.

Schneider zahlte großzügig für die Erkenntnisse, war mit der Arbeit der beiden sehr zufrieden und erweiterte die Aufträge beinahe täglich. So wurde »der Aufklärungsauftrag Zeil durch einen ständigen ›Objektschutzauftrag Zeil-Galerie‹ erweitert«, bei dem das Duo drei weitere freie Mitarbeiter einsetzte. Zusätzlich sollten Meurer und Stennei ein Sicherheitskonzept auf der Basis der gewonnenen Erkenntnisse für die Zeil erarbeiten.

Schneider erläuterte den Ex-Polizisten, er habe mit anderen Zeil-Anliegern einen Ausschuß gegründet, zu dem so renommierte Firmen wie Hertie, Ammerschläger, Juwelen-Pletzsch und andere gehörten. Er habe aufgrund seiner guten Erfahrungen mit Maurer und Stennei den Part »Sicherheit« in diesem »Ausschuß« übernommen. Deshalb müßten die beiden jetzt das Sicherheitskonzept dazu erarbeiten. Ziel des »Ausschusses« sei es, die umsatzstärkste Einkaufsstraße Europas wieder attraktiver zu gestalten. Später erweiterte Schneider diesen Auftrag um die Forderung, die beiden sollten einen eigenen »Sicherheitsdienst Zeil« auf die Beine stellen.

Ursprünglich war vorgesehen, diesen Sicherheitsdienst als GmbH zu organisieren, mit Meurer und Stennei als Geschäftsführer. Daraus wurde nichts, weil die Zeil-Anlieger einen eigenen Verein mit dem Namen »Zeil aktiv« gegründet hatten, der ähnliche Ziele verfolgte.

So nach und nach rutschten Meurer und Stennei in die Situation, die ihrem Firmenbriefkopf am nächsten kam: Unternehmensberater. Schneider, der sich zunehmend an der professionellen Arbeit der beiden erfreute, gab ihnen den Auftrag, einen geeigneten Manager für die Zeil zu suchen, der sowohl die Sicherheitsprobleme als auch die mangelnde PR-Arbeit in den Griff bekommen sollte. Meurer und Stennei fanden für diese Arbeit einen ehemaligen Kollegen aus der Frankfurter Polizei.

Schneider gab viel Geld für diese Tätigkeiten aus. Es entsprach aber durchaus seinen doppelbödigen Geschäftsmethoden, daß er einen Hintergedanken dabei verfolgte. Einerseits wollte er die Geschäftsleute zufriedenstellen und damit seine hohen Mieten rechtfertigen, andererseits wollte er einen »Zugriff auf das Projekt Zeil gewahrt wissen«, wie es die beiden ausdrückten. Mit anderen Worten: Schneider wollte die totale Kontrolle über die Zeil behalten, gleichzeitig aber nach außen kaum dafür verantwortlich gemacht werden können.

Schneider hatte immer neue Anliegen für die beiden Ex-Polizisten. Im Spätherbst 1993 wollte der Baulöwe erfahren haben, daß gegen ihn eine »Pressekampagne initiiert werden soll«. Was, wo oder wie das erfolgen sollte, wußte Schneider angeblich nicht. Auch Hintermänner, Zweck und Ziel einer solchen Aktion, ja nicht einmal, ob sie gegen ihn persönlich oder gegen sein Unternehmen gerichtet sein sollte, konnte Schneider seinen Getreuen mitteilen.

Ob es sich um ein reines Phantasieprodukt, Gerüchte, beginnende Paranoia oder tatsächliche Informationen handelte, konnte bis heute nicht festgestellt werden. Jedenfalls war Schneider der Meinung, »daß sich Konkurrenten der Presse und Medien bedien-

ten, um ihm persönlich und seinem Unternehmen Schaden zuzu-
fügen«. Aus dieser Situation heraus entstand auch die Angst, die
Schneider plötzlich für sich und seine Familie empfand. Sein Sicherheitsbedürfnis wuchs rasant – und entwickelte sich kongruent
zu seinen Manipulationen mit den Milliardenkrediten.

Schneider wäre aber nicht Schneider, wenn er in der befürchte-
ten Pressekampagne nicht auch eine Chance gesehen hätte. Seit
längerer Zeit schon war er mit seiner »Pressechefin« Sylvia Rommen unzufrieden. Auch der Umgang mit ihr entsprach den für
Schneider so typischen Verhaltensmustern. Sylvia Rommen war
als Sekretärin in das Unternehmen eingetreten, zuvor hatte sie im
Burda-Verlag in der gleichen Stellung gearbeitet.

Schnell stieg die ehrgeizige junge Frau zur Chefsekretärin
Schneiders auf. Doch bald soll Schneider, so ehemalige enge Mitarbeiter, unzufrieden mit seiner Wahl gewesen sein und beförderte
sie – paradoxerweise – zur »Pressechefin«, um dann kurz darauf
»über die unzureichende Pressearbeit in seinem Unternehmen« zu
jammern.

Schneider aber wollte wieder einmal zwei Fliegen mit einer
Klappe schlagen: Die Gerüchte, koste es, was es wolle, konkreti-
sieren und beseitigen und gleichzeitig eine vernünftige Presse- und
PR-Arbeit für sein Unternehmen aufbauen. Die Lösung war wieder typisch für Schneider: Er suchte, wie zuvor im kaufmännischen Bereich mit dem Grafen Lambsdorff, einen zugkräftigen
Namen, um das Image des Hauses gegenüber der Öffentlichkeit
und natürlich den Banken aufzupolieren. Der Baulöwe dachte
nach und kam auf die »Unternehmerin des Jahres 1993«, die Chefin der Frankfurter Wirtschaftsförderung, Gabriele Eick. Er
kannte sie von der Zeil-Galerie, wo sie engagiert die Interessen der
dortigen Unternehmen vertreten hatte.

Meurer und Stennei wurden an die Front geschickt, sie sollten
Frau Eick als Aushängeschild Schneiders gewinnen. Tatsächlich
wurde Gabriele Eick zum 1. Februar 1994 eingestellt. Sie wurde
zwar Mitglied im Vorstand der Schneider AG, acht Wochen später
war sie aber wegen der Flucht ihres Chefs wieder arbeitslos.

Zurück zu den beiden Kämpen Meurer und Stennei. Bei Jürgen Schneider verdichteten sich die Hinweise auf eine geplante Pressekampagne. Wie sich später herausstellte, waren Schneiders Kontakte recht gut, denn tatsächlich bereiteten Handwerksbetriebe eine Anzeigenkampagne vor, die sich gegen seine Machenschaften bei der Bezahlung von Handwerkerrechnungen richteten. Dies wurde weiter vorne schon ausführlich beschrieben.

Meurer und Stennei erhielten vom »Doktor« den Generalauftrag, »alles Erdenkliche zu tun, um Hintergründe und Zielrichtung der Kampagne aufzudecken«. Die beiden erklärten ihrem Chef, daß sie »zur erfolgreichen Recherche kostenintensive Informanten gewinnen müssen und sachkundige Berater, deren Honorare ebenfalls entsprechend hoch sind«. Die Honorarfrage spielte offensichtlich keine Rolle, denn »es bestand Einvernehmen mit Schneider dahingehend, daß Honorare in siebenstelliger Höhe anfallen können«.

Meurer und Stennei wurden fündig. Aus ihrer Frankfurter Polizeiarbeit war ihnen eine dubiose über siebzigjährige Dame bekannt, die schon früh mit Millionen jongliert, gelegentlich gewonnen, aber auch verloren hatte. Es handelte sich um Emmy Kaiser, eine in der Frankfurter Halbwelt bekannte Frau, die wegen angeblicher Millionenschwindeleien bereits vor dem Kadi gestanden, bisweilen aber auch mit der Polizei zusammengearbeitet hatte.

»Bekanntermaßen«, so erklärten die beiden Sicherheitsexperten, »verfügte Frau Kaiser über exzellente Kontakte in den Medienbereich, zu großen Bankern und höchsten Kreisen der Politik.« Das konnte oder wollte hinterher niemand mehr bestätigen, und Emmy Kaiser konnte dazu nicht mehr aussagen. Sie verstarb noch im Laufe des Jahres 1994.

Angesichts der lockenden Millionen legten Meurer und Stennei jetzt erst richtig los. »Als Medienberater«, so erklärten sie, »konnten von uns verschiedene Journalisten, u. a. die Herren Labonte und Müller gewonnen werden.« Mit diesen Beratern seien »gemeinsame Strategien zur Optimierung der PR-Arbeit entwickelt und von uns die Umsetzung in den Unternehmen von Schneider vorbereitet worden«.

Hans-Peter Labonte war ein alter Hase auf dem Gebiet der Polit-PR: Er war Pressesprecher der CDU in Rheinland-Pfalz und deren Spitzenkandidaten um den Ministerpräsidentenposten, Wilhelm, des Konkurrenten von Rudolf Scharping im rheinlandpfälzischen Wahlkampf.

Rudolf Müller war ein erfahrener Journalist mit kaufmännischer Vorbildung, der 17 Jahre lang das Frankfurter Büro der Zeitschrift *Stern* geleitet hatte. Diese beiden Medienexperten, der eine auf dem politischen, der andere auf dem journalistischen Sektor, sollten also für Meurer und Stennei im Auftrag von Dr. Jürgen Schneider umfassende Konzeptionen entwickeln: einerseits zur Abwehr der konkret bevorstehenden Aktionen der Handwerker, andererseits sollten »grundsätzliche Strategien für eine langfristige Öffentlichkeitsarbeit erarbeitet werden«, die dann Schneiders eigene Abteilungen unter Leitung von Frau Eick realisieren sollten.

Der Baulöwe muß mit der Arbeit zufrieden gewesen sein, denn er zeigte sich großzügig bei der Honorierung der beiden Medienprofis. Sie waren ihm rund 450 000 Mark wert; die Beträge ließ er über Maurer und Stennei anweisen.

In den sich anbahnenden Turbulenzen Anfang Januar 1994 überschlugen sich die Ereignisse, und es hagelte Aufträge für Meurer und Stennei. In kurzer Folge bekamen sie hintereinander neue Anweisungen vom Chef. Schneiders Sicherheitsbedürfnis wuchs eben parallel zu seinen Fluchtvorbereitungen:

- Die Geschäftsräume in der Villa Andreae sollten auf »Wanzen«, elektronische Abhöreinrichtungen, in der Vorstandsetage überprüft werden.
- Die aktive Pressesprecherin Sylvia Rommen sollte observiert und alle Daten über sie gesammelt werden. Unter anderem wollte Schneider wissen, ob die Frau bei ihrem Lebenslauf geschwindelt hatte und vielleicht gegen ihn eingesetzt worden war.
- Die beiden Schneider-Kinder Nico und Ysabel sollten an ihrem

Münchener Studienort überprüft werden, ob gegen sie beispielsweise Entführungsmaßnahmen geplant waren.
- Schneider hatte selbst Angst, daß er entführt werden könnte. Deshalb mußten Meurer und Stennei die Fahrtstrecke, 300 Meter von der Villa Andreae zum Privathaus am Johanniswald in Königstein, täglich überprüfen und auf verdächtige Einzelheiten absuchen lassen.
- Meurer und Stennei trainierten ihren Chef regelmäßig in »Schutz- und Verhaltensmaßnahmen bei konkreten Gefährdungslagen« und boten ihm jede Art von Personenschutz an, sie avancierten gleichzeitig zu ständigen Leibwächtern.
- Einen speziellen Auftrag gab es unter dem Codewort »Wein«: Offensichtlich hatten ungetreue Schneider-Angestellte komplette Silberbestecke, Tischdecken, hochwertige Weine und Champagner und sogar ganze Blumengebinde aus der Villa Andreae geklaut. Meurer und Stennei sollten mit geeigneten Mitteln herausfinden, wer das war.
- Daneben hatte Schneider den Verdacht, daß sein Leipziger Statthalter Professor Fissenewert ihm untreu geworden sein könnte. »Wir wurden von Schneider gebeten, Dr. Fissenewert genauer unter die Lupe zu nehmen, da er vermutete, daß Dr. Fissenewert ihn bescheißt«, drückte Klaus Stennei es drastisch aus. Gleichzeitig erhielten Meurer und Stennei aber einen Auftrag von Professor Fissenewert, dem sie ja eigentlich das Handwerk legen sollten. Für den Professor sollten sie feststellen, wie bei einem Erbonkel seiner Frau Bargeld und Wertpapiere über eine Million Mark abhanden gekommen waren.
- Der mißtrauische Schneider wollte außerdem das bekannte Objektschutzunternehmen »Protectas« überprüft wissen.
- Ein weiterer Spezialauftrag betraf das Chinarestaurant in der Zeil-Galerie. Hier waren Gerüchte aufgetaucht, daß der Wirt an die chinesische Mafia Schutzgelder zahlen muß. Um die damit verbundene Gefährdung weiterer Geschäftsleute in der Zeil zu verhindern, schickte Schneider seine Soldaten Meurer und Stennei an die Front.

Keine Frage, bei diesen hohen Ansprüchen – Meurer und Stennei sollten ein monatliches Honorar von 50 000 Mark pauschal kassieren – mußte auch mit jeder Menge Technik gearbeitet werden. Die Ex-Polizisten kauften am 3. Februar 1994 »Elektronik-Bausteine, die geeignet sind, zwei Abhöranlagen zusammenzubauen«, wie die BKA-Ermittler rekonstruierten.

Auf die Frage ob sie tatsächlich Funk- und Abhöreinrichtungen in die Villa Andreae eingebaut hatten, was illegal gewesen wäre, verweigerten Meurer und Stennei die Aussage ebenso wie darauf, was sie mit speziellen und teuren Videoüberwachungskameras, die sie angeschafft hatten, anstellen wollten.

Allerdings fanden die Ermittler ein Indiz: Auf einem Kontoauszug der Frankfurter Sparkasse hatten Meurer und Stennei am 8. Februar handschriftlich vermerkt »Videoüberwachungsgerät« und »Sectronic«. Am Tag zuvor fanden die Ermittler im Terminkalender den Eintrag: »Dr. Schneider bis 20.00 Uhr: Einbau Technik«, an einem anderen Tag: »Live-Besetzung Radio«. Schlecht ist, wer Schlechtes dabei denkt.

Besonders pikant war die Lösung der beiden Sicherheitsexperten für die Entlarvung der mutmaßlich ungetreuen Mitarbeiter im Schneider-Konzern, die angeblich klauten wie die Raben: Schneider beauftragte die beiden, »eine geeignete Person unter einer Legende in das Unternehmen einzuschleusen«.

Das war so richtig was für Liebhaber von Agentenromanen und für einen tatsächlichen »Schlapphut«, den Grafen Lambsdorff, der seine Meriten beim Bundesnachrichtendienst erworben hatte und jetzt bei Schneider »Generalbevollmächtigter« und Vorstandsmitglied für den kaufmännischen Bereich war.

Auf einem Parkplatz bei Montabaur traf sich das Trio Lambsdorff – Meurer – Stennei mit Gabriele Zipfel, die in der Vergangenheit auch schon einschlägige Erfahrungen hatte sammeln können. Graf Lambsdorff war ganz begeistert von seiner neuen Mitarbeiterin, die er offiziell für die »Archivierung der Kunstgegenstände« im Schneider-Konzern einstellte, die aber inoffiziell ein zweites Gehalt über Meurer und Stennei bezog, um die Diebe im eigenen Hause dingfest zu machen. Frau Zipfel indes kam nicht mehr zu umfassenden Ergebnissen, weil ihr der Auftraggeber in Gestalt von Dr. Jürgen Schneider durch seine Flucht abhanden gekommen war.

Das gleiche widerfuhr seinen beiden »Soldaten«, die nicht wußten, daß sich ihr Chef am Gründonnerstag statt für die Dauer des Osterurlaubs, auf Nimmerwiedersehen verabschiedet hatte. »Wir haben«, berichteten die beiden treuherzig, »die Geschäftsbeziehung zu Schneider konkret nach dem 9. April eingestellt«, denn er habe den vereinbarten Termin am Tag zuvor ja nicht eingehalten. Als sie, um »nachzusehen, was vorging«, zur Villa Andreae fuhren, wurden sie von einem »vollständig aufgelösten Grafen Lambsdorff empfangen«.

Klaus Stennei beschrieb dieses Treffen nach Ostern so: »Lambsdorff machte einen zerstörten Eindruck. Er war zu Schneider als Bettler gekommen und hat nach kurzer Zeit Anzüge getragen und einen dicken Mercedes gefahren. Er war ein Günstling des Schneider, für den mit der Flucht Schneiders alles ruiniert war. Seine Wohnung in München war weg, sein Haus in Königstein war weg, sein Fahrzeug war weg, er hatte alles verloren. Er sprach nicht davon, daß das Unternehmen auch betroffen ist, er hat sich selbst sehr bemitleidet.« Graf Lambsdorff »sprach davon, daß alles kaputt ist, alles zu Ende. Er erzählte uns, daß Mitarbeiter der Deutschen Bank in der Villa seien, um die Unterlagen zu prüfen.« Aber auch für Meurer und Stennei war der »General« entkommen.

Schneider – auf und davon

Dr. Jürgen Schneider muß das nahende Ende schon früh geahnt, wahrscheinlich sogar seit Jahren damit gerechnet haben. Diesen Schluß lassen jedenfalls Ermittlungen des Bundeskriminalamtes zu. Die Bundespolizisten schreiben in einem Vermerk über ihre Ermittlungsergebnisse, Schneider habe bereits 1986/87 (!) wegen wirtschaftlicher Schwierigkeiten die Täuschung der Banken und der Handwerksbetriebe erwogen und hinsichtlich eines möglichen drohenden Zusammenbruchs seines Imperiums Geld in der Schweiz und den USA angelegt. Und deshalb glauben die Ermittler auch, daß Schneider damals den Plan entwickelte, eine Person seines Vertrauens zu finden, die, außerhalb der Familie stehend, für den Fall der Fälle die Rolle eines Betreuers und Kontaktmannes erfüllen könne, wenn einen selbst widrige Umstände ins Ausland treiben sollten. Diese Person könnte Ralf Matthias Graf Lambsdorff gewesen sein.

Wenn Schneider auch offensichtlich damals noch einmal die Kurve gekriegt hatte, die Schlinge, die sich um seinen Hals gelegt hatte, zog sich unerbittlich weiter zu. Die Banken machten zunehmend Schwierigkeiten, wollten zusätzliche Sicherheiten, verlangten teilweise ihre Darlehen früher zurück, begannen, ihren Glauben an Schneider und seine hochfliegenden Pläne zu verlieren, kurz: Sie zeigten sich von ihrer widerspenstigsten Seite. Dies ist weiter oben ausführlich beschrieben worden.

Auch innerhalb der Familie waren die Sorgen des Familienoberhauptes zunehmend Gesprächsstoff; zumindest scheint Schneider-Tochter Ysabel etwas gewußt oder geahnt zu haben. Als BKA-Beamte am 21. April 1994 ihre Wohnung in Münchens Sendlinger Straße durchsuchten, fielen ihnen unter anderem die Terminkalender von Ysabel in die Hände. Und siehe da, schon am

27. November 1992 (!), anläßlich eines Familientreffens auf Sylt, notierte sich das Töchterlein:»Banken machen Papi Ärger → Gefahr. So schlecht sah es noch nie aus.«Jetzt müßten die besprochenen Maßnahmen ergriffen werden, denn die Banken steckten ja schließlich genauso mit drin. Welche»Maßnahmen« allerdings gemeint waren, bleibt im dunkeln. Am 30. November hatte sich die Lage scheinbar zugespitzt. Ysabel schreibt:»Papi in 14 Tagen hopp oder topp.« Und vier Tage später kam es noch schlimmer:»Dienstag und Mittwoch wollen die Banker bei Papi vorbeischauen und die Mietverträge einsehen. Wenn die etwas feststellen → Gefängnis. Man darf sich das gar nicht alles ausmalen...«

Heißt das etwa, daß im engsten Familienkreise schon Ende 1992 über die Möglichkeiten gesprochen wurde, daß»Papi« vielleicht ins Gefängnis müsse?

Die Ermittler aus Wiesbaden glauben übrigens, daß sich der Familienrat spätestens bei dieser Sitzung auf Sylt wegen der Zwangslage entschlossen haben muß, Mietverträge zu fälschen oder zu verfälschen, um damit die Banken zu täuschen.

Überhaupt scheint Ysabel eine weit- und umsichtige Tochter zu sein. Diesen Schluß legen andere Aufzeichnungen nahe, die der später eingesetzte Konkursverwalter Gerhard Walter in der Schneider-Villa im Fasanenweg fand. Die andere Vermutung, die sich dabei aufdrängt, ist die, daß Dr. Jürgen Schneider seinen unrühmlichen Abgang offenbar mit seiner Familie sorgfältig geplant hatte.

So wie unsereiner eine Checkliste für eine bevorstehende Urlaubsreise anlegt, hatte Ysabel Schneider auf dieser aufschlußreichen Liste festgehalten, was bei der vom Papa geplanten Flucht alles zu beachten war. Schließlich will man sich ja hinterher keine Vorwürfe machen müssen, irgend etwas vergessen zu haben.

Sie sorgte sich beispielsweise um den Hund, der versorgt werden müsse. Auch die Frage, was mit dem Haus geschehe, trieb sie um. Bedeutungsvoller allerdings waren offene Fragen wie:»Ab wann wird der Staatsanwalt eingeschaltet« oder»Werden Kinder kontrolliert?«

Die meisten der 19 Punkte auf der Liste drehen sich freilich ums liebe Geld:»Was wird den Kindern weggenommen, was bleibt? Werden unsere Geldtransfers beobachtet?« Oder darum, wie man rechtzeitig vorsorgt:»Soll Mutti Geld bar abheben, das Nico + ich auf unsere Konten tun?« oder»Geld bei Ulla od. Michael hinterlegen?«,»Wieviele Koffer?«

Auch Strategien wurden erwogen:»Kann sich Papi mit dem Vergleichsverwalter unterhalten/beraten?« und»Können die Kinder Teppiche + andere Wertsachen in ihre Whg. in München tun (werden wir untersucht)?«

Selbst an eine möglichst lukrative Pressekampagne haben die Schneiders lange vor ihrer Flucht gedacht, spöttelte der *Spiegel*. Unter Punkt 11 der Liste etwa notierte Ysabel:»Story vom Papi verkaufen? Urheberrechte? Wieviel Geld bringt das?«

Michael Lacher, jener New Yorker Anwalt, den Schneider mehr als eineinhalb Jahre später beauftragte, meinte zu diesen Aufzeichnungen, Ysabel habe sie»aus Sorge um ihren Vater geschrieben«. Eine Flucht habe es schließlich nie gegeben.[49]

Zum 31. Dezember 1993, das stellt die Frankfurter Staatsanwaltschaft fest, fehlten Schneider rund zwei Milliarden Mark in der Kasse. Trotz dieser gigantischen Überschuldung war er aber Anfang April 1994, als er seinen Lieben daheim den Rücken kehrte und sich aus dem Staub machte, faktisch noch nicht zahlungsunfähig. Solange die Banken ihm neue Kredite gaben, konnte er seinen Verpflichtungen nachkommen.[50] Und die Banken gaben ja das Geld. Die MS Treuhand rechnete einmal nach: Allein im März 1994 zahlten acht Banken an Schneider fast 100 Millionen Mark an Krediten aus.

Folglich kommen die Frankfurter Staatsanwälte zu dem zunächst überraschend anmutenden Ergebnis, daß unter Berücksichtigung des vorhandenen Geldes auf Schneiders Konten sowie der zugesagten Bankdarlehen die Eheleute Schneider»bis zum 31. März 1994 weder zahlungsunfähig waren, noch ihnen Zahlungsunfähigkeit drohte«. Erst mit Schneiders Griff in die Kasse (allerdings seine eigene), aus der er rund 245 Millionen Mark

beiseite geschafft haben soll, sei die Zahlungsunfähigkeit eingetreten.

Das Amtsgericht Frankfurt erweiterte deshalb am 8. April 1995
den bereits bestehenden Haftbefehl gegen Schneider, weil »der Beschuldigte (...) weiter dringend verdächtig (ist), (...) in einem besonders schweren Fall bei Überschuldung Bestandteile seines Vermögens, die im Falle einer Konkurseröffnung zur Konkursmasse
gehören, beiseite geschafft und dadurch seine Zahlungsunfähigkeit herbeigeführt zu haben.«

Schneider muß sich in dem Glauben gewiegt haben, er werde das
Ruder noch einmal herumreißen können. Denn wenn er wirklich
vorhatte, sich mit seinen Millionen ins Ausland abzusetzen, dann
hat er mit den Vorbereitungen dafür recht spät begonnen, eigentlich
erst Monate vor dem Zusammenbruch. Zu spät, um mehrere hundert Millionen Mark erfolgreich »verschwinden« zu lassen.

Das bittere Ende klopfte bereits an die Türen der Villa Andreae,
als Schneider am 29. März mit seinen Vertrauten sprach und ihnen
seine prekäre Situation schilderte. Da die laufenden Zahlungen
wohl nicht mehr geleistet werden konnten, so Wilhelm Reifenberger, kaufmännischer Leiter der Schneider AG und unter anderem zuständig für die Festgelder, habe ihm der Chef gesagt, er
wolle mit der Deutschen Bank einen Vergleich aushandeln. Es ging
darum, den größten Gläubiger Schneiders dazu zu bewegen, die
fälligen Zinsen zu stunden. Zudem sollte die Deutsche Bank auf
andere Banken einwirken, damit diese ebenfalls mitzögen, wie
Schneiders Bruder Joachim das Gespräch in Erinnerung hat. Und
genau dazu wollte er angeblich die in Sicherheit gebrachten Millionen verwenden.

Die letzten Tage in Königstein

Rein äußerlich hatte sich in der Villa Andreae und im Fasanenweg
in den letzten Tagen vor Ostern 1994 nichts verändert. Frühauf-
steher Jürgen Schneider war wie jeden Tag um 6.30 Uhr im Büro,

und wie immer verließ er es selten vor 21 Uhr abends. Er schuftete wie ein Berserker, führte Verhandlungen mit Bankern, Managern, Architekten und hielt seine Mannschaft auf Trab. Er brüllte, er schmeichelte, er trieb an. Jürgen Schneider demonstrierte den Normalbetrieb. Er verließ seine Residenz in Königstein nur für wenige Stunden, verreiste, wie es immer üblich war, höchstens einen halben Tag. Niemand ahnte, wo er sich in diesen wenigen Stunden jeweils aufgehalten hatte. Gründonnerstag verabschiedete er sich von seinen engsten geschäftlichen Begleitern »in den Osterurlaub«.

Einem Mitarbeiter erzählte er, er fahre in die Toskana, einer Sekretärin gab er als Reiseziel die Insel Sylt an, anderen gegenüber deutete er eine kurze Reise nach Fuerteventura an. In jedem Fall, hatte Jürgen Schneider betont, »bin ich nach Ostern wieder da«, schließlich habe er »ganz wichtige Banktermine« wahrzunehmen – was tatsächlich stimmte, wie sich seine Chefsekretärin Ruth Glaeske erinnerte.

Unmittelbar nach Ostern standen Termine mit Vertretern der Centralboden, der Deutschen Bank, der Nord/LB und anderen Finanzinstituten im Kalender an, da gab es Planungen für das Wiesbadener Hotel Rose, und schließlich waren mit der CIP und der Technoteam noch eine Reihe von Problemen zu erörtern.

Seinen Buchhalter Kern etwa hatte Schneider angewiesen, die Bezahlung von möglichst vielen der fälligen Rechnungen bis nach Ostern zu verschieben. Kern gab später zu Protokoll: »Als Grund hierfür nannte mir Dr. Schneider, daß er einen guten Status für das 1. Quartal 1994 anstrebte.« Ganz offensichtlich plante Schneider, mit diesem Status in die nächste Verhandlungsrunde mit den Bankern zu gehen.

Mit anderen Worten: Jürgen Schneiders Terminkalender nach Ostern war bereits fest verplant. Sein altgedienter Privatfahrer Kurt Stroer, Maschinenschlosser und Ex-Boxer, erzählte dem BKA, er habe Jürgen Schneider kurz vor seinem Urlaub im April 1994 noch gefahren. »Wann und wo das genau das letzte Mal war, weiß ich jetzt nicht mehr.« Möglicherweise habe er ihn einfach nach Hause gefahren. Wohin Schneider verreisen wollte, habe er ihm nicht gesagt. »Das war aber nichts Ungewöhnliches, weil er seinen Urlaubsort öfter geheimgehalten hat, um dort seine Ruhe zu haben.«

Vieles deutet deshalb darauf hin, daß niemand, selbst aus der engsten Umgebung des Baulöwen keiner, auch nur geahnt hatte, daß der »Doktor« in Wahrheit längst seine Flucht vorbereitet hatte. Sie war durch eine Reihe von Täuschungsmanövern gedeckt, die später den Fahndern das Leben schwermachen sollte.

So unauffällig er sich in seiner Arbeitsumgebung benahm, so umtriebig war er in diesen Tagen auf anderen Ebenen. Jürgen Schneider kann vor seiner Flucht kaum an Schlaf gedacht haben. Auf seinem Nachttisch etwa fand sich auch so interessante Lektüre wie das Buch *Schach dem Schuldner*. Darin hatte der größte Privatschuldner der Deutschen Bank etliche Passagen dick unterstrichen: »In jedem Fall ist es am besten, moralische Bedenken beiseite zu lassen« oder »Verwirren geht Hand in Hand mit Ableugnen«. Besonders zahlreich waren die Unterstreichungen, berichtete der *Spiegel*, in dem Kapitel »Die feine Art bankrott zu gehen«.[51]

Was sich in den letzten Tagen in seinem Königsteiner Wohnsitz abspielte, forderte von Schneider einen Einsatz fast rund um die Uhr. Denn hinter dem gezeigten »Normalbetrieb« spielten sich teilweise dramatische Szenen ab, die den Mitarbeitern in der Villa Andreae allerdings verborgen blieben.

Dennoch gab es ganz kleine Abweichungen vom »Normalbetrieb«, deren Bedeutung allerdings erst später erkannt werden sollte. Seiner engeren Umgebung war aufgefallen, daß Jürgen Schneider jetzt plötzlich öfter in der Mittagszeit nach Hause ging und dort »seltsame Leute traf«, die »so orientalisch aussahen und die niemand im Hause kannte«, wie es eine ehemalige Angestellte ausdrückte.

Es müssen Djavadi (jener war allerdings in der Villa Andreae bekannt) und andere persische Freunde Schneiders gewesen sein sowie der Mainzer Rechtsanwalt Horst Schneider. Diese Personen bestimmten plötzlich den Ton im Privathaus am Fasanenweg, in dem seit Tagen die Familie mit Ehefrau, Sohn und Tochter vollzählig versammelt war.

In dieser Zeit erhielt der damals 39jährige Horst Schneider vom großen Jürgen den »Ritterschlag«: Er avancierte zwei Wochen vor der Flucht des Baulöwen, genau am 16. März 1994, zum »Generalbevollmächtigten« von Dr. Jürgen und Claudia Schneider, geschäftlich wie privat. Zwar gab es schon drei weitere »Generäle« mit entsprechenden Vollmachten in Gestalt des Grafen Lambsdorff, Schneider-Bruder Joachim und Mehdi Djavadi, aber solche Kleinigkeiten bekümmerten den Herrn der Häuser in seiner Lage überhaupt nicht mehr. Im Gegenteil. Zu seiner Strategie gehörte von Anfang an das alte Geheimdienstmotto: Niemand darf mehr wissen, als unbedingt zur Erfüllung der Aufgabe erforderlich ist.

Joachim Schneider, Vorstandsmitglied der Schneider AG und ebenfalls »Generalbevollmächtigter«, schilderte die konspirative Vorgehensweise seines Bruders gegenüber dem BKA recht zutreffend: Von seiner zwölfjährigen Tätigkeit als Syndikus bei der Hamburger Firma Paul Hammers sei er es gewohnt gewesen, »an sämtlichen Entscheidungen mitzuwirken und volle Information über die Geschäftsbereiche zu erhalten«. Bei seinem Wechsel in den Vorstand der Schneider AG zum 31. August 1988, »hatte ich ursprünglich die gleiche Vorstellung, daß dies dort ebenfalls so sein würde«. Aber Joachim Schneider wurde von seinem Bruder schwer enttäuscht.

»Dies war leider nicht der Fall. Mein Bruder besprach mit den einzelnen Mitarbeitern deren Aufgabenbereiche.« Einen umfassenden Bericht über die Gesamtabläufe habe er nie erhalten – insbesondere nicht über die finanziellen Transaktionen des großen Jürgen. So sei es praktisch bei allen Mitarbeitern gewesen. »Daß mein Bruder, ohne mich davon in Kenntnis zu setzen, Horst Schneider als weiteren Bevollmächtigten einsetzte, war bei dieser Unternehmensführung nichts Ungewöhnliches.« *Management by conspiracy.*

183

Das Vorstandsmitglied der Schneider AG hatte die Wahrheit erzählt. So wußte selbst der alte Geheimdienstfuchs Graf Lambsdorff nicht, daß Horst Schneider und Djavadi bereits Generalvollmacht hatten, Bruder Joachim Schneider wiederum wußte nichts von der Bestallung Djavadis und Horst Schneiders, Djavadi wußte nichts von Joachim Schneider und Graf Lambsdorff.

Auf diese Weise war sichergestellt, daß sich jeder der vier »Generalbevollmächtigten« der Gunst des Baulöwen sicher wähnte, daß jeder einzelne von ihnen glaubte, er sei nunmehr der wichtigste Mann im Hause Schneider und habe zu bestimmen, was einerseits eine hohe Akzeptanz bewirkte, andererseits gewährleistete, daß jeder »General« die Wünsche des Herrn buchstabengetreu umsetzen würde. Versagte der eine »General«, standen drei andere bereit, die sein Fehlverhalten korrigieren konnten. Stratege Dr. Jürgen Schneider zog die Strippen, und seine Marionetten tanzten.

An Generälen hatte es ihm nie gemangelt, wohl aber an Soldaten. Immerhin konnte Advokat Horst Schneider mit der Urkunde der Mainzer Notare Kuno Huhn und Dr. Wolfgang Litzenburger eine Vollmacht vorlegen, die »über den Tod der Eheleute Schneider hinaus« gültig war und erst dann erlöschen sollte, »wenn wir oder unsere Erben sie widerrufen«.

Schneider & Schneider

Horst Schneider wurde zwei Wochen vor Ostern 1994 bevollmächtigt, das Ehepaar Schneider »in allen Angelegenheiten, in denen die Gesetze eine Vertretung zulassen, gerichtlich und außergerichtlich zu vertreten«. Auch war der junge Anwalt berechtigt, von sich aus Untervollmachten zu erteilen. Eine echte, fast unbegrenzte Generalvollmacht wenige Tage vor der Flucht. Ein Schuft, der sich Böses dabei denkt.

Noch ein weiteres Zuckerbrot erhielt Horst Schneider in den Tagen vor der Flucht seines Mandanten von Ziehvater Jürgen

Schneider: einen hochdotierten »Beratervertrag« mit den Eheleuten.

Die Bestallung des bis dahin weitgehend unbekannten Mainzer Anwalts Horst Schneider zum scheinbar mächtigsten Mann des Imperiums – wenn auch nur für wenige Tage – sorgte später in Frankfurter und Mainzer Anwaltskreisen für erhebliche Verwirrung. Der Jurist hatte sich bis dahin nur in einem Fall strafrechtlich hervorgetan, als Zivilrechtler war er einer von vielen.

Aber der eine Fall war es, der ihn näher an den Baulöwen heran manövriert hatte: Horst Schneider hatte 1986 Mehdi Djavadi anläßlich jenes seltsamen Falles kennengelernt, der, wie erwähnt, in die Mainzer Kriminalgeschichte unter dem Kürzel »Fenstersturz-Fall« eingegangen ist.[52] Seit dieser Zeit betreute »Babyface« Horst Schneider den Iraner in mehreren vertraulichen Angelegenheiten stets zur vollen Zufriedenheit seines Auftraggebers. Es war wohl die Verschwiegenheit und Zuverlässigkeit Horst Schneiders, die ihn via Mehdi Djavadi an Dr. Jürgen Schneider heranbrachte.

Wie eng die Dreierverbindung Djavadi – Horst Schneider – Jürgen Schneider in den letzten Märztagen 1994 funktionierte, beweist ein anderer Vorgang: Zwei Tage vor Gründonnerstag beantragte Horst Schneider ein Konto (Nr. 2340380) bei der Dresdner Bank, auf das telegrafisch schon am nächsten Tag 600 000 Mark von der Schneider-Gesellschaft Quicktulane überwiesen worden waren. Unmittelbar vor dem Abtauchen des Baulöwen. Horst Schneider behauptete später, dieser Betrag sei für Mehdi Djavadi bestimmt gewesen, der in der Quicktulane als Geschäftsführer gebürgt habe.

Mitte März 1994 genoß Anwalt Horst Schneider noch das Privileg, zusammen mit dem Ehepaar Schneider und seinem alten Mandanten Mehdi Djavadi im Privatjet der kleinen Fluggesellschaft Taunus-Air in die Schweiz fliegen zu dürfen. Zusammen besuchte das Quartett eine Privatbank in Genf.

Bei seiner Vernehmung scheint es, als könne sich der junge Advokat nur mit Mühe erinnern, um welches Institut es sich gehandelt hatte. »Heute weiß ich, daß es sich hierbei um die UBP handelte«, sagt er. Es war jene Union Bancaire Privée, auf der gerade rund 245 Millionen Mark über London und die Bahamas transferiert worden waren. Horst Schneider will bei dem Bankgespräch in Genf lediglich die Allgemeinen Geschäftsbedingungen der Bank überprüft haben und saß deshalb mit dem Chef des Finanzwesens der Union Bancaire Privée zusammen, einer Bank, an deren Namen er sich ein paar Wochen später nur mühsam erinnern konnte. »Was die Eheleute Schneider und Dr. Djavadi in der Bank besprochen haben, weiß ich nicht. Ich wohnte keinem Sachgespräch bei«, erzählt er heute treuherzig.

Einen Tag bevor er sich in die Schweiz absetzte, übergab der Baulöwe persönlich seinem Advokaten noch einen dicken versiegelten Umschlag. Er enthielt zwei Briefe, datiert auf den 4. April 1994, Ostermontag. Jürgen Schneider überreichte seinem Namensvetter das Kuvert mit dem Hinweis, er möge nach den Osterfeiertagen die beiden darin befindlichen Briefe herausnehmen und einen der Deutschen Bank, den anderen dem Vorstand der Dr. Jürgen Schneider AG übergeben und entsprechend der darin enthaltenen Anweisungen verfahren. Als Legitimation, daß er als Anwalt befugt sei, die Verhandlungen mit den Bankern zu führen, diene seine »Generalvollmacht« vom 16. März.

So war denn auch Horst Schneiders erste Reaktion am Dienstag nach Ostern, den Vorstand der Schneider AG in Königstein anzurufen. Mitarbeiter des Unternehmens erinnern sich daran, daß »Babyface« Horst in der Zentrale anrief und herrisch nach »dem Fahrer« verlangte. Gemeint war Kurt Stroer, der seinem Herrn über Jahre hinweg treu gedient hatte. Sein neuer »Herr« legte zwar per Fax eine »Generalvollmacht« vor, aber niemand im Hause Schneider mochte sich den Anweisungen des unbekannten Anwalts beugen.

Abschiedsbriefe

Die Nachrichten vom Ostermontag, die er an seine Führungscrew und an die Deutsche Bank geschickt hatte, brachten eine Lawine ins Rollen, von der der untergetauchte Jürgen Schneider angeblich »am meisten überrascht war«, wie er später aussagen sollte.

Geschäftsmäßig kühl hatte der Baulöwe sein erstes Schreiben nach der Flucht an den Vorstand der Deutschen Bank in Frankfurt, »Persönlich vertraulich z. Hd. Herrn Ulrich Weiss«, in der Taunusanlage 12 geschickt. Ulrich Weiss war mit Jürgen Schneider seit vielen Jahren bekannt. Verzweifelt hatte jener nach seiner unmittelbaren Flucht aus Königstein von Genf aus den Banker in der Schweiz zu erreichen versucht. Er wußte, daß Ulrich Weiss seinen Osterurlaub in der Schweiz verbrachte und wollte ihn hier unbedingt sprechen. Obwohl es Schneider gelang, den Urlaubsort und die Telefonnummer des Bankmanagers in einem kleinen Schweizer Dorf herauszufinden, kam eine telefonische Verbindung nicht zustande.

Jürgen Schneider hatte damit gerechnet, daß er Ulrich Weiss in einem persönlichen Gespräch am Urlaubsort mit seiner rhetorischen Begabung und einem seiner inszenierten Auftritte vielleicht davon überzeugen konnte, daß eine Rettungsaktion für sein Bauimperium tragbar und möglich wäre.

Nachdem kein Kontakt mit dem Banker zustande gekommen war, mußte der Baulöwe den zweiten Weg, die Notlösung, wählen. Diese Lösung sah vor, daß Advokat Schneider den besagten Brief unverzüglich an die Deutschen Bank, möglichst an das Vorstandsmitglied Ulrich Weiss, weiterleiten sollte.

Dieser zweite war der riskantere Weg. Jürgen Schneider konnte nicht seine ganze Persönlichkeit in die Waagschale werfen, sondern mußte sich auf das Geschick seines Anwalts verlassen und hoffen, daß die Deutsche Bank aus Angst vor einem weltweiten Skandal auf seine Wünsche eingehen würde.

Schon das Betreff des von Jürgen Schneider persönlich getippten Briefes muß dem Bankenvorstand den Boden unter den Füßen weggezogen haben:»Das gesamte Bankenengagement der GdbR Dr. Jürgen Schneider/Claudia Schneider-Granzow Königstein/ Taunus.« Zunächst läßt der Baulöwe den Bankenvorstand über diesen ungewöhnlichen Weg der Kontaktaufnahme wissen:»Ich wollte Ihnen dieses gern persönlich vortragen, bin jedoch durch die nachstehenden neuesten Ereignisse daran gehindert worden.« Aus diesem Grunde habe er Rechtsanwalt Horst Schneider beauftragt,»Ihnen diese Botschaft zu überbringen, und ihn bevollmächtigt, Erklärungen abzugeben«.

Dann haut der »Herr der Häuser« gewaltig auf die Pauke: Die Talsohle der Konjunktur werde»tiefer und breiter«, jammert er, die Banken würden»aufgrund ungeprüfter Gerüchte Informationen bis in die Privatsphäre« anfordern, einige»kleine Banken wie die Norddeutsche Landesbank und die Bank für Gemeinwirtschaft« verlangten von ihm jetzt auch noch»Zusatzsicherheiten unter Verletzung des Kreditvertrages«, und zu guter Letzt sei die böse Presse schuld, die ihn und seine Frau anprangere.

Neben der Presse findet Jürgen Schneider schnell die Schuldigen an seiner Situation zu Ostern 1994: Die Banken hätten inzwischen grundsätzliche Vorbehalte gegenüber Investitionen in Ostdeutschland.»Damit werden wir als private Unternehmer mit dem Problem des Deutschen Ostens völlig allein gelassen.« Er vermisse insbesondere aus der Bankenwelt das vermittelnde Gefühl»wir sitzen alle in einem Boot, um das Konjunkturtal und das Ostproblem zu überwinden«. Weinerlich beklagt er sich:»Wir fühlen uns mit unserem Engagement in weiten Bereichen alleine gelassen.« Die Bewältigung der Aufgaben im Osten könnten nicht ihm allein aufgebürdet werden,»die Banken müssen das ebenfalls aktiv mittragen«.

Schließlich macht sich der Geflüchtete gar zum Anwalt des gesamten Volkes:»Ich sehe in der veränderten Situation eine große Gefahr für unser Land und die Arbeitsplätze« – und ganz bescheiden und selbstlos fügt er hinzu:»und mein Vermögen«. Aus dieser Situation heraus drohe»in unbestimmter Zeit« ein»ernsthafter Liquiditätsengpaß«.

Um den zu beseitigen, wolle er aber »aus grundsätzlichen Erwägungen keinesfalls eine Teilverpfändung meiner liquiden Mittel zulassen«. Wäre ja noch schöner, wenn er für seine Milliardenschulden sein eigenes zusammengepumptes Vermögen zur Verfügung stellen müßte.

Frech stellte Schneider, der längst auf dem Flug nach Washington war, bei der Deutschen Bank »folgende Anträge«: 1. wolle er alle Zinsen zwei Jahre lang gestundet haben, 2. brauche er die lächerliche Summe von 80 Millionen Mark »zur Aufrechterhaltung der laufenden Verpflichtungen« seiner Firmengruppe, 3. solle die Deutsche Bank Konsortialführer seiner maroden Unternehmen werden. Und natürlich vergaß der sozial denkende Bauunternehmer nicht, für die »Erhaltung der Arbeitsplätze« zu appellieren. In einem Hinweis auf der letzten Seite des Briefes fordert er: »Es müssen die laufenden Quartalszinsen gezahlt oder gestundet werden, die laufenden Verpflichtungen müssen gezahlt und mindestens 20 Mio. für unvermeidliche Zahlungen sofort gezahlt werden. Es besteht unverzüglicher Handlungsbedarf.«

Leider, leider könne er selbst kaum Anteil daran haben. Die geschilderten Umstände hätten seine »Gesundheit erheblich angeschlagen, so daß ich aufgrund unerwarteten Anratens meiner Ärzte während der Ostertage mein persönliches Engagement voll und ganz zurückstellen muß und es weiterhin erforderlich ist, mich von jedem Streß fernzuhalten«. Dieses Fernhalten sollte über Ostern 1994 hinaus fast 13 Monate, bis zu seiner Festnahme im Mai 1995, dauern.

»Auf Anraten meiner Ärzte«, schwindelt der Baulöwe in seinem Brief an den Banker weiter, »darf ich sogar zur Vermeidung von Aufregungen meinen augenblicklichen Aufenthaltsort vorerst nicht bekanntgeben«. Dafür stünde sein Anwalt Horst Schneider zur Verfügung, der alles mit den Banken regeln könne. Spätestens jetzt wußte die Deutsche Bank, daß sie ein ernsthaftes Problem hatte.

Der zweite Brief ist fast wortgleich jeweils an seinen Vorstand, an Graf Lambsdorff, seinen Bruder, die Pressechefin Gabriele Eick und seinen alten Haudegen Volker Maas gerichtet. Die Schreiben unterscheiden sich nur in der Anrede.

Lediglich sein getreuer Vasall Graf Lambsdorff, um den er sich offensichtlich besonders sorgte, erhielt zusätzlich einige bemerkenswerte Zeilen. Da heißt es unter anderem: »Wir haben mit Ihnen persönlich am 15. März 1994 eine Vereinbarung getroffen, die jetzt nur in Form der Alternative umgesetzt werden muß. Wir werden Sie nun entsprechend dieser Alternative versorgen. Sie brauchen sich hierzu keinerlei Gedanken zu machen.«

Schneider gab sich nach seiner Festnahme »außerordentlich überrascht«, daß die Deutsche Bank sein »faires Angebot« nicht angenommen hatte. »Ich war zu 90 Prozent davon überzeugt, daß die Bank das annehmen würde«, schrieb er aus der Haft in Miami. »Die konnten sich doch eine solche Blamage gar nicht leisten.«

Sie konnten – einschließlich »Peanuts«. Noch vor seiner Festnahme hatte Schneider den gleichen Sachverhalt in einem Tonband an die ZDF-Sendung »Frontal« festgehalten: »Mein Geschäftsschreiben vom 4. 4. 94 wurde (...) für uns unerwartet und unverständlich von der Deutschen Bank nicht befolgt. Sie hat dann auch noch ohne gründliche Würdigung aller Fakten und Vereinbarungen völlig übereilt und zu Unrecht Konkursantrag und Haftantrag gestellt. Dies alles löste zudem eine über die Medien mit falschen Anschuldigungen hochgespielte Katastrophe aus. Ich selbst erlitt dadurch einen schweren Schock, der meine Rückkehr in dieser Situation unmöglich machte.«

Bruder Joachim konnte übrigens nicht ganz verschweigen, daß er vermutlich doch ein wenig mehr wußte, als er zunächst zugegeben hatte. »Ich habe von meinem Bruder zwischen dem 29. und 31. März erfahren, daß er sich an die Deutsche Bank wenden will, um (...) über einen Zinsaufschub zu verhandeln.« Beim »Herrn der Häuser« stimmte die Statik nicht mehr.

Statt der von Dr. Jürgen Schneider erwarteten Hilfe der Deutschen Bank, eines weiteren Kredits über 80 Millionen Mark, trudelte am 13. April eine Strafanzeige bei der Staatsanwaltschaft am Landgericht Frankfurt ein. Im Namen und im Auftrag der Deutschen Bank stellte die renommierte Anwaltskanzlei Pünder, Volhard, Weber & Axster Strafanzeige »insbesondere wegen des Verdachtes des Kreditbetruges und der Urkundenfälschung«. Auf knappen fünf Seiten erläutern die Advokaten, wie und wo Jürgen Schneider die Großbanker über den Tisch gezogen haben soll.

Die Frage stellt sich: Hat der Baulöwe sein Geld mitgenommen?

Wenn jemand eine Reise tut, so kann er was erzählen. Ohne das nötige Kleingeld dürfte er dabei allerdings nicht viel erleben. Die einen kommen mit wenig aus, die anderen brauchen mehr. Einer wie Schneider, so darf man vermuten, fällt unter die zweite Kategorie Reisender. Schwer vorstellbar, daß er mit ein paar Travellerschecks und einer Bahncard losziehen würde.

Schneider, das glaubten deshalb viele, würde sich mit seinen Millionen aus dem Staub machen wollen. Solch garstige Unterstellungen nährt schon die gesunde Volksmeinung. Wer über Jahre hinweg Banken an der Nase herumführen kann, wird für den Fall, daß sie ihm eines Tages auf die Schliche kommen sollten, gewiß vorgesorgt haben.

Es ist ja auch ein leichtes. Ein Blick in den Anzeigenteil der *FAZ* genüge, und schon wisse man, wie Millionenbeträge auf diskrete Nummernkonten etwa in der Schweiz verschoben werden, verrät die linke *taz*. Und »solange Banken nicht nur im Ausland aus dem Bankgeheimnis ein Staatsgeheimnis machen, dabei dubiose Transaktionen decken und Millionenbeträge zweifelhafter Herkunft bereitwillig auf Nummernkonten buchen, werden sich die Geldwäscher aller Länder und Blender vom Schlage eines Jürgen Schneider keine existentiellen Sorgen machen müssen«.[53]

Schon bald nach seinem Verschwinden waren die Zeitungen voll mit Meldungen im Stile von »Schneider mit seinen Millionen auf den Bahamas«.

Auch die Staatsanwaltschaft ist offensichtlich davon ausgegangen, daß Schneider nicht mit leeren Taschen losgefahren ist. Auf Bitten der Frankfurter Ermittler schickten deren Schweizer Kollegen ein regelrechtes Rundschreiben an die wichtigsten eidgenössischen Banken. Zentrale Frage: Hat dieser Dr. Schneider vielleicht ein paar Milliönchen bei Ihnen zu liegen? Das Ergebnis fiel unerwartet mager aus: Die Schweiz, das Bankenparadies, war fast »Schneiderfrei«. Nur bei einer kleinen Privatbank in Genf hatten die Fahnder etwas mehr Glück, wurden fündig. Dazu später mehr.

Die Luxemburg-Connection

Der Mann hatte Schneider eines voraus: Er saß bereits hinter Gittern. Zu jener Zeit im November 1994, als die Zielfahnder des Bundeskriminalamtes und ein Heer von Journalisten sich fragten, wo Schneider wohl abgeblieben sein könnte, hatte dieser Mann vorübergehend seinen Wohnsitz in die Untersuchungshaftanstalt München-Stadelheim verlegt. Da diese staatlich verordnete Einschränkung der Bewegungsfreiheit nicht nur ein höchst unerfreulicher Akt, sondern für den Betroffenen auch eine überaus peinliche Situation ist, nennen wir den Mann einmal nicht bei seinem richtigen Namen, sondern taufen ihn Thomas Frisch.

In Stadelheim sind die Tage, wie in jedem anderen Gefängnis, lang. Deshalb freut man sich über jeden Besuch, auch wenn dieser vom Bundeskriminalamt kommt. Und an jenem 24. November des Jahres 1994 hatte Herr Frisch Besuch vom Bundeskriminalamt. Er könne nämlich, so hatte er wissen lassen, etwas Erhellendes zum Fall Schneider aussagen.

Herr Frisch war Bankier. Oder besser gesagt, er war eigentlich keiner, er betrieb nur Bankgeschäfte, und zwar unerlaubte, wie ihm die Münchener Staatsanwaltschaft vorwarf. Herr Frisch tätigte Finanzgeschäfte für eine Europäische Investitions S. A. (EISA) mit Sitz in Luxemburg. Die EISA hatte eine Tochtergesellschaft in München mit dem Namen Europäische Finanz- und Investment GmbH. Die sammelte Gelder von Kunden ein und legte sie an.

Über einen Münchener Wirtschaftsprüfer soll Herr Frisch Kontakt zu Graf Lambsdorff bekommen haben. Dies soll, laut Frischs Aussage, im November 1992 gewesen sein.

Der Adelsmann soll dem Luxemburger Geldverwalter erzählt haben, er sei bei dem bekannten Immobilienzaren Schneider beschäftigt und beziehe für seine unersetzlichen Dienste jedes Jahr Tantiemen. Eigentlich ein Grund zur Freude, wenn da bloß das Finanzamt nicht wäre, das sich jedesmal mitfreut. Deshalb, so der Graf laut Frisch weiter, wolle er – angeblich um die Zinsabschlagsteuer in Deutschland zu sparen – das Geld anlegen. Das Konto müßte aber anonym bleiben, soll der Graf laut Frisch verlangt haben.

In den Genuß dieses ganz speziellen Steuersparmodelles (das Finanzamt würde dies in seiner bekannt pingeligen Art wohl eher Steuerhinterziehung nennen) sollte neben dem Grafen seine Lebensgefährtin Brigitte Pardatscher kommen. Auch Frau Pardatscher, 1959 in Bozen geboren, arbeitete im Schneider-Imperium mit und gilt als Freundin von Claudia Schneider-Granzow. Die EISA richtete den beiden neuen Kunden zwei Konten ein. Lambsdorff zahlte am 22. Dezember einen Scheck der Commerzbank Frankfurt-Höchst, einer von Schneiders Hausbanken, in Höhe von 350 000 Mark, seine Freundin Pardatscher am 30. November 40 000 und am 22. Dezember noch einmal 70 000 Mark in bar ein, wie das BKA herausgefunden hatte. Das Pärchen sparte fleißig, und so kamen allein bei Lambsdorff im Verlaufe eines Jahres rund 700 000 Mark zusammen, zuletzt trafen vier Tage vor dem Jahreswechsel 1993/94 noch einmal 250 000 Mark per Commerzbank-Scheck ein. Tja, gut bezahlt hat er schon immer, der Schneider, wenigstens seine engsten Mitarbeiter.

Lambsdorff schien in seinen Luxemburger Geldspeicher Vertrauen gefaßt zu haben, jedenfalls soll er Ende 1993 mit dem Gedanken an Frisch herangetreten sein, auch seinen Chef, Dr. Jürgen

Schneider, die Vorzüge luxemburgischer Diskretion zukommen zu lassen, erzählte Frisch den Ermittlern.

In der ersten Dezemberwoche, so Frisch, habe er den Grafen in München getroffen, und der habe ihn gefragt, ob er für Schneider nicht 150 Millionen Mark anlegen kann. Sicher, verschwiegen und »steuervergünstigt«. Schneider wolle dann bei der EISA wiederum ein Darlehen in gleicher Höhe nehmen, was den ungemeinen Vorteil gehabt hätte, daß der Königsteiner nicht auf die von ihm so dringend benötigte Liquidität hätte verzichten müssen. Die Millionen sollten auf einem Konto landen, das ebenfalls auf den Namen Lambsdorff lautete. Die EISA sollte für diesen Kuhhandel eine Provision von einem halben Prozent erhalten, was immerhin 750000 Mark gewesen wären.

Lambsdorff suchte angeblich, so erzählte Frisch weiter, ein sicheres Versteck für das Geld, wo es vor dem Zugriff Dritter geschützt sei. Frisch schlug dem Schneider-Mann daraufhin die Bahamas vor. Dort sei man gerade dabei, eine Bank zu gründen. Die mündliche Genehmigung der Zentralbank in Nassau läge bereits vor. Das Geld wäre dann von der EISA Luxemburg zur EISA-Bank auf die Bahamas transferiert worden. Nirgends wäre der Name Schneider oder Lambsdorff aufgetaucht.

Dem Grafen Lambsdorff schien diese Idee zu gefallen. Jedenfalls stellte er dem Luxemburger Finanzgenie nach dessen Aussage in Aussicht: Wenn das erste Geschäft erfolgreich verliefe, würden weitere Beträge in ähnlicher Höhe folgen.

Die Herren wurden sich angeblich handelseinig, und Lambsdorff soll angekündigt haben, daß es schon bald losgehen könne. Er fehle ihm jetzt nur noch die nötige Vollmacht Schneiders für die Geldverschiebung.

Etwa Mitte Januar 1994 habe er sich wieder bei ihm gemeldet, sagte Frisch, und mitgeteilt, er habe jetzt die Vollmacht, und in Kürze werde man mit dem Millionentransfer beginnen. Frisch: »Der Termin stand im Prinzip schon fest (...) Graf Lambsdorff wollte den Auftrag geben, daß das Geld eine Woche später bei uns eintreffen sollte.«

Doch Woche um Woche verzögerte sich der Deal, soll Lambsdorff ihn immer wieder hinausgeschoben haben. Bis es zu spät
war, weil Schneider zwischenzeitlich abgängig war.

Frisch hörte erstmals wieder von seinem Kunden vier Wochen
nachdem sich der Königsteiner Baupleitier in Luft aufgelöst hatte.
Plötzlich sei Lambsdorff bei ihm aufgetaucht. Die Sorgen müssen
ihn umgetrieben haben. Die Gespräche über den geplanten Millionentransfer für Schneider müßten unbedingt geheim bleiben, soll
er Frisch gebeten haben. Er habe der Luxemburger Firma vertraut,
wolle auch seine eigenen Konten dort belassen, also müsse man
sich jetzt dieses Vertrauens würdig erweisen.

Der Geldverwalter Lambsdorffs erklärte, es sei weiter um die
Frage gegangen, ob die Konten denn bei ihm sicher seien oder ob
er sie dem Finanzamt melden müsse. Frisch:»Der Graf wollte gegenüber dem Finanzamt nur 120 000 Mark angeben und forderte
dafür einen Auszug von uns.« Die plötzliche Besorgnis seines Kunden führte Frisch auf den 250 000-Mark-Scheck der Commerzbank Höchst zurück. Möglicherweise fürchtete Lambsdorff, daß
diese Zahlung an ihn im Verlauf der Ermittlungen gegen Schneider
ans Tageslicht kommen könnte und er gefragt würde, was er denn
mit dem Geld gemacht habe.

Doch irgendwann muß der adelige Ex-Vorstand seine Meinung
offensichtlich geändert haben. Bei einem dritten Treffen jedenfalls,
so Frisch, habe er ihm gesagt, er werde dem Finanzamt gar nichts
angeben. Damit war auch der gewünschte Kontoauszug vom
Tisch. Lambsdorff habe ihm anvertraut, er sei selbst ein Opfer
Schneiders. Die ganze Zeit schon habe er sich bemüht, Schneider
dazu zu bewegen, sich selbst bei der Steuer anzuzeigen. Zu spät.

Frisch sagte, bei den Gesprächen im Mai 1994 habe Lambsdorff noch zu Schneider gehalten.»Er schien über die Flucht des
Ehepaares überhaupt nicht erstaunt zu sein.« Erst bei den weiteren Gesprächen in den folgenden Wochen habe der Graf seine Einstellung gegenüber Schneider geändert.

Der letzte Kontakt mit dem Grafen fand laut Frisch etwa Mitte
Juli 1994 statt. Da habe sich Lambsdorff sein gesamtes Guthaben

auszahlen lassen. Auch Brigitte Pardatscher, die Geliebte des Grafen, ließ sich ihr in Luxemburg gesammeltes Kapital kurz nach Schneiders Flucht auszahlen.

Ob Frischs Darstellung der Ereignisse den Tatsachen entspricht, konnte leider nicht überprüft werden. Graf Lambsdorff war übrigens nicht bereit, etwas zu seiner Rolle im Fall Schneider zu sagen. »Ich gebe keine Interviews, solange der Prozeß nicht abgeschlossen ist«, lautete seine kategorische Antwort.

Übrigens: Ralf Matthias von der Wenge Graf Lambsdorff und seine Brigitte sind einander nicht nur innig verbunden, nein, seit dem 28. April 1995 ist es auch amtlich: Frau Pardatscher heißt nun Gräfin Lambsdorff. Tja, wo die Liebe hinfällt. Praktischer Nebeneffekt: Als Ehefrau braucht die Gräfin freilich nicht gegen ihren Grafen auszusagen, kann die Aussage verweigern. An diese grandiose Möglichkeit hatten die beiden bei diesem Schritt bestimmt nicht gedacht.

Des Adelsmannes Tagebücher

Probleme hat der Frischvermählte ohnehin genug: Das Bundeskriminalamt hat ihn nämlich im dringenden Verdacht, wesentlich tiefer in die Affäre Schneider verstrickt zu sein, als er dies selber zugeben wird. Die Ermittler glauben, daß Lambsdorff an vielen Entscheidungen maßgeblich mitgewirkt hat, sogar als Schneiders Ratgeber aufgetreten sein soll.

Klar, Graf Lambsdorff war als Vorstandsmitglied der Schneider AG und Generalbevollmächtigter in zahlreiche Geschäftsbelange eingeweiht. Doch wußte der Graf von den vermeintlichen Manipulationen des Immobilienfürsten? Das BKA geht davon aus: Lambsdorff sei über Bankgespräche unterrichtet gewesen, habe sich um die Gründung von Schneiders Schattenfirmen gekümmert und Strohleute besorgt und betreut, wie etwa Arnaud de Vienne. Lambsdorff, so scheint es, war Schneiders Mädchen für alles und hatte offenbar auch überall Einblick. Er soll sogar »aktiv in die planmäßig fortgesetzten Steuerhinterziehungen« Schneiders verwickelt gewesen sein, wie sich aus einem Vermerk der Ermittler ergibt.

Am 21. April 1994, 16 Tage nach dem »offiziellen« Verschwinden von Dr. Jürgen Schneider, nahm morgens um zehn Uhr ein Ereignis seinen Lauf, das dem abgetauchten Baulöwen wahrscheinlich die Haare seiner Halbglatze hätte zu Berge stehen lassen, hätte er es mit ansehen können: Staatsanwalt Dieter Haike und Gefolgschaft, ein gutes halbes Dutzend BKA-Beamte, schickten sich an, einen Beschluß des Amtsgerichts Frankfurt in die Tat umzusetzen: die Durchsuchung der altehrwürdigen Villa Andreae auf dem Königsteiner »Millionärshügel«.

Die Vorstandsmitglieder der Schneider AG, deren Vorsitzender abhanden gekommen war, hatten wohl geahnt, daß es eines Tages soweit kommen mußte. Graf Lambsdorff hatte bereits Kopien seiner Akten anfertigen lassen und sie den Ermittlern in einem Waschkorb übergeben. Er habe nämlich befürchtet, erläuterte er sein vorausschauendes Handeln, das BKA würde sämtliche Unterlagen sicherstellen und damit den Geschäftsbetrieb lahmlegen. Gegen 14 Uhr durfte der fürsorgliche Graf dann dem Staatsanwalt und der BKA-Beamtin Claudia Beckmann Rede und Antwort stehen, etwa zur Frage, ob er Unterlagen aus dem Haus geschafft habe. Nein, nein, weder er noch ein anderer, versicherte er.

Die BKA-Beamten und der Staatsanwalt waren offensichtlich bestens im Bilde: Sie wußten, daß Lambsdorff ein ordentlicher Mensch war und ganz entgegen guter Geheimdienstgepflogenheiten Aufzeichnungen über alle wichtigen Details, Gespräche und Pläne machte. Diese trug er, teilweise in recht kryptischer Form (da schlug seine BND-Seele doch durch) in Kladden ein, die er in seinem Büro aufbewahrte. Mal sehen, was passiert, wenn wir ihn danach fragen, mögen sich schelmisch die Ermittler gedacht haben.

Vielleicht war es ja nur so ein Gefühl, aber es trog nicht: Hinterlistig stellten die Vernehmer den Grafen auf die Probe: »Haben Sie sich zum Beispiel in Ihrem Terminkalender oder sonstigen Unterlagen Notizen, Vermerke über wesentliche Dinge, die während Ihrer Tätigkeit anfielen, gemacht?« Graf Lambsdorff:»Ja, in meinem Terminkalender, jedoch nur Termine.«

Erwischt! Von den Kladden hatte er nichts gesagt.

Lambsdorff verließ den Raum mit der Bemerkung, er wolle im Vorzimmer noch mal sein Vernehmungsprotokoll durchlesen.

Die Ermittler hatten indes längst vor, der Sache mit den Kladden auf den Grund zu gehen. Beckmann und Haike knöpften sich also die Lambsdorff-Sekretärin Bianka Meinke vor. Die Vernehmung der damals 20jährigen hatte gerade begonnen, als im Büro Lambsdorff das Telefon läutete und ein rotes Lämpchen am Apparat aufleuchtete. Frau Meinke nahm den Hörer ab, doch es meldete sich niemand. Auch das rote Lämpchen ließ sich nicht mehr ausschalten. Die Sekretärin nahm's achselzuckend hin und widmete sich wieder ihren Befragern. Die hielten sich nicht lange mit Nebensächlichkeiten auf, sondern fragten rundheraus:»Kennen Sie die Hefte von Graf Lambsdorff, in die dieser sich wichtige Dinge zu notieren pflegte?«

Bianka Meinke kannte sie:»Ja, es waren DIN-A-4-große Bücher, in die er seine Erledigungsvermerke oben selbst darüber geschrieben hat.« Diese Bücher habe der Graf selber geführt und für gewöhnlich in seinem Eingangsfach und im Schrank aufbewahrt.

Als die Beamten die junge Frau baten, eines dieser Bücher zu holen, mußte diese verdutzt feststellen, daß die Bücher nicht da waren. Offenbar habe der Graf sein Buch mit hinaus genommen, erwiderte sie erstaunt.

Wenn man vom Teufel spricht... In diesem Augenblick kam der Adelsmann wieder ins Zimmer, das ja noch sein Büro war. Sein Erinnerungsvermögen war ebenfalls zurückgekehrt.

Bei nochmaligem Lesen seines Vernehmungsprotokolls sei ihm aufgefallen, daß er die letzte Frage nach den Notizen nicht gleich richtig verstanden habe. Um diesen Mißstand zu beheben wolle er seine Antwort gerne ergänzen. Und das tat er mit dem überraschenden Hinweis, er wolle seine Sekretärin »nicht in die Bredouille bringen«. Die Beamten waren ganz Ohr.

Bei den Vernehmungsbeamten keimte der finstere Verdacht auf, Lambsdorff habe über die Telefonanlage vom Vorzimmer aus die Vernehmung seiner Sekretärin belauscht. Anders lasse sich die Bemerkung in bezug auf seine Sekretärin nicht erklären, notierten sie sich.

Lambsdorff, wieder ganz der Profi: »Ich führe über alle meine Planungen, was Gespräche, organisatorische Maßnahmen (...) angeht, ein durchnumeriertes, von mir bezeichnetes ›Orga-Buch‹«. Von diesen Büchern, so führte er weiter aus, würden ein vollgeschriebenes und ein begonnenes Buch existieren. Doch bedauerlicherweise hatte der Graf gerade keines zur Hand. Er hatte sie nämlich gerade aus dem Haus gegeben, und zwar an den renommierten Frankfurt Wirtschaftsanwalt Professor Dr. Rainer Hamm; »zur Einsichtnahme«, wie Lambsdorff erläuterte.

Wann denn das gewesen sei? wollten Claudia Beckmann und Haike daraufhin wissen. »Am 11. oder 12. April.«

Da muß es ihm aber pressiert haben. Was stand in den Büchern, daß der schlaue Graf es für besser hielt, einen von Deutschlands Topanwälten einmal einen Blick hinein werfen zu lassen? Das mußte sich ja um Sprengstoff handeln.

Freundlicherweise erteilte Lambsdorff den Ermittlern die Erlaubnis, diese Bücher bei Anwalt Hamm abzuholen. Das ließen sich die Beamten nicht zweimal sagen.

Des Adelsmannes Tagebücher haben es in sich. Sie lesen sich wie eine Firmengeschichte des Schneider-Imperiums. Vor allem aber finden sich darin eine Reihe von Eintragungen, die den Ermittlern zu denken gaben: Unter dem Datum 19. Oktober 1992 etwa hält Lambsdorff fest, was hinsichtlich von Geschäftsverbindungen mit dem Iran geklärt werden müsse; zum Beispiel Dinge wie: Trend der Wirtschaftspolitik, Deutsch-Iranische Gesellschaften sowie deutsche Banken in Teheran und – erstaunlicherweise – auch: »Auslieferungsabkommen (als Beurteilungskriterium für Zusammenarbeit)«.

Was war damit gemeint? War dies etwa so zu verstehen, daß herausgefunden werden sollte, ob der Iran ausliefert? Und wenn ja, wen und warum? Das erinnert daran, daß nach Schneiders Verschwinden auch der Iran als möglicher Fluchtpunkt im Gespräch war. Bemerkenswert daran wäre allerdings, daß diese Frage bereits Ende 1992 eine Rolle spielte.

Am 26. August 1992 stellte der Graf in seinen Aufzeichnungen die Frage: »Wer steuert Klempke?« Da den Fahndern in Schneiders Imperium bislang kein Herr Klempke untergekommen war, vermuten sie, daß es sich hierbei um Klenke handelt, den Mann, der für Schneider die traumhaften Vermögensaufstellungen fertigte, mit denen den Banken das Geld aus der Taschen gezogen worden sein soll.

Aber was bedeutet in diesem Zusammenhang »steuern«? Heißt dies, daß Klenke bewußt dazu gebracht worden war, Vermögensaufstellungen »herzustellen«, die Schneider in den Kram paßten? Dieses Wörtchen »steuern«, so schlußfolgern die Ermittlungsbeamten, könne jedenfalls aus heutiger Sicht nur »negativ gemeint sein«.

Das BKA vermutet, daß Lambsdorff wesentlich früher von Schneider in die Geheimnisse seiner Geschäfte eingeweiht wurde, als der Graf dies aufgrund seiner eigenen Aussagen annehmen läßt. In einem Bericht geben die Ermittler zu bedenken, es stehe zwar außer Frage, daß Schneider »das gesamte Tatgeschehen persönlich kontrollierte«, es erscheine jedoch verwunderlich, »daß er es fertig gebracht haben soll, die Aufgaben und Zuständigkeiten so zu splitten, daß kein weiterer das Gesamtkonzept erkennen konnte«. Dies vor allem deshalb, weil es für die Projekte, bei denen Schneider geschummelt haben soll, ja grundsätzlich zwei Fassungen von Objektunterlagen gegeben haben muß: einmal die, die man der Bauaufsicht für die Genehmigung der Umbauarbeiten vorgelegt hat, zum anderen diejenigen, die die Bank zu sehen bekam.

Im Vergleich zu allen anderen Generalbevollmächtigten des Schneider-Imperiums war Graf Lambsdorff offensichtlich der einzige, der diese Aufgabe auch ernst nahm. Damit war er, nach Schneider, die wichtigste Person im inneren Zirkel. Und dies, so vermuten die Ermittlungsbeamten, bereits seit Ende 1989.

Schneider lobte seinen Lambsdorff übrigens über den grünen Klee. Dem Magazin *Focus* sagte er im Gefängnis in Miami:»Ich hatte mit Graf Lambsdorff ein wirkliches Vertrauensverhältnis, habe ihm viel zu verdanken. Er ist ein tüchtiger Mann.«[54] Schneider mag Grund zur Dankbarkeit gegenüber seinem Grafen haben. Zweifelsohne war der Mann tüchtig. Auf alle Fälle war er einer der engsten Vertrauten des Pleitekönigs – mit Familienanschluß. Deshalb durfte er auch an dem oben bereits erwähnten Familientreffen am 27. November auf Sylt teilnehmen. Sehr zur Freude einiger Beteiligter offenbar. Tochter Ysabel jedenfalls notiert sich hierzu:»War echt witzig mit Mutti und Graf Lambsdorff.«

Für seine enge Verbindung zur Familie Schneider spricht zudem, daß Lambsdorff zu seiner Hochzeitsfeier am 28. April 1995 nicht nur die Schneider-Kinder Ysabel und Nico, sondern auch Bruder Joachim und Professor Michael Zacharias, den Halbbruder von Claudia Schneider, ins Atlantik Hotel Kempinski nach Hamburg eingeladen hatte.

Schweizer Millionen

It's better in the Bahamas: Diesen Werbespruch des zum Britischen Commonwealth gehörenden *Island in the Sun* muß Schneider vor Augen gehabt haben, als er auf die Idee verfiel, sich für schlechte Tage einen Notgroschen auf die Seite zu legen. Vielleicht war es aber auch Morteza Firouz, ein Iraner mit Wahlheimat Genf, der den genialen Einfall hatte. So genau wird das heute keiner mehr wissen, zumal sich der Ruf der Steuer- und Geldoase längst bis ins provinzielle Königstein herumgesprochen haben dürfte.

Seine Brötchen verdient Firouz bei der feinen Union Bancaire

Privée, einer dieser verschwiegenen Geldspeicher, die der Schweiz neben der Schokolade weltweit zur Berühmtheit verholfen haben. In der Bankzentrale mit der vornehmen Adresse Rue du Rhône 66–68, nahe dem Genfer See gelegen, verdingt er sich als Kontoführer. Dieser Umstand war es, der ihn in Deutschlands größten Wirtschaftskrimi verwickelte.

Über einen Freund der Familie, so gab Firouz bei seiner ersten Vernehmung am 28. April 1994 dem Genfer Untersuchungsrichter Claude Wenger zu Protokoll, lernte er seinen Landsmann Mehdi Djavadi kennen. Im September 1993 besuchte er ihn in Köln. Man sprach über geschäftliche Belange; in deren Verlauf brachte Djavadi das Gespräch auf Schneider, allerdings ohne zunächst dessen Namen zu erwähnen. Firouz erinnert sich, daß Djavadi ganz allgemein von Geschäftspartnern gesprochen habe, die interessiert wären, ein Konto in der Schweiz zu eröffnen.

Im Januar 1994 war Djavadi in der Schweiz. Diese Reise führte ihn auch nach Genf, wo er sich mit Firouz traf. Erstmals erfuhr Firouz von seinem Landsmann den Namen Schneider, ein Name, den der Genfer Banker bis dahin nie gehört hatte. Firouz:»Herr Djavadi beschrieb mir Schneider als einen Baulöwen in Deutschland, der daran interessiert sei, einen Trust oder eine Stiftung bei unserer Bank zu errichten.«

Firouz war, wie es seiner Bankerseele entsprach, interessiert. Allerdings mußte er sich die Zustimmung der Geschäftsleitung einholen – die er freilich bekam.

Eisen soll man bekanntlich schmieden, solange es heiß ist, und aus diesem Grund unternahm Firouz, wenige Tage später, Anfang Februar, eine Geschäftsreise nach Frankfurt und traf dort mit Djavadi zusammen. Gemeinsam fuhren die beiden Iraner nach Königstein. Djavadi hatte Firouz vorbereitet: Im Detail informierte er den Genfer Banker über den guten Ruf und die exzellente finanzielle Lage Schneiders. Und dieser Schneider wolle nun Gelder aus seinem privaten Immobilienvermögen plazieren. Zur Unterstreichung seiner Erläuterungen hatte Djavadi dem Genfer Geldmensch überdies einen Artikel aus dem Spiegel überreicht, in dem

Schneiders Aufstieg zum größten privaten Immobilienbesitzer Deutschlands beschrieben war.[55]

»Ein herrliches Schloß, geschmackvoll eingerichtet und mit einem ausgefeilten Überwachungssystem sehr gut bewacht«, erinnerte sich Firouz später an seinen ersten Besuch auf Schloß Villa Andreae. Schneider begrüßte seinen alten Freund Djavadi (Firouz: »Er redete ihn immer respektvoll mit ›Herr Professor‹ an.«) und dessen Schweizer Begleiter herzlich, machte Firouz mit seiner Frau Claudia bekannt, und gemeinsam ging man in Schneiders Besprechungszimmer im ersten Stock der Villa Andreae.

Von Anfang an habe Claudia Schneider-Granzow sehr aktiv an den Gesprächen teilgenommen, so Firouz. »Herr Schneider war auch noch sehr stolz darauf zu sagen, er teile sein gesamtes Vermögen mit seiner Frau. Ich hatte den Eindruck, er verbirgt bezüglich des persönlichen Vermögens nichts vor seiner Frau, allerdings, so schien es mir, trifft er alle kaufmännischen Entscheidungen allein.«

Firouz wollte von Schneider wissen, warum er ausgerechnet ein Konto in der Schweiz eröffnen wolle.

Dafür gebe es mehrere Gründe: In diesem Jahr seien Bundestagswahlen. Der Wahlausgang könnte unter Umständen ungünstige Auswirkungen für private Unternehmer wie ihn nach sich ziehen. Außerdem müsse er mit seinen Banken neue Verhandlungen wegen der Höhe der Hypothekenzinsen führen. Es könnte sein, daß er die Hypotheken erhöhen oder einen Teil seines Vermögens verpfänden müsse. Da dürfte ein Konto im Ausland nützlich sein, soll Schneider seine Absichten erläutert haben, freilich ohne Firouz darüber zu informieren, daß die »Verhandlungen« mit den Banken vor allem deshalb notwendig wurden, weil einige der Geldhäuser anfingen, Fisimatenten zu machen, und unverfrorenerweise zusätzliche Sicherheiten verlangten.

Jetzt soll Schneider auch erstmals konkrete Zahlen genannt haben. »Unser Immobilienvermögen beläuft sich auf etwa neun Milliarden Mark. Die Immobilien sind seitens deutscher Banken mit Hypotheken in Höhe von etwa fünf Milliarden belastet.« Und dann sagte Schneider etwas, das ihm nach Erinnerung Firouz' sehr wichtig war: »Ich habe bisher immer und ausschließlich mit deutschen Banken, und zwar vor allem der Deutschen Bank zusammengearbeitet.« Schließlich kam das Gespräch auf die Abwicklung des Geldtransfers. Er, Schneider, wolle ein Konto in seinem Namen und dem seiner Frau bei der Londoner Niederlassung der Union Bancaire Privée eröffnen. Von dort aus solle das Geld dann nach Genf transferiert werden. Dieser Umweg über London müsse aus Geheimhaltungsgründen sein, soll Schneider dem Genfer Bankier nach dessen Erinnerung gesagt haben. Seine Angestellten, besonders die Buchhaltung, sollen nämlich nicht erfahren, wo die Millionen schließlich landen, erläuterte Schneider Firouz. Den Transfer nach London könne er dagegen leicht mit den dort höheren Zinsen für Festgelder begründen. Schneider führte angeblich weiter aus, daß er auf diese Weise etwa ein Viertel oder ein Drittel seines freien Immobilienvermögens plazieren wolle. Die Summe, das will Firouz wiederum von Djavadi erfahren haben, belaufe sich auf etwa 700 Millionen Mark.

Wenn die Gelder erst mal in Genf seien, so war laut Firouz geplant, diese dort in einen Familientrust zu überführen, dessen Nutznießer jeweils zur Hälfte die Schneider-Kinder Ysabel und Nikolai sein sollten. Djavadi war als Treuhänder vorgesehen.

Aus der Sicht Firouz' stand der Geschäftsverbindung nichts entgegen: Eine gründliche bankinterne Überprüfung Schneiders hatte »den exzellenten Eindruck, den Schneider mir gegenüber bei unseren Gesprächen hinterlassen hat, bestätigt« (Firouz). Schneider hatte zudem einige Banken genannt, die positive Auskünfte geben könnten, und Firouz hatte davon sogleich die Londoner Filiale der Union Bancaire Privée unterrichtet (»Erwähnen Sie unter keinen Umständen die Schweiz!«). Der dort zuständige Mitarbeiter machte sich sofort daran, die Auskünfte einzuholen. Und diese ließen Schneider im allerbesten Licht dastehen.

Die Deutsche Bank, Filiale Baden-Baden, beispielsweise schrieb an die Londoner Niederlassung der Union Bancaire Privée mit Datum vom 9. März 1994: »Wir kennen Herrn Dr. Schneider aus langjähriger, sehr angenehmer Zusammenarbeit. Wir haben wesentliche Objekte (...) finanziert und schätzen aus diesen Abwicklungen Herrn Dr. Schneider als Fachmann für die Realisierung von Großprojekten ein.« Und weiter:»Wir gehen davon aus, daß Objekte, die die Eheleute Dr. Schneider angehen, stets voll im Rahmen ihrer Finanzierungsmöglichkeiten liegen.«

Dies schrieb der Hauptgläubiger Schneiders wohlgemerkt weniger als vier Wochen bevor der Schneider-Konzern zusammenbrach. Bei seiner Vernehmung in Genf erinnerte sich Firouz noch, daß »unser Verwaltungsratsvorsitzender auch noch persönlich ausgezeichnete Referenzen von einem Mitarbeiter der Deutschen Bank in gehobener Position erhalten hat«.

Ähnlich, ja fast gleichlautend, waren die Empfehlungsschreiben der Bayrischen Hypotheken- und Wechselbank (Hypobank) und der Commerzbank, die die Londoner Union Bancaire Privée ebenfalls mit Datum 9. beziehungsweise 10. März 1994 erreichten. Die Hypobank etwa teilte darin mit:»Die Eheleute Dr. Schneider zählen zu den bedeutenden und bevorzugten Kunden unserer Bank. Bei uns eingegangene Verbindlichkeiten wurden stets termingerecht erfüllt. Wir gehen davon aus, daß die Eheleute Dr. Schneider nur Verpflichtungen eingehen, zu deren Erfüllung sie auch in der Lage sind.« Welcher Bankier würde mit solchen Kunden nicht gerne selbst Geschäfte machen?

Am 28. Februar 1994 traf sich Firouz mit seinen neuen Kunden und Djavadi erneut in der Villa Andreae. Zwischenzeitlich hatte er alle erforderlichen Vorbereitungen getroffen. In seinem Gepäck befand sich unter anderem eine stattliche Zahl verschiedenster Bankformulare. Damit eröffneten die Schneiders – unter der Nummer»6222/GDBR« – ihr neues Konto bei der Londoner Filiale der Union Bancaire Privée. Sie übergaben Firouz Kopien ihrer Reisepässe und unterschrieben noch eine Reihe von Blanko-Zahlungsaufträgen, die dann jeweils auf telefonische Anweisung Jürgen Schneiders verwendet werden sollten.

Zur Eröffnung des Kontos und dessen technischer Abwicklung verfaßte der in London zuständige Mitarbeiter für die Kontenverwaltung, Bryan Beeching, am 14. März 1994 einen Aktenvermerk. Darin heißt es unter anderem:»Das Konto wurde uns durch M. Firouz (...) vermittelt, dessen Freund (gemeint ist Djavadi; Anm. des Verfassers) ein Berater der Kontoinhaber ist. (...) Die Kontoinhaber planen, unsere Geschäftsleitung in Genf zu treffen, und es ist beabsichtigt, daß das Konto von Genf aus geführt wird, mit der Unterstützung durch London.«

Genfer Gespräche

An zwei Treffen mit den Schneiders in Genf kann sich Firouz erinnern. Das erste fand am 14. März 1994 in der Bankzentrale an der Rue de Rhône statt und war auf eine Bitte der Geschäftsleitung zustande gekommen, die Firouz beauftragt hatte, ein Treffen der Bankführung mit den Schneiders und Djavadi in Genf zu organisieren. Schließlich wollte man den potenten Investor einmal höchstselbst zu Gesicht bekommen.

Mit Ehefrau und seinem Generalbevollmächtigter Horst Schneider, den Jürgen Schneider den Genfer Bankern als seinen Rechtsanwalt vorstellte, flog der Baulöwe im Privatjet nach Genf. Dort trafen sich die drei Schneiders dann mit Djavadi, und gemeinsam ging man zur Bank.

Das Treffen kam Schneider gelegen, denn auch er wollte die Bank gerne einmal kennenlernen, die für ihn solch horrende Summen um den halben Erdball schob. Schließlich, so sagte er, habe er keinerlei Erfahrung mit ausländischen Banken. Firouz entsinnt sich, daß über die erstklassigen Bankauskünfte geredet wurde und über die Modalitäten der Geldtransfers. Schneider berichtete von seinen Geschäften und erwähnte unter anderem, daß er derzeit mit einer Prinzenfamilie des Vorderen Orient in Verkaufsverhandlungen über eine seiner Immobilien stünde.

Doch den Schweizer Bankiers lag noch etwas anderes am Herzen: Sie wollten Schneider bei dieser Gelegenheit dezent darauf hinweisen, daß das Bankgeheimnis in der Schweiz unglücklicherweise gewissen Beschränkungen unterworfen sei. Bei bestimmten

Straftaten sei die Bank nämlich zu Auskünften gegenüber den Ermittlungsbehörden verpflichtet. Schneider, der sich auf die volle Diskretion der Union Bancaire Privée verlassen wollte, war empört. »Er erklärte uns, daß sein Geld das Produkt seiner schweren Arbeit sei und keinerlei kriminellen Hintergrund habe«, erinnert sich Firouz an den aufgebrachten Königsteiner. Außerdem habe er darauf hingewiesen, daß der Abgang der Gelder dem Finanzamt bekannt sei und keine Steuerhinterziehung darstelle. Das Treffen diente darüber hinaus noch einem anderen Zweck. In Genf sollten die Gelder offensichtlich auf unverfänglich klingenden Konten gebunkert werden. Dazu sollten sogenannte Offshore-Gesellschaften her, die man – weniger vornehm ausgedrückt – Briefkastenfirmen zu nennen pflegt. Das war bereits im Februar in Königstein so besprochen worden. Und hierbei konnte die Bank hilfreich zur Seite springen; sie zauberte die entsprechenden Briefkastenfirmen einfach aus der Schublade: die Kirsten Investment Inc., die Hatfield Trading Ltd. und die Lansing Overseas – praktischerweise allesamt geschäftsansässig in Panama. Firouz: »Bei unserer Bank gibt es bereits eine Reihe gegründeter Offshore-Gesellschaften. Im Falle der Nachfrage seitens der Kundschaft können wir auf diese bereits gegründeten Gesellschaften zurückgreifen.«

Betreut wurden diese Briefkastenfirmen durch die Genfer Treuhandgesellschaft Fiduciaire Fidulex S. A., eine 100prozentige Tochter der Union Bancaire Privée, die sich ausschließlich um die Verwaltung von Gesellschaften der Bankkunden kümmert. Man ist eben gerne unter sich.

Damit das Ganze auch Hand und Fuß bekam, wurden zwischen dem 13. und dem 16. März für diese drei Firmen bei der Union Bancaire Privée in Genf drei Nummernkonten eingerichtet. Verfügungsberechtigt: Dr. Jürgen Schneider samt Gattin. Schneiders persischer Freund Djavadi bekam Kontovollmacht. »Schneider wollte im Falle seines eigenen Ablebens oder des Ablebens seiner Ehefrau, daß ein Dritter, nämlich Herr Djavadi, weiterhin Zugriff zu seinen Konten hat«, erläutert Firouz später diesen Schritt.

Schneider habe ihm gegenüber immer wieder betont, daß er zu Djavadi, den er seit Jahren kenne, vollstes Vertrauen habe. Schneider beabsichtigte, einen Familientrust zu gründen. Auch hierbei sollte die Union Bancaire Privée behilflich sein. Die hatte sich dazu eine Konstruktion mit dem vielsagenden Namen Centre Trust Limited auf der Kanalinsel Jersey ausgedacht. Der Trust sollte ebenfalls von der Fiduciaire Fidulex S. A. verwaltet werden, und als Schirmherr sollte wiederum Djavadi fungieren. Als Nutznießer des Trust waren die Kinder Schneiders vorgesehen, Ysabel und Nicolai, die das Geld erhalten sollten, falls ihm etwas zustieße. Vor allem das Risiko eines Flugzeugabsturzes erwähnte Schneider dabei.

Der 3. März 1994 markiert den Beginn einer der größten Geldverschiebeaktionen in der Geschichte des Schneiderschen Immobilienimperiums. An diesem Tag beauftragte die Schneider-Firma TMG Team Management Gesellschaft im Gesundheitswesen mbH mit Sitz in Wiesbaden die Deutsche Bank (Filiale Berlin), 13 Millionen Mark auf das Konto 6222GDBR bei der Union Bancaire Privée London zu überweisen. Die Zahlung wurde als Darlehen deklariert.

Ganz ähnlich verhielt es sich mit 29 500 000 Mark, die vom Konto der Arnaud de Vienne Hamburg, bekanntlich ebenfalls eine Schneider-Firma, ihren Weg nach London fanden. Diese Summe wurde als Rückzahlung eines Darlehens deklariert.

Schneider machte sich schleunigst dran, seine Mittel zu verflüssigen: Er löste Festgeldkonten auf (etwa bei der Lampebank Luxemburg) oder zweigte Gelder aus Krediten für laufende Objekte ab und schickte alles fleißig nach London. Insgesamt schaffte er so 244 846 534,60 Mark in die britische Hauptstadt.

Dort wurden die fast täglich eingehenden Millionenbeträge zunächst als Tagesgelder zu Sätzen zwischen 5,6 und sechs Prozent angelegt. Am 17. März begann dann der zweite Teil des Plans, der Transfer nach Nassau.

Von da an diktierte offensichtlich hektische Betriebsamkeit die Geschäftsverbindung Königstein – Genf – London: In seiner

Schublade hatte Firouz die blanko unterschriebenen Überweisungsaufträge liegen. Schneider telefonierte, nannte die Summen, Firouz trug die Beträge in die Formulare ein und faxte sie an die Londoner Kollegen. Firouz hatte strikte Anweisung erteilt, im Schriftverkehr mit Nassau keinesfalls den Namen Schneider zu erwähnen. Auf den Überweisungsaufträgen sollte es lediglich heißen:»Im Auftrag eines Ihrer Kunden.«

Am 25. März reiste Firouz selbst nach Nassau, urlaubsbedingt. Doch von einem Besuch in der dortigen Niederlassung konnte er nicht lassen. Er wollte auf dem laufenden sein, gibt er später zu Protokoll.

In fünf Teilbeträgen wurden die rund 245 Millionen Mark in das Geld- und Steuerparadies auf den Bahamas verschoben. Dort hatte die Bank ein Zwischenkonto unter der Nummer 403 850 MF eingerichtet, das allerdings nur der Annahme und Weiterleitung der Gelder diente. Denn kaum waren sie dort, verschwanden sie sogleich wieder – und zwar in Richtung Genf. Gleichmäßig wurden die Schneider-Millionen auf die Konten der Hatfield Trading Ltd. (Nr. 403849/CC) und der Kirsten Investments (Nr. 403851/AA) verteilt.

Am 6. April befanden sich noch 231 706 Mark und 25 Pfennig auf dem Londoner Schneider-Konto. Wieder kam aus Genf die Anweisung. Und diesmal hieß es:»Sie werden hiermit gebeten, vorstehendes Konto aufzulösen und das verbleibende Guthaben wie folgt zu überweisen. An: UBP Zweigniederlassung Nassau, zugunsten 403 850MF im Auftrag eines Ihrer Kunden. (...) Vielen Dank für Ihre freundliche Mitarbeit und freundliche Grüße. Gezeichnet: Dr. Jürgen Schneider, Claudia Schneider-Granzow.«

Es war vollbracht! Das Geld war weg – und das Schneider-Imperium damit zahlungsunfähig.

Datum	Konto London 6222GDBR	Konto Nassau 403850 MF	Konto Hatfield Genf 403849 CC	Konto Kirsten Genf 403851 AA
04. 03. 1994	13 000 000,00 DM			
07. 03. 1994	29 500 000,00 DM			
07. 03. 1994	39 999 971,75 DM			
10. 03. 1994	11 162 198,49 DM			
10. 03. 1994	25 000 000,00 DM			
11. 03. 1994	10 744 861,11 DM			
18. 03. 1994	16 000 000,00 DM			
18. 03. 1994	24 439 483,00 DM			
21. 03. 1994		80 000 000,00 DM	43 000 000,00 DM	37 000 000,00 DM
22. 03. 1994	20 999 971,95 DM			
23. 03. 1994		80 000 000,00 DM	37 000 000,00 DM	43 000 000,00 DM
25. 03. 1994		30 000 000,00 DM	15 800 000,00 DM	14 200 000,00 DM
25. 03. 1994	28 999 954,00 DM			
30. 03. 1994	24 999 972,60 DM			
31. 03. 1994		30 000 000,00 DM	7 100 000,00 DM	22 900 000,00 DM
06. 04. 1994		25 000 000,00 DM	12 500 000,00 DM	12 500 000,00 DM
07. 04. 1994		231 706,25 DM		
11. 04. 1994				231 706,25 DM
Zinsen	385 293,35 DM			
	245 231 706,25 DM	245 231 706,25 DM	115 400 000,00 DM	129 831 706,25 DM
				245 231 706,25 DM

Tabelle 1: Geldtransfer London-Nassau-Genf (Gutschriften)

Liechtensteiner Schecks

Michel Sieveking ist Justitiar der Union Bancaire Privée in der Genf. Am Vormittag des 25. März 1994 erhielt er einen hausinternen Anruf von Monsieur Plastiras, dem Vorgesetzten von Morteza Firouz, der zu dieser Zeit gerade auf den Bahamas weilte. Monsieur Plastiras bat Sieveking in sein Büro zu kommen, da er ein Problem habe.

Das Problem saß, wie sich alsbald herausstellte, in Monsieur Plastiras Büro, und zwar in Gestalt von Mehdi Djavadi. Monsieur Djavadi, so erläuterte Monsieur Plastiras seinem Kollegen die Situation, sei hier im Auftrag der Schneiders, sozusagen als eine Art Vorhut, und bitte um die Ausstellung zweier Inhaberschecks: einmal über zwölf Millionen sowie über 2,2 Millionen Mark jeweils zu Lasten des Kontos 403 849 (Hatfield). Das Ehepaar Schneider, habe ihm der Iraner erklärt, wolle diese Schecks später abholen. Sie seien für Jürgen Schneiders Bruder Joachim bestimmt.

Sieveking war entsetzt. Nicht so sehr über die Tatsache, daß Schneider fast 15 Millionen Mark Guthaben von der Bank abziehen, sondern darüber, daß er ausgerechnet Inhaberschecks haben wollte. Das war nun gar nicht nach dem Geschmack der Bank. Dieses unsägliche Verfahren hatte nämlich aus Sicht des Bankers den entscheidenden Nachteil, daß die Schecks bei Verlust von demjenigen eingelöst werden konnten, der sie fand. Sieveking versuchte deshalb, Djavadi davon zu überzeugen, er solle Schneider von der Scheckidee abbringen und ihn überreden, lieber eine Überweisung zu tätigen. Doch Djavadi verwies darauf, daß Schneider dies so wünsche. Etwa eine halbe Stunde später verließ Djavadi die Bank, um Jürgen Schneider und Gattin Claudia vom Flughafen abzuholen und zur Bank zu bringen.

Als er mit den Schneiders zurückkam, hatte Sieveking zwischenzeitlich Monsieur Hug, ein Mitglied der Geschäftsleitung, hinzugezogen. Sieveking versuchte jetzt, Schneider umzustimmen. Erfolglos. Schneider bestand auf den Schecks. Er habe sie seinem Bruder versprochen, ließ er die Banker durch Djavadi wissen. Das

Geld war nämlich für Bruder Joachims Anteil am Leipziger Objekt Thiemes Hof bestimmt.[56] Auf seine Frage, warum es zwei Schecks sein müßten, bekam Sieveking keine Antwort. Nun gut, das mit den Schecks müsse aber die Ausnahme bleiben, mahnte Sieveking. Schneider nahm es zur Kenntnis.

Hug, der gut Deutsch spricht, beriet daraufhin Schneider, in welcher Form die schriftlichen Anweisungen zu erstellen seien, die die Bank benötige, um die Schecks auszustellen, und da es mittlerweile 13 Uhr geworden war, begab man sich gemeinsam zum Mittagessen. Währenddessen wurden in der Bank die Schecks ausgeschrieben. Nach dem Essen wurden die beiden Inhaberschecks Sieveking vorgelegt. Hug kontrollierte sie und markierte sie zur Sicherheit mit zwei Strichen, um sie als Verrechnungsschecks zu kennzeichnen. Dann übergab er sie Schneider. Etwa gegen 14 Uhr verließen das Ehepaar Schneider und Djavadi die Bank.

Die neue Kundschaft wirkte sehr vornehm. Und Manfred Jacob, Vermögensverwalter bei der Liechtensteinischen Landesbank in Vaduz, merkte sofort: Die kennen sich aus.

In dem kleinen Fürstentum, verschwiegen wie die sprichwörtlichen Banken in die meist verschneiten Berge geschmiegt, versteht man sich aufs Geldgeschäft. Und man hat mit nicht eben wenigen Kunden zu tun, die sich einer größeren Barschaft glücklich schätzen können. Doch nicht alle Tage trifft man so sachverständige Klienten, wie an diesem Montag, dem 28. März 1994.

Wilhelm Reifenberger, in Begleitung seiner Gattin, so stellte sich der Herr in den Mittvierzigern vor, kam ohne lange Vorreden auf den Punkt: Er interessiere sich dafür, einen größeren Geldbetrag anzulegen, und die Liechtensteinische Landesbank habe er auserwählt, die Verwaltung desselben zu übernehmen. Man denke dabei an eine längere Zusammenarbeit. Und auch der zweiten Dame, mit der er gekommen war, sei an der Regelung von Vermögensfragen gelegen.

Sozusagen als Zeichen des guten Willens hatte das Paar gleich mitgebracht, was man zu investieren gedachte. Reifenberger präsentierte einen Scheck über 2,2 Millionen Mark, ausgestellt von der Union Bancaire Privée in Genf. Seine Begleitung legte 80 000 Mark in bar vor und einen Scheck über zwölf Millionen Mark, ebenfalls von der Genfer Bank. Es waren eben jene Schecks, die Jürgen Schneider gerade drei Tage zuvor in Genf erhalten hatte. Und die Dame war, so stellte sich alsbald heraus, Gabriele Schneider, Gattin des Schneider-Bruders Joachim.

Pflichtschuldig interessierte sich Jacob dafür, weshalb die Herrschaften von der Genfer Bank zu der seinen wechseln wollten. Nun, das Vertrauen in das Schweizer Bankensystem schwinde allmählich, erklärten die, und so handele man auf Rat ihres Steuerberaters. Die geographische Lage von Vaduz sage ihnen sehr zu, das Fürstentum habe einen ausgezeichneten Ruf im Bereich der professionellen Vermögensverwaltung, und die Liechtensteinische Landesbank sei schließlich das erste Haus am Platz. In Wirklichkeit hatte man schlicht die erste Bank betreten, die auf dem Weg lag.

Selbstverständlich stamme das Geld nicht aus kriminellen Handlungen, und man selbst sei der wirtschaftliche Berechtigte der Vermögenswerte, führten die beiden weiter aus, ohne allerdings näher zu erläutern, woher sie das Geld hatten.

Manfred Jacob schritt zur Tat: Für Wilhelm Reifenberger eröffnete er das Konto mit der Nummer 6547 nebst Vollmacht für dessen Ehefrau, Gabriele Schneider erhielt das Nummernkonto 24152. Dann nahm er die beiden Schecks in Empfang und vergaß auch nicht, die neuen Kunden darauf hinzuweisen, daß die Herkunft der Gelder gelegentlich noch belegt werden müsse. Die Kunden verließen die Bank, nicht ohne zu versprechen, sich darum kümmern zu wollen. Tatsächlich erhielt die Bank später zwei Bestätigungen einer mysteriösen Yousuf Ahmed Al-Afzal General Trading Company, datiert vom 9. März 1994, in denen die Herkunft der Millionen bescheinigt wurden – eine Scheinerklärung, wie sich später herausstellen sollte.

Am 31. März rief die Liechtensteinische Landesbank bei der

Union Bancaire Privée in Genf an, um sich die Echtheit der Schecks bestätigen zu lassen. Die Genfer Kollegen taten dies gerne, und damit schien die Sache fürs erste erledigt zu sein.

Mitnichten! Denn am selben Tag tauchte das Gespann Reifenberger/Schneider wieder in der Bank auf – diesmal mit bedeutungsschwerer Miene. Auf einmal waren Jürgen Schneiders Schwägerin Bedenken wegen der Scheckeinlösung gekommen. Bedenken dergestalt, daß die Deutsche Bank, zu der sie enge Geschäftsverbindung unterhalte, ihr auf die Schliche kommen könnte: Das Indossament auf der Rückseite des Schecks, also ihre Unterschrift, sei nämlich gut lesbar. Und da der Scheck über die Deutsche Bank gezogen wurde, könnte es vielleicht mit der Diskretion nicht so weit her sein. Reifenberger schloß sich dieser Auffassung vorsichtshalber an.

Aus diesem Grund habe man die Idee geboren, so führte die Schneider-Schwägerin weiter aus, die beiden Konten wieder aufzulösen und neue, sozusagen jungfräuliche, zu eröffnen.

Nun, die Bank wollte dieser Bitte nicht im Wege stehen, und so tat Jacob wie ihm geheißen: Zwei neue Nummernkonten wurden eröffnet. Doch die eigentliche Transaktion konnte der Banker noch nicht vornehmen, dazu mußte er erst die Gutschrift beider Schecks abwarten, die in der darauffolgenden Woche erfolgen sollte. Deshalb wurde für die weitere Abwicklung ein Treffen am 8. April vereinbart.

Was war in der Zwischenzeit geschehen, das diesen Sinneswandel ausgelöst hatte? Nach ihrem ersten Besuch in Vaduz, am 28. März, waren Reifenberger und Gabriele Schneider unverzüglich nach Königstein zurückgekehrt. Am nächsten Tag teilte Dr. Jürgen Schneider seinem Mitarbeiter Reifenberger mit, daß er Finanzprobleme habe und deshalb mit der Deutschen Bank einen Vergleich und eine Tilgungsstundung aushandeln wolle. Als Manövriermasse sollten ihm dazu die nach London transferierten Gelder dienen.

Reifenberger schaltete schnell. Er wußte, daß sowohl die Union Bancaire Privée als auch die Liechtensteinische Landesbank als

Korrespondenzbank die Deutsche Bank hatten, die eingereichten Schecks also ohne Frage bei der Deutschen Bank über den Tisch gehen würden.

Sollte nun, so Reifenbergers Befürchtung, der Deutschen Bank ein Vergleichsangebot unterbreitet werden, so bestünde die Gefahr, daß die Bank auf die Scheckbeträge zurückgreift.

Reifenberger besprach sich mit Joachim Schneider, der seine Bedenken teilte. Gemeinsam weihten sie Jürgen Schneider in ihre Gedanken ein. »Sprecht mit Djavadi, der kann euch helfen«, riet Jürgen Schneider.

Am 30. März trafen die Schneider-Brüder, Reifenberger und Djavadi in der Villa Andreae zusammen, um sich zu beraten. Das Ergebnis war, daß Reifenberger und Gabriele Schneider am 31. März nach Zürich flogen, mit dem Taxi nach Vaduz fuhren und wieder in der Liechtensteiner Bank vorsprachen.

Am Tag seiner Rückkehr aus Vaduz, es war Gründonnerstag, der 31. März, war es spät geworden; Jürgen Schneider war nicht mehr im Büro in der Villa Andreae. Reifenberger fuhr zu Schneiders Privathaus, da ihm daran lag, sich von seinem Chef zu verabschieden, der am nächsten Tag in Urlaub fahren wollte. Es war das letzte Mal, daß der treue Reifenberger den Doktor und seine Frau sehen sollte.

Wenige Tage später wurde ganz unerwartet der Anlageberater der Liechtensteiner Bank, Manfred Müller, in die Angelegenheit verwickelt. In der ersten Aprilwoche klingelte sein Telefon, und am anderen Ende der Leitung meldete sich Dr. Djavadi. Ob Herr Müller es nicht einrichten könne, die Klienten Reifenberger und Frau Schneider selbst zu betreuen, fragte Djavadi an. Er kenne beide gut und es liege ihm deshalb daran, sie in guten Händen zu wissen.

Darin sah die Bank nun kein Problem, denn Djavadi war dort bestens bekannt. Seit Januar 1987 nämlich stand der Iraner selbst in Geschäftsbeziehung mit den Liechtensteiner Geldverwaltern. »Die Erfahrungen, die unsere Bank mit Dr. Djavadi gemacht hat, waren stets gut und haben zu keiner Zeit Anlaß zu irgendwelchem

Mißtrauen unsererseits gegeben«, wird sich Walter Wanger, Rechtskonsulent der Liechtensteinischen Landesbank später erinnern.

Diese Erfahrungen, die Konsulent Wanger in solch guter Erinnerung hatte, konnten kurz darauf erneut aufgefrischt werden. Um genau zu sein: Am 8. April saß das Trio Reifenberger, Gabriele Schneider und Djavadi in Vaduz Anlageberater Müller gegenüber, um die endgültige Abwicklung der bereits am 31. März besprochenen Transaktionen vorzunehmen.

Jetzt erwies sich Djavadi als echter Freund: Sogleich bot er an, diese Transaktion über sein eigens Konto abzuwickeln – gegen die bescheidene Gebühr von fünf Prozent, bei den Guthaben beider Konten waren das läppische 709 862 Mark und 90 Pfennig. Der große Rest wurde von Djavadis Konto auf neue Nummernkonten übertragen, nämlich 11 398 543,65 für Gabriele Schneider und 2 088 851,45 für Wilhelm Reifenberger.

Dort würde das schöne Sümmchen vielleicht heute noch liegen, wäre nicht die mißliche Flucht Schneiders dazwischengekommen, verbunden mit dem Untergang seines Imperiums, was schließlich dazu führte, daß Reifenberger und Gabriele Schneider die Millionen an den Konkursverwalter herausrücken mußten.

Zimmer 5560

Der 1. April 1994 fiel auf Karfreitag. An diesem Tag betraten zwei ausländisch aussehende Männer das Noga Hilton in Genf. Das war an sich nichts Ungewöhnliches, denn es liegt in der Natur eines Hotels, Fremde zu beherbergen. Das gilt ganz besonders für eine internationale Stadt wie Genf. Die beiden Männer gingen zur Rezeption und bestellten zwei Zimmer. Der Empfangschef schob ihnen den Block mit den Anmeldescheinen hin und bat sie, sich einzutragen. Während die beiden Männer dies taten, suchte der Hotelangestellte zwei passende Zimmer heraus. Einer der beiden trug sich als Mohssen Rabbani Zarei ein, iranischer Staatsbürger, wohnhaft in Darmstadt, von Beruf Architekt und Diplom-Ingenieur. Der andere als Siawash Helmi Mohammad, ebenfalls Iraner. Helmi gab als Heimatanschrift die Firma Roya in Köln an, das Teppichhandelshaus, das dem Schneider-Vertrauten Mehdi Djavadi gehörte.

Mohssen Rabbani erhielt das Zimmer 5575, Siawash Helmi bekam das Zimmer mit der Nummer 5560, das er allerdings erst ab dem 2. April anmietete. Die Herren bestanden auf Barzahlung, hinterlegten jedoch zur Sicherheit einen Abzug von Rabbanis Eurocard. Und so machte sich der Empfangschef auf dem Anmeldezettel Helmis einen kleinen Vermerk: »Zimmer 5560 bezahlt durch Rabbani, Zimmer 5575.«

Das Noga Hilton scheint auf äußerste Diskretion größten Wert zu legen, denn es störte sich offensichtlich niemand daran, daß die beiden Zimmer in der fünften Etage, obwohl nur von zwei Gästen angemietet, insgesamt von vier bewohnt wurden. Wäre da nicht die Aufmerksamkeit der Zimmermädchen gewesen, dieser Umstand wäre der interessierten Nachwelt vielleicht verborgen geblieben. Ein Zimmermädchen konnte sich jedenfalls daran erinnern, daß sich Helmi und Rabbani offenbar das Zimmer mit der Nummer 5575 teilten, während im Zimmer 5560 zwischen dem 1. und dem 6. April zwei andere Gäste logierten. Vieles spricht dafür, daß es sich bei diesen um Dr. Jürgen Schneider und Ehefrau Claudia handelte, die zu diesem Zeitpunkt ihrem bisherigen Leben längst den Rücken gekehrt hatten. Nicht zuletzt die Tatsache, daß erwähntes Zimmermädchen, nachdem sie ein Foto von Schneider gesehen hatte, glaubte, diesen als einen der Bewohner von Zimmer 5560 wiederzuerkennen.

Fest steht dagegen, daß am Dienstag nach Ostern, am 5. April, im Genfer Interconti eine illustre Runde tafelte. Zum Dinner geladen hatte die Union Bancaire Privée, und gekommen waren: der abgängige Baulöwe aus Königstein nebst Gemahlin und der getreue Mehdi Djavadi auf der einen Seite sowie Michel Sieveking in Gefolgschaft von Morteza Firouz, beide geschäftsansässig bei der Union Bancaire Privée, auf der anderen Seite. Mit letzterem hatte sich Jürgen Schneider schon am Vortag, dem Ostermontag, getroffen. Mit am Tisch saß auch Siawash Helmi, jener Herr aus Zimmer 5575. Er hatte zwischen Frau Schneider und Firouz Platz genommen. Sieveking, der als letzter kam, erinnert sich jedoch, daß Helmi während des ganzen Essens kein Wort gesprochen habe, und kann sich bis heute nicht erklären, welche Funktion dieser ihm unbekannte Herr eigentlich hatte.

Man gab sich der vorzüglichen Küche hin, die das Interconti zu bieten hat: Erlesenem aus der *cuisine française*, aber desgleichen regionalen Spezialitäten. Angemessen waren auch die Tischgespräche: sie betrafen das gesellschaftliche Leben in der französischen Schweiz im allgemeinen und in Genf im besonderen. Die Schneiders steuerten eigene Erfahrungen aus ihrer Heimatstadt Frankfurt bei.

Schneider wirkte in Firouz' Erinnerung sehr ruhig und entspannt.»Er sagte, er würde ein paar Tage in Urlaub fahren.« Ihm war allerdings aufgefallen, daß Schneider leicht hinkte.

Geschäftliches galt es ebenfalls zu besprechen, und so kam das Gespräch bald auf den Familientrust, der sich in Gründung befand. Sieveking, der Jurist, wußte Rat. Als er erfuhr, daß die Kinder der Schneiders Begünstigte des Trusts werden sollten, machte er einen Vorschlag:»Sie sollten sich selbst als Erstbegünstigte einsetzen und ihre Kinder als Zweitbegünstigte im Falle ihres Ablebens.«

Dieser Vorschlag gefiel Schneider. Er griff zu einem Stück Papier und notierte darauf sofort die nötigen Anweisungen an die Bank, damit diese die entsprechenden Änderungen vornehmen könne. Dann unterschrieb erst er selbst das Papier, anschließend Frau Claudia und schließlich Djavadi, der ja Schirmherr des Trusts werden sollte. Nach englischem Recht, unter diesem sollte die Stiftung gegründet werden, hat der Schirmherr die Funktion, dem Treuhänder des Trusts Empfehlungen an die Hand zu geben, wie dieser den Trust zu führen habe. Nun, so schien es, waren die Dinge geregelt...

Es soll nicht unerwähnt bleiben: Schneider selbst gab im Februar 1996 eine etwas andere Darstellung seines »Sinneswandels«

beim Abendessen im Genfer Hotel Intercontinental ab. Am Tag vor seiner Abreise nach Amerika seien ihm »sehr große Zweifel« gekommen, Djavadi eine uneingeschränkte Vollmacht zu geben, ließ er durch *Focus* die Öffentlichkeit wissen.[57] Ein Mitarbeiter der Union Bancaire Privée habe ihn gewarnt. Vor Djavadi? wollten die Reporter wissen. Schneider: »Auf jeden Fall, die Warnung klang sehr eindeutig in diese Richtung. (...) Es ist ja ein riesiger Geldbetrag. Diese Vollmacht ergab eine sehr beunruhigende Mischung.« Sogar um sein Leben habe er gefürchtet. Diese Angst habe erst nachgelassen, nachdem das Geld später auf dem Schweizer Konto durch Gerichtsentscheid eingefroren war. »Denn dann konnte ja niemand mehr damit etwas anfangen.«

Tags darauf bestiegen das Ehepaar Schneider und Djavadi um 10.55 Uhr eine Maschine der Swissair (Flug SR 168) von Genf nach Frankfurt. Während Djavadi in der zweiten Klasse reiste, machten es sich Herr und Frau Schneider in der ersten Klasse bequem.

In Zürich machte der Flieger einen Zwischenstopp. »Ob das Ehepaar Schneider ebenfalls wie ich im Anschluß daran nach Frankfurt zurückflog, kann ich nicht sagen«, gab Djavadi in seiner Vernehmung am 31. Mai 1994 an. Wir wissen heute, es tat es nicht.

Schneiders Abgang – Stationen seiner Flucht

Für den Piloten der Boeing 747-300 des Swissair-Fluges SR 128 war es ein Routineflug. Planmäßig um 12.35 Uhr würde er am Terminal A des Zürcher Flughafens Klothen die Starterlaubnis bekommen. Für diesen Flug war die Nordroute vorgesehen. Sie führte zunächst über Deutschland, Wales und Schottland weiter Richtung Island. Über dem Atlantik verlief sie Richtung Labrador, und etwa fünf Stunden nach dem Start kam das nordamerikanische Festland in Sicht.

Ohne wetterbedingte Verzögerungen würde der Pilot den Vogel

pünktlich acht Stunden und 15 Minuten später, mit einem Zwischenstopp in Boston, um 17.20 Uhr Ortszeit auf Dulles International, dem Flughafen der US-Bundeshauptstadt Washington D. C., herunterbringen.

Er konnte ja nicht ahnen, daß in der Kabine der ersten Klasse ein Pärchen sich gerade in zwei der insgesamt 18 breiten Sessel einrichtete, ein Mann, Ende der Fünfzig, und eine Frau, die ein paar Wochen später die am meisten gesuchten Deutschen sein würden.

Dr. Jürgen Schneider und Gattin Claudia waren nicht allein auf diesem für ihr Leben bisher folgenschwersten Flug in die Fremde. Begleitet wurden sie von dem Mann, der nach Ansicht einiger Ermittlungsbehörden ein Wanderer in den Welten der Geheimdienste ist: dem mysteriösen Mostafa El Kastaui alias Dr. M. K. Moss. Die Schneiders machten auf ihn einen glücklichen Eindruck, berichtet El Kastaui später. Man alberte, riß Witze, gab sich bester Laune. Alles war in bester Ordnung, wie es schien.

Im März habe ihn sein Freund Djavadi gebeten, ein Ehepaar auf »eine Vergnügungsreise« in die USA zu begleiten, erzählt der schlaue Kastaui. Djavadi wollte, daß er den Schneiders als Führer zur Verfügung stünde. Darin sah El Kastaui wohl kein Problem: Er spricht die Sprache (ganz im Gegensatz zu dem Ehepaar Schneider), er kennt Land und Leute, hat dort vielfältige Kontakte. Warum Schneider, den er nach eigenem Bekunden schon seit 1991 kennt, ihn nicht selbst um diesen Gefallen gebeten hat, darüber darf man sich den Kopf zerbrechen.

El Kastaui erwies sich von Anfang an als aufmerksamer Reisebegleiter: Er reservierte sogar die Flüge für Schneider und Gattin. Für den Morgen des 6. April hatte sich die kleine Reisegruppe auf dem Genfer Flughafen Cointrin verabredet. Der Ägypter reiste mit kleinem Gepäck: Er hatte nur Handgepäck, die Schneiders dagegen jeweils zwei Koffer. El Kastaui checkte auch das Schneider-Gepäck auf seinen Namen ein, mußte für das Übergepäck allerdings Gebühren berappen. Warum er dies tat? Er weiß es nicht mehr.

Der rührige Geschäftsmann mit den drei Pässen (Ägypten, Kanada und Schweiz) hatte für alles gesorgt: Im Hotel Capitol Hilton in der amerikanischen Bundeshauptstadt waren die Zimmer reserviert – sonderbarerweise gleich vier Suiten mit den Zimmernummern 631 und 633 sowie 684 und 686. Alle waren auf seinen Aliasnamen Moss bestellt, die Suiten 631 und 633 mit dem Zusatz »with Meier«. Unter diesem Namen quartierte er nämlich das Ehepaar Schneider in dem Washingtoner Hotel ein; zu ihrer wie seiner eigenen Sicherheit, wie Kastaui behauptet.

Merkwürdig auch, daß er und die Schneiders bei ihrer Einreise in die Vereinigten Staaten das Vista Hotel in Washington als Adresse angaben.

Warum dies freilich nötig gewesen sein soll, wo Kastaui doch behauptet, von einer Flucht der Schneiders nichts zu wissen, bleibt offen. Er habe dies »ohne besonderen Grund« getan.

Auch der angeblich Geflohene spricht nicht von Flucht. »Es gab nichts zu fliehen. Wir sind ganz normal weggereist und haben uns ansonsten inkognito angemeldet, unter einem anderen Namen«, zitiert ihn das Magazin *Focus* im ersten Interview, das Schneider nach seiner Festnahme gab.[58] Aber: »Ich habe niemals einen falschen Paß oder eine falsche Unterlage verwendet.« Dennoch: »Wir wollten nicht erreichbar sein.« Und er bleibt dabei: Wenn er hätte fliehen wollen, dann hätte man ihn auch »ganz bestimmt nicht«, wie im Mai 1995 schließlich geschehen, gefunden.

Schon gar nicht sei er vor einem bevorstehenden Crash davongelaufen, der Konkurs sei schließlich erst nach seiner Abreise von der Deutschen Bank herbeigeredet worden. Er sei einfach bloß fix und fertig gewesen und habe dringend ausspannen müssen. »Ich hatte einen sehr, sehr hohen Blutdruck, gewaltiges Übergewicht, und mein Arzt hat warnend und drohend den Finger erhoben.« Da ist ihm wohl gar nichts anderes übrig geblieben, als den ärztlichen Rat zu befolgen.

Doch Besserung brachte der angebliche Kurztrip offensichtlich auch nicht. »Infolge meines Gesundheitszustandes war ich nicht in der Lage, meine geplante Rückreise am 20. April 1994 anzutreten«, versichert der Gebeutelte. Das sei alles so rührend, da werden ihren geprellten Gläubigern wohl die Tränen kommen, unkte der *Stern*.[59]

Ursprünglich sei ja geplant gewesen, 14 Tage in Washington zu bleiben und dann über Zürich wieder nach Genf zurückzukehren. Die Rückflüge seien bereits bestätigt gewesen, behauptet auch El Kastaui.

Eine Woche später geht die Reise statt dessen in die andere Richtung weiter. Eines abends in Washington, so gibt Kastaui später zu Protokoll, habe ihm Frau Schneider bei einem Drink offenbart, sie würde gerne noch andere Gegenden in den USA sehen. Außerdem sei ihr Washington zu kalt. Warum nicht Miami/Florida? soll El Kastaui vorgeschlagen haben.

Klar: Dort ist es schön warm, und ein paar Deutsche mehr oder weniger fallen auch nicht auf.

Das Reiseziel Miami muß Kastaui sehr entgegengekommen sein. Dort besitzt er seit 1990 ein luxuriöses Penthouse in der vornehmen Collins Avenue 6767 mit Sandstrand vor der Haustür und bewaffneten Wächtern im Foyer. Eine zweite Wohnung gehört ihm am Bayshore Drive, weniger luxuriös, aber immer noch ganz ordentlich.

In den Apartments wollte er die Schneiders freilich nicht einquartieren. Doch nur 100 Meter von seiner Wohnung in der Collins Avenue entfernt, gibt es ein passables Hotel: das Ramada Resort Deauville.

Am 9. April erhielt der Direktor des Ramada Resort in Miami ein Fax aus Genf, abgesetzt von Kastaui-Ehefrau Myrta, einer gebürtigen Schweizerin und ehemaligen Stewardeß. Mit »Grüßen aus der Schweiz« kündigte Dr. M. K. Moss dem »dear Mr. Resnick« an, daß er mit seiner Familie für einige Wochen nach Miami kommen werde. »Wie Sie ja wissen, sind meine Eltern nicht mehr die Jüngsten und benötigen etwas Platz.« Mr. Resnick möge mal sehen, was sich da machen ließe.

Vier Tage später folgte ein weiteres Fax, das Kastauis Ankunft am 14. April um 19 Uhr mitteilt. »Wir würden es sehr begrüßen, zwei Suiten mit entsprechend komfortabler Sitzecke und ein Einzelzimmer bekommen zu können. Bitte alle mit Meeresblick.« Gezeichnet Dr. M. K. Moss und Familie.

Die Schneiders habe er als seine Eltern ausgegeben, damit er für sie ein besseres Zimmer bekomme, sagt er bei seiner Vernehmung am 16. März 1995 dem Genfer Untersuchungsrichter Claude Wenger.

Am 13. April buchte El Kastaui auch drei Tickets für die Route Washington–Miami mit Weiterflug nach New York am 5. Mai. Und wieder wechselte der Ägypter die Namen. Nicht nur seinen eigenen, er nannte sich jetzt Hamel, sondern auch den der Schneiders: Er taufte sie auf Mr. A. Barker und Mrs. B. Nelson.

Warum er dies tat?»Das weiß ich nicht.«

Überhaupt scheint El Kastauis Erinnerungsvermögen bemerkenswerte Lücken aufzuweisen. Bei seiner Vernehmung im März 1995 will ihm vieles partout nicht mehr einfallen. Warum hat er den Namen der Schneiders mehrfach geändert?»Ich habe dazu keine passende Antwort.« Warum hat er einen falschen Namen benutzt, als er die Flugtickets kaufte?»Das weiß ich nicht.« Aus welchem Grund hat er die Schneiders als seine Eltern ausgegeben?»Das weiß ich nicht.« Warum hat er die Schneiders in Washington als Meiers ausgegeben?»Das hab ich halt so angegeben.« Und selbstverständlich wisse er auch nicht, wohin Herr und Frau Schneider verschwunden seien.

Am 14. April saß ein Mr. Hamel mit Mr. A. Barker und Mrs. B. Nelson, die in einem früheren Leben mal Herr und Frau Schneider hießen, in einem Flugzeug der American Airlines nach Miami. Tags zuvor hatte der Fall Schneider in Deutschland eine bedeutsame Wendung genommen: Die Deutsche Bank hatte Strafanzeige gegen den Unauffindbaren erstattet.

Kastaui hatte das Hotel in Miami bis zum 28. April gebucht. Danach sollte es ursprünglich wieder zurück nach Genf gehen. Doch während die Schneiders sich an Miamis Stränden vergnügten, müssen sie wohl ihre Pläne geändert haben.

In der Zwischenzeit jedoch trieben dringende Geschäfte Kastaui nach Washington. Er wohnte wieder im Capitol Hilton. In dieser Zeit habe Schneider ihn einmal angerufen, erzählt Kastaui, und mitgeteilt, er bleibe noch zwei, drei Tage im Ramada und reise dann weiter. Es sei jedoch vereinbart gewesen, daß sie wieder ins Hotel zurückkehrten. Bei seiner Rückkehr in Miami will Kastaui festgestellt haben, daß die Schneiders nicht mehr da waren. Er habe noch vier Tage im Ramada auf sie gewartet, dann seine Zelte abgebrochen und sei nach Genf zurückgeflogen. Eine Nachricht hätten die Schneiders für ihn nicht hinterlassen. Statt dessen will der Reiseführer ohne Reisegruppe einen Telefonanruf erhalten haben. Am anderen Ende der Leitung habe sich Schneider gemeldet. Es gehe ihm gut, er bedanke sich noch recht herzlich für all die Hilfe. Man werde sich mal in Genf wiedersehen. Leben Sie wohl, Mr. Kastaui.

Seitdem habe er die Schneiders nicht mehr gesehen. Schneider habe El Kastaui noch ein paarmal angerufen. Das letzte Mal habe man im September oder Oktober 1994 miteinander telefoniert. Das war's.

Der Fluchthelfer

Moss war der Boß, Moss hatte Moos, Moss zahlte alles. Schneider sollte es später zurückzahlen. Das habe er mit dem gescheiterten Baulöwen vereinbart, sagt El Kastaui. Vielleicht hatte er das Geld ja auch schon? Am 14. Dezember 1993 jedenfalls, also fast vier Monate vor Schneiders Abreise, stellte der Milliardenpleitier der Kastaui-Firma State Link Institute einen Scheck über fast 2,3 Millionen Mark aus. Außerdem hatte das BKA festgestellt, daß Schneider Ende März 1994 von seinen Konten noch eine Million in bar abhob oder abheben ließ. Wo diese Beträge geblieben sind, wofür Kastaui die 2,3 Millionen kassierte, ist bis heute unbekannt. Wahrscheinlich »Fluchthandgeld«, mutmaßen die Ermittler.

Die schönen Millionen in der Schweiz waren vorerst futsch. Nachdem Deutsche Bank, Konkursverwalter und Bundeskriminalamt das Geld bei der Privatbank in Genf aufgespürt hatten, ließ die Genfer Staatsanwaltschaft es erst mal einfrieren.

»Wir waren praktisch mittellos«, jammerte Schneider später. Angeblich will er nur 20 000 Dollar aus Deutschland mitgebracht haben, 10 000 pro Nase. Mehr ist nicht erlaubt. So etwas ist freilich schnell aufgebraucht. »El Kastaui hat aber weiterhin unseren Aufenthalt in Florida finanziert: Miete, Essen, Trinken.«[60]

Kastaui der Geheimdienstmann: Seine Beziehungen in den Vereinigten Staaten hätten Schneider vielleicht einmal nützlich sein können, mag dieser sich gedacht haben. Die Tageszeitung *Miami Herald* berichtete sogar, Kastaui sei bereits Mitte der achtziger Jahre in Geheimoperationen der amerikanischen Bundespolizei FBI und der US-Zollbehörden verwickelt gewesen.

Über die Verbindungen seines spendierfreudigen Freundes will er jedenfalls Bescheid gewußt haben. »Ich wußte, daß er CIA-Mann ist. Auf unserer Amerikareise hat er von diesen Verbindungen erzählt.« Auch seinen Vertrauten Mehdi Djavadi hält Schneider übrigens für einen Geheimdienstmann.

Bei den Schlapphüten um ihn herum (Graf Lambsdorff, wir erinnern uns, kam vom BND), bestand da nicht die Gefahr, daß er ins Fadenkreuz der Geheimdienste geriet? wollten die *Focus*-Reporter mal von ihm wissen. »Es macht nichts, wenn man mal im Fadenkreuz vom BND, CIA oder Mossad ist. Dann sind wir's halt!«[61]

El Kastaui sollte Schneider nach dessen Worten wertvolle Dienste leisten: Sein Auftrag soll es gewesen sein, Kontakte zur Deutschen Bank aufzubauen. Was immer dies hätte bringen sollen. Aber Kastaui habe ihm einmal erzählt, er stünde ohnehin mit hochrangigen Vertretern der Deutschen Bank in Kontakt, da könne er sich gleich auch für den Ex-Baulöwen verwenden. »Das hat sich, wie viele andere Versprechungen, bis heute nicht bestätigt.«

Kastaui tat noch mehr für den untergetauchten Schneider, als ihm mal ein Mittagessen zu spendieren oder die Miete vorzulegen. Er vermittelte ihm unter anderen seinen jungen Genfer Anwalt, Maître François Canonica, eine nicht eben billige Adresse am Lac Léman. Der sollte die Millionen loseisen, die Schneider in der Schweiz gebunkert hatte. Vermutlich wird sich auch Kastaui sein Scherflein davon versprochen haben. Und so wurde es Canonicas erste und vornehmste Aufgabe, Protest einzulegen gegen die Beschlagnahme der 245 Millionen. Erfolgreich, sei hier vermerkt. Gut, die Schweizer Behörden rückten die Millionen zwar nicht an Schneiders Advokat heraus. Aber das galt für den Konkursverwalter gleichermaßen, und eben dies, so darf man vermuten, wollte Schneider wohl erreichen.

Kastaui war den Ermittlungen zufolge der Verbindungsmann Schneiders nach Europa. Regelmäßig reiste er in die USA, möglicherweise auch, um hin und wieder nach dem Rechten zu sehen. So etwa am 22. August gemeinsam mit Frau Myrta. Am 2. September kehrten sie nach Genf zurück. Am 26. September berichtete das Magazin *Focus* über die sonderbaren Betätigungen des Geschäftsmannes. Drei Tage später saß der wieder in einer Maschine nach USA, in Begleitung der Gattin. Man blieb rund 14 Tage.

Ob aus Gründen der Verschleierung oder aus purer Gewohnheit: Bei ihrer Einreise in New York behauptete das Paar jedesmal, man steige im New Yorker Drake Hotel ab, und reiste dann jedesmal nach Miami weiter.

Offensichtlich mit Blick auf die zunehmenden Presseveröffentlichungen muß sich El Kastaui in Genf zunehmend unwohl gefühlt haben. Da er selbst wegen der Sache Schneider mehr und mehr Probleme bekommen habe, hätte er jede sich bietende Gelegenheit genutzt, in die Staaten zu reisen, »um mal etwas anderes zu sehen und Ruhe zu finden«, wie er sagt. Außerdem: »Ich mag dieses Land sehr.«

Kann man gut verstehen. Schließlich soll er dort blendende Geschäfte gemacht haben, vor allem mit Waffen, wie es in Geheimdienstkreisen heißt. Da gab es zudem noch das State Link Institute in Wilmington/Delaware, von dem man bislang nicht weiß, ob es wirklich nur, wie Kastaui behauptet, als Scheinfirma für Schneider aktiv wurde. Außerdem soll er in den USA noch eine Firma Monarch Industries betrieben haben.

Wo immer der Name Kastaui auftaucht, mehren sich die Merkwürdigkeiten – selbst bei der Schneider-Firma Quicktulane, an der, wie bereits erwähnt, die Kastaui-Firma State Link den Mehrheitsanteil treuhänderisch für Schneider hielt. Sitz der Quicktulane war Amsterdam mit einem Ableger in Wiesbaden. Seltsame Geschäfte verbinden El Kastaui mit einem Mann namens Alexander Dvorianchikov. Der Ukrainer Dvorianchikov war bei einer Lucas Group S. A. in Neuchâtel in der französischen Schweiz als Finanzberater beschäftigt, bis er am 28. Oktober 1994 in Neuchâtel festgenommen wurde und in Schweizer Auslieferungshaft wanderte. Die Generalstaatsanwaltschaft Kiew suchte den Businessman mit Haftbefehl, ausgestellt am 5. September 1994, wegen Fälschung von Wertpapieren, Amtsmißbrauch und Unterschlagung zum Nachteil des ukrainischen Staates. Insgesamt geht es dabei um die nicht eben unerhebliche Summe von 23 Millionen US-Dollar. Freilich »Peanuts« im Vergleich zu Schneiders Milliarden, aber alle haben schließlich mal klein angefangen.

Dvorianchikov soll seine krummen Touren gemeinsam mit seinen Landsleuten Vjatcheslav Kramnoj, Jurij Sidorenko und Natalia Firsova begangen haben. Einmal soll das Quartett bei der Damiana Bank in Kiew, deren Präsident Sidorenko war, drei Millionen Dollar unterschlagen haben, die eigentlich für den ukrainischen Staat für die Lieferung von Kernbrennstoffen nach Griechenland bestimmt waren. Weitere 20 Millionen sollen sie sich im August 1994 unter den Nagel gerissen haben, indem sie bei der Damiana Bank das gefälschte Garantiedokument eines ukrainischen Staatsunternehmens präsentierten und daraufhin die Millionensumme als Kredit kassierten.

Den Schweizer Ermittlern sagte Dvorianchikov, er sei Finanzberater des ehemaligen ukrainischen Ministerpräsidenten Leonid Krawtschuk gewesen. Er habe sogar mal einen Diplomatenpaß besessen, der ihm allerdings jetzt nicht mehr zur Verfügung stehe.

Nach seiner Festnahme bat Dvorianchikov vorsorglich um politisches Asyl in der Schweiz. Er konnte sich leicht ausrechnen, daß seinem flotten Leben in der Heimat ein jähes Ende bereitet würde. Auch wäre der Aufenthalt in einem ukrainischen Knast wohl alles andere als kommod, verglichen mit dem Leben in der Schweiz, wo der Ukrainer nach Erkenntnissen der Schweizer Behörden über »erhebliche Geld- und Sachwerte« verfügt. Da kommt bei den Behörden schnell der Verdacht der Geldwäsche auf.

Das BKA vermutete zunächst sogar, daß Dvorianchikov mit der Flucht der Schneiders zu tun hatte, konnte dafür aber bislang keine Beweise finden. Als Beamte aus Wiesbaden Dvorianchikov in dessen Zelle im Gefängnis La Chaux-de-Fonds besuchten und ihm ein Foto Schneiders unter die Nase hielten, meinte der Ukrainer, den Mann noch nie gesehen zu haben. Man wird's ihm wohl vorerst glauben müssen.

Bemerkenswert aber ist das gleichsam zufällige zeitliche Zusammentreffen folgender Ereignisse: Am 2. März 1994 fliegt Dvorianchikov mit der Swissair von Genf über Zürich nach Washington. Dort wohnt er in Kastauis Stammhotel Capitol Hilton im Zimmer 956. Angemietet von Dr. Moss. In den nächsten Tagen kam er viel herum: am 8. März war er in Cleveland, am 11. in San Francisco, zwei Tage später in Los Angeles, von wo aus er wieder nach Genf zurückreiste.

Am 15. und am 18. März, so stellt später das FBI fest, bekam Dvorianchikov in Neuchâtel einen Anruf aus Miami, aus dem Apartment von El Kastaui. In den darauffolgenden Wochen reiste Dvorianchikov zweimal nach Rußland.

Am 11. April rief El Kastaui, diesmal aus dem Capitol Hilton, in Neuchâtel an, sprach mit Dvorianchikov. Dasselbe am 14. April. Einen Tag später meldete sich der Ägypter aus dem Ramada Resort in Miami bei seinem Geschäftsfreund in der Schweiz, und wieder zwei Tage später aus seinem Apartment in der Collins Avenue. Am 18. April reiste dann Dvorianchikov von Zürich nach

Washington. Er übernachtete im Hotel Four Seasons, trug sich dort mit dem Namen Yri Alexander ein. Am nächsten Tag rief er von seinem Hotelzimmer (Nr. 646) aus bei sich zu Hause in Neuchâtel, außerdem bei El Kastauis Genfer Firma Diwan S. A. an.

Doch im Four Seasons schien es dem Ukrainer nicht so recht gefallen zu haben, denn am nächsten Tag zog er ins Hotel Ana um. Dort erreichten ihn wieder zwei Anrufe El Kastauis. Sie kamen aus dem Apartment des Ägypters in Miami. Auch am nächsten Tag telefonierten die Geschäftsfreunde zweimal, einmal rief der rastlose Kastaui aus seinem Apartment, einmal aus dem Ramada Resort an, wo er sich wahrscheinlich zwischendurch um die Schneiders kümmern mußte. Dvorianchikov unterdessen trieb seine Telefonrechnung in die Höhe, indem er aus Washington mehrmals mit Kiew und der Diwan S. A. in Genf telefonierte.

Nach dem 20. April mußten die beiden Königsteiner Floridaurlauber vorübergehend ohne ihren Reisebegleiter auskommen. Der setzte sich nämlich in ein Flugzeug nach Washington, wo er sich mit Dvorianchikov traf.

Am 21. April hatten die beiden Partner offensichtlich Großes vor: Gemeinsam besuchten sie das State Department in Washington, das amerikanische Außenministerium. El Kastaui schlüpfte in eine seiner vielen Rollen: Als Dr. Ing. M. K. Moss, Berater der ukrainischen Regierung, nahm er an einer Besprechung amerikanischer Beamter des State Department mit ukrainischen Politikern teil.

Am 1. Mai muß Dvorianchikov wieder zu Hause gewesen sein. Er erhielt einen Anruf El Kastauis, der schon wieder in Miami weilte und dort angeblich auf die Schneiders wartete. Tags darauf reiste El Kastaui gemeinsam mit seiner Frau Myrta von New York aus nach Genf zurück, wo sie am Morgen des 3. Mai ankamen.

Den ersten, den Kastaui von seiner Genfer Wohnung aus anrief, war übrigens erstaunlicherweise nicht Dvorianchikov, sondern der Wiesbadener Rechtsanwalt Dr. Burghardt Knoche, jener Anwalt, der später vorübergehend Mehdi Djavadi vertreten wird, nachdem die Frankfurter Staatsanwaltschaft den Iraner hatte festnehmen lassen. El Kastaui war offenbar Schneiders einzige Verbindung in die Heimat. In unregelmäßigen Abständen rief er Schneiders Generalbevollmächtigten, den Rechtsanwalt Horst Schneider, an. Ihm soll er erzählt haben, Schneider sei schwer krank. Er soll Horst Schneider auch gebeten haben, einen Anwalt zu besorgen, der von langer Hand mit der Frankfurter Staatsanwaltschaft die »Modalitäten« aushandeln sollte, falls Schneider freiwillig zurückkäme. Kastaui bestreitet dies allerdings: Genau darüber habe er mit Horst Schneider nie gesprochen.

Unklar ist bis heute, woher die Mainzer Rechtsanwälte Thomas Knierim und Volker Hofmann eine von Schneider unterschriebene Vollmacht hatten, mit der sie sich im Sommer 1994 bei der Staatsanwaltschaft als Schneiders Verteidiger meldeten und Akteneinsicht beantragten. Die Schneiders haben sie jedenfalls nie zu Gesicht bekommen. Die Unterschrift auf der Vollmacht ist aber echt, wie ein Schriftenvergleich beim BKA später ergab.

Von El Kastaui haben sie die Vollmacht angeblich auch nicht, sagt der. Er habe ja keinen Kontakt mit den Schneiders gehabt, nicht einmal gewußt, wo sie sich aufhielten, und könne schon deshalb logischerweise nicht der Überbringer der Vollmacht gewesen sein, behauptet er bei seiner Vernehmung.

Es gibt allerdings ein paar Gründe, die erheblichen Zweifel an dieser Darstellung aufkommen lassen.

Das 14stöckige Gebäude am 3505 South Ocean Drive im Hollywood-Vorort Hallandale, 24 Kilometer nördlich von Miami Richtung Fort Lauderdale gelegen, gilt als Rentnerhochburg. Die meisten Wohnungen in dem ganz in altrosa gestrichenen Bauwerk mit dem protzigen Namen The Alexander Towers gehören Kapitalanlegern: Zahnärzten aus Deutschland, zu einem bescheidenen Vermögen gekommenen Amerikanern oder Exilkubanern, die hier einmal ihren Lebensabend verbringen wollen. Kein Jetset, keine Millionäre, eher besserer Mittelstand. »Dort wohnt man nicht, da ist der Hund begraben«, beschrieb der *Stern* das Domizil.[62]

Am 28. April 1994 tauchte – FBI-Ermittlungen zufolge – Mostafa El Kastaui, begleitet von seiner Ehefrau, im Vermietungsbüro der Alexander Towers auf.»Der Mann roch förmlich nach Geld«, erzählte die Maklerin Kelly J. Kossow später dem *Stern*.[63] Dafür bekommt man in dem Beruf wohl eine Nase. Er wollte für seine Eltern und seinen Bruder zwei Apartments mieten. Für eine längere Zeit. Ob denn etwas frei sei.»Eltern« und »Bruder« warteten derweil draußen im Auto.

Ja, mit dem Gewünschten könne man dienen, beschied die 27jährige Maklerin Kelly den Ägypter. Nach einer kurzen Besichtigung wurde man handelseinig: Für eine Monatsmiete von insgesamt 3100 US-Dollar plus neun Prozent Steuer vermietete die Verwaltung der Alexander Towers die Apartments Nr. 1117 und 1120. Unterzeichnen werde die Verträge sein Bruder, zahlen auch, erläuterte der elegant gekleidete Geschäftsmann mit dem bestimmten Auftreten der jungen Frau.

Das biologische Wunder, im Alter von damals 54 Jahren noch mal neue Eltern zu bekommen, hatte El Kastaui ja schon im Ramada Resort bewerkstelligt. Unschwer zu erraten, was jetzt kommt: Richtig, noch am selben Tag zogen die Schneiders aus dem Ramada Resort aus und in The Alexander Towers ein, ins Apartment Nr. 1117. Von alledem will El Kastaui selbstverständlich nichts gewußt haben.

Einen weiteren Grund zum Zweifeln stellt die Person Luigi Polettis, des angeblichen Bruders des Geschäftsmannes aus dem Morgenland, dar. Der 54jährige Genfer italienischer Abstammung, wie Kastaui angeblich in Ägypten geboren, wurde von diesem als dienstbarer Geist für die Schneiders engagiert. Für 500 Dollar pro Woche.

Das Geld konnte er offensichtlich gut gebrauchen. Während sein Arbeitgeber Kastaui zwei Rolls Royce in der heimischen Garage stehen hat, konnte Poletti am Schluß nicht einmal die Miete für sein Apartment in Genf aufbringen, wie der *Stern* herausgefunden haben will.[64] Dort lebte er recht bescheiden mit seiner Freundin Luisa, die als Chefin einer Reinigung arbeitete.

Auf seiner Vespa düste Poletti durch Genf, denn für die dringend notwendige Reparatur seines zwanzig Jahre alten Ford Lincoln reichten die Erlöse seiner Geschäfte nicht. So alt wie sein Auto soll auch Polettis Bekanntschaft mit Kastaui sein. Doch während El Kastaui international die Fäden zog, mußte Poletti immer nur die Handlangerdienste verrichten. Da konnte ihm das Angebot seines reichen Geschäftsfreundes gerade recht kommen.

Am 21. April buchte El Kastauis Ehefrau Myrta bei British Airways für Poletti einen Flug in die Vereinigten Staaten. Von Genf über London nach Miami. Abflug: 27. April. Auf dem Einreiseformular gab Poletti als Anlaufadresse das Holiday Inn an, nach Ermittlungserkenntnissen wohnte er wahrscheinlich, wie vor ihm schon die Schneiders, im Ramada Resort. Dort lernte er dann seine neuen Schützlinge kennen. Poletti war fortan Faktotum und Aufpasser des einstigen Schloßherrn von Königstein.

Wie muß dieser Mann sich gefühlt haben, der einmal ein paar tausend Menschen befehligen konnte, repräsentative Büros quer durch die deutsche Republik unterhielt, Immobilien im dreistelligen Millionenbereich kaufte wie andere einen Gebrauchtwagen, die Vorstände von Banken bei sich antanzen ließ – und jetzt nur noch einen Poletti hatte.

Der aber tat, was er konnte: Er kochte und wusch ab. Er besorgte die kleinen Dinge, die das Leben in der Anonymität eines amerikanischen Hochhauses dem hessischen Ehepaar etwas erträglicher machten: deutsche Zeitungen für den Hausherrn, Getränke für die Dame des Hauses. Praktischerweise mußte er dazu nicht weit gehen. Was er brauchte, fand er in einer kleinen Mall, wie die amerikanischen Einkaufscenter genannt werden, gleich um die Ecke.

Poletti war einziger Gesprächspartner und Vertrauter der beiden Flüchtlinge im Apartment Nr. 1117. Er hörte sich ihre Sorgen, Wünsche, Hoffnungen und Träume an. »Ein sehr frommer und sehr lieber Mensch«, wie Schneider ihn einmal charakterisierte.

Und er war der Kurier des einstigen Immobilienzaren, stets unterwegs in geheimer Mission. Auch davon wird El Kastaui natürlich nichts geahnt haben.

Das BKA und die Staatsanwaltschaft Frankfurt, diese Ungläubigen, nehmen dem eloquenten Ägypter das aber bedauerlicherweise nicht ab. Sie sind vielmehr davon überzeugt, daß El Kastaui die ganze Zeit nicht nur gewußt habe, wo Schneider war, sondern seine Flucht auch organisiert und ihn regelrecht versteckt habe. Damit begründen sie im übrigen seinen Haftbefehl.

Das Leben in Miami

Was macht ein Mann den lieben langen Tag, der es gewohnt war, morgens um 5.30 Uhr aufzustehen, um eine Stunde später an seinem Schreibtisch zu sitzen? Der 14 Stunden täglich knochenhart mit Banken, Baufirmen und Immobilienverkäufern verhandelte. Der von sich und seinen Mitarbeitern das Letzte verlangte? Was macht ein solcher Mann, der plötzlich alle Zeit der Welt hat: keine drängenden Termine, keine störenden Telefonate, keine lästigen Besucher? Ohne Akten muß er sich zu Tode langweilen, hat mal einer seiner früheren Mitarbeiter gesagt.

Einer solcher Mann setzt sich an den Pool und läßt den lieben Gott einen guten Mann sein. Und genau das tat der Dr. Schneider. Da saß er dann mit seiner Claudia, oft bis sieben oder acht Uhr abends am Pool der Alexander Towers und ließ sich die Sonne auf den Bauch brennen, wie sich Managerin Kelly J. Kossow erinnert. Eine unglaubliche Ausdauer hätten die beiden Deutschen gehabt.

Jürgen Schneider galt als Einzelgänger in den Alexander Towers, schweigsam und zudem noch geizig. Mit wem hätte er auch sprechen sollen, konnte er doch weder Englisch noch Spanisch. Seine Frau fiel nur auf, so wußte *Bild am Sonntag*, weil sie am Swimmingpool gern in einem Bikini aufkreuzte, der etwas zu knapp saß.

Ansonsten kann die junge Maklerin nichts Schlechtes über das

»merkwürdige Paar«, diesen zurückhaltenden älteren Herrn mit Halbglatze und Schnurrbart und seine von leichten Figurproblemen geplagte blonde Frau sagen, die sich seinerzeit als Italiener vorgestellt hätten. »Sie waren ausgesprochen angenehme Mieter. Sie lebten sehr zurückgezogen, mieden jeden Kontakt«, sagte sie dem *Spiegel*.

Kein Wunder, jeder Kontakt hätte der letzte in Freiheit bedeuten können. Und so schlugen sie alle Angebote, sich am nachmittäglichen Unterhaltungsprogramm am Pool zu beteiligen, in den Wind. Zum Tagesablauf gehörte außerdem ein Spaziergang morgens am Strand und ebenso am Abend. Jeweils eine Stunde. Bewegung kann ja nicht schaden.

Auch Schneiders dienstbarer Geist, der gute Poletti, hatte sich zu bewegen. Unmengen von Lebensmitteln mußte er von der naheliegenden Einkaufsstraße ins Apartment schleppen. Getränke für die Schneider-Gattin oder auch Schokolade, vorzugsweise Toblerone. Und deutsche Zeitungen für Jürgen, vor allem *Spiegel* und *Focus*.

Poletti hatte überdies dafür zu sorgen, daß das Ehepaar keine unbedachten Schritte unternahm. Für die täglichen Einkäufe legte er den Schneiders Listen vor, auf denen die ihre Wünsche ankreuzen konnten. Sie sollten sich ja nicht unnötig in der Öffentlichkeit zeigen. Telefoniert werden durfte nur aus Telefonzellen unter der Aufsicht des Schildknappen Poletti. Wenn man mal ein Auto brauchte, mußte der schwäbische Nobelkarrossen gewohnte Schneider sich mit der unteren Mittelklasse begnügen, gemietet bei Alamo Rent-a-car. Bloß nicht auffallen.

Abends kochte der Aufpasser. Ein Auszug aus der Speisekarte: Reis à la Luigi, in Öl geröstete Paprika, in Essig eingelegte Champignons oder süßsaure Auberginen. Nicht gerade ein Leben im goldenen Käfig.

Ansonsten beschäftigte man sich mit Umziehen: Den Anfang machte Poletti: Anfang August standen in seinem Apartment dringende Renovierungsarbeiten an. Er zog um in die achte Etage ins Apartment Nr. 805. Renovierungsarbeiten trieben zehn Tage später auch die Schneiders aus ihrem neuen Domizil. Sie wechselten ins Apartment Nr. 405.

Das kann es ja wohl nicht gewesen sein, werden sich die beiden gedacht haben. Wer einmal den gesamten Taunus vor seinen Fenstern liegen hatte, der muß sich in der vierten Etage eines Wohnsilos wie im Kerker vorkommen. Wegen der besseren Aussicht zogen sie deshalb am 28. August ins Apartment Nr. 1506. Das kostete zwar 200 Dollar mehr, aber man gönnte sich ja sonst nichts. Stets hätten sie nur nach dem Besten verlangt, erinnert sich die Hausverwalterin an das Paar. Und: »Sie haben stets gezahlt.«

Was dem einen recht ist, ist dem anderen billig. Poletti, noch nicht ganz zufrieden mit seiner neuen Behausung, hatte Apartment Nr. 1208 ins Auge gefaßt. Das lag nicht nur einige Etagen höher, was schließlich eine Frage des Status ist, sondern hatte zudem eine bessere Innenausstattung. Am 28. September zog er um.

Gut ein halbes Jahr blieben die Schneiders in »1506«. Danach erkoren sie sich in Apartment 1414 zur Bleibe. Hier gedachte man unter den Namen Rudolf und Claudia Bauer fortan die Tage und Nächte zu verbringen.

Das 120-Quadratmeter-Penthouse (zwei Schlafzimmer, zwei Bäder) im 14. Stock mit Blick auf den weiten Atlantik entsprach indes in keiner Weise der Wohnqualität, die die Schneiders bisher bevorzugt hatten: billige Kaufhausmöbel, Plüsch und Kitsch statt teurer Antiquitäten.

Poletti hingegen packte noch zweimal seine Siebensachen. Am 28. Februar 1995 zog er wegen des besseren Sonnenlichts ins Apartment Nr. 1420, das er am 1. April gegen die Nr. 621 eintauschte. Schneiders Chefkoch fand, dieses Apartment habe eine bessere Küche und sei insgesamt besser ausgestattet. Ob ihn dabei wohl der einstige Baulöwe mit dem Blick fürs Detail beraten hatte?

In Schneiders neuem Leben gab es wenig Höhepunkte. Wenn ihnen die Decke auf den Kopf fiel, kutschierte sie Poletti umher. Kleine Ausflüge etwa zum Parrot Jungle, einem Freizeitpark mit exotischem Getier in Miami, waren die einzige nennenswerte Abwechslung. Da posierte das Ehepaar, lässig in Bermudas gekleidet, er das Haupt mit hellblauer, sie mit weißer Baseballkappe bedeckt, ein wenig mit zahmen Papageien und dachte dabei wohl nicht an seine Schulden in der Heimat. Die Fotos, die von diesen Ereignissen zeugen, haben Seitenweise deutsche Illustrierte gefüllt.

Diesen Fotos zufolge muß der Jahreswechsel 1994/95 das herausragende Ereignis im neuen Leben der Schneiders gewesen sein. Poletti hatte sich an dem Abend als Kellner verkleidet, putzte seiner Herrschaft untertänigst die Schuhe, und als der Abend gnadenlos seinem Höhepunkt zustrebte, ließ der einst so seriös wirkende Immobilienmogul seinen Faxenmacher Poletti auf die Knie gehen und schlug ihn mit einem Besenstil zum Ritter. Da saß er, eine mit rotem Stoff bezogene Pappkrone auf dem Kopf, auf dem schwarzen Sofa. Keine blauen Samtsessel mehr! Und Gattin Claudia war ihm ermattet in den Schoß gesunken.

Endlich war er mal wieder der König, wenngleich auch sein Hofstaat schmerzlich zusammengeschrumpft war auf den Knappen Poletti, der den königlichen Boten, königlichen Koch und gleichzeitig den Hofnarr mimen mußte.

Schneider hatte begonnen, sich in der Senioren-City in Hallandale häuslich einzurichten. Was blieb ihm aus seiner Sicht anderes übrig. »Zurückkehren war für mich in diesem Augenblick vollkommen unmöglich«, gestand er dem *Focus*. »Mein Imperium war zusammengebrochen. Das war ein Faktum. Mit diesem Faktum mußte ich leben. Und wir als Ehepaar und ich besonders standen dieser riesigen Macht, diesen Banken, die das angezettelt und angerichtet haben, allein gegenüber. In dieser schlechten gesundheitlichen Situation zurückzukehren, das war also völlig unmöglich.«[65]

Doch der erzwungene Kuraufenthalt hatte auch sein Gutes: Etwa »reichlich 30 Kilo« habe er abgenommen in dieser Zeit. »Das schlimmste waren diese entsetzlichen Nachrichten aus Deutschland, wie man über meine Familie, über mich, über meine Frau gesprochen hat. Das war grauenvoll. Und dann noch der Zusammenbruch meines Imperiums und meiner Arbeit – das ist mein

Leben –, da habe ich alles eingesetzt, und was da geschehen ist, das habe ich nicht verkraftet.«[66] In tiefe Depression habe ihn das alles gestürzt.

Später wird er über diese Zeit schreiben: »Ich hatte den Bezug zur Realität verloren. Ich befand mich in einer Art Dämmerzustand. Ich konnte nicht einmal auf das reagieren, was meine Frau zu mir gesagt hat. Ich saß tagelang in der Ecke auf einem Stuhl und starrte vor mich hin. (...) Ich war nicht mehr in der Lage geordnet zu denken und aktiv am Geschehen teilzunehmen. Ich war nicht mehr ansprechbar, hatte Angstgefühle und war depressiv.« Tagelang sei er von Nasenbluten gepeinigt worden.

Ehefrau Claudia litt derweilen unter entsetzlichen Krämpfen in der Magengrube, mußte sich morgens regelmäßig übergeben. Der Kopf war wie »mit Dunst gefüllt. (...) Meine Periode kam völlig unregelmäßig«, so schilderte die Schneider-Gattin ihren Zustand.

»Jetzt ist er gaga«, kommentierte da Deutsche-Bank-Chef Hilmar Kopper die geistige Entwicklung seines größten privaten Schuldners.

Schneiders Quartiermeister El Kastaui will gleichwohl von dieser Seelenpein seines Schützlings nichts bemerkt haben. Dem *Stern* erzählte er, alles sei in bester Ordnung gewesen, geradezu harmonisch verlaufen. Man hält es kaum für möglich: Schneider soll sich sogar für US-Immobilien interessiert haben![67]

Polettis Reisen

Poletti, Schneiders dienstbarer Geist, war der Kurier seiner Majestät, des gestürzten Immobilienzaren aus Königstein. Am 28. Juni flog Poletti erstmals von Miami zurück nach Genf. Vier Tage zuvor hatte Myrta El Kastaui das Ticket für die Rückkehr gekauft: wieder bei British Airways, wieder über London. Die Schneiders mußten auf ihren Poletti nicht lange verzichten (schließlich gewöhnt man sich ja aneinander). Am 7. Juli stieg Poletti in Genf in die Maschine und traf am selben Tag in seinem Unterschlupf in den Alexander Towers ein. Auch diesmal hatte er bei der Einreise angegeben, er wohne im Holiday Inn.

Am 10. September nahm er erneut einen Flieger nach Genf. Elf Tage verbrachte er zu Hause bei seiner Freundin, regelte einige finanzielle Dinge, bevor es zurück nach Miami ging. Wieder über London, wieder mit British Airways. Zwei Tage zuvor hatte er sich im Genfer Reisebüro Stohl Air Voyages ein neues Ticket geholt mit einem geplanten Rückflug am 4. November. Wie gebucht, trat er diesen Flug auch an.

Doch zwischenzeitlich hatte sich zu Hause einiges verändert: Die Polizei war seinem Mentor El Kastaui auf die Pelle gerückt, und die Presse berichtete ein paarmal über den mysteriösen Geschäftsmann aus Genf, der angeblich Schneider versteckt hielt. Etwas mehr Vorsicht, so mag sich Poletti, vielleicht auch El Kastaui höchstselbst, gedacht haben, könne nicht schaden. Von nun an zog er es jedenfalls vor, jedesmal die Fluglinie und -route zu wechseln.

Am 15. November wählte er Air France für seinen Flug nach Miami. Mit Zwischenstopp in Paris. Diesmal erzählte er den US-Grenzbeamten, er werde im Ramada Hotel in Miami Beach (nicht zu verwechseln mit dem Ramada Resort) wohnen. Etwa um den 10. Januar 1995 trat er wiederum die Heimreise an.

Für seinen nächsten Flug nach Florida am 22. Januar wählte er All Italia. Nach zwei Tagen Aufenthalt in Rom ging's weiter. Diesmal verzichtete er bei der Einreise sogar, wie gefordert, die Flugnummer anzugeben. Am 8. März flog er auf dem gleichen Weg wieder zurück. Bei dieser Art zu reisen sieht man was, und so kam Poletti am 20. März mit Iberia auch einmal nach Madrid – Destination: Miami.

Am 5. Mai dann hieß es für Poletti erneut Koffer packen, er hat ein ganz besonderes Mitbringsel im Gepäck: ein Tonband, besprochen von dem flüchtigen Ehepaar. Sein Auftrag: Das Tonband sollte er bei Maître Canonica in Genf abliefern. Der gab es kurz darauf dem ZDF, das es dann am 16. Mai in seinem Magazin »Frontal« ausstrahlte. Dazu später mehr.[68]

Poletti blieb nur wenige Tage in der Schweiz. Am 16. Mai begab er sich zurück nach Miami, wo er wahrscheinlich bereits sehnsüchtig erwartet wurde.

Doch diesmal hatte Poletti trotz aller Vorsichtsmaßnahmen ein Anhängsel dabei: Beamte der Zielfahndung des Bundeskriminalamtes saßen mit in der Maschine, ließen ihren Poletti nicht aus den Augen.

Seine vorerst letzte Reise wurde ihm und seinen Schützlingen, den Schneiders, zum Verhängnis. Zwei Tage nachdem er nach Miami zurückgekehrt war, schlugen die Fahnder des FBI und des BKA zu und verhafteten das Trio. Damit war die aufwendigste Jagd, die jemals auf einen deutschen Bankrotteur vom Zaume gebrochen war, zu Ende.

Schneider, weltweit gesucht
Von Jägern und Gejagten

Wenn der Frankfurter Staatsanwalt Dieter Haike an Dr. Jürgen Schneider denkt, dann fällt ihm dazu immer eine kleine Anekdote ein. Es war kurz nach Ostern 1994, Schneider war gerade abgängig. Auch Staatsanwalt Haike war nicht in Deutschland, sondern weilte mit seiner Frau im Urlaub. Auf Kreta. Am letzten Urlaubstag, auf der Fahrt im Taxi zum Flughafen, hatte der Fahrer das Radio eingeschaltet. Plötzlich brachte der Sender die Meldung, in Deutschland sei der Bauunternehmer Schneider pleite und sein Aufenthalt unbekannt. »Meine Frau wunderte sich noch, daß die so etwas in Kreta im Radio melden.« Haike selbst hatte einen ganz anderen Gedanken: Schneider? Gott sei Dank, damit habe ich nichts zu tun. Wie er sich doch irren sollte...

Haikes Probleme begannen wenige Tage später, am Mittwoch, dem 13. April 1994, und zwar in Gestalt eines dicken Briefumschlages. Absender war die renommierte Frankfurter Anwaltskanzlei Pünder, Volhard, Weber & Axster. Der Umschlag enthielt ein 41seitiges Konvolut, auf dessen erster Seite die Rechtsanwälte deutlich zum Ausdruck brachten, was sie von den Staatsanwälten wollten: »Im Namen und im Auftrag der Deutschen Bank AG, Frankfurt/Main und der Centralbodenkredit AG, Köln, erstatten wir hiermit gegen Herrn Dr. Jürgen Schneider, Königstein/Taunus, Fasanenweg 5, Strafanzeige aus allen rechtlichen Gesichtspunkten, insbesondere wegen des Verdachtes des Kreditbetruges und der Urkundenfälschung. Beide Banken stehen den Eheleuten Schneider mit Krediten in erheblichem Umfang zur Verfügung (Deutsche Bank AG ca. 130 Mio., Centralbodenkredit AG ca. 1,1 Mrd.). In den letzten Tagen ist den Banken eine Vielzahl von Unregelmäßigkeiten bekannt geworden, die die Rückführung dieser Kredite gefährdet erscheinen lassen.«

Am nächsten Tag telefonierte Haike erstmals mit den Deutsche-Bank-Anwälten und einem Mitarbeiter der Rechtsabteilung des Geldinstitutes. Dabei wurde ihm volle Unterstützung bei der Aufklärung des schändlichen Verbrechens, das dieser Schneider begangenen haben soll, zugesichert. Was auch sonst.

Zur Verstimmung führte zunächst, daß die Deutsche Bank einige Tage gezögert hatte, bevor sie die Staatsanwaltschaft einschaltete. Die damalige Pressesprecherin Hildegard Becker-Toussaint fand es »nicht erfreulich, wenn derjenige, der Anzeige erstattet, nicht alle Karten auf den Tisch legt«.[69]

Durch den »Abschiedsbrief« Schneiders an Deutsche-Bank-Vorstand Ulrich Weiss wußten die Banker schließlich seit dem 7. April Bescheid, daß ihr Großkunde auf und davon war und – dazu gehören keine großen Rechenkünste – einen riesigen Schuldenberg hinterlassen hatte. Damit hatte die Bank möglicherweise nicht nur einen Zeitvorsprung vor den anderen Gläubigern, der Staatsanwaltschaft gingen auch wertvolle Tage für die Fahndung verloren.

Diesen Vorwurf ließ die Deutsche Bank freilich nicht auf sich sitzen: Erst durch den Brief Schneiders und die Art seiner Übermittlung sei sie auf die Probleme Schneiders aufmerksam geworden (was allerdings nicht ganz richtig ist, wie man heute weiß). Richtig ist allerdings, daß bis zu diesem Zeitpunkt »keine wesentlichen Zahlungsrückstände bekannt« gewesen seien. Der Tag zwischen dem Eintreffen des Briefes und der Aufklärung der Öffentlichkeit sowie der Strafanzeige hätten, so ließen die Banker wissen, »der weiteren Aufklärung des Sachverhaltes« gedient, zumal sich erst durch die Gespräche mit den Bevollmächtigten der Schneider AG »erstmals auch der Verdacht des Kreditbetruges und der Urkundenfälschung« ergeben hätte.[70]

Staatsanwalt Haike mag sich nicht über die Deutsche Bank beklagen. Im Gegenteil: »Ich muß ein Loblied auf die Deutsche Bank singen«, sagte er. »Jedes Komma in der Strafanzeige stimmte. Damit war erst mal eine Linie drin.« Und Haike hatte ein großes Problem vom Tisch: Wie führt man ein Ermittlungsverfahren, bei dem man beim besten Willen nicht weiß, wo anfangen. Lastwagen voller beschlagnahmter Aktenordner, mehr als hundert Immobilienobjekte und noch mehr Firmen, Dutzende von Bankkonten. Schon bei Unternehmen, die nicht auf Verschleiern setzen, ein gigantisches Unterfangen, das eigentlich eine ganze Division von Buchhaltern, Wirtschaftsprüfern, Steuer- und Finanzexperten benötigt.

»Wir haben dann einfach mitten rein gegriffen und die einzelnen Fälle erst mal auf Plausibilität geprüft. Mit der ›Kettensäge‹ haben wir dann links und rechts abgeschnitten und uns auf einige Dinge konzentriert, auf die deutlichsten Fälle. Da haben wir dann wieder Land gesehen.« Womit Haike zugleich sagen will, daß viele Fälle, die seiner Meinung nach auch ein Beispiel für Schneiders Betrügereien gewesen seien, unter den Tisch gefallen sind. Doch unterm Strich, wenn es zu einer Verurteilung kommen sollte, macht ein Fall mehr oder weniger die Sache auch nicht schlimmer.

Indes blieb die Deutsche Bank das einzige von Schneider angeblich geschädigte Geldinstitut, das Strafanzeige erstattete. Hatten die anderen etwa beschlossen, Schneider ungeschoren davonkommen zu lassen, oder hatten sie gar, wie Schneider stets behauptet, gemeinsam mit dem einstigen Kunden Leichen im Keller?

Haike hat eine Erklärung für die Zurückhaltung der deutschen Hochfinanz. »Nach dem was der Deutschen Bank in der Öffentlichkeit passiert ist, sind die anderen erst mal auf Tauchstation gegangen.« Wenn man einen Fall im Visier gehabt habe und bei der betroffenen Bank aufkreuzte, hieß es laut Haike: »Warum müßt ihr denn ausgerechnet uns nehmen. Die Deutsche Bank steckt das doch viel besser weg.«

Es war die Angst, im Strudel der Schneider-Affäre eine schlechte Presse einstecken zu müssen, die den Geldspeichern die Zurückhaltung auferlegte. Geld ist bekanntlich scheu wie ein Reh, und der Hohn und Spott, mit dem die Deutsche Bank in diesen Tagen überschüttet wurde, ist in der Branche nicht gerade zuträglich.

Im großen und ganzen hätten die düpierten Banken dann doch kooperiert. Es soll aber auch Ausnahmen gegeben haben: »Wir haben uns bis zuletzt über Martini[71] von der Hypobank geärgert. Erst hat er so laut geschrien, dann ist er auf Tauchstation gegangen.«

Dabei sei es einmal nur um ein Dokument gegangen. »Wir wollten von der Hypobank eine Unterlage haben, wann Schneider das letzte Mal Geld bekommen hat. Doch die rückten das einfach nicht raus. Ich mußte erst mit der staatsanwaltschaftlichen Vorladung des zuständigen Sachbearbeiters drohen. Dann kam das benötigte Dokument in der letzten Minute.«

Eine Pleite von den Ausmaßen, wie Schneider sie hinlegte, stellt selbst eine Ermittlungsbehörde von der Größe der Frankfurter Staatsanwaltschaft vor ernste Probleme, zumal die Behörde als notorisch überlastet gilt. Dafür hatte Hessens damalige Justizministerin Christine Hohmann-Dennhardt (SPD) Verständnis und versprach Abhilfe. Zwölf Richter, Staatsanwälte und Justizangestellte sollten zusätzlich für die Aufarbeitung der Jahrhundertpleite in Frankfurt und Königstein eingesetzt werden, sagte die Ministerin zu und schrieb sogleich einen Brief an ihren Parteigenossen und Finanzminister Ernst Welteke. Denn irgendwoher mußte das Geld ja kommen, damit die zusätzlichen Stellen finanziert werden können. Im Finanzministerium hieß es dazu, Welteke sei »sehr daran interessiert, den Fall Schneider umgehend aufzuklären«, deshalb sei wohl mit seiner Zustimmung zu rechnen.[72]

Nur zu einer sofortigen Entscheidung mochte sich der Finanzminister, stets mit wachsamem Blick auf die leeren Kassen, nicht durchdringen. Doch der öffentliche Druck war groß, und manch einer fragte sich, weshalb die hessische Landesregierung überhaupt so lange brauchte, um auf die Schneider-Affäre zu reagieren. Hatte man dort die Dimension des Falles etwa noch nicht erkannt?

Diesen Eindruck konnte man durchaus gewinnen, denn selbst vier Wochen nach dem Verschwinden Schneiders aus seinem Königsteiner Schloß vermochten sich die Politiker in Wiesbaden noch immer zu keinem Entschluß durchzuringen, wann und wie das Justizpersonal verstärkt werden sollte. In den Kabinettssitzungen hatte man anderes zu besprechen. Auch wollte man die routinemäßige Sitzung des Haushaltsausschusses noch abwarten – selbst wenn darüber wieder gut drei Wochen ins Land gehen sollten. »Es ist diese bis zur Lächerlichkeit gesteigerte Unbeweglichkeit des politischen Apparates, die entschlossene Männer wie Jürgen Schneider immer wieder ihre Chance suchen läßt«, kommentierte die *Frankfurter Rundschau* das Wiesbadener Affentheater.[73]

In der Anfangsphase gab die Politik nicht gerade eine glänzende Figur ab. Die wenigen Staatsanwälte, die sich einer stetig steigenden Wirtschaftskriminalität entgegenstemmen, waren auf sich selbst gestellt.

Am 18. April übernahm das Bundeskriminalamt auf Bitten der Frankfurter Staatsanwaltschaft die Ermittlungen im Fall Schneider. Wegen der Größe und Bedeutung des Falles, wie es hieß. Beauftragt wurde die Abteilung EA 24 (seit der Umorganisation heißt sie OA 54), die schon früher mit komplizierten Fällen der Wirtschaftskriminalität befaßt war. Die BKA-Spezialisten hatten unter anderem den Devisenskandal bei Volkswagen aufgeklärt und das Coop-Verfahren zur Anklagereife gebracht.

Am 26. April 1994 stellte das Amtsgericht Frankfurt unter dem Aktenzeichen 91 Js 16875.2/94–931 Gs einen Haftbefehl gegen Dr. Jürgen Schneider aus, der »dringend verdächtig« sei, »in einem besonders schweren Fall in der Absicht sich einen rechtswidrigen Vermögensvorteil zu verschaffen, das Vermögen eines anderen dadurch beschädigt zu haben«, in dem er »durch Vorspiegelung von Tatsachen einen Irrtum erregte« und »zur Täuschung im Rechtsverkehr eine unechte oder verfälschte Urkunde« vorgelegt habe, um die Kredite zu erschleichen. Der Haftgrund bestünde, »weil der Beschuldigte seinen festen Wohnsitz aufgegeben hat und untergetaucht ist«.

Ehefrau Claudia war vorerst noch aus dem Schneider: Nach Auffassung Staatsanwalt Haike konnten »die bisherigen Ermittlungen die Verdachtsmomente nicht im Sinne eines dringenden Tatverdachts erhärten«.

Zwei Tage später wurde der »Herr der Häuser« international

zur Festnahme ausgeschrieben. Die Jagd auf den Megapleitier hatte begonnen.

Schneider und das BKA – Stochern im Nebel

Das erste Mal hörten die Fahnder von dem Gesuchten fast sechs Wochen nach seinem unrühmlichen Verschwinden. Am 19. Mai tauchte bei der Frankfurter Staatsanwaltschaft der aus Wiesbaden stammende Rechtsanwalt Hans-Jürgen Rohel auf und präsentierte eine interessante Neuigkeit: Horst Schneider, der letzte Bevollmächtigte des untergetauchten Baulöwen, habe ihn beauftragt, mit der Staatsanwaltschaft Kontakt aufzunehmen. Jürgen Schneider habe, so eröffnete Rohel den verdutzten Ermittlern, einen Herzinfarkt erlitten und könne sich deshalb dem Verfahren derzeit nicht stellen. Aber es gäbe da einen Weg, dennoch eine Auskunft Schneiders zu den zurückliegenden Ereignissen zu erhalten. Laut Anwalt Rohel sei der Gesuchte bereit, auf schriftlich gestellte Fragen schriftlich zu antworten.

Die Frankfurter Staatsanwälte dachten gar nicht daran, auf dieses sonderbare Angebot einzugehen. Richtig, man habe zwar Fragen, eine Menge sogar, aber die könne und wolle man Schneider nur direkt stellen.

Rohel blieb nichts anderes übrig, als dies zur Kenntnis zu nehmen. Die Staatsanwälte sollten aber bitte bloß nicht glauben, daß er wisse, wo Schneider sich aufhalte, legte er Wert darauf festzustellen. Er kenne Schneider weder persönlich, noch habe er Kontakt zu ihm. Er sei auch nicht der Verteidiger Jürgen Schneiders, und im übrigen wolle die Staatsanwaltschaft das Gespräch bitte unbedingt vertraulich behandeln.

Am darauffolgenden Tag stand Rohel bei der Staatsanwaltschaft erneut auf der Matte. Diesmal hätten ihn »Dritte« gebeten vorzufühlen, mit welchen Zugeständnissen Schneider im Falle seiner Rückkehr rechnen könne. Konkret: Schneider wolle nicht ins Gefängnis, wenn er sich stelle. Das könne ja wohl nicht wahr sein, dürften die Ermittler sich gedacht haben. Derzeit, so teilten sie dem Anwalt mit, könne man sich keine Gründe vorstellen, weshalb Schneider von einer Haft verschont werden solle. Das war's. Rohels Auftrag, wer immer ihm den erteilt haben mag, war damit – erfolglos – beendet und die Staatsanwälte sollten längere Zeit nichts mehr hören von Dr. Jürgen Schneider.

Wie findet man die berühmte Stecknadel im Heuhaufen? Diese Frage beschreibt vielleicht am ehesten das Problem, mit dem sich Zielfahnder herumzuschlagen haben.

Die 25köpfige Gruppe gilt als »besonderer Haufen« im BKA. Abgeschottet von den anderen Dienststellen, verrichten die Fahnder ihre Arbeit im geheimen und gelegentlich mit unkonventionellen Methoden.

Manches Mal mußten die Profis länger suchen, bis sie ihre Schäfchen wieder eingesammelt hatten: Eineinhalb Jahre brauchte es, bis sie den in Kanada abgetauchten Finanzchef des Coop-Konzerns, Caspar, zurückgebracht hatten, ein dreiviertel Jahr suchten sie einen Devisenhändler von VW, bevor sie ihn in Hollywood festnehmen konnten.

Niemand verschwindet spurlos, selten jedenfalls auf Dauer. Und einer wie Schneider schon gar nicht. Es sei denn, er landet wirklich, wie gelegentlich vermutet wurde, im Betonfundament irgendeines Hochhauses, wird Opfer eines Verbrechens. Seine Pressesprecherin Sylvia Rommen versicherte den Tränen nahe Tage nach seinem Verschwinden, ihr Chef sei wohl entführt worden.[74]

Eine andere Möglichkeit, aus diesem Leben in ein neues zu entkommen, wäre, auf eine einsame Insel zu entschwinden und jeglichen Kontakt mit menschlicher Zivilisation abzubrechen.

Einer aber, der bis zu seiner Flucht über normale soziale Bindungen verfügte, wie Schneider sogar Familie zurückließ, wird irgendwann ein Lebenszeichen von sich geben. Besonders dann, wenn er wie das Ehepaar Schneider an seinen Kindern hängt.

Die Wahrscheinlichkeit ist groß, daß jemand, der zuvor auf eine gewisse Infrastruktur angewiesen war, in einer vergleichbaren Region Zuflucht suchen wird. Der Mensch ist schließlich ein Gewohnheitstier. Wer sich aber für eine zivilisierte Ecke dieser Welt als Fluchtort entscheidet, wird dort früher oder später am normalen Leben teilnehmen. Er muß einkaufen gehen oder einen Arzt aufsuchen. Er muß vielleicht auch mal Bankgeschäfte tätigen, und sei es nur, daß die Telefonrechnung bezahlt werden muß. Außerdem darf wohl zu Recht angenommen werden, daß jemand, der bis zuletzt in Saus und Braus leben konnte, sich nicht plötzlich für ein Dasein in einem Baumhaus auf einer unbewohnten Insel entscheiden wird.

Bei Schneider kam noch eine Besonderheit dazu: Er war keiner Fremdsprache mächtig und deshalb, so die zutreffende Vermutung der Fahnder, auf Hilfe von außen angewiesen. Er brauchte einen Händchenhalter.

All diese Umstände produzieren potentielle Spuren, die es ausfindig zu machen galt. »Irgendwann geht er uns ins Netz. Das ist nur eine Frage der Zeit«, hieß es zuversichtlich in BKA-Kreisen.

Allerdings habe der mutmaßliche Fluchthelfer Kastaui ihnen das Leben schon schwergemacht, räumt Staatsanwalt Haike ein. »Die Flucht war von Kastaui gut organisiert. Der hatte gute Tricks drauf«, so die Anerkennung des Anklägers. Mehrmals hat er die Zielfahnder verblüfft, die sagten, da hätten sie wieder mal etwas gelernt.

Wie sie das Puzzle letztlich zusammensetzten, darüber kann nur spekuliert werden. Denn ihre Tricks und Kniffe behalten sie für sich. »Schließlich wollen wir ja auch in Zukunft noch Verbrecher jagen«, sagt der Chef der Zielfahnder, Hans Schmid.

Am 21. April 1994 schlugen die Fahnder von BKA und die Staatsanwälte zu: Punkt zehn Uhr standen sie an insgesamt neun Orten vor der Tür, den Hausdurchsuchungsbefehl in der Tasche. Auf ihrer Liste standen neben der Villa Andreae weitere Schneider-Büros in Kronberg und Frankfurt (CIP Center AG), die Privatvilla im Königsteiner Fasanenweg ebenso wie Schneiders Zweitwohnung in der Münchner Ottostraße sowie eine weitere Villa in der Kuglmüllerstraße, das Haus von Bruder Joachim in Königstein wie auch die Wohnung und Geschäftsräume von Steuerberater und Wirtschaftsprüfer Wolfgang Klenke. Die Polizei klopfte auch bei den Kindern des untergetauchten Baulöwen an. Nicolai Schneider studierte zu jener Zeit Betriebswirtschaft an der Münchner Ludwig Maximilians-Universität, Ysabel war an der Fachhochschule immatrikuliert. Beide lebten aber in getrennten Wohnungen in der bayerischen Landeshauptstadt. Doch die Beamten hatten an jenem Dienstag kein Glück: der Schneider-Nachwuchs war ausgeflogen. Das machte die Sache schwieriger.

Als sie in der Sendlinger Straße, in Münchens Altstadt, vor dem Haus standen, in dem Ysabel damals wohnte, mußten sich die Polizisten bei den Nachbarn erkundigen, in welcher der Wohnungen des sechsgeschossigen Gebäudes die Schneider-Tochter lebe. Glücklicherweise erklärte sich die Inhaberin eines kleinen Teeladens in dem Haus bereit, die Beamten ausnahmsweise durch die Hintertür ins Treppenhaus zu lassen – man will schließlich der Staatsgewalt auf der Suche nach der Wahrheit nicht im Wege stehen –, und stellte sich gleich als Zeugin für die geplante Durchsuchung zur Verfügung.

Die richtige Wohnungstür war bald ermittelt, doch obwohl die Polizisten Sturm klingelten, machte niemand auf. Da auch der Hausmeister keinen Schlüssel hatte, mußte, wie in solchen Fällen üblich, der Schlüsseldienst her. Inzwischen waren fast zwei Stunden vergangen.

Bevor der Mann vom Schlüsseldienst zur Tat schritt, preßte einer der Polizisten noch mal sein Ohr gegen die Tür. Von drinnen vernahm man eindeutig Geräusche, die darauf schließen ließen, daß jemand zu Hause sein mußte. Als nach wiederholtem Läuten niemand öffnete, machte sich der Mann vom Schlüsseldienst ans Werk. Der hatte gerade drei Löcher ins Schloß gebohrt, als – o Wunder – die Tür doch geöffnet wurde, und zwar von einem offensichtlich schwerhörigen Mitarbeiter der Schneider-Firma CIP.

Er arbeite bei der CIP als eine Art Hausmeister und Mädchen

für alles und habe den Auftrag, die Post von Ysabel abzuholen und die Blumen zu gießen, erklärte er den verblüfften Beamten. Post habe es bisher nicht gegeben, aber vor zwei Tagen sei er schon mal dagewesen, um die Schildkröte von Ysabel in Sicherheit zu bringen, ergänzte der CIP-Hausmeister seine Ausführungen.

Von Ysabel Schneider allerdings fehlte jede Spur, deshalb mußten die Polizisten ihre Wohnung ohne sie auf den Kopf stellen, was ohne nennenswertes Ergebnis am Nachmittag beendet war. Ähnliches Pech hatten die Polizeibeamten bei der Wohnung von Schneider-Sohn Nicolai. Auch er war ausgeflogen, und die Beamten mußten ohne den Mieter zur Tat schreiten. In der Wohnung hörten sie sich zwar die Nachrichten auf dem Anrufbeantworter an, aber leider, leider ergaben sich daraus »keine Rückschlüsse auf den Verbleib von Herrn Nicolai Schneider oder dessen Vater«.

Über einige Umwege gelang es den Polizisten schließlich doch, mit Sohn Nicolai Kontakt zu bekommen. Wegen der »sehr aufdringlichen Pressevertreter vor seiner Wohnung«, erklärte er den Polizisten, habe er diese seit Tagen nicht mehr betreten. Man kann sich unschwer vorstellen, wie Horden sensationsgieriger Journalisten den Schneider-Kindern in diesen Tagen aufgelauert haben müssen in der Hoffnung, irgend etwas Brauchbares aufzuschnappen. Und ebenso unschwer kann man sich vorstellen, daß die Kinder, die ja nun nichts mit den Eskapaden des Vaters zu tun hatten, davon nicht eben begeistert waren.

Da nicht auszuschließen war, daß Schneider den Kontakt zu den Daheimgebliebenen suchte, dazu gehörten insbesondere seine Kinder und sein Bruder, seine Schwester Ursula, aber auch die Schwiegermutter Gerlinde Zacharias und der Stiefbruder von Claudia, Michael Zacharias, wurden alle unter Beobachtung genommen. Schneiders ehemalige Sicherheitsberater, Wilhelm Meurer und Klaus Stennei, die bis heute Kontakt zur Familie haben, wurden gleichfalls ins Fahndungsraster mit einbezogen.

Das BKA besorgte sich etwa, jeweils mit richterlicher Genehmigung, Auskünfte zu allen Telefongesprächen, die von den Anschlüssen dieses Personenkreises aus geführt wurden, vor allem über die Mobiltelefone. Sowohl Ysabel als auch Nico Schneider hatten nämlich D1-Telefone, die auf die Schneider AG angemeldet waren. Daraus schloß das BKA, »daß beide Kinder mit ›abhörsicheren‹ Telefonen ausgestattet wurden, um den Kontakt mit den flüchtigen Eltern aufrechterhalten zu können.« Zumal die Kinder, wie die Ermittler herausgefunden hatten, erstaunlicherweise »ein inniges Verhältnis« zu ihren Eltern hatten, »wobei Nicolai wohl sehr an seiner Mutter hing, während sich Ysabel mehr zu ihrem Vater hingezogen fühlte«. Beide Kinder seien jedenfalls in die Fluchtvorbereitungen einbezogen gewesen.

Gleichwohl bekamen die Ermittler nur heraus, von welchem Telefon welche Nummer wann angerufen wurde, es konnten auf diese Weise aber wertvolle Hinweise auf mögliche weitere Kontaktpersonen der Schneider-Familie gewonnen werden. Außerdem, man stelle sich vor, Papa Schneider hätte die Kleinen daheim von seinem Schlupfwinkel auf den Bahamas, in Paraguay, den Schweizer Bergen oder sonst woher angerufen, auch das hätten die Verfolger auf diesem Weg mitbekommen. Zusätzlich besorgten sie sich die Erlaubnis, die Post der meisten zum unmittelbaren Umfeld gehörenden Personen Schneiders abfangen zu dürfen. Selbst der Freund von Schneider-Tochter Ysabel geriet so ins Visier der Fahnder.

Als die Beamten auch ihre spanischen Kollegen um Rechtshilfe bei der Überwachung von Gerlinde Zacharias baten, die Mutter von Claudia hielt sich zeitweise in ihrem Haus auf Teneriffa auf, fragten die spanischen Polizisten, warum man denn das Telefon von Frau Zacharias nicht abhören wolle. Vielleicht mit einem Ausdruck des Bedauerns mußten die BKA-Beamten nach Spanien melden, daß dies in Deutschland rechtlich nicht eben einfach zu bewerkstelligen sei.

Man hatte es zumindest versucht. Doch diese Kröte mußte die Staatsanwaltschaft schlucken: Die ursprüngliche Hoffnung, Telefonüberwachungen schalten zu können, um auch den Inhalt der Gespräche mitzubekommen, zerschlug sich. Am 19. Dezember 1994 beantragten die Ermittler, bestimmte Telefonanschlüsse abhören zu dürfen. Die Eheleute Schneider hätten nämlich zusammen mit Graf Lambsdorff »eine kriminelle Vereinigung (...) gebildet, um auf Dauer von Banken mittels Täuschung Kredite betrügerisch zu erhalten«, hieß es zur Begründung.

Unter manchen Strafverteidigern gilt es als ausgemachte Sache, daß Staatsanwälte aus taktischen Gründen nur allzugern aus mehreren Tätern eine kriminelle Vereinigung machen, um so die Genehmigung zum Abhören zu bekommen. Im späteren Strafverfahren werden die dann vielleicht Überführten aber nicht wegen Mitgliedschaft in einer kriminellen Vereinigung angeklagt, sondern wegen der ihnen vorgeworfenen Einzelstraftaten, im Falle Schneiders also unter anderem wegen Betruges. Der Paragraph 129 des Strafgesetzbuches (kriminelle/terroristische Vereinigung) sei, monieren kritische Anwälte, bloß »Mittel zum Zweck«, um die Ermittlungs- und Fahndungsmöglichkeiten von Staatsanwaltschaft und Polizei zu erweitern.

Freilich ist das nur die halbe Wahrheit, denn vor deutschen Gerichten gilt es als ausgesprochen schwierig, eine Gruppe von Straftätern als »kriminelle Vereinigung« anzuklagen, selbst wenn sie faktisch eine solche Vereinigung sind. Ob dies an den liberalen Strafgesetzen in Deutschland liegt oder an bisweilen weltfremd anmutenden Richtern, soll hier nicht weiter vertieft werden.

Auf die schon bekannten Vorwürfe gegen den Immobilienpleitier und seine vermeintlich kriminelle Vereinigung jedenfalls setzte die Staatsanwaltschaft noch eins drauf: Die erneute rechtliche Überprüfung, so meinten die Ermittler, hätte »auch den Verdacht einer versuchten Erpressung« ergeben. Damit meinten die Ermittler den »Abschiedsbrief« Schneiders an die Deutsche Bank, in dem Schneider sofortige Maßnahmen zur Stützung seines zusammenbrechenden Imperiums forderte. Denn gegenüber seinem Vertrauten und Mitbeschuldigten Djavadi, argumentierte Staatsanwalt Haike, habe Schneider erklärt, sein Untertauchen und Beiseiteschaffen eines Teils seines Vermögens sollte die Banken dazu zu veranlassen, auf seine Forderungen einzugehen – schiere Erpressung also.

Das Frankfurter Amtsgericht sah dies allerdings völlig anders: »Eine [solche] Vereinigung (...) setzt den auf eine gewisse Dauer angelegten organisatorischen Zusammenschluß von mindestens drei Personen voraus, die bei Unterstellung des Willens des einzelnen unter den Willen der Gesamtheit gemeinsame Zwecke verfolgen und unter sich derart in Beziehung stehen, daß sie sich untereinander als einheitlicher Verband fühlen.« Das konnte man bei Schneider sicherlich nicht sagen, denn in der Villa Andreae galt: Der Doktor ist der Chef.

Vielleicht kam deshalb das Gericht zu der Überzeugung: »Ein solcher Zusammenschluß ist vorliegend zwischen den Beteiligten nicht erkennbar. Vielmehr sprechen die Tatumstände dafür, daß die betrügerischen Handlungen allenfalls in Mittäterschaft bzw. in Formen der Teilnahme verübt wurden. Darüber hinaus erscheint auch ein Tatverdacht wegen versuchter Erpressung nicht begründet.«

Damit waren die Voraussetzungen für eine klassische Telefonüberwachung nicht gegeben, was Staatsanwaltschaft und Bundeskriminalamt sicher bedauerten, denn dort war man stets davon überzeugt, daß es telefonisch Kontakt zu dem untergetauchten Ehepaar Schneider gab. Nur beweisen konnte man es nicht.

Alle sonstigen Mittel der Fahndung aber wurden eingesetzt: Die zahlreichen Autos des gesamten Schneider-Clans etwa wurden zur polizeilichen Beobachtung ausgeschrieben, und bei den Kreditkartengesellschaften wurden die Abrechnungen sowohl der Schneider-Familie als auch des Ex-Vorstandes der Schneider AG, Ralf Matthias Graf Lambsdorff und anderer Schneider-Vertrauter, ja selbst von Rechtsanwälten eingeholt. In näheren Augenschein nahmen die Zielfahnder überdies die beiden Iraner Siawash Helmi Mohammad und Mohssen Rabbani Zarei, die gemeinsam mit Schneider und den Mitarbeitern der Union Bancaire Privée am 5. April 1994 an dem Abendessen im Genfer Interconti teilgenommen hatten.[75]

Wegen der mutmaßlich von Ysabel stammenden handschriftlichen Notizen, die in der Villa im Fasanenweg gefunden wurden, erwirkte die Staatsanwaltschaft die Beschlagnahme der Bankunterlagen von Ysabel und Nico Schneider. Denn hatte die Schneider-Tochter dort nicht vermerkt: »Soll Mutti Geld bar abheben, das Nico + ich auf unser Konto tun?[76]

Dabei stießen die Ermittler auf Erstaunliches: Allein Ysabel eröffnete zwischen dem 15. und dem 24. März 1994, also wenige Tage bevor der Vater verschwand, vier Konten bei verschiedenen Münchner Banken. Auf alle vier Konten wurden 15 000 Mark und auf ihr Konto bei der Commerzbank in München weitere 25 000 Mark eingezahlt. Auch Nico mußte nicht darben: Auf seinem Konto bei der Commerzbank München gingen innerhalb von 13 Tagen im März 45 000 Mark ein.

Der Verdacht lag für die BKA-Beamten nahe, daß mit diesem Geld wenigstens eine Zeitlang die Versorgung der Kinder sichergestellt werden sollte. Gleichzeitig stützte dies die Vermutung, daß die Kinder etwas von der bevorstehenden Flucht gewußt haben mußten. Die Ermittler gingen in ihren Rückschlüssen sogar noch einen Schritt weiter: Die Verteilung des Geldsegens auf insgesamt fünf Konten habe Ysabel möglicherweise nur deshalb vorgenommen, um die Herkunft zu verschleiern und nicht von der Identifizierungspflicht des Geldwäschegesetzes erfaßt zu werden.[77] Hatte die Tochter hier etwa vom Vater gelernt?

Dabei wäre fast noch ein Malheur passiert: Als die Staatsanwaltschaft die Unterlagen von Ysabels Konto bei der Deutschen Bank in München beschlagnahmte, teilte der Filialleiter dem BKA mit, man werde die Kundin von der Beschlagnahme – trotz der Bitte auf Vertraulichkeit seitens der Ermittler – unterrichten, da dies bei der Deutschen Bank »so üblich« sei.

Man kann sich vorstellen, daß die Fahnder hier vorübergehend ins Schwitzen gerieten, denn spätestens ab da wäre Ysabel, wenn sie nicht ohnehin schon mit dem Schlimmsten rechnete, gewarnt gewesen. Staatsanwalt Haike mußte erst persönlich intervenieren und ersparte den Bankern auch nicht den Hinweis, daß ihr Unternehmen schließlich der Hauptgeschädigte sei. Daraufhin kam aus der Zentrale in Frankfurt die Nachricht, man werde das Fräulein Tochter »bis auf weiteres« nicht informieren.

So gelang es den Fahndern, ein recht umfangreiches Bewegungsbild derer zu erstellen, mit denen der Großinvestor in seinem zurückgelassenen Leben zu tun gehabt hatte. Und während Dr. Jürgen Schneider irgendwo auf der Welt herumlief, konnten es ihm die Daheimgebliebenen nicht gleichtun, ohne daß die Fahnder dies nicht spitz bekamen. Denn die einzige Chance, an den abgetauchten Milliardenjongleur heranzukommen, war, die eine Person zu finden, die weiterhin mit ihm in Kontakt stand.

Schneider und die Omnipräsenz

Während die BKA-Fahnder so in diesen ersten Tagen noch wahrlich im dunkeln tappten und sich redlich Mühe gaben, einen Überblick über das zusammengebrochene Imperium und Schneiders Geschäftspraktiken zu bekommen, konnte *Focus* bereits vermelden, daß es eine erste heiße Spur gebe. Demnach solle Schneider, angeblich sei das BKA davon überzeugt, ohne seine Frau geflüchtet sein. Claudia halte sich »im deutschsprachigen Raum« versteckt.[78] Fehlanzeige, denn zu dieser Zeit sonnten sich die beiden »Wirtschaftsflüchtlinge« längst an den sonnigen Stränden Floridas.

Am selben Tag, an dem dieser *Focus*-Artikel erschien, es war der 2. Mai, ließ sich auch das Deutsche-Bank-Vorstandsmitglied Georg Krupp zu einer Spekulation hinreißen. Er vermutete seinen Schuldner in Paraguay, weil der dort eine Hazienda besäße.[79] Naturfreund Schneider sollte unter die Farmer gegangen sein?

Hildegard Becker-Toussaint, Sprecherin der Frankfurter Staatsanwaltschaft, bezeichnete beide Theorien als »Unsinn«. Weder gebe es eine heiße Spur, noch werde gezielt in Paraguay nach ihm gefahndet. Die Wahrscheinlichkeit, daß Schneider sich in dem südamerikanischen Land aufhalte, sei genauso groß, wie die, daß er im Westerwald weile.[80]

Allerdings gab es auf Paraguay tatsächlich mehrere Hinweise. Schon am 14. April hatte sich beim BKA eine Journalistin aus Bern gemeldet, weil sie am Abend zuvor Schneiders Bild im deutschen Fernsehen gesehen habe. Die Schweizer Journalistin erzählte, sie sei 1991 in Asunción, der Hauptstadt Paraguays, gewesen und habe dort Kontakt zu Schneider bekommen, der sich damals ebenfalls dort aufgehalten haben soll. Sie will Schneider in dessen Haus in Asunción, einem »kleinen weißen Schloß mit Türmchen«, getroffen haben. Schneider habe damals geplant, in Paraguay eine Rentnersiedlung für vermögende Deutsche zu bauen, und ihr angeboten, sie könnte dort für ihn als Empfangsdame tätig werden. »Jeder Irrtum (...) ist ausgeschlossen.« Dort halte er sich wohl jetzt auch auf, vermutete die Schweizer Informantin.

Zwei Tage bevor das BKA diesen wertvollen Hinweis erhielt, war Schneider auf Gran Canaria gewesen. Dort will ihn ein Zeuge gesehen haben, ein Holländer, der auf der Atlantikinsel seinen Urlaub verbrachte. Auch er hatte Schneiders Foto in den Abendnachrichten gesehen und war sich deshalb ganz sicher, den untergetauchten Baulöwen auf Gran Canaria im Hafen von Puerto Rico auf dessen Jacht ausgemacht zu haben.

Am selben Tag muß Schneider gleichzeitig auf dem Flugplatz von Nizza gewesen sein, wo ein Lear-Jet auf ihn wartete. Ein Mitarbeiter des Koblenzer Staatsbauamtes hatte dort ein solches Flugzeug mit deutscher Kennung entdeckt. Und da er aus den Nachrichten wußte, daß Schneider mit einem solchen Flugzeug unterwegs sein soll, so der »Augenzeuge« zur Koblenzer Polizei, könnte es sich bei der Maschine, die er dort »einsam und verlassen« gesichtet habe, nur um das Fluchtflugzeug Schneiders gehandelt haben.

Das Landeskriminalamt Sachsen konnte am 15. April mit einem V-Mann behilflich sein, der wiederum jemanden kannte, der von Schneider ein Fax von den Bahamas bekommen haben will.

Dabei war Schneider möglicherweise ganz in der Nähe. Während alle Welt nach Dr. Jürgen Schneider suchte, ging seine Frau seelenruhig in Königstein einkaufen und lief fast einem Staatsanwalt in die Hände. Ein Kollege von Haike will »am Vormittag des 15. oder 16. April« in einer Königsteiner Drogerie eine »auffallend blond-gelockte Frau« bemerkt haben, »die ich schon häufiger in einem mittelblauen Porsche Cabriolet aus der Johanniswald-Siedlung[81] habe kommen sehen«.

Tragischerweise hatte der Staatsanwalt sie nicht gleich erkannt, und dieses Mißgeschick fiel ihm erst am Abend auf, als er – wieder in den Fernsehnachrichten – ein Bild von Claudia Schneider-Granzow sah, das darauf durch ein weiteres Bild in der *FAZ* bestätigt wurde. »Ich bin mir sehr sicher«, meinte der Staatsanwalt, »daß es sich bei der Frau, die ich in dem Drogeriemarkt sah, um die Ehefrau des Dr. Jürgen Schneider handelte.« Wie man sich doch täuschen kann.

Schneider muß im April 1994 viel herumgekommen sein: Am 26. April kabelte die Deutsche Botschaft aus San Salvador: »Nach Auskunft einer hier akkreditierten spanischen Journalistin soll sich der o. a. Großbetrüger (Schneider) in Belize aufhalten.«

Dort hielt es ihn nicht lange. Vermutlich ahnte er bereits, daß man ihm auf der Spur war. Sein nächstes Domizil blieb ebensowenig geheim. Am 2. Mai teilte die Deutsche Botschaft in Caracas, Venezuela, mit, Schneider sei von einem dort lebenden Deutschen auf einer Jacht im Hafen La Guaira gesehen worden, unterwegs in Richtung der Insel Margarita. Man müsse sich aber beeilen, denn eben habe der Zeuge mitgeteilt, Schneider befinde sich auf dem Weg nach Paraguay.

Die Botschaft in San Salvador mußte dagegen melden, daß die Suche nach Schneider in Belize leider ergebnislos verlaufen sei. Man möge jedoch die Hoffnung nicht gleich aufgeben, denn die Einwanderungsbehörden von Belize »werden zwei bis drei Tage zur Überprüfung der Grenzübergänge und des Flughafens benötigen«.

Unterdessen heftete sich der Zeuge aus Venezuela pflichtbewußt an Schneiders Fersen und schon am darauffolgenden Tag konnte die Botschaft aus Caracas melden, Schneider, der sich jetzt Bernhard Herber nenne, sei nun mit der Jacht »Amicitia« auf der Insel Margarita angekommen und halte sich dort bei einem gewissen

Santiago Marino auf. Doch der Zeuge und Hobbyfahnder hatte vorgesorgt, wie die Botschaft mitteilen konnte: Weil der Zeuge seine Beziehungen spielen ließ, werde die Jacht »durch Guardia Nacional bewacht, die zugesagt habe, Schneider (bzw. Herber) im Falle seines Auftauchens für die Dauer von bis zu 24 Stunden festzunehmen«. Leider kam er nicht.

Konnte er schwerlich, denn mittlerweile war der Baulöwe in Paraguay, was im nördlichen Teil Lateinamerikas bis dahin bloß noch niemand gemerkt hatte. Allein, die *Bild*-Zeitung war ihm längst auf der Spur. Am 3. Mai kreuzte ein gewisser Gerd Hertle in der Deutschen Botschaft in Asunción auf und erklärte den verdutzten Gesandten, er habe gewisse Anhaltspunkte dafür, daß der Gesuchte hier in Paraguay sei. Das schrieb die Botschaft in einem Telex ans Auswärtige Amt (AA).

In den nächsten Tagen, verhieß der *Bild*-Redakteur, würden noch mehr Journalisten hier aufkreuzen. Um Gottes willen, muß sich der Botschafter gedacht haben und ließ dem Mann von *Bild* wissen, daß die Botschaft keinerlei Hinweis darauf habe, daß Schneider wirklich im Lande sei. In seinem Telex ans AA wollte der Botschafter gleichwohl diese Möglichkeit nicht völlig ausschließen, denn es sei ja bekannt, daß sich Paraguay »bei finanziell liquiden Personen schlechten Rufs« weiterhin eines guten Rufes erfreue. Vielleicht könne es ja nicht schaden, wenn man vorsorglich Interpol Paraguay unterrichte. Möglichst mit einem Bild von Schneider.

Zwischenzeitlich hatte die Presse in Belize Wind davon bekommen, daß sich Schneider angeblich in ihrem kleinen mittelamerikanischen Land aufhalte, und die Nachricht, die eigentlich gar keine war, dankbar aufgegriffen.

Hilfesuchend schickte der Botschafter aus Kingston seinen Vorgesetzten in Bonn ein Telex und fragte, wie er denn die Angelegenheit – mangels Auslieferungsabkommen mit Belize – weiterverfolgen soll.

Am 10. Mai dann endlich der lang erwartete Hinweis eines leider anonymen Anrufers: Schneider ist im Iran!

Dort verweilte er nur kurz, denn am 13. Mai teilte ein Journalist dem BKA mit, Schneider habe für den 7. Juni sieben Übernachtungen (Einzelzimmer!) im Interconti in Medellín, Kolumbien, gebucht. Bezahlen wollte er dort mit »seinem guten Namen«, und der Journalist kannte sogar die Kreditkartennummer. Die war jedoch, wie das BKA mit einem Anruf bei American Express herausfand, unglücklicherweise nicht auf Schneider ausgestellt, so daß Ermittler Haike nichts anderes zu tun blieb, als auch diesen Hinweis abzuhaken.

Fünf Tage später war Schneider, geschäftig wie ein Außenminister, schon wieder unterwegs. Diesmal mit einem Linienflug der Swissair von Zürich nach Atlanta. Er sei allerdings, wahrscheinlich zur Tarnung, mit einem »anderen Toupet« gereist und habe den Namen Bühler benutzt, wußte ein Mitarbeiter von *Bild am Sonntag* mitzuteilen. Leider verliere sich aber dort seine Spur. Sieht man von dem Datum und dem Ankunftsort ab, kam dieser Hinweis der Wahrheit am nächsten.

Während Paraguays Polizei, aufgeschreckt durch deutsche Journalisten, das Land nach Schneider durchkämmte, klapperte dieser seelenruhig die Inseln der Karibik ab. Am 20. Mai ging bei der Polizei in Karlsruhe ein Hinweis ein, Schneider sei in der Dominikanischen Republik gesichtet worden, wo er Kontakt zu einem anderen deutschen Betrüger aufgenommen habe, der dort ein Hotel betreibe. Und tatsächlich wurde dieser Deutsche auch mit internationalem Haftbefehl gesucht, wie die Überprüfung ergab. Bloß von Schneider war wieder mal weit und breit nichts zu sehen.

Der war samt Gattin auf die Karibikinsel St. Lucia weitergereist. Doch auch dort fand der Gejagte keine Ruhe. Ein deutscher Tourist entdeckte das Paar an der Bar des Royal St. Lucia Hotel, und – kaum zu glauben – es gelang ihm sogar, es »aus ca. 30 Meter Entfernung« auf seinen Film zu bannen. Der Frankfurter Staatsanwaltschaft bot er an, das Foto nachzureichen, sobald der Film entwickelt sei. Was aus diesem Foto wurde, ist nicht überliefert. Schneiders Konterfei hat es jedenfalls nicht gezeigt. Und wie wir wissen, hatte Schneider zu diesem Zeitpunkt längst das Apartment 1117 in den Alexander Towers in der Rentnersiedlung Hallandale bezogen und ließ sich dort von Poletti mit »Reis à la Luigi« verwöhnen.

Kennen Sie Schneider? Ja, flüchtig!

Es war das zweifelsohne beliebteste Spiel des Jahres 1994 unter der deutschen Journaille: Sucht Dr. Schneider! »Wer ihn zuerst hat, hat gewonnen«, so ein *Focus*-Mitarbeiter zur Deutschen Presseagentur (*dpa*).[82] Selten hat eine Geschichte so viele Blüten, Falschmeldungen, und irrwitzige Spekulationen hervorgebracht wie die Suche nach dem untergetauchten Baulöwen und seiner Frau, die zudem eine erkleckliche Zeit lang wahrscheinlich Hunderte von Journalisten, »geführt vom heiligen Anekdoteles, ihrem Schutzpatron« (*Spiegel*), ernährte. Manch einem drängte sich der Gedanke auf, hätten Journalisten das Paar vor den Fahndern gefunden, sie hätten es vermutlich entkommen lassen, denn worüber lohnte es sich in einer so trostlosen Wirklichkeit zu berichten? Das Publikum lechzt nach mehr.

»Scharenweise schwärmten deshalb in den letzten Wochen die Reporter aus – erst in die weite Welt, und dann, als sie Dr. Jürgen Schneider dort nicht fanden, ins Reich der Phantasie«, freute sich etwa der *Spiegel* über die Fährtensucher unter den Kollegen. »Die Munkelrüben von *Focus* wähnten den pfiffigen Baulöwen anfangs in München, dann sahen sie ihn meistens im Auto und mit gefälschtem Paß, rastlos von Ort zu Ort hetzten (...) fortwährend auf der Flucht vor den Zielfahndern.«[83]

Die Wahrsager von *Bild* präsentierten Anfang Mai der Einfachheit halber gleich drei heiße Spuren. Da war für jeden Geschmack etwas dabei: Schneider sei in Dubai, von wo aus er mit seinem Satellitentelefon nach Deutschland telefoniere, ohne abgehört zu werden. Er könne aber auch in Liechtenstein sein oder in Paraguay, wo ihm ein Dutzend Leibwächter zur Verfügung stehen, vielleicht.[84] Die *Welt* hatte ihn zuvor schon auf Siesta Key vor der Küste Floridas geortet,»unter Palmen in einem hohen Lehnstuhl« sitzend,»um dann manchmal den Kopf zu schütteln, als könne er die Zusammenhänge nicht verstehen«. Während *Tango* ihn exklusiv im Ferienparadies Cebu auf den Philippinen ausgemacht hatte (»Sie blicken über Kokospalmen, Mangobäume und Hibiskusbüsche hinunter aufs Meer, im Dunst gleitet ein weißes Fährschiff vorbei«)[85], und *Focus* ihn (»Er leidet unter einer heimtückischen Krankheit«) beinahe erwischt hätte, als er in London Geld abheben wollte.[86]

Sobald die Reporterscharen sich gerade auf eine Gegend eingeschossen und Fernsehanstalten ihre Kamerateams dorthin entsandt hatten, kam aus irgendeiner anderen Ecke der Welt die sensationelle Nachricht, daß Schneider nun da gesehen worden sei. Eine halbe Weltreise in kürzester Zeit etwa absolvierte der rasende Reporter des Hessischen Rundfunks, Fritz Schmaldienst. Es hatte etwas von der alten Geschichte vom Hasen und vom Igel. Wo immer Hase Schmaldienst hinkam, ob Mallorca, Florida oder Paraguay, war Igel Schneider schon wieder weg.

Mitte Mai fand die unglaubliche Geschichte irgendwie ihren Weg in die deutsche Öffentlichkeit, eine »deutsche Bank«, die aber nicht genannt werden wollte, habe eine Million Dollar Belohnung auf die Ergreifung Schneiders ausgesetzt – und zwar in Paraguay (also doch Paraguay, wo wiederum laut *Bild* das feuchtheiße Klima Schneiders Toupet schade?). Die Geschichte mit der Million soll jedenfalls der Interpolchef von Paraguay, Trinidad Ruiz Diaz, erzählt haben. Wofür sich dann leider keine Bestätigung fand.

Zu dieser Zeit hatte die *Welt* gerade ihre »Siesta-Key-Theorie« verworfen und ließ den flüchtigen Baulöwen mit der Segeljacht eines Freundes vom italienischen Hafen Civitaveccia Richtung Karibik in See stechen[87], während *Bild* ihn 14 Tage später mit einem Flieger nach Fuerteventura schickte.[88]

Am 18. Juni, so meldete *Focus* mal wieder exklusiv, habe

Schneider sich in einer Klinik am Genfer See behandeln lassen müssen: »Der Gesundheitszustand des 60jährigen Pleitiers ist weiterhin bedenklich.« Man konnte den Eindruck gewinnen, das Blatt halte ihm das Händchen am Krankenbett. Aber Schneiders Ergreifung stünde bald bevor, ergänzten die Münchner Magazinmacher. Das hätte das BKA dem Bundesinnenminister versprochen.[89]

Zwei Tage später erfreute es sich wieder bester Gesundheit, denn *Bild* konnte berichten, er lebe auf einer Farm in der Nähe der Iguazú-Wasserfälle, habe einen paraguayischen Diplomatenpaß (mit Falschnamen) und von seinen neuen Gönnern einen weißen BMW mit Behördenkennzeichen zur Verfügung gestellt bekommen. In der Woche zuvor sei er nach Brasilien geflogen, um dort einen Termin in einer Klinik für plastische Chirurgie wahrzunehmen. Wahrscheinlich habe er schon ein neues Gesicht.[90]

Anfang September 1994 die lang erwartete Sensation: Der oberste Richter Irans, Ajatollah Mohammed Yasdi verkündete, Schneider sei im Iran. Zumindest hatten einige Journalisten das so verstanden. Oder wollten es so verstanden haben.

Der Iran sei bereit, einen Schneider (irgendeinen!) nach Deutschland auszuliefern, so der Ajatollah weiter. Der einzige Schönheitsfehler: Der freigegebene Schneider war nicht der gesuchte Schneider, wie sich wenige Tage später herausstellte.

Tatsächlich funktionierte die »Iran-Geschichte« nach dem Muster: Man streue ein Gerücht an der richtigen Stelle und warte, bis es – nunmehr zum Faktum geworden – wieder zu einem zurückkommt.

Schneider würde allerdings im Iran Asyl erhalten, aus »humanitären Gründen«, erzählte der iranische Botschafter in Bonn später der *FAZ*.[91] Wenn er sich überhaupt im Iran aufhielte, was er freilich nicht tat, wie der Botschafter vorsichtshalber ergänzte. Und womit er recht hatte.

Wenige Tage später äußerten Schneiders Anwälte Hoffmann und Knierim gegenüber *Focus* und dem ZDF-Magazin «Frontal» die Vermutung, Schneider könne gefangengehalten werden oder sei vielleicht tot. Auf diese Idee kamen die Anwälte, weil sie seit Übernahme des Mandats noch kein einziges Mal mit ihrem berühmten Mandanten selbst sprechen konnten.

Immer wieder tauchte zwischendurch das Gerücht auf, Schneider wolle nach Deutschland zurückkommen, zuletzt im März 1995. Doch weder die Ermittlungsbehörden noch der Konkursverwalter nahmen das sonderlich ernst. Was wollte er auch in der Heimat? In Deutschland warteten nur die Gläubiger und das Gefängnis auf ihn.

Heiße Spuren gab es viele, brandheiße sogar, aber fast ein Jahr brauchte *Bild*, um uns Details aus Schneiders neuem Leben zu liefern. Am 17. März 1995 war es endlich soweit: »Der weltweit gesuchte Baulöwe Dr. Jürgen Schneider (60) amüsiert sich auf einer Luxusjacht im Persischen Golf. 30 Meter lang, Teakholz-Salon, Süßwasser-Swimmingpool.« Dort verbringe er seinen Tag »in bequemen Bermudashorts, hingelümmelt unterm Sonnensegel auf dem Hinterdeck«.[92]

Bild war wie stets dabei: »Auf Gongschlag serviert ein Diener fangfrische Shrimps. Schneider legt gelangweilt die *Financial Times* weg.« Die *Financial Times*?! Schneider mußte sich weitergebildet haben, denn vor seiner Flucht konnte er kaum einen Brocken Englisch. Nun, Zeit genug hatte er ja.

Abends sehe sich der Müßiggänger im Teakholz-Salon »am liebsten Western« an, verriet uns *Bild* weiter. Mit Bewunderung nur kann man zur Kenntnis nehmen, wie es dem Blatt immer wieder gelingt, an solch exklusive Informationen zu kommen.

Unterwegs war die Jacht, die natürlich irgendwelchen iranischen Dunkelmännern gehörte, die nicht nur ihre schützende Hand über Schneider hielten, sondern ihn sogar mit einem Diplomatenpaß ausgestattet hatten, zu den Vereinigten Arabischen Emiraten.

Darüber hinaus wußte die Postille Vertrauliches aus dem BKA zu berichten: Dem Flüchtling sei es bei den fanatisch religiösen Mullahs zu langweilig geworden, so die angebliche Erkenntnis der BKA-Fahnder. Er wolle seinen Luxus zeigen, und dafür habe man bei den Scheichs Verständnis. Diese Erkenntnisse waren offenbar so geheim, daß man sie nicht einmal im BKA kannte. Wie gut, daß wenigstens *Bild* wußte, wo Schneider war.

Diese sensationelle Meldung entlockte sogar der eher zurückhaltenden *Süddeutschen Zeitung* den bissigen Kommentar, daß man sich dank *Bild* jetzt keine Gedanken mehr über die Versorgungslage Schneiders machen müsse, wo doch laut *Focus* noch im Juni »Schweizer Sicherheitskreise« Schneider bei Butter und Brot darben sahen[93], obwohl er derselben Zeitschrift zufolge drei Wochen zuvor angeblich mit 500 Millionen Mark unterwegs war.[94]

Nie fehlt es an Zeitgenossen, die selbst die absurdesten Meldungen nur allzugern aufgreifen. Laut *Bild* mahnte etwa der innenpolitische Sprecher der CDU/CSU-Fraktion im Bundestag, Erwin Marschweski: »Bonn muß jetzt auf allen diplomatischen Kanälen gegenüber dem Iran und den Emiraten dringend tätig werden, damit der Gangster Schneider an uns ausgeliefert wird.« Sogar der Vorsitzende des Wirtschaftsausschusses, Friedhelm Ost (CDU), forderte nach einem Bericht des *Wiesbadener Kuriers* »die Golfländer zur Kooperation auf«.[95]

Vermutlich wird man dort herzlich gelacht haben über »Emil und die Detektive«. Ebenso wahrscheinlich beim BKA, denn zu dieser Zeit hatte sich längst verdichtet, daß Schneider in Florida ist. Von einer hektischen Suche in den Golfländern konnte also gar keine Rede sein. Man darf eher annehmen, daß die BKA-Fahnder bewußt nichts gegen solch wilde Spekulationen unternahmen, denn solange die Journalisten Schneider in Dubai (*Bild*) oder Teheran (*Wirtschaftswoche, Bild, Welt am Sonntag*), auf den Philippinen (*Tango*), in Marbella (*Focus*) oder Kanada (*Münchner Abendzeitung*), bei einer Notoperation in Kalkutta *(Times of India)* oder in Nordirland *(Mourne Observer)* sichteten, konnten sie ihnen wenigstens nicht in letzter Minute in Miami in die Quere kommen.

Übrigens, hatte einen Tag vor der *Bild*-Zeitung, die Schneider wenige Tage nach seiner Seereise in arabischen Gewässern schon wieder in der Schweiz wähnte, die *FAZ* »Bonner Sicherheitskreise« mit den Worten zitiert, Schneider solle »in der Golfregion leben«, deshalb würden sich »die internationalen Ermittlungen derzeit abermals auf den Nahen Osten« konzentrieren.[96] Das Phantom war einfach überall.

Zur Ehrenrettung der Kollegen sollte allerdings nicht unerwähnt bleiben, daß noch am 26. April 1995 die Deutsche Botschaft in Asunción nach Bonn meldete, Interpol Paraguay wisse nun, wo Schneider sich aufhalte, nämlich in Paraguay. Er verfüge über einflußreiche Verbindungen«, und sein Aufenthaltsort sei »militärisch gesichert (Kameras, Hunde, Schußwaffen)«. Selbst Beamte von Interpol Paraguay würden mit Schneider unter einer Decke stecken.»Aus diesen Gründen müßte Verhaftung unter strengster Vertraulichkeit und unter möglichst weitgehendem Ausschluß hiesiger Behörden vorbereitet werden.« Dazu möge doch bitte das BKA, so die Botschaft, weitere Beamte nach Paraguay entsenden. Indessen will der Bundesnachrichtendienst wenige Tage vor Schneiders Festnahme in Miami noch konkrete Hinweise auf dessen Aufenthaltsort im Iran gehabt haben.

An die tausend mehr oder weniger nutzlose Hinweise solcher Güte hatte die Staatsanwaltschaft im Laufe eines Jahres über den vermeintlichen Aufenthaltsort des Gesuchten bekommen. Man kann sich ausmalen, welche Zeit es gekostet hat, diese »Hinweise« zu überprüfen. Stellungnahmen zu den immer neuen und teils aufgewärmten Gerüchten abzugeben war die Behörde irgendwann leid:»Wir bestätigen und dementieren nichts«, so die offizielle Sprachregelung.[97] Eine der kuriosesten Varianten: Schneider wird auf dem Schweizer Rütli, wo einst die Eidgenossen auf einer Wiese ihren Staat gründeten, gefangengehalten.

Die Geschichte ist es wert, erzählt zu werden: Am 5. Dezember rief beim Bundeskriminalamt ein Mann aus München an, der behauptete ein Gläubiger von Schneider zu sein. Der etwas wirren Beschreibung des Mannes konnte man entnehmen, daß er für eines der Objekte des Immobilienmoguls auf der Frankfurter Zeil Bauleistungen erbracht hatte. Dabei habe Schneider ihn um 250000 Mark beschissen.

Um an sein Geld zu kommen, sei er kurzerhand selbst zur Tat

geschritten. Er habe sich, so erzählte der Münchner den verblüfften BKA-Beamten, Schneider vor zwei Tagen im schweizerischen Fribourg gegriffen und halte ihn seitdem »an einem sicheren Ort auf dem Rütli« versteckt.

Da sucht das BKA den Mann weltweit, und ein Handwerker kommt daher und nimmt ihn einfach in der Schweiz fest. Eben mal so. Handwerk hat eben doch goldenen Boden. Wie dem auch sei, sobald er sein Geld habe, werde er Schneider dem BKA »vor die Füße werfen«. Im übrigen habe er bereits das Bayerische Landeskriminalamt und die Hypobank von seiner »Festnahme des Dr. Jürgen Schneider« informiert.

Nun wollten die Fahndungsspezialisten aus Wiesbaden natürlich wissen, wie es dem Anrufer gelungen sei, den meistgesuchten Mann Deutschlands zu schnappen. Man lernt schließlich nie aus.

Er habe eine Ausbildung als »Special Airborne Ranger« beim CIA absolviert, erzählte der Handwerker treuherzig. Für so jemanden, das mußte selbst dem BKA einleuchten, ist das Aufspüren und die Festnahme eines Mannes wie Dr. Jürgen Schneider ein Kinderspiel.

Selbst einen, wenn auch vagen Hinweis auf den Verbleib von Schneiders Ehefrau Claudia konnte der Mann geben: Ein Freund, der bei der Polizei in Los Angeles arbeite, habe ihm erzählt, Frau Schneider halte sich zwischen Phoenix/Arizona und New Mexico auf. Wenn das nicht eine exakte Ortsangabe ist.

Blieb noch die Frage der Geldübergabe zu klären, und auch da hatte der Mann einen Vorschlag. Mit einem weiteren Freund, der zufälligerweise bei der Polizei in München arbeitete, werde er am kommenden Samstag zu dem Versteck fahren, in dem er Schneider gefangenhalte. Dort müsse der Baulöwe dann eine Vollmacht unterschreiben, damit er endlich an sein Geld komme. Danach könnte das BKA den Gesuchten haben. Daß das BKA auf diesem Wege jedenfalls nicht an Jürgen Schneider herangekommen ist, ist bekannt.

Statistisch gesehen hätte Schneider im Iran sein müssen, wertete die *Frankfurter Allgemeine Sonntagszeitung* die verschiedenen

Hinweise aus[98]: Die meisten Presseberichte sahen Schneider nämlich in dem Mullahstaat, dicht gefolgt von Paraguay.

Es gab kaum noch »Schneiderfreie Zonen«, spottete der zuständige Staatsanwalt über die Amateurfahnder. Daher ist es kein Wunder, daß Zielfahnder Schmid sich nach der Festnahme Schneiders zu der Bemerkung hinreißen ließ, lediglich aus Alaska und Grönland habe man keine Hinweise erhalten. Und selbst der als Vielflieger bekannte Ex-Außenminister Hans-Dietrich Genscher hätte angesichts solcher Omnipräsenz vor Neid erblassen müssen.

Die Trittbrettfahrer –
Wer alles an Schneiders Flucht verdienen wollte

»Lieber Mehdi«: So beginnt ein Schreiben Schneiders an seinen Vertrauten Mehdi Djavadi vom 12. Januar 1994. Schneider läßt seinen iranischen Freund darin wissen, er habe dank seiner guten Verbindungen zur Frankfurter Steuerfahndung erfahren, daß es allmählich eng wird in seinem Umfeld. Es ging um die Durchsuchung bei Rolf Herbert Diederich, Schneiders Treuhänder für die Realty Developments, die tatsächlich eine Woche später stattfand.[99] Der frühe Vogel fängt den Wurm, und wer in Schneiders Geschäft etwas werden wollte, der mußte frühzeitig informiert sein.

Dann wird Schneider deutlich: »Bitte veranlasse zügig unsere weiteren Auslandsvorbereitungen. Wir werden im Zuge der Durchsuchungen bei DIMA vermutlich in Mitleidenschaft gezogen werden, so daß uns danach evtl. nicht viel Zeit bleibt. (...) Bitte sorge für die Transfers CH und GB.«

In der Ausgabe 23/94 veröffentlichte *Focus* den verräterischen Schneider-Brief, damit die Öffentlichkeit endlich erführe, wes Geistes Kind er ist. Ein Traumdokument, ein echter Leckerbissen für Enthüllungsjournalisten – wenn das Dokument echt gewesen wäre.

Leider war es das nicht, sondern eine schlichte Fälschung.

Wenngleich der Fälscher über erstaunliches Insiderwissen verfügte, so mußte ihm wohl entgangen sein, daß sich Schneider und Djavadi nie geduzt hatten.

Die Chance, ein paar Mark dazu zu verdienen, war einfach zu verlockend. Vor allem wenn zwei Dinge zusammenkamen: Die Medien waren gierig auf jede Art von Information, und man selbst hatte das so begehrte Wissen. Außerdem war der Chef, unter dessen Ägide man sich dieses Wissen angeeignet hatte, verschollen. Wer wußte, ob er jemals wiederkäme. Und schließlich mußte man ja irgendwie sehen, wo man blieb.

Vielleicht waren es solche Gedanken, die Holger Brauns[100] durch den Kopf gingen, als er von Schneiders Verschwinden erfuhr. Brauns, der bis dahin Geschäftsführer einer der zahlreichen Schneider-Gesellschaften war, konnte sich wahrscheinlich ausmalen, was das bedeutete: Erstens, Schneiders Kartenhaus war über dem Immobilienzar aus Königstein zusammengebrochen, und zweitens, Brauns hatte keinen Job mehr. Aber er hatte einen guten Freund: den Speditionskaufmann Torsten Schild.[101]

Brauns hatte also das, wonach es die hechelnde Presse verlangte: Unterlagen, Unterlagen und nochmals Unterlagen. Und darunter befand sich, welche Fügung, eine Liste der zum Schneider-Imperium gehörenden Firmen. Die müßte doch, so glaubte der Ex-Schneider-Mann wohl, Gold wert sein oder wenigstens Geld.

Brauns habe ihm »auf einmal« gesagt: »Du, das mit der Liste verkaufen wir an die Presse.« Doch Brauns selbst konnte oder wollte das nicht selbst in die Hand nehmen, sagt Schild: »Brauns war zu nah am Schneider-Imperium dran. Deshalb wollten wir das so machen, daß ich das mit der Presse übernahm.« Er sei dann zunächst an *Focus* herangetreten. Weshalb er glaubte ausgerechnet in München zahlungswillige Abnehmer zu finden, hat er den Beamten nicht verraten.

Die Hoffnung trog indes nicht: Der *Focus* freute sich über das unerwartete Schnäppchen und zahlte Schild tatsächlich 3000 Mark für die Liste. Doch dann wurden die Magazinmacher gierig: »*Focus* wollte immer mehr. Er hat uns gefragt, was wir denn noch

beschaffen könnten.« Man sei vor allem an Djavadi und Lambsdorff interessiert, gab man dem Informanten mit auf den Weg.

Nun, das ließe sich einrichten. Allerdings war zuvor ein kleines
Hindernis aus dem Weg zu räumen: Zu den vom *Focus* gewünschten Personen hatte Brauns nichts zu bieten. Man habe sich daher
entschlossen, so Schild, die gewünschten Unterlagen selbst herzustellen. So entstand der Brief an den »lieben Mehdi«.

Man habe sich überlegt, was *Focus* wohl interessieren könne
und den Inhalt entsprechend abgefaßt. *Focus* dankte soviel Engagement mit weiteren 3000 Mark. In München war man offensichtlich begeistert über die Quelle im Innern des Schneider-Zir-
kels. Laut Schild wollte man immer mehr. Habt ihr was über
Lambsdorff, habt ihr was über Sieber[102], sollen die *Focus*-Journa-
listen gefragt haben.

Wie gewünscht, so geliefert: Die Gier wurde mit einem sensationellen Schreiben Schneiders an Sieber belohnt. Darin bedankt
sich der abgetauchte Baulöwe bei seinem Getreuen für Siebers »mu-
tigen Einsatz und Ihr Geschick bei dem Transfer meiner Gelder
in die diversen Drittstaaten«. Darüber hinaus soll der Megapleitier
sogar einen Scheck beigefügt haben, mit dem er seine »hohe
Wertschätzung« für Siebers Umsicht zum Ausdruck brachte, die
»Auslandseinzahlungen unbemerkt vorzunehmen«.

Das wurde ja immer besser, mögen sich die Schreiberlinge bei
Focus gedacht haben, leisteten 2500 Mark Anzahlung, verspra-
chen weitere 3500 bei Veröffentlichung. Dazu kam es aber nicht
mehr, denn irgendwann wurden die bis dahin arglosen Redakteure
mißtrauisch.

Von seinen Informanten soll das Magazin deshalb verlangt haben, weiteres Material beizubringen, das die Echtheit des Briefes
an Sieber bestätigte. Das Fälscherduo schritt erneut zur Tat, fertigte einen entsprechenden Brief des Grafen Lambsdorff und bot
diesen wieder *Focus* an. Dennoch bissen die Erfinder der Infoelite
nicht mehr so recht an: Man wollte weder den ebenfalls sensationellen Lambsdorff-Brief ankaufen noch den Sieber-Brief veröffentlichen.

Aber jetzt, da das Geschäft erst so richtig in Schwung kam, mochten die beiden Briefeschreiber nicht wieder aufhören. Brauns habe sich seines Kontakts zum ZDF-Magazin »Frontal« erinnert, erzählte Schild dem BKA. Mal sehen, vielleicht waren ja die Fernsehleute daran interessiert.

Sie waren es auch, taten jedenfalls so. Doch die »Frontal«-Redakteure hatten ihre Zweifel, ob es bei den Briefen mit rechten Dingen zuging. Zudem hatte Graf Lambsdorff angedroht, eine einstweilige Verfügung erwirken zu wollen, wenn über seine Rolle in der Schneider-Affäre berichtet würde.

Trotzdem trafen sich die beiden »Frontal«-Journalisten Beate Thorn und Udo Frank zunächst mit Schild. Bei diesem ersten Treffen wurde nur über die Konditionen gesprochen: 10 000 Mark wollte der Informant für die beiden angeblichen Briefe von Lambsdorff und Schneider haben. Für die Übergabe wurde ein neues Treffen vereinbart: am 12. August 1994 um 17 Uhr am Meeting Point des Frankfurter Flughafens.

Dieses Mal erschienen dort nicht nur die ZDF-Redakteure, sondern auch Beamte des Bundeskriminalamtes und Staatsanwalt Haike. Nachdem Schild das versprochene »heiße Material« übergeben hatten, klickten die Handschellen.

»Solange Milliarden-Investor Schneider untergetaucht bleibt, ist alles, was seine Unterschrift trägt, auf dem Nachrichtenmarkt Bares wert«, beschrieb die *FAZ* die Usancen der Branche.[103]

Für Brauns und Schild endete der »Lausbubenstreich« (eine Verteidigerin) vor Gericht. Der Medienrummel um Schneider habe sie mitgerissen, entschuldigte sich der ehemalige Schneider-Mitarbeiter. Der Richter verhängte gegen beide eine Geldbuße von jeweils 4000 Mark und beließ es bei einer Verwarnung.[104]

Doch Brauns und Schild waren nicht die einzigen, die sich an der Schneider-Pleite gesundstoßen wollten. Und hin und wieder traf die Polizei sogar alte Bekannte.

Am 16. Mai 1994 ging in der Hamburger *Spiegel*-Redaktion das Fax einer Firma »Promotion Artistenbüro« mit Sitz im holländischen Lobith ein. Darin bot ein gewisser Wolfgang Brygier die

Sensation an: ein Exklusivinterview mit dem gesuchten Baulöwen. Für läppische 100 000 Mark sei er bereit, dies zu vermitteln, die Hälfte zahlbar im voraus. Außerdem, so versprach er dem *Spiegel*, werde er seine Verhandlungen mit *Stern* und *Focus* einstellen, wenn die Hamburger auf sein Angebot eingingen.

Tatsächlich kam es zu einem Vertrag, und der *Spiegel* zahlte vorab 20 000 Mark. Nun hatte Brygier aber keinerlei Kontakt zu Schneider. Vermutlich hatte er dessen Namen das erstmals aus der Presse erfahren. Deshalb verwundert es nicht weiter, daß die *Spiegel*-Redaktion von dem geheimnisvollen Kontaktmann nach Zahlung der 20 000 Mark nichts mehr hörte. Und weil er den Vorschuß auch nicht zurückzahlte, erstattete das Nachrichtenmagazin Anzeige wegen Betruges.

Das hielt Brygier nicht von weiteren Geschäften ab. Im November meldete er sich bei der *Bild*-Zeitung. Das Boulevardblatt bekam ein Fax, das einen Mann zeigte, der durchaus eine gewisse Ähnlichkeit mit Schneider hatte. Es sollte laut Brygier auch Schneider darstellen, und zwar nach einer Gesichtsoperation. Darauf unterbreitete er das verlockende Angebot. Für 50 000 Mark könne er dem Blatt ein Video verkaufen, das Schneider vor, während und nach der »Gesichtsoperation« zeige.

Freilich war auch dieses Angebot, wie schon das Schneider-Interview, nur heiße Luft. Wenn wundert's? Denn nach BKA-Ermittlungen hatte Brygier seit 1967 bereits 14 Vorstrafen wegen Betrugs-, Diebstahls- und Urkundendelikten gesammelt. Ein echtes Früchtchen also.

Nicht immer ging es den Trittbrettfahrern nur um Geld. Eines Tages im Mai meldete sich ein Strafgefangener aus der Justizvollzugsanstalt Rheinbach bei der Frankfurter Staatsanwaltschaft und teilte mit, er könne etwas zum Aufenthaltsort Schneiders sagen. Als er Wochen später beim Amtsrichter saß und der auf seine Aussage wartete, meinte der Häftling, er wolle »keine weiteren Angaben« machen. Der Richter schrieb den Frankfurter Ermittlern: »Meines Erachtens wollte sich der Strafgefangene hier bloß einen kostenlosen Ausgang aus der JVA verschaffen.«

Erste Spuren

Wenn die Fahnder Schneider aber wirklich finden wollten, dann mußten sie sich auf andere Methoden verlassen. Obwohl sich alle redlich Mühe gaben, Telefondaten erhoben wurden, Post beschlagnahmt und Kreditkartenkonten überprüft wurden, so rechte Ergebnisse hatten die Fahnder nicht vorzuweisen. Selbst längere Observationen etwa von Ysabel Schneider brachten nicht das gewünschte Ergebnis. Diese Schneiders hielten offensichtlich zusammen wie Pech und Schwefel. Und niemand aus dem Clan schien Kontakt mit dem verschwundenen Häuptling aufzunehmen. Es war zum Verzweifeln.

Am 31. Mai schien ein Durchbruch in Sicht: In Frankfurt wird der Iraner und Schneider-Vertraute Mehdi Djavadi festgenommen. Begründung: Djavadi habe »vorsätzlich einem anderen zu dessen vorsätzlich begangener rechtswidriger Tat (Bankrott in einem besonders schweren Fall) Hilfe geleistet«.

Es ging um das Verschieben der Schneider-Millionen nach Genf, und Djavadi wurde vor allem die Aussage von Morteza Firouz, des Bankangestellten der Genfer Union Bancaire Privée, zum Verhängnis, über die Schneider seine Millionen in Sicherheit bringen wollte.

Djavadi habe von Schneider Vollmacht über die Genfer Konten bekommen, so glaubt die Staatsanwaltschaft herausgefunden zu haben, »um für den Fall des Verschwindens der Mitbeschuldigten Schneider eine Zugriffsmöglichkeit auf die Konten zu haben«.

Der Iraner konnte sich seine Festnahme überhaupt nicht erklären, er war sich keiner Schuld bewußt. Seines Wissen habe Schneider über ein »von Wirtschaftsprüfern testiertes« Nettovermögen von 3,7 Milliarden Mark verfügt. »Es ist nicht vorstellbar, daß sich ein derartiges Vermögen innerhalb von drei bis vier Monaten in nichts auflöst«, wunderte sich der Iraner und erzählte, Schneider habe sich im Februar 1994 an ihn »als eine Art Seelsorger« gewandt.

Schneider habe sich damals sehr über Presseberichte im Frankfurter Raum aufgeregt, in denen davon die Rede war, daß er, Schneider, die Handwerker angeblich über den Tisch ziehe. Dazu seien »gesundheitliche Störungen« Schneiders gekommen, die den Hausherrn der Villa Andreae veranlaßt haben sollen, mal auszuspannen. Flucht oder gar das illegale Beiseiteschaffen von Vermögen, nein, das mochte sich der Iraner nicht vorstellen. Er sei immer davon ausgegangen, hier gehe alles mit rechten Dingen zu.

In der entscheidenden Frage kamen die Ermittler auch mit Djavadi nicht weiter: Wo steckte Dr. Jürgen Schneider?

Die erste wirklich konkrete und damit heiße Spur aber tat sich für die Zielfahnder des BKA im Juni 1994 auf, als sie auf Mostafa El Kastaui stießen. Wie der arabische Geschäftsmann letztlich ins Fadenkreuz der Ermittler geriet, bleibt deren Geheimnis. Doch aus den bei Schneider beschlagnahmten Unterlagen ergab sich eine Reihe von Hinweisen auf den Ägypter.

»Die Geschäftsverbindung Kastaui, Djavadi und Schneider existiert schon seit 1988/89«, sagt Staatsanwalt Haike. Und aus dieser Zeit stammt auch ein merkwürdiger Vorgang. Wie in einem früheren Kapitel erwähnt, hatte Schneider am 10. August 1989 eine Vereinbarung mit einer Arab Building getroffen, die sich um den Verkauf des Fürstenhofes in Frankfurt kümmern sollte.[105] In dem Vertrag mit der Arab Building wird auch ein gewisser Dr. Moh. Moss, Inhaber einer Firma Diwan S. A. in Genf, erwähnt. Das ist nun wiederum, wie wir wissen, Mostafa El Kastaui. Aus dem Jahre 1991 gibt es auch eine Zahlung über 8,75 Millionen Mark an die Arab Building, oder, wie es Haike nennt »in die Kastaui-Schiene«. Wo dieses Geld letztlich geblieben ist, »das konnten wir nicht nachvollziehen«. Immerhin stand damit fest, daß dieser ominöse Geschäftsmann aus Genf einer näheren Überprüfung wert sei.

»Die Zielfahndung war dann lange drüben«, berichtet Haike und meint mit drüben die Vereinigten Staaten. Mit Hilfe der US-Behörden, vor allem der Einwanderungsbehörde und des FBI, wühlten die BKA-Ermittler sich dann durch Passagierlisten und die Dateien der Einwanderungskontrollen – und wurden fündig. Haike: »Wir haben passende Personenkonstellationen gefunden, die erst nach Washington und dann weiter nach Miami reisten.«Die Spur war aufgenommen.

Im Juli verdichtete sich für die Zielfahnder, daß El Kastaui etwas mit dem Verschwinden Schneiders zu tun haben mußte:»Nach Mitteilung der amerikanischen Behörden konnte festgestellt werden, daß El Kastaui vom 06. 04. 94 bis 14. 04. 94 sich im Hotel Capitol Hilton in Washington unter den Personalien M. K. Moss, Cours de Rive 4, 1204 Genf, eingebucht hat. Er hat eine Suite angemietet, die für die Unterbringung von drei Personen ausreicht.« Da Kastaui aber »ein sehr guter Hotelgast (umsatzmäßig)« war, weigerte sich das Hotel weitere Informationen ohne richterlichen Beschluß herauszurücken.

Anfang Juli schaltete das BKA Interpol Schweiz ein und bat darum, die Kreditkartenabrechnungen Kastauis bei Visa und American Express anzufordern, da »El Kastaui nach den bisherigen Ermittlungen eine der wesentlichen Kontaktpersonen ist, deren sich die Beschuldigten im Zusammenhang mit ihrer Flucht bedienen«.

Doch dann geschah eine aus Sicht der Fahnder bedauernswerte »Panne«, und Haike verhehlt nicht, daß er noch heute darüber sauer ist:»Nach dem Artikel im *Focus* ›Kastaui ist der Mittelsmann‹, war El Kastaui als Zielperson verbrannt.«[106]

Der Staatsanwalt meinte, daß Kastaui durch diesen Bericht gewarnt sein mußte. Dem schlauen Araber mußte spätestens jetzt klar sein, daß er auf die Liste des BKA ganz oben stand und die Fahnder nur darauf warteten, daß er einen Schritt in Richtung des gesuchten Baulöwen machte.

Man habe dann die Observation abgebrochen und der Staatsanwalt ist davon überzeugt:»Ohne diesen Artikel wäre Schneider vermutlich schon früher aufgeflogen.« Der Pressesprecher der Frankfurter Staatsanwaltschaft, Job Tilmann, ergänzte gegenüber der *Frankfurter Rundschau*:»Daraufhin haben die Schneiders ihre Logistik geändert – das hat das Bundeskriminalamt in der Fahndung mehrere Monate zurückgeworfen.«[107]

Noch ein zweites Mal mußten die Häscher eine herbe Enttäuschung hinnehmen. Nachdem El Kastaui als Zielperson ausgefallen war und seine Reisen in die USA auch seltener wurden, waren die Zielfahnder überzeugt, daß es eine weitere Person geben müßte, die Schneider als »Händchenhalter« diente. Irgend jemand, der für den Untergetauchten die Botengänge machte und den Kontakt zur Heimat aufrechterhielt.

Durch die »Abklärung des Umfeldes« El Kastauis stießen die Ermittler auf Alexander Dvorianchikov, und den hatten sie im dringenden Verdacht, Schneider bei der Flucht als »Händchenhalter« behilflich zu sein.

Vieles paßte zusammen: Dvorianchikov ist eine dubiose Figur und hat offensichtlich enge Kontakte zu El Kastaui. Außerdem war er zur gleichen Zeit in Washington, als auch die Schneiders in den USA ankamen, hat sich dort sogar mit El Kastaui getroffen.[108]

Doch hier war der Wunsch der Vater des Gedankens: Leider habe sich dann herausgestellt, daß Dvorianchikov nichts mit der Flucht zu tun hatte, außerdem war er zwischenzeitlich in der Schweiz festgenommen worden, konnte also Schneider nicht weiter zur Verfügung stehen. »Es wäre zu schön gewesen«, erinnert sich Staatsanwalt Haike heute.

»Das war etwa Januar/Februar 1995«, so Haike, und nachdem die Dvorianchikov-Spur wie eine Seifenblase geplatzt war, sei man »in ein Loch gefallen«. An manche Stunden kann sich der Staatsanwalt erinnern, in denen mehr Frust als Hoffnung vorherrschte. Aber letztlich hätten sich die BKA-Fahnder immer aufs neue motiviert und seien bei der kleinsten Spur mit voller Energie dabeigewesen.

Auch Schneiders iranischer Freund Mehdi Djavadi, er war am 24. November mangels dringende Tatverdachts aus dem Gefängnis entlassen worden, wurde wieder auf die Liste derer gesetzt, die polizeilich beobachtet wurden. Sehr erfolgreich scheint man dabei aber nicht gewesen zu sein, denn Ende Januar stellt das BKA fest: »Der derzeitige Aufenthaltsort des Djavadi ist zur Zeit nicht bekannt.« Es sei aber davon auszugehen, daß er »gegenwärtig Kontakt zu den Gesuchten unterhält«.

Die Suche nach einem »Händchenhalter« mußte jetzt von neuem beginnen, und wieder klapperte das BKA die Umgebung Kastauis ab. Diesmal stießen sie auf Luigi Poletti, der schon für El Kastaui den Adlatus mimte. Diese Spur sollte dann, wie weiter unten beschrieben wird, schließlich zum Erfolg führen.

Einmal wähnten sich die Fahnder schon dicht am Ziel: Im Frühjahr 1995 reiste Ysabel in die USA, die Fahnder auf den Fersen. »Rund um die Uhr haben wir sie nicht aus den Augen gelassen«, zitiert der *Stern* das FBI in Miami.[109]

Vergebens. Ysabel reiste nicht nach Florida, sondern von New Orleans nach Los Angeles und hängte zu allem Übel – ob bewußt oder nicht – ihre Verfolger auch noch ab. Ihre Eltern hat sie auf ihrem USA-Trip offenbar nicht zu Gesicht bekommen. Und es ist nicht bekannt, wenngleich man es vermuten mag, ob die Schneider-Kinder überhaupt wußten, wo sich ihre Eltern versteckt hielten.

Eine Stimme aus dem Nichts

»Guten Tag liebe Zuschauer! Wir grüßen auch unsere Kinder, unsere Familie und unsere Freunde in Deutschland.« Als diese Worte am Dienstagabend, dem 16. Mai 1195, während der ZDF-Sendung »Frontal« in die deutschen Wohnzimmer drangen, dürfte so mancher mit offenem Mund auf die Mattscheibe gestarrt haben. Es gab gar keinen Zweifel: Das war die Stimme eines Phantoms, die Stimme von Dr. Jürgen Schneider, des seit über einem Jahr untergetauchten Großpleitiers. Und seit über einem Jahr war es das erste wirkliche Lebenszeichen von ihm.

Dennoch war es eine Stimme aus dem Nichts. Denn auf dem Bildschirm war kein munter plaudernder Ex-Baulöwe, lässig zurückgelehnt in einen Strandkorb unter tropischen Palmen, zu sehen, sondern ein Kassettenrecorder, in dem sich ein Tonband drehte. Das schmälerte keineswegs die Sensation dieses wohl ungewöhnlichsten und zugleich bizarrsten Tondokumentes, das je-

mals im deutschen Fernsehen ausgestrahlt wurde: Der meistge-
suchte Mann Deutschlands wandte sich, wie der Bundeskanzler
bei der Weihnachtsansprache, ans Volk.

Die ZDF-Redakteure Beate Thorn und Udo Frank waren es, die
das Tonband am Freitag zuvor von einer Reise nach Genf mitgebracht hatten. Seit Monaten schon standen die beiden »Frontal«-
Journalisten mit dem mutmaßlichen Fluchthelfer Schneiders,
Mostafa El Kastaui, und Schneiders Genfer Anwalt François Canonica in Verbindung. Während mehrerer Treffen in Canonicas
Kanzlei war es den Journalisten schließlich gelungen, das Vertrauen des sonst sehr mißtrauischen Arabers zu gewinnen.

Von Anfang an waren die ZDF-Journalisten auf der richtigen
Spur und hofften, von ihrem Gewährsmann irgend etwas Enthül-
lendes zum Fall Schneider zu bekommen, vielleicht sogar die
Gelegenheit zu einem Interview mit dem Verschwundenen. Doch
Kastaui, ganz morgenländischer Geschäftsmann, gab sich eher zu-
geknöpft, wie Udo Frank sich erinnert.

Am 8. Mai bekam Frank einen Anruf aus Genf. Am anderen
Ende der Leitung meldete sich Kastaui. Man müsse sich kurzfristig
in Canonicas Kanzlei treffen, um noch mal etwas zu besprechen.
Worum es ging, ließ Kastaui im dunkeln. Tags darauf entschieden
sich die Mainzer Redakteure, die Einladung Kastauis anzunehmen. »Wir wußten absolut nichts und sind nicht gerade eupho-
risch oder mit großen Erwartungen losgefahren«, sagt Beate
Thorn. Ein Kamerateam nahmen die Redakteure auf ihrem Trip
nach Genf nicht mit.

Um so größer war dann die Überraschung, als Kastaui das be-
sagte Tonband präsentierte. Schneider, so ließ er durchblicken,
habe das Band erst vor wenigen Tagen besprochen, und er wolle
sich damit an die deutsche Öffentlichkeit wenden, um einmal
seine Sicht der Dinge darzustellen. Schneider habe zudem bewußt
seine Fingerabdrücke auf der Kassette hinterlassen. Es sollte nämlich kein Zweifel daran bestehen bleiben, daß das Band authen-
tisch und Schneider, entgegen anderslautenden Gerüchten, am Leben sei.

Und genau damit begann Schneider seine Ansprache an die Nation:»Sie haben im Magazin *Der Spiegel* vom 27.03.95 gelesen, ich wäre ein Phantom oder gar mit meiner Frau im Beton der Fundamente des Barthels Hofes in Leipzig eingegossen. Der *Spiegel* hat zwar oft, aber nicht immer recht. Zum Beweis dessen und um allen Gerüchten entgegenzutreten, wollen wir uns zunächst legitimieren. Mein Name ist Dr. Jürgen Schneider, Reisepaßnummer 4100030668, ausgestellt Königstein im Taunus am 18.12.89. Ich übergebe nun an meine Frau.« Danach war die Stimme von Claudia Schneider-Granzow zu hören:»Auch ich grüße Sie und meine Liebsten und alle, die meinem Herzen nahestehen. Mein Name ist Claudia Schneider-Granzow, Reisepaßnummer 4100051302, ausgestellt Königstein im Taunus am 18.10.90. Ich übergebe wieder an meinen Mann, der für uns beide spricht.«

Am Freitag, dem 12. Mai wurde das Tonband nachmittags den völlig verblüfften BKA-Ermittlern in Wiesbaden übergeben. Nach der Überprüfung des angekündigten Fingerabdrucks sowie einer Stimmanalyse gingen BKA und Staatsanwaltschaft davon aus: Es handelt sich um Schneider und seine Frau.

Daß das Band recht aktuell sein mußte, ergab sich aus Schneiders Hinweis auf den *Spiegel*-Artikel im März 1995. Damit hatte er alle Gerüchte, er weile nicht mehr unter den Lebenden, mit einem Schlag verstummen lassen.

Warum ihm daran aber so gelegen war, ist noch immer unklar. Hätte nicht vielmehr die Vermutung nahegelegen, einem Flüchtigen müßte es ganz recht sein, wenn alle Welt glaubt, er sei vielleicht tot? Oder ist Schneider selbst nie ernsthaft davon ausgegangen, daß das BKA sich mit dieser Annahme zufriedengeben könnte und deshalb die Suche nach ihm einstellen würde? Es wäre aber durchaus möglich, daß er sich an seiner Ehre gepackt fühlte, nachdem die Presse über ein Jahr lang nur über seine vermeintlichen Schandtaten berichtete. Diese Variante ist übrigens die wahrscheinlichste.

»Meine Damen und Herren! Wir versichern Ihnen, wir sind vollkommen frei und bei guter Gesundheit«, setzte Schneider seine Ansprache fort. »Wir haben nur einen Wunsch: Bald unbelastet von einem Haftbefehl zu Ihnen nach Deutschland zurückzukehren und dort mit unserer Familie, unseren Kindern und Freunden zu leben und zu arbeiten. (...) Wir haben bisher noch nicht ein einziges Wort zu den Vorgängen um uns gesprochen. Wir wollen Ihnen nun einige Fakten sagen, die uns sehr am Herzen liegen.«

Mit 14 Punkten ging Schneider dann zum Generalangriff auf die Banken über: Eigentlich, so der Tenor der Schneiderschen Tirade, sei die Deutsche Bank an allem schuld. Sie habe seine Ratschläge nicht befolgt und Angebote zur Überwindung der Krise nicht angenommen. Im Gegenteil: »... ohne gründliche Würdigung aller Fakten und Vereinbarungen« habe die Deutsche Bank »völlig übereilt und zu Unrecht Konkursantrag und Haftantrag gestellt. Dies alles löste zudem eine über die Medien mit falschen Anschuldigungen hochgespielte Katastrophe aus. Ich selbst erlitt dadurch einen schweren Schock, der meine Rückkehr in dieser Situation unmöglich machte.«

Dabei habe es laut Schneider dazu überhaupt keinen Grund gegeben: »Unser Vermögen besteht zu über 90 Prozent aus Immobilien in Spitzenlagen.« Zu diesem Ergebnis seien die Banken unabhängig von ihm gekommen. »Die Bank bestätigte uns hierdurch die hohen Werte unserer Häuser. (...) Diese Vermögensbestätigung der Bank über den Wert unserer Häuser war die Basis meiner Geschäftspolitik...« Folglich sei es die [Deutsche] Bank gewesen, die »ihre Verpflichtungen als unser Vertragspartner damit nicht erfüllt und die Katastrophe damit ausgelöst« habe.

Dann machte sich Schneider zum Anwalt der von der Pleite am meisten Betroffenen: »Die Handwerker haben ihre Leistungen sichtbar und anfaßbar in die Häuser eingebracht. Es ist somit eine selbstverständliche und vertragliche Pflicht der Banken, unverzüglich die Handwerker vollständig auszubezahlen. Wir haben für Peanuts kein Verständnis. Wir beanstanden sehr, daß die Zahlungen an die Handwerker so spät bzw. bis heute immer noch nicht vollständig erfolgt sind.«

Den betroffenen Handwerkern wird es die Tränen der Rührung in die Augen getrieben haben, angesichts soviel Mitgefühls.

»Wir haben auch kein Verständnis dafür, daß große und wichtige Bauvorhaben nicht sofort weitergeführt wurden. Durch Stillstand entstehen ungeheure Kosten. Die den von uns beauftragten Handwerkern deshalb entstehenden zusätzlichen Ausfälle sind ebenfalls unverzüglich von der Bank zu bezahlen«, fuhr Schneider fort.

Nachdem er auch seine Kritik am Konkursverwalter losgeworden war, der »innerhalb kürzester Zeit bereits einen Großteil unserer zirka hundert Immobilien zum Teil unter Umgehung von Bestimmungen verdealt« habe, kam Schneider zum dramatischen Schluß:

»Nun gestatten Sie uns bitte ein Schlußwort. Wir stehen als einzelnes Ehepaar heute vor den Trümmern unseres persönlichen Vermögens. Wir werden das Geschehene keinesfalls hinnehmen. Wir sind sicher, daß die betroffenen Banken nun diese unsere Äußerungen mit ihren riesigen Expertenkapazitäten vehement angreifen werden. Wir haben das Team von Rechtsanwalt François Canonica und unsere detaillierte Dokumentation. Diese ist allerdings inhaltsreich. Genauso wie in all den Jahren vorher sind auch jetzt meine Frau und ich nur ein privater Bankkunde und stehen der ungeheuren Macht der Banken gegenüber. Wenn die vor uns stehende Auseinandersetzung auch einen wirkungsvollen, allgemeinen Beitrag zu einer fairen Verbesserung der heute viel zu schwachen Position vor allem auch der kleinen Kreditnehmer gegenüber den allmächtigen Banken nach sich zieht, so hat sich unser Einsatz gewiß gelohnt. Auch zu diesem Problem haben wir aus der Praxis wichtiges zu sagen.« Schneider, der Robin Hood der Bankgeschädigten.

»Gestatten sie uns bitte noch einen höchstpersönlichen Gruß. Dieser richtet sich an unsere beiden Kinder: Lieber Nico, liebe Ysabel. Wir konnten aus Sicherheitsgründen bisher keinen Kontakt zu euch aufnehmen. Ihr könnt euch nun vertrauensvoll an Rechtsanwalt Canonica wenden. Wir werden es schon schaffen, bald wieder zusammenzusein. Seid tapfer! Wir denken fest an euch und umarmen euch mit all unserer Liebe.

Liebe Zuschauer! Wir danken Ihnen für Ihre Aufmerksamkeit und dem ZDF für die Möglichkeit, zu Ihnen zu sprechen. Auf Wiedersehen!«[110]

Daß dieses Versprechen Schneiders schneller wahr wurde, als ihm vielleicht lieb war, wird er wohl kaum geahnt haben, als er mit seiner Frau – wahrscheinlich tête à tête auf dem Plüschsofa im Apartment in Hallandale – das Tonband besprach. Aber mit einer anderen Voraussage traf Schneider ins Schwarze: Die Banken, allen voran die Deutsche, wollten sich den »Frontal«-Angriff Schneiders nicht gefallen lassen.

Um eine bemerkenswerte Frechheit handele es sich bei den Anschuldigungen ihres Ex-Kunden, ließen sich die sonst vornehm zurückhaltenden Banker vernehmen. Die Vorwürfe seien völlig aus der Luft gegriffen, selbst die Handwerker mittlerweile alle bezahlt. Wenn er etwas zu sagen habe, solle er zurückkommen und sich einem ordentlichen Gerichtsverfahren stellen, so wie sich das gehöre, tönte es aus den gläsernen Doppeltürmen, in denen die Deutsche Bank zu Hause ist.

Wünschten sich die Geprellten das wirklich? Hatten nicht zwischenzeitlich Wirtschaftsprüfer wie auch die bankinterne Revision festgestellt, daß die Bank sich im Falle Schneiders kräftig an der eigenen Nase packen mußte? Und außerdem war keineswegs auszuschließen, daß Schneider nicht doch noch mit irgendwelchen Enthüllungen um die Ecke kam, die für das größte deutsche Bankhaus peinlich werden konnten.

Hingegen ist der Wunsch der Banker, Schneider möge vor ein deutsches Gericht treten, durchaus verständlich. Je schneller nämlich der Fall anschließend zu den Akten gelegt werden könnte, desto schneller kehrte vielleicht wieder Ruhe ein im Bankenbusiness.

Gänzlich unbeeindruckt zeigte sich die Staatsanwaltschaft. »Schneiders Erklärungen sind für den Bestand des Haftbefehls und unsere Ermittlungen ohne Bedeutung«, so der Sprecher der Frankfurter Ermittlungsbehörde.[111] Seine Schuldzuweisungen gegen die Banken seien nicht geeignet, die gegen ihn erhobenen Vorwürfe des betrügerischen Bankrotts und des Betruges zu entkräften.»Schneider ist insbesondere nicht auf den Vorwurf eingegangen, die Banken zur Krediterlangung mit gefälschten Miet- und Kaufverträgen getäuscht zu haben«, sagte der Behördensprecher.

Schneider-Anwalt Canonica hielt indes wie sein Mandant daran fest,»alle die anzuklagen, die verantwortlich für seine jetzige Situation sind«. Hauptziel seines Mandanten sei es, sich frei und ungestört bewegen und über sein Geld verfügen zu können. Jetzt wolle er allerdings erst mal die Reaktion auf das Tonband abwarten und sich nicht mehr äußern, erklärte der Genfer Advokat der *Frankfurter Rundschau*.[112]

Ob Schneider wohl ernsthaft die Möglichkeit in Betracht zog, wieder an sein Geld, das gar nicht mehr – eigentlich nie – seines war, zu kommen? Vielleicht hatte ihn die lange Zeit in der Diaspora auch der Realität entfremdet.

Doch nicht jeder wollte sich mit dem Gedanken abfinden, daß nun jeglicher Spekulation über Schneiders mögliches Ableben der Boden entzogen war. Obwohl das Band von BKA und Staatsanwaltschaft als»mit hoher Wahrscheinlichkeit als echt« bezeichnet wurde, zweifelten einige Medien daran.

Als»dubios« etwa bezeichnete die *Welt* das Lebenszeichen Schneiders und zitierte ungenannte»Kenner des Falles«, die das Tonband für eine Inszenierung von Anwalt Canonica hielten, vielleicht sogar zusammen mit Kastaui, der ohnehin als»begnadeter Hochstapler« gelte. Substantiell Neues jedenfalls sei der 15minütigen Rechtfertigung nicht zu entnehmen, und niemand könne sich so recht einen Reim darauf machen.[113] Damit lag die *Welt* zwar nicht völlig daneben, doch vergaß sie zu erwähnen, daß es bis zum Auftauchen des Bandes überhaupt keine Äußerungen Schneiders zu dem ganzen Desaster gegeben hatte, substantiell oder nicht.

Und es fehlte nicht an Kollegenschelte:»Ein 15 Minuten langer Schneider Werbespot, den das ZDF-Magazin »Frontal« unkritisch ausstrahlte«, ereiferte sich etwa das Magazin *Focus*.[114] Vielleicht waren die Kollegen nur neidisch. So was soll ja vorkommen. Vergessen war das sicherlich, als das Magazin später selbst zum größten Sprachrohr Schneiders wurde und ihm in zwei über viele Seiten gehende Interviews »trotz Lug und Trug (...) eine Plattform zur Verbreitung seiner wirren Thesen« bot, wie der angesehene Börseninformationsdienst *Platow Brief* urteilte.

Wenig Nutzen hatte übrigens das BKA von dem Tonband mit der Stimme aus dem Nirgendwo. Einen Hinweis auf den Aufenthaltsort des Gesuchten gab das Band nicht her.

Der Abhörskandal

Doch gerade darauf war das Amt dringend angewiesen. Der Druck auf die Behörde, Schneider endlich zu finden und nach Deutschland zu bringen, war enorm. Gerade erst jährte sich die Flucht. Und wie sich das bei Jubiläen gehört, war das Anlaß für die Presse, wieder ausführlich über den Fall zu berichten mit dem Seitenhieb, daß die so gerühmte Zielfahndung des Bundeskriminalamtes den Flüchtling noch immer nicht geortet hatte. So schwierig könne das ja wohl nun nicht sein, konnte man zwischen manchen Zeilen lesen. Zumal einige Medien ohnehin meinten, sie wüßten längst, wo Schneider sich verkrochen habe.

Gelegentlich soll es ja vorgekommen sein, daß die Journalisten den Polizisten eine Nasenlänge voraus waren. Warum, werden sich die Polizisten gedacht haben, sollte man diesen Informationsvorsprung nicht nutzen. Schließlich geht es um eine gerechte Sache, nämlich eines Straftäters habhaft zu werden. Mit dieser Erkenntnis ausgestattet, legten die Beamten los.

Die Nachricht schlug ein wie eine Bombe: Das BKA bespitzelt Journalisten in der Hoffnung, daß die eifrigen Rechercheure die Fahnder auf die Spur des Dr. Jürgen Schneider führen.

Aufgedeckt wurde dieser Fall ausgerechnet von den Journalisten, die im Mittelpunkt des polizeilichen Interesses standen: den

»Frontal«-Redakteuren Beate Thorn und Udo Frank. Erste Anzeichen, daß irgend etwas im Busch war, hatten Thorn und Frank, als sie am Dienstag, den 9. Mai ein Anruf der Zielfahndung des BKA erreichte. Die »Frontal«-Redakteure und die Ermittler beim BKA standen seit langem in mehr oder weniger regelmäßigem Kontakt. Natürlich hofften beide Seiten, von der jeweils anderen irgend etwas Erhellendes zu erfahren.

An diesem Tag nahm das Telefonat für Udo Frank einen unerwarteten Verlauf. Man sei darüber informiert, eröffnete der BKA-Beamte dem verdutzten ZDF-Mitarbeiter, daß eine Reise nach Genf zu Anwalt Canonica geplant sei. Dort solle ein Interview mit Dr. Jürgen Schneider geführt werden. Thorn und Frank staunten nicht schlecht, denn woher das BKA diese Information hatte, ist bis heute nicht zweifelsfrei geklärt. Angeblich soll ein vertraulicher Hinweis des Konkursverwalters Gerhard Walter die Ermittler auf die Fährte gesetzt haben. Die »Frontal«-Reporter können sich indes nicht erklären, woher der Konkursverwalter von der Reise gewußt haben sollte. BKA-Zielfahnder Hans Schmid jedenfalls erklärte Tage später: »Wir wußten, daß sie nach Genf fliegen, und zwar nicht von ihnen.«

Tags darauf, gegen elf Uhr, bekamen Frank und Thorn Besuch von zwei Beamten der Zielfahndung, die sich darüber beklagen wollten, daß eine solche Reise nach Genf nicht mit ihnen abgesprochen worden sei – entgegen vorheriger Absprache. »Eine solche Absprache hat es nie gegeben«, sagt Thorn.

Die beiden Abgesandten der Wiesbadener Ermittlungsbehörde sollen im Anschluß an diese erstaunliche Mitteilung ein Angebot unterbreitet haben, das man aus journalistischer Sicht nur als unsittlich bezeichnen kann: Für den Fall, daß die beiden Journalisten in Genf auf Schneider träfen, sollte einer der beiden Redakteure unter einem Vorwand den Raum verlassen und das BKA informieren. Journalisten als Erfüllungsgehilfen der Staatsgewalt. Woher die Ermittler die Vermutung nahmen, Schneider könnte bei dem geplanten Treffen in Genf anwesend sein, ist schleierhaft.

Ein solches Ansinnen habe man zurückgewiesen, erklärt Frank, doch die Beamten haben sich damit nicht zufriedengegeben. Vielmehr sei den »Frontal«-Autoren zu verstehen gegeben worden, wenn sie nicht kooperierten, würde man einfach in das Treffen hereinplatzen. Daß damit jeder weitere Kontakt zu dem Genfer Anwalt und dem mysteriösen Geschäftsmann El Kastaui ein für allemal verhindert wäre, mußte jedem der Beteiligten klar sein.

Am Donnerstag flogen Thorn und Frank nach Genf und kamen am Freitag, wie oben berichtet, mit dem Tonband zurück. Von Anfang an war geplant, das Band dem BKA zu übergeben, denn nur dort waren entsprechende Stimmanalysen möglich, um die Echtheit zu prüfen.

Den ganzen Freitagvormittag über versuchten die beiden Redakteure einen zuständigen Staatsanwalt aufzutreiben, mit dem sie nach Wiesbaden zum BKA fahren konnten. Keiner der für den Fall Schneider zuständigen Staatsanwälte war erreichbar. Gegen Mittag schickte die Frankfurter Ermittlungsbehörde endlich einen Vertreter los, der die Redakteure zum BKA begleitete.

Am selben Nachmittag noch bat das BKA, die Daten über die vom Handy der »Frontal«-Redakteure geführten Telefongespräche der letzten drei Tage beim Mobilfunkbetreiber zu sichern. Der Frankfurter Staatsanwalt Kind sprach daraufhin mit einem Mitarbeiter von DeTe Mobil, einer Tochter der Telekom, der zusagte, die entsprechenden Daten zu sichern, bis der notwendige Beschluß des Amtsgerichts einginge.

Am darauf folgenden Montag unterschrieb Amtsrichter Dimde den entsprechenden Beschluß.

Rechtliche Grundlage für diesen Akt staatsanwaltschaftlicher Nachstellung ist der Paragraph 12 des Fernmeldeanlagengesetzes (FAG). Mit dieser (leicht antiquierten) Vorschrift hat der Gesetzgeber eine Möglichkeit geschaffen, daß Richter und »bei Gefahr im Verzug« auch Staatsanwälte »Auskünfte über den Fernmeldeverkehr« verlangen können, wenn ein Beschuldigter angerufen wird oder – recht pauschal gehalten – »die Auskunft für die Untersuchung Bedeutung hat«.

Um Irrtümern vorzubeugen: Es handelt sich bei einer Überwachung nach Paragraph 12 FAG nicht um eine klassische Telefonüberwachung, bei der mitgeschnitten wird, was sich die Gesprächspartner am Telefon zu erzählen haben. Erhoben werden, wie es im Amtsdeutsch heißt, lediglich die Daten, wer wann wen angerufen hat. Diese Daten werden aus Abrechnungsgründen von den Telefongesellschaften eine gewisse Zeit lang gespeichert.

Wenn jemand, der unter einer solchen Bewachung steht, einen Dritten anruft, dann kann anhand der angerufenen Telefonnummer schnell festgestellt werden, wer sich dahinter verbirgt und vor allem, wo sich der Angerufene aufhält.

Doch Beate Thorn und Udo Frank waren nicht die einzigen Journalisten, die sich dank ihrer Arbeit unvermittelt ins Blickfeld staatlicher Ermittler gerückt sahen. Schon im September 1994 wähnten sich die BKA-Fahnder auf einer verheißungsvollen Spur. Sie hatten herausgefunden, daß die Mitarbeiterin des Bauer-Verlages, Christina Wilkening, und weitere Kollegen mit El Kastaui in Verbindung standen, um ein Interview mit Schneider zu arrangieren, bei dem dieser seine »wahren Fluchtgründe« offenlegen sollte. »Da Christina Wilkening dieses Exklusiv-Interview mit El Kastaui vereinbart hat, besteht der Verdacht, daß es bald stattfindet«, notierten die Ermittler am 7. September.

Am nächsten Tag schrieb das Frankfurter Amtsgericht die Journalistin Wilkening zur polizeilichen Beobachtung aus. Es sei anzunehmen, heißt es in der richterlichen Begründung, »daß die genannte Person mit den Beschuldigten in Verbindung steht«.

Am 2. Februar 1995, das erhoffte Exklusivinterview hatte immer noch nicht stattgefunden, legte das BKA in Sachen Wilkening nach: Nun sollte das Handy von Frau Wilkening in die Überwachung mit einbezogen werden, gemäß Paragraph 12 FAG. Und wieder bemühten die Ermittler die Verbindung von Wilkening zu El Kastaui als Garant dafür, daß dieses Interview nun wirklich bald stattfinden müsse.

Nun hatte Christina Wilkening gar kein eigenes Handy, jedoch ihr Mann Bernd. Also wurden für dieses Handy die Verbindungsdaten ermittelt wegen des Verdachts, »daß sich Frau Wilkening des Mobiltelefons ihres Mannes bedient, um erreichbar zu sein und Informationen weitergeben zu können«.

Wer sich in diesen Tagen als Reporter mit dem Fall Schneider beschäftigte, mußte damit rechnen, ins Visier der staatlich legitimierten Trittbrettfahrer zu geraten. Dabei traf es sogar einen, der mit dem Fall Schneider nicht das geringste zu schaffen hatte: den ehemaligen Fernsehdirektor des Bayerischen Rundfunks, Wolf Feller. Die Staatsanwaltschaft beantragte, die Kreditkartendaten Fellers bei der Kartengesellschaft anzufordern, um festzustellen zu können, wo Feller so hinreise. Es könnte ja zu Schneider sein. Peinlich nur: Gemeint war Harald Feller, Reporter beim Hessischen Rundfunk. Wegen des sofort erkannten Fehlers sei diese Überwachungsmaßnahme nicht umgesetzt worden, rechtfertigte sich das BKA. Wie es zu der Verwechslung kam, sei »nicht mehr nachvollziehbar«.

Im Fadenkreuz standen auch ehemalige und noch tätige Schneider-Anwälte: Bei der Berliner Bank etwa erkundigten sich die Ermittler nach den Kreditkartendaten des zeitweise tätigen Schneider-Anwalts Thomas Knierim. Und selbst in den Kreditkartenabrechnungen von Knierims Sozius Volker Hoffmann hofften die Fahnder irgendeinen Hinweis auf den Aufenthalt Schneiders zu finden. Beim Genfer Anwalt François Canonica sollten sogenannte *reverse checks* das gewünschte Ergebnis bringen. Dabei wurde bei amerikanischen Telefongesellschaften geforscht, von welchen US-Anschlüssen die Genfer Nummer Canonicas angerufen wurde. So stießen die BKA-Ermittler zwar unter anderem auf einen John Simenon aus Los Angeles und einen Jean Lignel in New York, doch Schneider fanden sie nicht.

Am 21. November 1995 berichtete »Frontal« über die Ermittler im Windschatten von Journalisten und Anwälten. Der Fall löste in Journalistenkreisen eine Welle des Protestes aus. »Ermittlungsakten« würden jetzt zeigen, »daß die Fahnder forsch Datenschutz und den vom Grundgesetz garantierten Informantenschutz der Presse beiseite schoben«, schimpfte der *Spiegel*. Die Ermittler, so das Nachrichtenmagazin, »wollten die Reporter (...) als Hilfsagenten einspannen«.[115]

Wenn solche Schweinereien einreißen, wetterte laut *Focus* ein ARD-Reporter, »kann ich mich als Journalist nicht mehr frei bewegen, kann ich mich nicht mehr ruhigen Gewissens mit Informanten treffen«. Das Münchner Magazin: »Mit ihrer Schnüffelaktion gegen Presse und Anwälte stellen sich Ermittlungschef Haike und seine BKA-Zielfahnder ein Armutszeugnis aus.«[116]

taz-Anwalt Johannes Eisenberg sprach sogar von »verdachtsloser fernmeldetechnischer Rasterfahndung«. Bei der linken Tageszeitung wunderte man sich nämlich, woher die Staatsanwälte und das BKA die Handy-Nummer der Reporter wußten, da diese Geräte doch fast täglich gewechselt wurden, und hatte auch gleich eine Antwort parat: vom BND. Seit im Herbst 1995 das sogenannte Verbrechensbekämpfungsgesetz verabschiedet wurde, darf der Bundesnachrichtendienst nämlich den internationalen Telefonverkehr überwachen und dort verdächtige Gespräche belauschen. Täglich werden so mehrere hunderttausend Gespräche aufgezeichnet, einige tausend davon weiter ausgewertet, so die Erkenntnisse der *taz*.[117]

Wenn die Pullacher Schlapphüte etwas finden, müssen sie es den Ermittlungsbehörden melden. Da auch die »Frontal«-Redakteure Auslandsgespräche führten, könne das BKA auf diesem Weg, so mutmaßt die *taz*, durchaus Kenntnis von der Telefonnummer der ZDF-Reporter bekommen haben.

Auch die Politik schaltete sich ein. In einem Brief an Hessens Grünen-Justizminister Rupert von Plottnitz beklagte FDP-Generalsekretär Guido Westerwelle, daß mit dieser Art von Datenübermittlung »der durch das Grundgesetz und die Strafprozeßordnung garantierte Informantenschutz für Presse- und Rundfunkjournalisten massiv unterlaufen« worden sei. Westerwelle: »Ich halte diese Vorgehensweise der Frankfurter Staatsanwaltschaft für einen justizpolitischen Skandal, der nicht ohne Folgen bleiben dürfte.«

Der Paragraph 12 umfasse »keinerlei besondere Schutzvorkehrung für Journalisten«, deshalb hätten seine Staatsanwälte sich getreu den Buchstaben des Gesetzes verhalten, wehrte sich von Plottnitz. Daß dieses Gesetz »durchaus bedenklich« sei und »rechtsstaatliche Defizite« enthalte, das zumindest räumte er ein – eine höchst differenzierte Rückendeckung, die Staatsanwälte normalerweise gar nicht komisch fänden, wie die *Frankfurter Rundschau* bemerkte.[118] Zugleich kündigte er eine Initiative an, damit der Paragraph 12 FAG »im Interesse der Schutzgüter der Pressefreiheit und des ungestörten Verkehrs zwischen Verteidiger und Beschuldigtem« überarbeitet werde.

Dessen Korrektur ist im Rahmen des neuen Telekommunikationsgesetzes ohnehin vorgesehen. Ob dabei ein besserer Datenschutz herauskommen wird, ist eher fraglich. Im Gegenteil: Wenn Gesetz wird, was derzeit in der Diskussion ist, nämlich daß die Polizei die Daten von Telefongesprächen nicht erst bei Straftaten, sondern schon zur Gefahrenabwehr anfordern darf, dann ist das ein Freibrief für die Lauscher. Natürlich steckt dahinter auch, wie sooft bei solchen Gesetzen, der Wunsch, den Markt in den Griff zu bekommen. Dem Vernehmen nach will man den privaten Telefonnetzbetreibern in die Suppe spucken, die immer noch damit werben, daß man bei ihnen vertraulich telefonieren könne.

Die Frankfurter Staatsanwaltschaft dagegen ging zum Angriff über: Wieder einmal (!) wäre die »Frontal«-Redaktion einer Fehleinschätzung erlegen. Bei der gesamten Aktion sei alles mit rechten und vor allem rechtlich einwandfreien Dingen zugegangen. Man prüfe deshalb rechtliche Schritte gegen das ZDF. »Staatsanwaltschaft und Polizei würden sich dem Vorwurf schwerster Versäumnisse aussetzen, wenn sie bei der Suche gerade nach verdächtigen Wirtschaftsstraftätern wie Dr. Jürgen Schneider (...) naheliegende und gesetzlich zulässige Fahndungsmöglichkeiten außer acht ließen«, protestierte Pressesprecher Job Tilmann.

ZDF-Intendant Dieter Stolte wollte die Sache nicht einfach auf sich beruhen lassen, sprach von einem Angriff auf die Pressefreiheit und kündigte an, das ZDF werde gegen dieses infame Verhalten rechtlich vorgehen. Das Frankfurter Landgericht aber legte sich quer. Um die Begründung der Richter einfach zu formulieren: Weil in dem konkreten Fall keine Wiederholungsgefahr bestünde, schließlich war Schneider zum Zeitpunkt dieser Entscheidung bereits festgenommen, sei eine Beschwerde dagegen nicht zulässig. Im übrigen, so die Richter, sei nur der Informant geschützt, den der Reporter nicht von sich aus preisgebe. Durch die Übergabe des Schneider-Tonbandes an das BKA sei aber genau dies geschehen.

Eine Argumentation, bei der man schon um mehrere juristische Ecken denken muß, um ihr folgen zu können.

Das ZDF jedenfalls erhob gegen diesen Beschluß Beschwerde beim Bundesverfassungsgericht. Bei Abschluß der Arbeiten zu diesem Buch war über die Verfassungsbeschwerde noch nicht entschieden. Nach den jüngsten Entwicklungen, vor allem beim sogenannten Telekommunikationsgesetz, scheint diese Verfassungsbeschwerde gebotener denn je zu sein.

Das Nachschnüffeln bei Journalisten ist in Deutschland wirklich nichts Neues. Im Zuge der Fahndung in den siebziger und achtziger Jahren nach tatsächlichen oder vermeintlichen Mitgliedern der Rote Armee Fraktion (RAF) gerieten immer wieder Journalisten, vor allem linke, ins Fadenkreuz der Ermittler. Und es war nicht allein das BKA, das sich für die Arbeit der »vierten Gewalt« interessierte. Auch das Bundesamt für Verfassungsschutz und seine Landesämter machten (und machen) gelegentlich Gebrauch von dieser Möglichkeit.

Warum diese Aufregung, mag sich der staatstreue Bürger fragen. Schließlich geht es darum, daß ein Ganove seiner gerechten Strafe zugeführt wird. Muß da nicht das journalistische Interesse zurückstecken? Einfach ist diese Frage sicher nicht zu beantworten.

Der Journalist lebt von seinen Informanten. Die Aufdeckung der meisten Skandale, aber auch von Unrecht gelangen, weil Insider, Mitwisser, vielleicht sogar Mittäter aus den unterschiedlichsten Motiven bereit waren, ihr Schweigen zu brechen. Und das gilt nicht nur für Deutschland: Die Watergate-Affäre ist sicher das bekannteste Beispiel.

Das Verhältnis zwischen Informant und Journalist ist ein sehr heikles und zerbrechliches. Es funktioniert nur, wenn der Informant sich darauf verlassen kann, daß seine Mitwirkung bei der Aufklärung absolut vertraulich bleibt. Das Grundgesetz garantiert dem Journalisten ein Zeugnisverweigerungsrecht. Selbst vor Gericht muß er seinen Informanten nicht verraten. In einem demokratischen Staat ist dies eine unabdingbare Garantie für einen funktionierenden Journalismus, zugleich von unschätzbarem Wert und am ehesten noch mit dem besonderen Schutz der Anwälte zu vergleichen, auch wenn die einschlägigen Gesetze diesen vor allem in der Praxis höher bewerten.

In der Regel wird der Informant dem Journalisten vertrauen, dem er sein Wissen preisgibt. Doch was nutzt ihm das, wenn er damit rechnen muß, daß der Journalist abgehört oder sonstwie bespitzelt wird und die Informationen auf diesem Umweg sozusagen »in falsche Hände« gelangen? Dem Journalisten wäre daraus kein Vorwurf zu machen, denn er kann es ja nicht verhindern. Am Ergebnis allerdings änderte es nichts. Die Vertraulichkeit wäre dahin.

Das Bespitzeln von Journalisten, gleich in welcher Art, birgt noch eine weitere und nicht zu unterschätzende Gefahr. Wie bei jeder »Überwachungsmaßnahme« gibt es sogenannte Zufallsfunde. Selten kann es sich nämlich ein Journalist erlauben, exklusiv nur in einem Fall zu recherchieren. Vor allem investigativ tätige Reporter arbeiten bisweilen an mehreren heißen Fällen gleichzeitig. Über Wochen, manchmal Monate halten sie Kontakt zu bestimmten Informanten in der Hoffnung, daß irgendwann genügend Informationen zusammenkommen, um einer Story zum Durchbruch zu verhelfen.

Diese Recherchen haben mit dem eigentlichen Interesse der »Überwacher« gar nichts zu tun. Dennoch fallen für sie Erkenntnisse an, die es zumindest ermöglichen, eine Art Profil zu erstellen, das genau Auskunft darüber gibt, mit welchen Informanten der Journalist Kontakt hat, ja sogar, in welcher Sache er recherchiert. Zwar unterliegen solcherart gewonnene Informationen, wie bei jeder richterlich angeordneten Telefonüberwachung auch, einem Beweisverwertungsverbot, doch kein vernünftig denkender Mensch wird garantieren wollen, daß solche Informationen nicht »irgendwie« verwendet werden.

Es gibt sogar Beispiele, in denen dies nicht nur vermutet werden muß, sondern sogar sehr wahrscheinlich ist: Einmal angenommen, ein Journalist recherchiert in einem Fall aus dem Bereich der Kriminalität und hat in diesem Zusammenhang Kontakt mit einem Informanten aus Kreisen der Polizei. Dieser dürfte strenggenommen mit dem Journalisten ohne Genehmigung seines Dienstherren gar nicht reden. Er verstößt also nicht nur gegen dienstrechtliche, sondern auch gegen strafrechtliche Bestimmungen.

Würden nun andere Polizisten im Rahmen einer Überwachung des Journalisten »zufällig« davon erfahren, dann müßten sie gegen den Informanten aus den eigenen Reihen vorgehen, da sie sich sonst selbst der Strafvereitelung schuldig machten.

Die Konsequenz: Der Journalist verlöre seinen Informanten, und jener sähe sich mit dienst- und strafrechtlichen Konsequenzen konfrontiert.

Wenn sich diese Form der Journalistenüberwachung erst mal durchsetze, so fürchtete M, die Zeitschrift der IG Medien, »wird entweder die Recherchearbeit in diesen Bereichen unmöglich, oder Journalisten müssen selbst zu konspirativen Arbeitsformen greifen, was ihrer Stellung und Aufgabe widerspricht«.[119]

Ob dieser staatsanwaltschaftliche Eingriff nun verhältnismäßig war oder nicht, wird das Bundesverfassungsgericht entscheiden. Eines aber steht heute schon fest: Den von BKA und Staatsanwalt erhofften Erfolg, nämlich Schneider zu finden, hatte er nicht. Dazu führten ganz andere Dinge.

Endstation Miami

Zu seinem letzten Termin in Freiheit erschien Dr. Jürgen Schneider nicht im standesgemäßen Zweireiher, sondern im Freizeit-
Outfit: aufgeknöpftes weißes Hemd, rot und blau geblümte Bermudashorts, braungebrannt. Die ihm noch verbliebenen Haare
hatte er sich etwas länger stehen lassen; sie lockten sich jugend-
lich. Statt des Toupet hatte sich der Pleitekönig einen Schnurrbart
zugelegt. So hatte ihn vorher noch keiner gesehen, und es darf
angenommen werden, daß sich so mancher Manager in den Etagen deutscher Geldtürme ein breites Grinsen nicht verkneifen
konnte.

Ein Jahr lang war Schneiders Toupet alles, was die BKA-Fahnder von dem meistgesuchten Deutschen vorweisen konnten. Dann
ging nach dem Skalp auch der Besitzer ins Netz. Am 18. Mai um
15.30 Uhr Ortszeit Miami war es soweit. Beamte der amerikanischen Bundespolizei FBI und Zielfahnder des BKA verhafteten den
»Herrn der Häuser«– sinnigerweise vor einer Bank.

Auf Schneiders Spur brachte die Fahnder jener Mann, der den
untergetauchten Baulöwen gerade vor ihnen bewahren sollte:
»Poletti hat's vermasselt«, urteilte der *Spiegel* und fragte, ob er
denn nicht bemerkt habe, daß ständig diese unauffälligen Herren
hinter ihm gewesen seien?[120] Offensichtlich nicht.

Poletti hatte sich nach seiner Rückkehr aus Genf wieder bei
Alamo einen Mietwagen geholt: dieses Mal einen roten Nissan
Centra mit dem Kennzeichen RXN 65 K. Er wußte ja nicht, daß
das FBI und das BKA ihn schon seit Monaten im Visier hatten und
jeden seiner Flüge aufmerksam registrierten. Und so blieb den
Fahndern auch die Anmietung des Leihwagens nicht verborgen.
Noch am selben Tag, an diesem sonnigen 17. Mai, entdeckte die
Polizei das Auto vor dem Apartmentblock der Alexander Towers
in der 3505 Ocean Drive in Hallandale. FBI und BKA legten sich
auf die Lauer.

Poletti hatte noch einiges zu erledigen. Nachdem er gut zwei
Wochen weg gewesen war, benötigten seine Schützlinge dringend

Nachschub an allerlei kleinen Dingen des Lebens. Poletti machte sich auf die Socken, kaufte ein, die Fahnder im Nacken.

Nun ist es nicht einfach, einen Mann im Gewühl einer Großstadt zu observieren, von dem man nicht weiß, wie argwöhnisch er vielleicht mit Observationen rechnet. Rückt man ihm zu nahe auf die Pelle, könnte alles auffliegen. Stets spielt man dabei mit dem Risiko, die »Zielperson« aus dem Auge zu verlieren. Und so geschah es auch. Als er gegen 18 Uhr eine Mall in der Collins Avenue betrat, in der sich unter anderem ein Laden mit deutschen Zeitungen befindet, war er plötzlich verschwunden. Doch gottlob kannten die Häscher mittlerweile den Unterschlupf Polettis in Hallandale. Sie mußten nur warten, bis er wieder auftauchte.

Polettis Einkaufsbummel schien die Bedürfnisse in Apartment 1414 noch nicht ausreichend befriedigt zu haben. Am nächsten Morgen mußte er sich wieder auf den Weg machen. Es war Donnerstag, der 18. Mai 1995. Währenddessen legten die Schneiders sich an den Pool und genossen die kräftig strahlende Sonne Floridas.

Poletti ging auf die Post, in eine Apotheke und in mehrere Supermärkte. Wieder hatte er reichlich zu schleppen. Seinen Beobachtern fiel jedenfalls auf, daß er größere Mengen Getränke und Obst einkaufte, mehr als ein einzelner normalerweise brauchte. Schneiders Babysitter verstaute alles feinsäuberlich in seinem roten Nissan und fuhr zurück nach Hallandale.

Die Sonne begann gerade ein wenig von ihrer Kraft zu verlieren, als Poletti wieder aus dem Haus kam. Es war halb drei Uhr. Doch diesmal war er nicht allein. Begleitet wurde er von einer »zunächst nicht identifizierten männlichen Person«. Die beiden stiegen in Polettis Mietwagen und fuhren Richtung Miami; die Polizei heftete sich an ihre Fersen. Poletti steuerte Downtown an. In der East Flagler Street parkte er den Nissan vor der Capital Bank, wechselte ein paar Worte mit seinem Begleiter und verschwand in der Bank. Zurück im Wagen blieb: Dr. Jürgen Schneider.

Auf der anderen Straßenseite hatten Beamte des FBI Position bezogen, beäugten die Szene. Zwei Beamte gingen schließlich zu dem geparkten Nissan und blickten den Mann, der da etwas verloren auf dem Beifahrersitz saß, ins Gesicht. Eine gewisse Ähnlichkeit war nicht zu leugnen. Sie klopften ans Fenster. »Are you Dr. Schneider?« fragten sie ihn.

Der so Angesprochene tat zunächst, als verstünde er nichts, und erklärte in radebrechendem Englisch, es müsse sich um eine Verwechslung, ein Mißverständnis handeln. Die FBI-Beamten jedoch wollten es genau wissen und winkten ihre deutsche Kollegen herbei. Als einer der Zielfahnder des Bundeskriminalamtes den Verdutzten mit »Herr Doktor Schneider« begrüßte, blieb dem nur noch zu sagen übrig: »Ja, ich bin es.« Ende einer 13monatigen Flucht.

Auch Poletti wurde verhaftet, als er aus der Bank kam; er war über den unangemeldeten Besuch genauso überrascht wie sein Brötchengeber.

Eine Stunde später klingelte es am Apartment 1414. Claudia Schneider öffnete die Tür in Erwartung ihres Mannes und Polettis. Statt dessen blickte sie in die Gesichter von Beamten des FBI und des BKA. »Frau Schneider, Sie sind verhaftet«, werden sie der vermutlich erstaunten Gattin des einstigen Baulöwen eröffnet haben.

In Frankfurt und Wiesbaden brach Jubel aus. »Die sehr gute internationale Zusammenarbeit, insbesondere die monatelange Unterstützung durch das FBI, das Department of Justice und die Schweizer Behörden sowie die intensive Auswertung der Spuren, die Schneider auf seiner gut vorbereiteten Flucht hinterlassen hatte, ermöglichten der Zielfahndung des BKA diesen Fahndungserfolg«, äußerten in einer gemeinsamen Presseerklärung Staatsanwaltschaft und Bundeskriminalamt.

»Das war einer der schwierigsten, wenn nicht der schwierigste Fall in den zehn Jahren unserer Arbeit«, gab der Chef der BKA-Zielfahnder, Hans Schmid, während einer Pressekonferenz unumwunden zu. Noch 24 Stunden zuvor hatte der Top-Fahnder, der an diesem 19. Mai viele Hände schütteln und zahlreiche Glückwünsche entgegennehmen durfte, nicht die leiseste Ahnung, daß sein größter Erfolg so unmittelbar bevorstand.

»Von den Medien wurde immer wieder verbreitet, wir würden im dunkeln tappen«, erinnert sich Staatsanwalt Dieter Haike. »Das stimmte so natürlich nicht. Wir hatten schon recht konkrete Vorstellungen, wo Schneider sich aufhalten könnte.« An die Iran-Spur beispielsweise habe Zielfahnderchef Schmid nie geglaubt. Der »Schneider im Iran? Niemals!« soll er gesagt haben: Absolutes Alkoholverbot, die Frau mit Tschador und keinen Schritt vor die Haustür – undenkbar!

Auch die Möglichkeit, daß Schneider sich auf die Bahamas oder in eine lateinamerikanische Bananenrepublik abgesetzt habe, war laut Haike eher unwahrscheinlich. »Der hätte sofort die lokale Korruption und Gangster am Hals gehabt.« Der englische Posträuber Ronald Biggs sei hierfür ja wohl das beste Beispiel. Schließlich war weltweit bekannt, daß der vermeintliche Milliardenbetrüger Schneider auf und davon war. Und die meisten Medien mutmaßten durchaus begründet, daß er etliche Millionen mitgenommen habe.

Nein, Haike glaubt heute, daß Schneiders Flucht in die USA durchaus wohlüberlegt und seine im *Focus* geäußerte Behauptung, wenn er hätte flüchten wollen, wäre er irgendwo in Südamerika verschwunden, nichts anderes als der Trick eines Roßtäuschers war. »Die USA waren ideal. Reiche Leute fallen da überhaupt nicht auf.« Dort sei es für ihn am leichtesten gewesen unterzutauchen.

Darum hatte das BKA den Aufenthaltsort Miami seit Anbeginn der Schneider-Fahndung als den wahrscheinlichsten verfolgt. Verständlich, hatten doch die Ermittlungen nach Schneiders Verschwinden ergeben, daß er samt Frau von Washington nach Miami gereist war. In Miami verloren sich die Spuren, doch der Mann, den BKA und Staatsanwaltschaft als Schneiders Fluchthelfer in Verdacht haben, Mostafa El Kastaui, reiste immer wieder an Floridas Sonnenküste.

Dies erklärt auch, weshalb bereits am 15. August 1994 vom District Court of Miami ein Haftbefehl gegen das Ehepaar Schneider ausgestellt wurde, obwohl längst ein internationaler Haftbefehl bestand. Ein solcher nationaler Haftbefehl ist nach US-Recht zusätzlich notwendig, um einen Ausländer in den Vereinigten Staaten festnehmen zu können. Eine reine Formalität also und nicht, wie gelegentlich vermutet, Teil einer Verschwörung. Weil das FBI nämlich bei der Beantragung des Haftbefehls dem Gericht mitteilte, es kenne die *specific whereabouts*, den Aufenthaltsort Schneiders, glaubten manche Zeitgenossen nur allzugern, man habe längst gewußt, wo Schneider war, ihn aber vielleicht mit Rücksicht auf die Deutsche Bank und andere geschädigte Großbanken geschont.

Nach seiner Festnahme tauchte auf dem Frankfurter Börsenparkett sogar das Gerücht auf, die Inhaftierung sei auf den Tag nach der Hauptversammlung der Deutschen Bank verschoben worden, damit das Thema dort nicht auf die Tagesordnung gesetzt werden würde. Manche munkelten sogar, der Zeitpunkt der Verhaftung sei so spät gewählt worden, um alle nur erdenklichen Fristen für einen Einspruch Schneiders gegen das Konkursverfahren verstreichen zu lassen.

Auch Schneider selbst förderte den Verdacht, die späte Verhaftung sei kein Zufall. In dem bereits mehrfach zitierten Interview mit dem Magazin *Focus* sagte Schneider unter anderem: »Die Fahnder wußten ja bereits seit Juli/August des Jahres 1994, wo wir sind. Dazu gibt es Dokumente, Unterlagen, und ich persönlich kenne auch die näheren Umstände.«

Focus: »Seit Juli 94 wußten die das schon?«

Schneider: »Ja, die wußten ganz genau, wo wir lebten.«

Focus: »In diesem Gebäude, in dem Sie zuletzt Ihr Apartment hatten?«

Schneider: »Genau. So ist es. Ich kenne alle Details. (...)«[121]

Schneider will den Lesern des Blattes glauben machen, es habe »eine Art Commentverletzung« gegeben, es sei also eine Art Stillhalteabkommen gebrochen worden. Einseitig von Schneider, als er sich mit dem bereits erwähnten Tonband an das ZDF-Magazin »Frontal« wandte. Die »deutlichen Worte« auf dem Tonband sollen der anderen Seite, womit nur die Banken gemeint sein können, nicht geschmeckt haben. Deshalb, das meint er wohl, sei er zwei Tage nach der Ausstrahlung des Tonbandes verhaftet worden.

Eine abenteuerliche Theorie, die bei genauerem Hinsehen zerplatzt wie eine Seifenblase. Das FBI mußte eine solche Formulierung über den möglichen Aufenthaltsort Schneiders in den Antrag aufnehmen, da kein US-Gericht sonst den Haftbefehl ausgestellt hätte. Der Richter hätte nämlich darauf hinweisen können, daß der Gesuchte sich vielleicht in einem anderen Bundesstaat oder Distrikt aufhält, und damit seine Unzuständigkeit begründet.

Schneider wird jedoch nicht müde, seine Verschwörungstheorie am Leben zu erhalten. »Höchste Kreise in Deutschland« sollen ein vitales Interesse daran gehabt haben, daß er und seine Frau so schnell nicht wieder auftauchen.

»Wirtschaftliche, politische und geldliche Kreise«, so verriet Schneider, sollen seine Verhaftung verhindert haben. Warum er dann doch verhaftet wurde – wer weiß? Vielleicht war es ein Betriebsunfall. Das Werk übereifriger Polizeibeamter, die einfach nur ihre Arbeit taten, leider zu gut, und damit der Deutschen Bank einen Strich durch die Rechnung machten.

Ein Erdbeben hätte es in Deutschland gegeben, wenn er ausgepackt hätte. Schließlich stand das Land damals vor Bundestagswahlen. Und die Diskussion um die Macht der Banken war wieder mal auf dem Höhepunkt. In dieses Klima hinein wären dann die »sensationellen Enthüllungen« Schneiders geplatzt. Schneider der Weltverbesserer.

Alles Blödsinn. Schneider vergißt bei seiner Legendenbildung nämlich eines: Sicherlich haben sich die Banken, die in diesem Lande bekanntlich die wirtschaftliche und damit politische Macht repräsentieren, in seinem Falle nicht gerade mit Ruhm bekleckert, und es gibt genügend ernstzunehmende Kritikpunkte, so daß es des Verschwörungsvorwurfes gar nicht mehr bedarf.

Außerdem weiß jeder Geheimdienstler, eine Verschwörung mit so vielen Mitwissern, wie im Falle Schneider zwangsläufig zusammengekommen wären, hätte sich nicht geheimhalten lassen. Zu viele Subalterne hätten zum Stillschweigen vergattert werden müssen. Irgendwann hätte jemand das Schweigen gebrochen, wäre ausgeschert aus der Reihe der Vertuscher. Motive dafür lassen sich immer finden. Bisher ist noch jede Verschwörung, sofern sie denn eine war, aufgeflogen. Und früher oder später, das hätten die angeblichen Verschwörer ahnen müssen, wäre man Schneider auf die Spur gekommen und alle Mühe vergebens gewesen.

Richtig ist sicherlich, daß es den Banken nicht gelegen sein kann, wenn einer wie Schneider in einem öffentlichen Prozeß die Geschäftsprinzipien dieser Branche offenbart und damit zwangsläufig die Diskussion um die Mitschuld der Geldpaläste neu entfacht. Die Banken haben wirklich allen Grund zu hoffen, daß möglichst wenig über die Hintergründe der Schneider-Pleite publik wird. Dazu an anderer Stelle mehr.

Die Frankfurter Staatsanwälte sehen Schneiders neue Geschichten gelassen. Das kenne man von jedem Wirtschaftsverbrecher, gibt Staatsanwalt Dieter Haike zu bedenken: Vollmundige Ankündigungen, die wahren Schuldigen des Desasters zu entlarven. Schuld war immer irgend jemand anderer. Dabei bleibt es dann meistens.

Und die Deutsche Bank kommentierte nur knapp: »Die Sprüche des geflohenen Bankrotteurs Schneider richten sich gegen ihn selbst. Wenn er etwas zu sagen hat, dann soll er es doch tun – vor einem deutschen Gericht.«[122]

An jenem 18. Mai wird Dr. Jürgen Schneider zunächst bestimmt andere Sorgen gehabt haben, als sich über Commentverletzungen und Verschwörungstheorien Gedanken zu machen. Er wirkte »sichtlich abgespannt«, als er mit auf dem Rücken gefesselten Händen von FBI-Beamten auf den Rücksitz eines Polizeiwagens verfrachtet wurde, berichtete *dpa*.

Schneider verhielt sich so, wie man es von einem vermeintlichen Ganoven erwartet: Laufend wiederholte er, er sei unschuldig und werde alles aufklären. Ich werde reden, versprach er und schien damit ausdrücken zu wollen, daß dieses Versprechen einigen Herren in Deutschland gar nicht passen könnte.

Seine erste unfreiwillige Reise führte Schneider in den Norden

Miamis. 8400 N. W. 53rd Street ist das sogenannte Field Office des FBI, ein schmuckloser Flachbau inmitten eines Gewerbegebietes. Die einzige Dekoration sind die Palmen vor dem Gebäude, die aber in Miami an jeder Ecke wachsen.

Eine weitere Erfahrung durfte Schneider an diesem Tag sicherlich das erste Mal in seinem Leben machen: die erkennungsdienstliche Behandlung – Fingerabdrücke nehmen und das Zusammentreffen mit dem FBI-Fotografen. Dabei entstand jenes Bild, das tags darauf bundesweit die Titelseiten der Zeitungen schmückte: ein geschnappter Baulöwe, die Lippen zu einem dünnen Strich gepreßt, vor seiner Brust ein Schild mit Namen, Geburtsdatum, dem Tag der Festnahme und der Nummer 163 A BN 12108.

Als die Schneiders Stunden später von FBI-Beamten durch ein Spalier laufender Fernsehkameras in Richtung Polizeigefängnis weggebracht wurden, war jeglicher Hauch von Eleganz, mit dem sich das Paar in besseren Tagen so gerne umgab, verschwunden. Müde und konsterniert blickte Schneider in die Kameras, gelegentlich wiederholend, er werde alles aufklären, die Gattin quälte sich ein Lächeln ab.

Man kennt diese Szenen ja aus Fernsehserien wie »L. A. Law« oder »NYPD Blue«: ein großer Saal mit einer Barriere aus gedrechseltem Holz. Hinter einem übermächtigen, selbstverständlich erhöhten Schreibtisch thront, eingerahmt von der US-Bundesflagge und der Fahne des jeweiligen Bundesstaates, »Euer Ehren«, der Richter. Meist vielbeschäftigt in irgendwelchen Akten kramend, gelegentlich aufblickend, mal mißfällig, mal mahnend, stets streng und nach einem obligatorischen Schlag mit dem Holzhammer den Delinquenten mit einem richterlichen Beschluß überziehend: mitunter wird eine Kaution festgesetzt, meist hagelt es Knast.

Vor der Holzschranke ist mehr los: Da sitzen die armen Sünder, im Film sind's meist Schwarze, sekundiert von ihren Anwälten, rutschen nervös auf den Holzbänken herum und warten, daß sie an die Reihe kommen. In Miami sind es meist Drogenhändler, die hier ihrem Auftritt entgegenzittern. Sie machen 70 Prozent aller

Festgenommenen aus, und 40 bis 50 solcher Fälle pro Tag sind für einen Richter in dieser Stadt eher die Regel.

Da dürfte das sonderbare Pärchen, das an jenem 19. Mai um viertel nach zwei an der Reihe war, durchaus eine Abwechslung im täglichen Einerlei von Richter Stephen Braun gewesen sein. Etwas derangiert sahen sie ja aus, dieser Dr. Schneider und seine Gemahlin, die mit anderen Gefangenen, aber vier Bänke voneinander getrennt, in hellblauer Häftlingsmontur und in Plastiksandalen, auf den Spruch des Haftrichters warteten. Man habe in den vergangenen 32 Stunden auch nur acht Stunden Schlaf gefunden, klagte der arretierte Pleitier, und sei deshalb ziemlich erschöpft.

Die Formalitäten waren schnell abgehandelt: Man dürfe die Aussage verweigern und habe das Recht auf einen Anwalt, klärte Richter Braun die beiden auf, was diese aber sicherlich auch schon aus den erwähnten Krimiserien wußten. Dann konfrontierte Richter Braun das Ehepaar mit den Vorwürfen. Schneider, ungerührt: »Ich verstehe die Vorwürfe, aber ich lehne es ab, sie anzuerkennen.« Wer hätte auch wirklich etwas anderes erwartet?

Kaution? No way! Nein, da ließe sich rein gar nichts machen, beschied der gestrenge Richter. Vorläufig müßten beide hinter schwedische Gardinen. Außerdem sollten sie sich einen Anwalt suchen.

Mitgehangen, mitgefangen, das galt für Schneider-Gattin Claudia ebenso wie für Betreuer und Hofnarr Poletti. Leider könne er sich keinen eigenen Anwalt leisten, beschied Poletti den Richter, vermutlich wissend, daß die amerikanischen Rechtsvertreter leicht mal mehrere hundert Dollar Stundenlohn kassieren. Deshalb wolle er einen Pflichtverteidiger. In Genf, so erläuterte er weiter, habe er nur »ein paar Tausender« als Rücklage, kein eben nennenswertes Vermögen, und schon gar keine Immobilien. Wovon er denn gelebt habe, wollte Richter Braun wissen. »Babysitting« für ein österreichisches Ehepaar (sieh mal an!), antwortete Poletti. Er habe im Auftrag gehandelt und dafür 500 Dollar wöchentlich bekommen. Den Namen Kastaui freilich verschwieg er geflissentlich.

Nun, leider gab es für Poletti kein Pardon. Da die Deutschen auch ihn gerne hätten, so Richter Braun, dürfe der Babysitter seinem Schützling weiterhin Gesellschaft leisten – allerdings in einer Gefängniszelle.

»Ich will nicht jammern. Knast ist Knast«

Das Federal Detention Center in Miami gilt als das modernste und sicherste Gefängnis der Vereinigten Staaten: Ein Hochsicherheitsknast, in dem Drogenhändler, Mörder und andere Schwerverbrecher nicht selten den Rest ihres Lebens verbringen. Von außen sieht es mit seinem prächtigen Portal eher wie ein moderner Hotel- oder Bürobau aus. Lediglich die schießschartenartigen Fensterluken stören den Gesamteindruck ein wenig.

Für 1200 Gefangene erbaut, waren zum Zeitpunkt von Schneiders Verhaftung 800 Betten belegt. Geradezu paradiesische Zustände nicht nur in einem amerikanischen Gefängnis. In Zelle 257 im elften Stock des Luxusknastes (*Die Welt*) wohnte fortan Häftling Nr. 43939/004, wie Jürgen Schneider ganz bürokratisch nunmehr hieß. Seine Frau wurde im Stock darüber untergebracht. Strenge Geschlechtertrennung. Sehen durften sich die beiden nur auf Antrag, wenn die Anwälte zu Besuch kamen oder wenn sie zu einer gerichtlichen Anhörung mußten.

Doch Trennung überwindet gelegentlich Trennendes. So gut habe man sich schon lange nicht mehr verstanden, vertraute Claudia dem *Focus* an. Das Verhältnis zu ihrem Mann sei wieder »so innig wie am Anfang unserer Ehe«. »Wir standen fast kurz vor der Scheidung«, bestätigt auch Ehemann Jürgen und meint damit vermutlich die Zeit vor ihrem Weggang aus Deutschland. Aber Not schweißt bekanntlich zusammen.

Was Jürgen Schneider in den ersten Tagen seiner Haft durch den Kopf ging, ist nicht überliefert. Dafür wissen wir, was er im Knast zu essen bekam, *Bild am Sonntag (BamS)* sei Dank. Die Postille fand nämlich heraus, daß seine erste Mahlzeit aus Thunfischsandwiches und Salat bestand, nach Armeerichtlinien zubereitet und mit Plastikbesteck serviert. Auch beim Getränkeangebot im Federal Detention Center würde sich Schneider umstellen müssen: statt eines gepflegten Pils' oder Whiskeys nun Orangensaft und dünnen Filterkaffee.

Im Raumangebot mußte sich Schneider gehörig einschränken. Gut, Königsteiner Verhältnisse hatte er schon seit mehr als einem Jahr missen müssen, denn gegenüber der ehemaligen Residenz im Taunus dürfte ihm das Apartment im Rentnerblock in Hallandale schon wie ein Hasenkäfig vorgekommen sein. Doch nun schrumpfte dies alles auf rund 14 Quadratmeter zusammen, ausgestattet mit einem Bett, einem winzigen Klapptisch, einem Waschbecken und einer Toilette (ohne Schamwand, wie Schneider sich empörte). Eine Behausung, wie sie selbst den alten Spartanern lausig erschienen wäre.

Der Häftling Nr. 43939/004 war ein ganz normaler Gefangener wie jeder andere auch. Vom Glanz des alten Baulöwen war nichts geblieben. Schneider, der einst Milliarden bewegte, durfte jetzt gerade noch darüber entscheiden, ob er zum Frühstück lieber Cornflakes oder Toast essen wollte.

Die folgenden neun Monate dürften zweifelsohne zu den härtesten gehören, die das Ehepaar Schneider durchlitt. Im Knast von Miami herrschen rauhe Sitten. Drogenhändler, Mörder und Kidnapper bestimmen dort, wer oben und wer unten ist. Wer sich nicht unterordnet, hat nichts zu lachen. Prügeleien, nächtliches Geschrei und andere Roheiten – alles völlig normal. »Das war die härteste Lektion meines Lebens«, vertraute die luxusverwöhnte Claudia dem *Focus* an.[123] Besonders sie mußte leiden, glaubt man ihren Darstellungen im *Focus*. »Hier ist sie nicht mehr die hofierte Baulöwin, sondern die Puppe des Gangsters«, schreiben die Reporter. Erst als sich zwei Mitgefangene um Claudia kümmerten, ging es offenbar etwas bergauf: »Die haben mich immer in die Mitte genommen und auch aufgepaßt, daß die anderen mir nicht das Essen wegnehmen.«

Sie habe nicht nur zwölf Kilo abgenommen, keinen Alkohol getrunken, sondern auch gelernt, »sich total unterzuordnen. Total. Mund halten. Augen schließen. Ohren schließen.«

Und auch sonst hatte sie manches zu erdulden. Angeblich sogar von seiten des Anstaltspersonals. Üblicherweise muß sich jeder Gefangene nach einem Besuch nämlich nackt ausziehen, wird auf verbotene Gegenstände, vor allem Drogen, durchsucht. Die weiblichen Gefangenen würden dabei auch von männlichen Wärtern begafft, schreibt das Münchner Magazin.

Jürgen indes hatte solches Interesse an seiner Person sicherlich nicht zu fürchten. Er mußte sich vor allem vorsehen, daß er sich nicht den »Bips« holte. Wegen der tropischen Temperaturen Floridas ist der Knast vollklimatisiert. Wer aber amerikanische Klimaanlagen kennt, der weiß, daß die Amerikaner es arktisch lieben, ihre Räume in riesige Kühlschränke verwandeln. Und weil diese Klimaanlagen Tag und Nacht laufen, friert man eben ein bißchen unter den dünnen Decken. Seinem Hüftleiden dürfte dies nicht eben gut bekommen sein. Es soll sich sogar erheblich verschlechtert haben, wie er sagt. Da müsse er nun durch, irgendwann werde er es mal operieren lassen, aber zunächst seien andere Dinge wichtiger. »Ich muß mit dem Staatsanwalt, mit dem Konkursverwalter, mit dem Richter sprechen. Die Operation verschieben wir«, sagt der gute Mensch aus Königstein.

Ansonsten muß er aber recht gut drauf gewesen sein, glaubt man seinen Darstellungen in diversen ausgedehnten Interviews in *Focus*, *Bild* und Sat1. »Ich will nicht jammern. Knast ist Knast«, ließ er sich da vernehmen. Doch hier fand er genug Zeit und offensichtlich auch Energie, um ein regelrechtes Medienkarussel loszutreten, wovon später noch zu berichten sein wird.

Auch auf Kommunikation mußte er nicht verzichten. Ein wegen Betruges einsitzender Deutscher vermittelte Schneider Kontakt zu Gladys Montoya, Tochter einer Kolumbianerin, die wegen Kokainhandels angeklagt war. Die hatte für die Häftlinge im Federal Detention Center einen illegalen, aber florierenden Telefonservice eingerichtet, einschließlich Konferenzschaltung sozusagen von einer Zelle zur anderen. Mittels eines Mobiltelefons konnte jeder

Zahlungskräftige anrufen, wen er wollte, weltweit. Rund 2000 Dollar soll Schneider laut *Stern* monatlich dafür bezahlt haben, daß er täglich mit seiner Frau sowie Freunden und Helfern in Deutschland telefonieren konnte. Claudia profitierte ebenfalls davon: Jeden Morgen zwischen 8.45 und 9.15 Uhr sorgte Gladys dafür, daß die Schneider-Gattin ihre Anrufe erledigen konnte.[124] Montoya soll es auch gewesen sein, sicherlich gegen harte Dollars, die für Claudia Schneider eine Art Leibwache im Knast organisierte – bis das Untergrundnetz kurz vor Weihnachten 1995 aufflog. Von da an sparte Jürgen Schneider dann wohl 2000 Dollar monatlich.

Am 24. Mai traf Schneider erstmals den Mann, der ihm in den nächsten Monaten das Leben schwermachen würde: William Turnoff, Richter am US Magistrate Court of Miami. Es war ein Mittwoch, gegen 14 Uhr, und Richter Turnoff wollte sich selber ein Bild machen, denn schließlich ging es um die nicht unwesentliche Frage, ob die Schneiders an Deutschland ausgeliefert werden sollten oder nicht.

Die Schneiders hatten einen Anwalt aus New York zur Verstärkung dabei: Roman Theus, der erklärte, er sei tags zuvor von Kastauis Genfer Anwalt Maître Canonica beauftragt worden. Theus spielte auf Zeit: Er brauche einen Aufschub von zehn Tagen. Bis dahin wollten seine Mandanten klären, ob sie sich gemeinsam von einem oder doch besser getrennt von zwei Verteidigern vertreten lassen wollten.

Schneider drückte auf die Tränendrüse: Er wolle zunächst mal seine finanzielle Situation überprüfen. Vielleicht sei er ja so klamm, daß er sich nur noch einen Pflichtverteidiger leisten könne. Damit hatte das hohe Gericht nicht gerechnet. Kein Wunder, daß diese Bemerkung Schneiders im Saal »allgemeine Heiterkeit auslöste«, wie sich der BKA-Verbindungsbeamte in Miami in einem Vermerk über die Sitzung notierte.

Am 24. Juli, so beschloß Richter Turnoff, wolle er endgültig über die Auslieferung Schneiders entscheiden.

Verräter?

Tja, was soll man glauben? Und vor allem wem? Da wird einem erst geholfen, eine kleine Reise zu machen von Königstein nach Miami. Einer scheut weder Kosten noch Mühen, eine passable Unterkunft zu finden, und stellt noch einen Alleinunterhalter. Und dann so was... Verrat? Diese niederträchtigste aller menschlichen Eigenschaften?

Poletti glaubt es. Sagte er jedenfalls dem *Stern*. Schneider scheint es auch zu glauben. Schließt es jedenfalls nicht aus. Sagte er dem *Focus*. Den Verräter hat man schon ausgemacht: Mostafa El Kastaui, den Hilfreichen aus dem Morgenland.

Wie sonst soll man es sich erklären können, daß nur zwei Tage nach Polettis Rückkehr von seiner letzten Tour nach Genf in Miami die Handschellen klickten. Da muß doch jemand gepetzt haben.

Eine solche Theorie freilich ist nur vor einem Hintergrund schlüssig: Es ging um viel Geld. Wir erinnern uns: Einst hatte Schneider viel Mühe darauf verwandt, fast eine viertel Milliarde Mark aus seinem Vermögen in die Schweiz zu schaffen, über Umwege, versteht sich, und wohl in der Hoffnung, daß es niemand merkt. Auf einem Konto einer verschwiegenen Privatbank, der Genfer Union Bancaire Privée, hortete er das Geld als Kriegskasse und Notgroschen für schlechte Zeiten.

Doch der Plan ging bekanntlich nicht auf. Schnell hatte, o Wunder, die Deutsche Bank spitz bekommen, wo das schöne Geld hin verschwunden war, und ließ es mit Hilfe der Staatsanwaltschaft für den Konkursverwalter beschlagnahmen.

Schneider wollte sich das verständlicherweise nicht bieten lassen, rechnete er doch fest damit, mit den Millionen noch ein Weilchen seinen Lebensunterhalt bestreiten zu können. Er bemühte Maître François Canonica, den jungen Genfer Advokaten, für ihn das Schätzlein loszueisen. Vermittelt wurde Canonica an Schneider von Mostafa El Kastaui. Ganz nebenbei: Auch Kastaui pflegt Geschäftsverbindungen zur Union Bancaire Privée. Gibt es da etwa einen Zusammenhang? Hatte sich Kastaui vielleicht ausgerechnet, für seine Dienste ein ordentliches Stück von diesem fetten Kuchen abzubekommen, vielleicht sogar den Löwenanteil? Auch Schneider schließt das nicht mehr aus. Dem *Focus* sagte er, er könne nicht mit Gewißheit behaupten, daß das Ganze ein abgekartetes Spiel war. Aber es gebe dazu »viele Fragen«.[125]

Auch über die Rolle Djavadis scheint er sich nicht mehr ganz sicher zu sein. »Er ist durch uns zum mehrfachen Millionär geworden. Ich würde mal sagen, so um die 20 Millionen in drei Jahren. (...) Djavadi ist ein guter Freund unseres Hauses gewesen.« Zum »Fall Djavadi« will er sich auch nicht abschließend äußern, sondern vorher mit dem Frankfurter Staatsanwalt sprechen.

Denken wir noch einen Moment darüber nach. Schneider konnte nicht aus der Deckung. Er brauchte also jemanden, der diese ganze Angelegenheit in seine bewährten Hände nahm: Mostafa El Kastaui. Vielleicht wäre der orientalische Geschäftsmann so etwas wie Schneiders Vermögensverwalter geworden. Was hätte ihm Besseres passieren können, und Schneider mußte ihm schließlich vertrauen.

Mostafa El Kastaui war Schneiders Zahlmeister, und der Ägypter wußte über alle seine Schritte Bescheid, hatte ihn nachgerade in der Hand – dieser Schluß liegt nach Bewertung der BKA-Ermittlungen nahe.

Doch welche Chancen hatte der Ägypter wirklich, an die Schneider-Millionen zu kommen? Was die Schweiz mal beschlagnahmt hat, gibt sie ungern wieder her. Man kennt das ja. Ob das die Millionen und Milliarden gestürzter Potentaten sind oder das zusammengeraffte Vermögen von Gaunern und Ganoven.

Kastaui soll gestöhnt haben: »Der Schneider wird mir langsam zu teuer.«[126] Hat er Schneider, als feststand, daß nichts mehr zu holen war, vielleicht ans Messer geliefert?

Dafür gibt es keinen einleuchtenden Grund. Kastaui saß ohnehin am längeren Hebel. Wenn ihm Schneider zu lästig (oder zu kostspielig) geworden wäre, hätte er ihn bloß wie die sprichwörtliche heiße Kartoffel fallenzulassen brauchen. Sobald Schneider in seinem Versteck in Miami das Geld ausgegangen wäre, hätte er sich zwangsläufig selbst enttarnen müssen. Da hätte es gar keines Nachhelfens seitens Kastauis mehr bedurft.

Viel entscheidender für die Beantwortung dieser Frage ist, daß eine Festnahme Schneiders El Kastaui nur Probleme bescherte. Bis zur Verhaftung des Baulöwen hatte das Bundeskriminalamt nur Vermutungen, was die Rolle Kastauis anbelangte. Klarheit war erst zu erwarten, als die näheren Umstände bekannt wurden, unter denen Schneider in Miami lebte. Damit wurde zugleich die Rolle Kastauis offenbar.

Kastaui mußte klar gewesen sein, daß er über kurz oder lang mit einem Haftbefehl zu rechnen hatte. Daran konnte ihm nun wirklich nicht gelegen sein. Zwar hat der ägyptische Geschäftsmann das unverschämte Glück, zwei oder drei Wochen vor dem Erlaß des Haftbefehls Schweizer Staatsbürger geworden zu sein und damit von der Tatsache zu profitieren, daß die Schweiz wegen Strafvereitelung, und das ist Fluchthilfe juristisch betrachtet, nicht ausliefert. Aber er kann die Schweiz nicht verlassen, ohne das Risiko einzugehen, an der nächsten Grenze verhaftet zu werden. Dem Vernehmen nach soll ihm, der vormals am laufenden Band rund um den Globus jettete, dieser Zustand ziemlich auf die Nerven gehen.

Schneider und die Anwälte

Für einen wie Schneider muß auch in mißlichen Situationen die goldene Regel eines jeden Blenders gelten: Das Beste ist gerade gut genug.

Vielleicht saß er dem weitverbreiteten Irrglauben »Viel hilft viel« auf. Zu diesem Schluß kann man jedenfalls kommen, betrachtet man die Zahl und die Auswahl seiner Anwälte. Allein acht Juristen verschliß der gefallene Immobilienkönig während der Zeit seiner U-Haft in Miami. Den Anfang machte Roman Theus, ein ehemaliger Staatsanwalt, der in seiner früheren beruflichen Existenz Drogendealer jagte.

Theus hatte eines Tages den Hamburger Dr. jur. Yitzhak Goldfine, einen gebürtigen Israeli, im Schlepptau und legte diesem Schneider ans Herz. Goldfine sollte Schneiders Interessen in Deutschland vertreten. Dem braungebrannten Rechtsgelehrten Goldfine gelang es in den darauffolgenden Wochen, zum Souffleur seines Mandanten zu avancieren. Schneider, so schien es, tat daraufhin nichts mehr, ohne seinen Goldfine zu konsultieren.

Dabei ist Goldfine gar kein Anwalt, jedenfalls keiner, der in Deutschland eine Anwaltszulassung hat. Auf seiner Visitenkarte steht wohlweislich deshalb nur, daß er Mitglied der israelischen Anwaltskammer sei.

Tatsächlich hat er eine Anwaltszulassung im israelischen Haifa – unter der Nummer 10167 G. Doch laut *Stern* kennen ihn weder die Topanwälte der israelischen Hafenstadt, noch die dortige Generalstaatsanwaltschaft. Und an einen bedeutenden Prozeß Goldfines könnten sie sich schon gar nicht erinnern.[127]

Wann immer er in Deutschland zugange ist, muß er deshalb gemeinsam mit einem in Deutschland zugelassenen Anwalt auftreten. Eine Technik, die er seit Jahren erfolgreich praktiziert. Was ihn dennoch nicht davor bewahrte, daß die Hamburger Staatsanwaltschaft schon wegen Mißbrauchs von Berufsbezeichnungen gegen ihn ermittelte.

Auch im Fall Schneider schickte Goldfine zugelassene Anwälte vor, um sich Einblick in die Ermittlungsakten zu verschaffen.

Goldfine, über dessen Seriosität sich die Hamburger Anwaltskammer lieber nicht äußern möchte, ist bekannt dafür, daß er ein Händchen für medienträchtige Fälle hat. Populär wurde er vor allem durch die Verteidigung des Kreml-Fliegers Matthias Rust, nachdem dieser eine Krankenschwester, die ihn verschmähte, niedergestochen hatte. Mit dem Anwalt aus Haifa hatte der publicitysüchtige Rust den richtigen Partner gefunden: Goldfine vermarktete Rusts Geschichte an diejenigen, die bereit war, dafür zu bezahlen. Selbst als Rust im amerikanischen Reno vor den Traualtar trat, war Goldfine dabei – und die zahlungswilligen Medien.

Dem Kreis der engsten Schneider-Vertrauten empfahl sich

Goldfine nicht nur als die Rettung für den Clanchef, sondern mit einem Schreiben einer ominösen Panima N. V. auf den Niederländischen Antillen, das von seinem Hamburger Büro per Fax versandt wurde.

In dem Empfehlungsschreiben berichtet ein gewisser Robert H. Smith, Direktor der Panima, Goldfine habe ihn in einem »hoffnungslosen Fall« gegen die Dresdner Bank vertreten: »Es gelang Dr. Goldfine, den Richter am Landgericht eine Entscheidung zu meinen Gunsten abzuringen. Ich bin davon überzeugt, daß dieser Erfolg nur möglich war, weil ich von einem exzellenten, einzigartigen, unkonventionellen und furchtlosen Anwalt vertreten wurde«, so die Lobhudelei aus der fernen Karibik.

Tatsächlich gab es diesen Fall, doch der Prozeßgegner, die Dresdner Bank, hat den Ausgang des Verfahrens anders in Erinnerung: Smith habe den Prozeß verloren, und Anwalt Goldfine sei dabei gar nicht in Erscheinung getreten.

Schneider ließ sich von solchen Details aber offensichtlich nicht abschrecken. Insider berichten, er klebte förmlich seinem Goldfine an den Lippen und ließ auf ihn nichts kommen. Der Mann war scheinbar so richtig nach seinem Geschmack: »Zwei Brüder im Geiste und in der Tat. Zwei, die den Vorwärtsgang lieben und gerne auf die Pauke hauen«, qualifizierte das ZDF-Magazin »Frontal« das seltsame Duo.

Advokat Goldfine hatte in einigen Medien bald seinen Spitznamen weg: Goldfinger. Diesen Namen verdiente er sich durch die Tatsache, daß er offensichtlich von Schneider auserkoren war, dessen Medienkampagne zu organisieren – gegen Bares versteht sich. Davon verstand er etwas, wie schon der Fall Rust gezeigt hatte.

Laut *Stern* habe er geprahlt: »Ich habe 26 oder 24 Ordner fotokopiert. Brisant. Da sind Namen drin, da sind Sachen drin...« Dann soll er dem Hamburger Magazin ein ganzes »Schneider-Paket« angeboten haben: »Interview, Rückflug und die Begleitung beim Prozeß. Gesamtpreis: eine Million Mark.«

Ein Interview mit Goldfine im Beisein von Schneider im Knast von Miami war da schon vergleichsweise günstig zu haben: für eine viertel Million. Einzige Bedingung: keine Fragen an Schneider zu den ihm vorgeworfenen Straftaten.[128] Wofür Goldfine dann allerdings 250 000 Mark haben wollte, bleibt sein Geheimnis.

Seinen größten Deal in Sachen Schneider soll er schließlich mit *Focus* und Sat1 eingefädelt haben. Für das Interview, das *Focus* am 28. August 1995 veröffentlichte und das am Abend desselben Tages auch bei Sat1 über den Bildschirm flimmerte, sollen das Magazin und der Sender gemeinsam angeblich 500 000 Mark bezahlt haben – an Goldfine. Die Summe wurde von den Vertragspartnern allerdings bis heute nicht bestätigt.

Doch selbst wenn der Betrag nicht stimmt: Die dunklen und substanzlosen, ja nichtssagenden Drohungen, die Schneider in diesen Interviews von sich gab, wären noch nicht einmal ein Bruchteil dessen wert gewesen. Die Jagd nach Sensationen macht manche eben blind.

Noch einmal gelang Schneider übrigens ein kapitaler Mediencoup – wieder mit *Focus*. Diesmal war allerdings schon Schneiders späterer Anwalt Christoph Rückel im Spiel. Anfang 1996 verkaufte Schneider sich exklusiv an die Münchner Magazinmacher, die zwischenzeitlich mit *Focus-TV* auch ihre eigene Fernsehsendung hatten. Dem Burda-Verlag soll, so heißt es in der Branche, der Exklusivvertrag 1,6 Millionen Mark wert gewesen sein. *Focus*-Chefredakteur Helmut Markwort bestritt allerdings, daß *Focus* diese Summe bezahlt habe, nannte aber auch keine andere. Vielmehr, so Markwort zu »Frontal«, sei diese Vereinbarung auf eine alte Freundschaft zwischen ihm und Rückel zurückzuführen. Wie selbstlos von Schneider, darauf Rücksicht zu nehmen. Da kann man wieder mal sehen, was alte Freundschaften doch wert sind.

Es ist schon recht schwierig, bei den zahlreichen Rechtsvertretern, die Schneider mehr oder weniger lange beschäftigte, nicht den Überblick zu verlieren. Offensichtlich um nicht selbst dieses Schicksal zu erleiden, engagierte Schneider schließlich Mitte Oktober 1995 die New Yorker Kanzlei Lacher & Lovell-Taylor. Die

New Yorker Advokaten sollten seine mittlerweile internationale Juristentruppe in den USA, der Schweiz und Deutschland koordinieren.

Und damit hatten die reichlich zu tun: In den USA gab es Chefeinflüsterer Yitzhak Goldfine, der von Miami aus Schneiders Medienkampagne steuerte. In Genf saß Anwalt François Canonica, der sich noch immer abmühte, die beschlagnahmten Millionen bei der Union Bancaire Privée freizubekommen.

In Deutschland verteilte Schneider Anwaltsmandate, wie andere Leute Visitenkarten: Lange vor seiner Festnahme war die Mainzer Kanzlei Hoffmann & Knierim im Auftrag des Königsteiner Schloßherrn tätig, gesteuert durch seinen Mittelsmann El Kastaui. Noch vor Schneiders Verhaftung legten die Anwälte aber ihr Mandat nieder, vor allem weil sie ihren Mandanten nie zu Gesicht bekommen hatten und unter einer vernünftigen Verteidigung offensichtlich etwas anderes verstanden.

Claudia Schneider sollte zunächst von dem Hamburger Anwalt Udo Jacob verteidigt werden. In dessen Büro in der Grindelallee hatte sich auch Goldfine vor Jahren niedergelassen. Vorübergehend hatte der Frankfurter Anwalt Gerd Temming ein Schneider-Mandat, zweimal sogar, wiederum durch Yitzhak Goldfine vermittelt.

Der rührige Israeli sah seine vornehmste Aufgabe offenbar darin, ständig neue Juristen für seinen Auftraggeber aufzureißen. Er verpflichtete die renommierten Strafverteidiger Professor Franz Salditt (Neuwied), Reinhold Schlothauer (Bremen) und Hans-Joachim Weider (Frankfurt). Auch der bekannte Strafrechtskommentator Professor Dr. Klaus Lüderssen war kurzzeitig mit im Boot, stieg dann aber genauso schnell wieder aus, weil ihm die ganze Angelegenheit zu unseriös anmutete. Desgleichen Schlothauer und Weider.

Außerdem war da ja weiterhin der Mainzer Anwalt und Ex-Schneider-Bevollmächtigte Horst Schneider, der einzige übrigens, der von Anfang an in Schneiders Anwaltskarussell mit dabei war.

Vorübergehend eingekauft wurde der Frankfurter Anwalt Jörg

Matthias Hildebrand. Dem Konkursrechtler kam die undankbare Aufgabe zu, reichlich spät, Beschwerde gegen das Konkursverfahren einzulegen. Hauptargument: Da Schneider zur Zeit seines Verschwindens gar nicht pleite gewesen ist, sei das Konkursverfahren zu Unrecht eingeleitet worden.

Weiter heißt es in der 66seitigen Schneider-Einlassung vom 21. Oktober 1995, ausgeschmückt mit Beschreibungen seiner Magenkrämpfe und sonstiger Kalamitäten, der Konkurs sei von der Deutschen Bank vorsätzlich inszeniert worden, um ihn, den Arglosen, endgültig zu ruinieren. »Gezielt« habe die Bank zudem seine Rückkehr nach Deutschland verhindert, indem sie Strafanzeige erstattete, was schließlich zum Haftbefehl führte. Ganz abgesehen davon, sei der Konkurs schon deshalb nicht Rechtens, weil ihm die entsprechenden Urkunden nicht ordnungsgemäß zugestellt worden seien (wohin auch?) und ihm kein rechtliches Gehör gewährt worden sei.

Mit Einlassungen solcher Güte glaubte Schneider offensichtlich allen Ernstes, seine Immobilien und die eingefrorenen Millionen in der Schweiz zurückzubekommen.

Zwar waren alle Fristen längst verstrichen, schließlich wurde der Konkurs am 18. April 1994 eröffnet und diese Tatsache im Hessischen Staatsanzeiger veröffentlicht. Ab da lief die zweiwöchige Beschwerdefrist. Und selbst ein Antrag auf Wiedereinsetzung des Verfahrens hätte innerhalb Jahresfrist gestellt werden müssen. Alles das unterblieb.

Doch solch kleinkarierte Rechnerei ficht einen wie Schneider nicht sonderlich an. Seine desolate gesundheitliche Form, oben schon näher beschrieben, habe ihn daran gehindert, aus seinem Versteck heraus fristgerecht Einspruch einzulegen. Selbst nach seiner Verhaftung sah er sich offenbar außerstande, »die überaus umfangreichen Zivilrechtsangelegenheiten mit rechtlichen Beratern zu besprechen«, wie er das Königsteiner Amtsgericht wissen ließ.

Schon sonderbar, wunderte sich da der *Stern*, denn immerhin fand er die Zeit und war wohl auch in der körperlichen und seelischen Verfassung, Anwälte zu empfangen, die seine Auslieferung verhindern sollten, oder Journalisten »weinerliche Interviews« zu gewähren.[129]

Ähnlich muß der Königsteiner Amtsrichter Rohrbeck gedacht haben und wies die Beschwerde Schneiders gegen den Konkurs als verspätet zurück. Vor allem fand der Richter »keinerlei Belege« dafür, daß die Deutsche Bank den Konkurs, wie von Schneider behauptet, mit falschen Angaben beantragt haben soll.[130]

Mit dieser Entscheidung handelte sich der Richter gleichwohl einen Befangenheitsantrag von Anwalt Hildebrand ein. Die Saison war eröffnet, die verschiedenen Scharmützel des Dr. Jürgen Schneider hatten begonnen.

Soviel Rechtsbeistand kostet eine Menge Geld, und amerikanische Anwälte sind besonders teuer. Auf Anordnung von Richter Turnoff hatte sich schon Schneider-Gattin Claudia, die sich angeblich keinen eigenen Anwalt leisten konnte und deshalb einen Pflichtverteidiger haben wollte, von ihrem heißgeliebten Schmuck trennen müssen. Nach Auskunft von US-Staatsanwalt Steven Tyrrell sollen die Pretiosen, darunter ein Smaragd von der Größe eines Fingerknöchels und teure Uhren, die nach der Festnahme im Schneider-Apartment in Hallandale von der Polizei entdeckt worden waren, zwischen 750 000 und einer Million Dollar wert sein.[131] Doch das reichte freilich immer noch nicht.

Bettelbriefe

Was waren das für herrliche Zeiten, als man eben mal schnell einen Scheck ausstellte; wenn's sein mußte, über etliche Millionen Mark. Alles kein Problem. War ja schließlich genug vorhanden, und ständig kam frisches Geld nach.

Aus und vorbei. Im Knast von Miami war Schneider offenbar arm wie eine Kirchenmaus, doch ohne Geld läuft nichts. Vor allem diese Winkeladvokaten, diese gierigen Halsabschneider, wollen

ständig neues Bares sehen. Sind die denn nie zufrieden? Mein
Gott, wo soll man das bloß alles hernehmen?

Gibt es da nicht noch ein paar Freunde in Deutschland? Oder
wenigstens einige, die recht gut verdient haben, als es uns noch
gutging? Ob man die nicht mal anzapfen könnte...?

Die Bettelbotschaft vom 26. Mai 1995 erreichte Professor Dr.
Horst Fissenewert, Schneiders einstigen Vordenker, völlig unerwartet und in Gestalt der Kinder des prominentesten Häftlings in
Florida. Nachdem die ihre Eltern im Gefängnis besucht hatten,
schickte der Papa die Kinder auf Tournee. Als der Professor den
Brief aus Miami öffnete, traute er seinen Augen nicht. Er sollte an-
geschnorrt werden.

»Lieber Professor Fissenewert«, stand da zu lesen, »ich schicke
meine Kinder zu Ihnen. Ich brauche Ihre Hilfe als Freund. Alle
meine Konten sind blockiert. Ich will von hier aus einen großen
Prozeß mit Medienbegleitung anlaufen lassen, um Hintergründe
darzustellen.« Er habe, schrieb Schneider Fissenewert, »erstklassige amerikanische Anwälte«, die wüßten, wie man das »medien-
technisch managt«. Und dann drehte er auf: »Die Medien, meine
Größe (welche Größe?; Anm. des Verfassers), die direkte Rechts-
beziehung zu den Banken + der Zeitgeist gegen die Banken sind
meine Waffen.«

Doch jetzt drängte es: »Helfen Sie meinen Kindern, Geld zu
sammeln. Ich brauche große Beträge. Es muß sehr schnell sein. Ich
zahle es später mal zurück«, beteuerte er wie gewohnt.

Schneider ließ nicht offen, was denen blüht, die nicht mitziehen
wollten: »Wer jetzt nicht mithilft, wird im Medienspektakel, welches in den nächsten Monaten + ev. Jahren abläuft, voll + häufig
involviert sein.« Und weiter: »Sie wissen sicher, wer sich nach dem
4.4.94 an meinem Vermögen im großen und kleinen bereichert
hat. Ich werde sowieso jedem Detail nachgehen + zwar mit allen
Mitteln.« Doch Rettung war in Sicht: »Durch Hilfe im Augenblick
würde ich die Sache für die Betreffenden dann anders sehen können. (...) Viele Grüße, Ihr Schneider.«

Fissenewert war reichlich verdutzt. Mit solch einem Drohbrief hatte er nun wirklich nicht gerechnet. Doch er dachte gar nicht daran, sich ins Bockshorn jagen zu lassen. »Ich habe vor Schneider keine Angst, von mir kriegt der keine Mark. Ich lasse mich nicht erpressen«, äußerte er gegenüber *Focus*.[132]

Statt dessen übergab Fissenewert die Schneider-Epistel dem Bundeskriminalamt. Er rechne damit, sagte er den Ermittlern, daß er von Schneider wegen dessen Strafverfahren unter Druck gesetzt werde.

Schon einmal nämlich habe ihn eine merkwürdige Botschaft aus dem Knast erreicht, erinnerte sich Fissenewert gegenüber BKA-Beamten. Da habe ihn angeblich Schneiders Anwalt Yitzhak Goldfine angerufen und um ein Treffen gebeten. Dies habe dann am Frankfurter Flughafen stattgefunden. Im Verlauf des Gesprächs mit dem Anwalt habe dieser sich bei dem Professor nach dessen Aussageverhalten in Sachen Schneider erkundigt. Ob dies vielleicht als dezenter Hinweis Schneiders an Fissenewert gedacht war, nur ja nichts Falsches zu sagen?

Ein unsittliches Angebot der oben erwähnten Art bekam auch ein anderer alter Weggefährte Schneiders: Teppichhändler Mehdi Djavadi. Nach Aussagen von Djavadis Anwalt, Günter Hub, hatte sich am 16. Juni 1995 der damalige Schneider-Bevollmächtigte, der Mainzer Rechtsanwalt Horst Schneider, bei Hub gemeldet und ihm mitgeteilt, daß er nach Miami fliege, um Jürgen Schneider im Gefängnis zu besuchen. Elf Tage später, es war ein Dienstag, meldete Anwalt Schneider sich bei seinem Kollegen zurück und bat um eine Zusammenkunft. Er habe eine wichtige Botschaft von Jürgen Schneider zu überbringen. Am Donnerstag darauf trafen sich die beiden Anwälte im Restaurant des Forsthauses Spreitel in Bad Kreuznach zur Mittagszeit. Hub war sehr gespannt, womit sein Kollege denn nun aufwarten würde.

Die Nachricht, so ließ Schneider durch Schneider wissen, sei für Djavadi bestimmt, und es gehe um Geld. Konkret um zwei Millionen. Die wolle sich Jürgen von seinem alten Freund Mehdi borgen. Schließlich wisse er ganz genau, was der Iraner in den gemeinsamen, besseren Zeiten an ihm verdient habe, klapperte

Schneider mit dem Klingelbeutel. Jetzt stehe er »mit dem Rücken an der Wand« und brauche seine Hilfe. Im übrigen sollte Horst Schneider dem Iraner bestellen, daß er sich voll und ganz auf ihn, Jürgen Schneider, verlassen könne.

Hub mußte zunächst natürlich mit Djavadi sprechen, bevor er irgendwelche Zusagen machen konnte. Auch wollte er sich mit seinen Anwaltskollegen beraten.

Horst Schneider wurde daraufhin von den Djavadi-Anwälten gebeten, seine sonderbare Botschaft näher zu erläutern. Ein zweites Treffen wurde vereinbart: für Mittwoch, den 12. Juli um 18 Uhr.

Als Anwalt Hub dann den Termin auf 20 Uhr verlegen wollte, sagte Horst Schneider auf einmal ab. Leider könne er den Termin »aus zeitlichen Gründen« nicht wahrnehmen, ferner teilte er mit, daß »eine weitergehende Information, als die Ihnen bekannte, nicht abgegeben werden kann. Von daher möchte ich es an dieser Stelle hierbei auch bewenden lassen«, heißt es in einem Schreiben von Anwalt Schneider an Anwalt Hub.

Wie hatte Jürgen Schneider seinen einstigen Intimus Djavadi doch wissen lassen? Nun müsse er »mit allen Mitteln die Wahrheit ans Tageslicht bringen«, und Djavadi solle ihn deswegen jetzt bloß nicht sitzenlassen.

Doch Djavadi ließ ihn sitzen und informierte, wie schon zuvor Fissenewert, die Staatsanwaltschaft.

Trotz dieser kleineren Schwierigkeiten muß die Spendenaktion insgesamt recht erfolgreich verlaufen sein, wenn man Schneiders Worten Glauben schenken darf. Der lobte sogar seine Kinder für ihren unermüdliches Einsatz. »Ja, ich habe sehr tapfere Kinder. Sie waren für ihre Eltern bei Freunden auf Betteltour. Sie sammelten Geld für unsere Verteidigung«, sagte Schneider dem *Focus*.[133] Wieviel denn so zusammengekommen sei, wollten die Reporter wissen. Na ja, einige Hunderttausend sollen es schon gewesen sein. »Auch sehr kleine Beiträge wurden gespendet«, freute sich der einstige Milliardär. Ja, so kann man auch mit kleinen Sachen dem Menschen eine Freude machen. Sogar Wildfremde sollen für

Schneider ins Portemonnaie gegriffen haben. Und Menschen, »von denen man weiß, daß es ihnen sehr schwerfiel«.

Welche Opferbereitschaft für einen, der durch sein plötzliches Verschwinden zahlreiche Handwerker und Baufirmen in existentielle Krisen gestürzt hatte und dabei vermutlich eher an sein Wohl als an das ihre gedacht hatte. Da sag noch mal einer, es gebe keine Liebe mehr unter den Menschen.

Das Auslieferungsverfahren und die neuen Schneider-Tricks

Zunächst aber harrte ein ganz anderes Problem seiner dringenden Lösung: Die Deutschen wollten ihren Schneider gerne wiederhaben, bloß der wollte nicht so recht. Zu jener Zeit war Schneider nämlich fest davon überzeugt, er werde das Gefängnis bald als freier Mann verlassen, und Anwalt Lacher empfahl sich als der richtige Mann für diese schwierige Aufgabe.

Sunshine proceeding nannte Lacher laut *Focus* seine neue Verteidigungsstrategie. Bei seinem ersten großen Auftritt in Miami werde nämlich zum ersten Mal »das Licht der Sonne auf die dunklen Geschäfte der Deutschen Bank fallen«, versprach er großspurig. Sein Mandant sei kein übler Betrüger, wie alle glauben machen wollen, sondern ein Opfer der Deutschen Bank, die ihn aufs Kreuz gelegt habe.

Lachers Strategie sah ganz so aus, wie man es von amerikanischen Prozessen aus dem Fernsehen kennt: viel Pathos und Emotionen. Er wolle das Ganze eher *businesslike* angehen und nicht nur als Kriminalfall sehen. Lacher betrachtete das Ganze wohl als eine großangelegte Show. Der selbsternannte Staranwalt (*Focus*) ließ jedenfalls keine Gelegenheit aus zu versichern, sein Mandant sitze unschuldig im Gefängnis, aber die baldige Freiheit sei ihm gewiß. Von dieser Zuversicht hatte Jürgen Schneider sich wohl anstecken lassen.

Dauernd ließen sich die Schneider-Anwälte neue Tricks einfallen. Wahrscheinlich mußten sie das auch tun, um ihre hohen Honorare zu rechtfertigen.

Gelegentlich machten sie sich auch zum Gespött. Beispielsweise als bekanntwurde, daß Schneider-Anwalt Lacher einen Brief an Bundeskanzler Helmut Kohl geschrieben hatte (adressiert allerdings an die Villa Hammerschmidt, Sitz des Bundespräsidenten) und darin von diesem verlangte, er solle sich persönlich in den Fall Schneider einschalten.

Der New Yorker Rechtsgelehrte beschwerte sich in dem Brief vor allem darüber, wie die Deutsche Bank mit ihrem einstigen guten Kunden umspringe. »Allzu viele solch guter Kunden könne sich allerdings nicht einmal das größte deutsche Kreditinstitut leisten«, amüsierte sich der *Spiegel* über den Vorstoß.[134]

Lacher forderte Kohl auf, er solle einen Untersuchungsausschuß einzusetzen, der sich aus Vertretern des Kanzleramtes, des Wirtschafts- und Finanzministeriums sowie der Bundesbank zusammensetzen und den angeblich skandalösen Vorgängen um seinen Mandanten auf den Grund gehen solle. Nur so könne der bisher entstandene Schaden behoben werden.

Der forsche Verteidiger bezog sich hierbei auf ein Fernsehinterview Anfang Oktober, in dem ein Sprecher der Frankfurter Staatsanwaltschaft gesagt haben soll, es läge der Anklagebehörde noch kein ausreichendes Material für eine Anklageerhebung gegen Schneider vor. Woraus Lacher sich flugs zusammenstrickte, es gebe keine Beweise gegen seinen Mandanten, und *Bild* meldete, Schneider habe sich bei dem Blatt telefonisch aus dem Knast in Miami gemeldet und jubiliert: »Am 8. November bin ich frei.«[135] An diesem Tag sollte nämlich das Auslieferungsverfahren gegen Schneider fortgesetzt werden.

Lacher und sein Mandant saßen eindeutig einem Mißverständnis auf, denn der Frankfurter Staatsanwalt hatte lediglich gesagt, die Ermittlungen seien noch nicht soweit abgeschlossen, um schon Anklage erheben zu können. Wie man daraus ablesen kann, daß es keine Beweise gäbe, ist schleierhaft.

Dennoch, Lachers Strategie schien festzustehen: Er werde dem

Gericht klarmachen, daß gegen die Schneiders »nicht der geringste kriminelle Tatbestand« vorliege und die »Kriterien für eine Auslieferung nicht erfüllt sind«.

Von diesem Tenor beseelt war auch der Brief an *Dear Chancellor Kohl.* Lacher riet dem Bundeskanzler dringend, im Fall Schneider zu intervenieren, denn die bevorstehende Verhandlung in Miami werde zeigen, welchen Einfluß »ein einzelnes Bankinstitut auf Ihre Regierung« hat. Da wird der Kanzler gestaunt haben.

Die Aktion verkam zur echten Lach*(er)*nummer und hat Schneiders Ansehen in der Öffentlichkeit ohne Zweifel zusätzlich geschadet. Das Kanzleramt lehnte jeden Kommentar zu dem Brief aus New York ab, die Deutsche Bank sprach von »einem weiteren Stück in einer lächerlichen Medienkomödie«.[136]

Dem *Focus* gegenüber betonte Schneider allerdings, er habe von diesem Brief seines Anwalts an Bundeskanzler Kohl nichts gewußt. »Der Brief war von mir nicht gebilligt worden. Um das ganz eindeutig zu sagen.«

Daß es in Deutschland daraufhin hieß, jetzt sei Schneider »gaga« geworden, wundert diesen angeblich nicht. »Wenn man das nach streng deutschen Gesichtspunkten sieht, konnte man zu einer solchen Meinung kommen.«[137] Unter welchen Gesichtspunkten man es sehen muß, um zu einer anderen Meinung zu kommen, verriet der Ex-Baulöwe indes nicht.

Ein anderer Trick des Advokatengespanns Theus/Goldfine hatte es ebenfalls in sich: Die beiden Anwälte hatten die Absicht, namens ihres Mandanten zu beweisen, daß eigentlich die Deutsche Bank an dem ganzen Desaster schuld sei. Für die Frage der Auslieferung nicht ganz unerheblich, meinten sie.

Nun, behauptet ist so etwas schnell, doch bewiesen um so schwerer. Licht ins Dunkel dieser Frage sollte nach Vorstellung der Rechtsvertreter der Deutsche-Bank-Vorstand selbst bringen. Doch der saß bekanntlich weit weg in Frankfurt.

Kein Problem, werden sich die Anwälte gedacht haben, und am 10. August betrat ein Justizangestellter die Filiale der Deutschen Bank in New York und übergab für die Bankvorstände

Hilmar Kopper, Ulrich Weiss und Georg Krupp jeweils eine persönliche Vorladung des Gerichts in Miami. Am 5. September sollten sie in Miami vor Gericht erscheinen und dort als Zeugen aussagen.

Die Banker verspürten offensichtlich nicht das leiseste Interesse, ihren größten Schuldner auf diese Art und Weise wiederzusehen. Die drei Geldmanager dachten nämlich gar nicht daran, in Miami aufzukreuzen. Ihre New Yorker Anwälte, die Kanzlei White & Case, argumentierten, daß die Vorladungen nicht in New York hätten abgegeben werden dürfen, sondern persönlich hätten zugestellt werden müssen. Der Sprecher der Deutschen Bank, Hellmut Hartmann, bezeichnete diese Absicht der Schneider-Anwälte gar als »irrelevanten Trick von Winkeladvokaten«.[138]

Sicherheitshalber entschlossen sich die drei Vorständler allerdings, eine Erklärung abzugeben: »Ich bin Bürger der Bundesrepublik Deutschland (...) ich bin kein Einwohner der USA, besitze dort kein Haus (...) und habe auch kein Büro in den Vereinigten Staaten«, entschuldigte etwa Kopper in einer Erklärung vom 25. August sein Fortbleiben. Seine beiden Kollegen taten es ihm gleich.

Der *Focus* fürchtete hingegen, schlimme Unbill könnte den Bankern bei der Einreise in die USA widerfahren. Wenn etwa Detektive herausfänden, wann Kopper oder seine Kollegen in den USA wären, so berichtete das Blatt, könnten sie die Banker »am Flughafen abfangen und zur Vernehmung in eine Anwaltskanzlei« bringen.[139] Es ist nicht bekannt, ob dieses drohende Schicksal Kopper & Co. beeindruckt hat.

Siegessicher betraten Anwalt Lacher und die Schneiders am Mittwoch, dem 8. November um halb zehn den Saal 10 des altehrwürdigen Bundesgerichtes von Miami. Jürgen Schneider strahlte Optimismus aus. In blauem Blazer, heller Hose und mit Krawatte wirkte er distinguiert, wie die *FAZ* feststellte.[140]

Lacher wiederholte in der Anhörung seine mittlerweile hinreichend bekannten Positionen. Schließlich hatte er wochenlang die Presse damit gespickt: sein Mandant sei nicht Täter, sondern Opfer,

schuld sei an allem nur die Deutsche Bank. Dann bemühte er For-
malien: Der Haftbefehl sei schlampig zusammengestellt worden, es
fehlten Dokumente, auf die im Haftbefehl Bezug genommen
würde. Gerechtigkeit könne Schneider nun nur noch zuteil werden,
so mußte Lachers Vortrag zu verstehen sein, wenn sein Mandant
samt Gattin unverzüglich aus der Haft freikomme.

Doch all diese Spiegelfechtereien nutzten nichts: Bundesrichter
William Turnoff zeigte sich gänzlich unbeeindruckt vom Redeschwall des amerikanischen Advokaten. Die Deutschen hätten alle
für das Auslieferungsverfahren erforderlichen Dokumente eingereicht, die von Deutschland verlangte Auslieferung Schneiders
wäre damit Rechtens. Da half alles Jammern und Lamentieren
nichts. Die wahrscheinliche Schuld Schneiders, so Richter Turnoff
in seiner Urteilsbegründung, sei für alle Anklagepunkte »mehr als
hinreichend belegt«.[141]

Gleichwohl wäre Schneider wohl nicht Schneider, wenn er da
schon aufgegeben hätte. Seine Anwälte kündigten vollmundig an,
notfalls bis zum Obersten Gerichtshof, dem Supreme Court, zu
gehen, um die Auslieferung anzufechten. So etwas kann durchaus
ein Jahr oder länger dauern.

Lacher: »Der Kampf wird weitergehen, bis die Schneiders frei
und in vollem Umfang für ihre Verluste entschädigt sind.«[142]

»Jetzt wird zusammengearbeitet«

Mit Christoph Rückel kam die Wende. Und am Montag, dem
15. Januar 1996 war eine kleine Sensation perfekt. »Zur Reduk-
tion eines von ihm nicht gewollten und nicht verursachten Schadens«,[143] so erklärte ein wie um 180 Grad gewendeter Jürgen
Schneider in Miami, wolle er so schnell wie möglich nach
Deutschland zurückkehren. Sein »gesamtes Wissen und Informationen« wolle er künftig »zur Aufklärung des wirklichen und
wahren Sachverhalts zur Verfügung stellen«, mit den Ermittlern
zusammenarbeiten.

»Da ist Vernunft eingekehrt«, lobte der Chef der Frankfurter Staatsanwalt, Hubert Harth, den Schneider-Entschluß. »Uns war immer klar – früher oder später kommt er. So ist's besser für ihn, so geht alles schneller über die Bühne.«[144]

Rückel, der 49jährige Anwalt aus München, hatte den Immobilienpleitier offenbar zur Besinnung gebracht und leitete damit eine Strategie ein, die alles über den Haufen warf, was seine Vorgänger, meist mit enormem Medieneinsatz, als Verteidigungsgebäude zusammengezimmert hatten.

Rückel der Pragmatiker. Der Umgang mit prominenten Klienten in medienträchtigen Wirtschaftsstrafverfahren ist ihm kein Neuland. Seine ersten Meriten erntete er in der Promi-Kanzlei des Rolf Bossi. Der vierfache Familienvater, der meist von seinem Büro in Atlanta/Georgia aus operiert, verteidigte prominente Beschuldigte wie den früheren Bankier Graf Galen oder hatte Mandate in der Parteispendenaffäre.

Rückel war es allem Anschein nach gelungen, Schneider begreiflich zu machen, daß sein Widerstand gegen die Auslieferung kaum Aussicht auf Erfolg hatte. Kein eben leichtes Unterfangen, wie aus Kreisen beteiligter Anwälte zu erfahren war. Schneider hatte da so seine eigenen Vorstellungen, die er allerdings auch gelegentlich, wenn's sein mußte über Nacht, wieder umwarf.

Schneider hätte seine Auslieferung durchaus noch ein Jahr, vielleicht sogar etwas länger, hinauszögern können. Doch was hätte es ihm gebracht? In die Freiheit, wie er stets hoffte, die er gelegentlich sogar schon in greifbarer Nähe wähnte, hätten ihn amerikanische Richter mit Sicherheit nicht entlassen.

Vorwärtsverteidigung war die einzig vernünftige Alternative, und auf ein Entgegenkommen der Frankfurter Strafverfolger konnte Schneider nur hoffen, wenn er selbst den ersten Schritt tat. Deshalb nahm Schneider alle Rechtsmittel gegen die beschlossene Auslieferung mit sofortiger Wirkung zurück. Dazu hat ihn Rückel gebracht.

Und weil Rückel der neue Anwalt Schneiders wurde, verging Anwälten wie Lacher das Lachen. Sie erhielten noch am selben Tag per

Fax ihre Kündigung und waren damit über Nacht *out of business*. Dabei hatten die amerikanischen Anwälte sich den Konkurrenten selbst ins Boot geholt, als sie den hochgewachsenen Rückel als Experten für Auslieferungs- und Konkursrecht am 9. November 1995 mit Schneider bekannt machten. Für dieses undankbare Verhalten verklagt Anwalt Lacher den mißliebigen Konkurrenten übrigens derzeit auf 14 Millionen Dollar Schadenersatz.

Mit ins Boot nahm Rückel seinen Münchner Mitarbeiter Stefan Moers, der Claudia Schneider verteidigen sollte, und den schon hinreichend bekannten Mainzer Kollegen Horst Schneider.

Wesentlicher Grund für Schneiders Meinungsumschwung war auch die Hoffnung, daß Frau Claudia, wenn man erst mal in Deutschland sei, möglichst schnell aus dem Gefängnis freikomme. Die Haft in Miami habe der Fünfzigjährigen schwer zugesetzt. Außerdem habe sie mit den Geschäften ihres Mannes nicht sonderlich viel zu tun gehabt, sondern, wie Rückel es formulierte, »wie bei Dallas oder Denver« als Ehefrau stets einfach nur unterschrieben, was ihr der Gemahl vorgelegt habe.

Noch einen bedeutsamen Schritt hat Christoph Rückel seinem neuen Mandanten offenbar abgerungen: Schneider erklärte, er gebe die in der Schweiz beschlagnahmten Millionen frei, damit sie endlich in die Konkursmasse fließen könnten. Es liege ihm viel daran, daß mit dem Geld die vielen betroffenen Handwerksfirmen bezahlt würden. Aus seinem Munde mußte das für manchen allerdings wie eine Verhöhnung klingen. Doch auch hier gab Schneider nichts auf, was er ohnehin nicht mehr besaß. Die Chance, an die in die Schweiz transferierten Millionen zu kommen, tendierte eher gegen Null, um nicht zu sagen: es war aussichtslos.

Verwunderlich war indes der Zeitpunkt, zu dem Schneider seine vermeintliche »Großzügigkeit« unter Beweis stellte. Seine Erklärung, gegen die Beschlagnahme der Millionen bei der Union Bancaire Privée nicht mehr länger vorgehen zu wollen, kam ohne Not. Vielleicht wäre es aus seiner Sicht sogar sinnvoller gewesen, eine solche Erklärung erst in einem deutschen Gerichtssaal abzugeben.

Gleichwohl, so ließ Schneider, ganz »hessisches Schlitzohr«

(*Stern*), den Konkursverwalter wissen, er erwarte von dem Sequestor, daß dieser einen Teil der Millionen für den geplanten Schadenersatzprozeß gegen die Deutsche Bank einsetze. Den kann nämlich nur, wenn überhaupt einer, der Konkursverwalter führen, dessen Aufgabe es ja auch ist, im Interesse der Gläubiger möglichst viel rauszuholen.

Rückel stieß ins Schneider-Horn, fuhr schweres Geschütz gegen die Banken auf: Die Geldinstitute hätten an seinem Mandanten ein »Exempel statuieren« wollen, sagte er der *Süddeutschen Zeitung*.[145] »Unbegründete vorzeitige Kreditkündigung und vorzeitige Konkursauslösung«, wirft er der Deutschen Bank vor.

Die könnten nun was erleben. Der Jurist ließ auch gleich durchblicken, wie er künftig gedenkt, der viertgrößten Bank der Welt das Leben schwerzumachen: mit Schadenersatzprozessen. Dabei ginge es diesmal nicht um »Peanuts«, sondern »theoretisch um den Restschaden« aus der Pleite, immerhin rund 2,5 bis drei Milliarden Mark. Weil die Deutsche Bank den Konkurs erst verursacht habe, so darf man dies wohl verstehen, soll sie gefälligst auch für den dadurch entstandenen Schaden aufkommen.

Der Anwalt scheint nicht sonderlich gut auf das Kreditinstitut zu sprechen zu sein. Mit seinen Gesprächsangeboten sei er dort nämlich abgeblitzt. Das muß man sich mal vorstellen: Da habe er schon »auf den richtigen Ebenen« vorgesprochen, so nach dem Motto »Laßt uns mal drüber reden«, und dann erklärte die Bank einfach, daß sie »keinen Gesprächsbedarf« sehe. Dabei wäre doch interessant gewesen, einmal zu erfahren, was Anwalt Rückel, offensichtlich ja im Schneider-Auftrag, mit den Deutschbankern besprechen wollte. Vielleicht einen Schuldenerlaß? Schneider in der Rolle eines Drittweltstaates? Oder sollte die Bank etwa erklären, sie habe das ja alles nicht so gemeint, und Schneider die ihm entrissenen Immobilien wieder zurückgeben? Dazu wäre es ohnehin viel zu spät gewesen. Und selbst ein außergerichtlicher Vergleich mit den Banken hätte Schneider nicht vor dem drohenden Strafverfahren bewahrt.

Gelegentlich tauchten ja Gerüchte auf, die Banken suchten das

Gespräch mit Schneider, um sich sein Schweigen zu erkaufen. Solche Gerüchte passen fein in die Denkmodelle derer, die hinter der Schneider-Pleite eine Bankenverschwörung vermuten. Der kleine Schönheitsfehler daran: Es gibt bis heute nicht den geringsten Beleg dafür. Deshalb zeigen sich die Banken, allen voran die Deutsche Bank, auch gänzlich unbeeindruckt von Schneiders Drohungen. »Diese Drohung wird bei uns nicht ernst genommen«, ließ sich Deutsche Bank-Sprecher Roland Weichert in der *Frankfurter Rundschau* vernehmen.[146] »Schneider war mit sechs Milliarden verschuldet, und sein Vermögen war nur drei Milliarden wert – daran kommt keiner vorbei.« Auch den Schneider-Vorwurf, die Deutsche Bank habe immer gewußt, daß er die 240 Millionen Mark ins Ausland transferiere, weisen die Banker entschiedenen zurück. Banksprecher Hellmut Hartmann: »Natürlich wußte die Deutsche Bank das nicht. Die 240 Millionen sind systematisch ins Ausland transferiert worden, und zwar unter Einschaltung von Tarnfirmen, bei denen Schneider noch nicht einmal offiziell auftauchte.« Schneider muß sich also die Frage gefallen lassen, wozu dieses Versteckspiel, wenn die Deutsche Bank doch ohnehin alles gewußt haben soll.

Und so sieht die Deutsche Bank in Rückels Vorstoß nicht mehr als ein taktisches Manöver. Man sei jedenfalls froh, daß Schneider sich nunmehr vor einem deutschen Gericht verantworten müsse. Ob dabei allerdings auch unangenehme Wahrheiten zutage treten könnten, ließ der Banksprecher offen.

Was das Verhältnis zur Staatsanwaltschaft angeht, drehte Rükkel im Gegensatz zu den bisherigen Schneider-Anwälten und gegen deren ausdrücklichen Rat den Spieß um: Kooperation statt Konfrontation lautete mit einemmal die Devise. Und sozusagen als kleinen Vorschuß stellte er den Ermittlern bei Staatsanwaltschaft und Bundeskriminalamt ein tadelloses Zeugnis aus. Die hätten erstklassig gearbeitet, lobte er das BKA. Damit stellte er vor allem auf die Aussage eines Mitarbeiters der Dresdner Bank ab, der im Zusammenhang mit der einstigen Schneider-Immobilie Kurfürsteneck erklärt hatte, seine Bank hätte hier keinen Schaden erlitten.

Rückels Mandant hingegen ist wie ausgewechselt. In erster Linie wolle er jetzt »in aller Stille und Sachlichkeit« mithelfen, den entstandenen Schaden so gering wie möglich zu halten.

Vor allem aber scheint ihm daran gelegen, ein altes Versprechen einzulösen: Zurück in Deutschland, wolle er nun endlich auspakken, anstatt nur finstere Drohungen auszustoßen. Die Zeit im Knast von Miami habe er genutzt, um sich auf diese Stunde der Wahrheit vorzubereiten. Auf rund tausend Seiten sei sein Verteidigungspapier mittlerweile angeschwollen (700 davon will er schon vor seiner Festnahme im Apartment in Hallandale geschrieben haben), gefüllt mit den unbequemen Ansichten des einstigen Bankenlieblings. Es soll wohl den Bankern den Angstschweiß auf die Stirn treiben. Schneider-Anwalt Rückel ist sich jedenfalls sicher, daß die Staatsanwaltschaft aufgrund der zu erwartenden Schneider-Aussagen, »noch einige Ermittlungsakten anlegen« müsse.[147]

Und so war Jürgen Schneider voller Freude über seine bevorstehende Rückkehr: »Ich fühle mich eigentlich viel wohler als in den ganzen 22 Monaten. Weil sich etwas bewegt und ich jetzt mitarbeiten kann. Es ist soweit. Jetzt geht es richtig los.«[148]

Rückkehr nach Deutschland

Am 7. Februar erhielt das Bundeskriminalamt grünes Licht. Schneider stünde zur sofortigen Auslieferung bereit, teilte das US Department of Justice, das amerikanische Justizministerium, den deutschen Behörden mit. Und setzte für die Abholung gleich noch eine Frist bis zum 23. März.

Diese Entscheidung inszenierte ein weiteres Kapitel Komödienstadel in der Schneider-Affäre, und ein vorläufig letztes Mal begann die Jagd der Journalisten auf Dr. Jürgen Schneider.

Wie bringt man jemanden ohne viel Aufhebens nach Hause, der im Mittelpunkt eines nach wie vor ungebremsten Medieninteresses steht? Denn eines war den BKA-Beamten klar: Wo immer Schneider seinen Kopf in die Gegend streckte, würden Hunderte von Journalisten lauern in der Hoffnung, eine vermeintliche Enthüllung oder sonst etwas Skandalträchtiges aufzuschnappen.

Und wie sollte man verhindern, daß die übrigen Plätze in dem Flugzeug, mit dem Schneider seine vorerst letzte größere Reise antreten würde, nicht restlos von Medienvertretern gebucht werden würden?

Man brauchte ein Flugzeug, zu dem man Journalisten, ohne einen Skandal zu verursachen, den Zutritt verweigern könnte. Und da man es dem Steuerzahler schwerlich hätte vermitteln können, wenn man für den prominenten Häftling eigens eine Maschine gechartert hätte, fiel den Ermittlern in Wiesbaden nur das Militär ein.

Schließlich verkehrten Maschinen der Bundesluftwaffe regelmäßig zwischen Fort Lauderdale in Florida und dem Kölner Militärflughafen. Darin hätte sich sicherlich ein ruhiges Plätzchen für Schneider und Frau finden lassen. Doch wie aus eingeweihten Kreisen zu erfahren war, machte das Bundesverteidigungsministerium dem BKA einen Strich durch die Rechnung. Fürchtete die Hardthöhe etwa, daß ein Kommando aufgebrachter Schreiberlinge und Fernsehteams die Bundeswehrmaschine stürmen könnte?

Tagelang beschäftigte das BKA, die Staatsanwaltschaft und die Medien die entscheidende Frage, ob Schneider nun erster Klasse zurückfliegen dürfe oder, seinem finanziellen Status angemessener, in der Touristenklasse Platz nehmen sollte. Selbst das BKA räumte ein, daß dies »öffentlich kaum verständlich darzulegen ist«, und *Bild* sekundierte: »Kommt so ein Staatsgast? Nein ... Herr Schneider!«[149]

Auch im hessischen Justizministerium wollten die Beamten nicht recht einsehen, warum ein Mann, der den Steuerzahler ohnehin schon Hunderte von Millionen Mark gekostet hat (Steuerausfälle, Verfahrenskosten, etc.) nun auch noch erster Klasse reisen müsse. Die vom BKA angeführten »Sicherheitsaspekte« wollte man dort jedenfalls nicht erkennen, so eine Ministeriumssprecherin.[150] Vielmehr müsse »die kostengünstigste Lösung den Vorzug erhalten«.

Doch soll, wie zu erfahren war, die Lufthansa dem BKA für sol-

che Fälle einen Rabatt gewähren, so daß die Preise für solche Tik-
kets sogar noch unter denen der Touristenklasse liegen. Andere
Quellen sprechen von 5000 Mark pro Ticket, die von der Frank-
furter Staatsanwaltschaft zu berappen waren. Wie auch immer:
Die Kosten für die Schneider-Rückkehr waren mit Sicherheit
Peanuts im Vergleich zu dem von ihm verursachten Schaden.

Doch selbst mit diesem beinahe blödsinnigen Streit läßt sich
noch Publicity machen: So erklärte etwa Sat1-Nachtclown Harald
Schmid stolz während eines »Livetelefonates« mit Anwalt Rückel,
sein Sender werde für die Transportkosten der wertvollen Fracht
aufkommen. Ein Angebot, das die Justiz allerdings ohne Dank ab-
lehnte.

Auf keinen Fall, soviel stand fest, sollte es ein Direktflug
Miami–Frankfurt werden. Man entschied sich für Umwege: Von
Fort Lauderdale sollte es zunächst mit United Airlines nach Chicago gehen. Dort würde man dann in eine Lufthansamaschine
umsteigen, mit direktem Kurs auf die Mainmetropole.

Größte Mühe gaben sich die BKA-Beamten, daß diese Route bis
zuletzt streng geheim blieb, denn offensichtlich rechnete das BKA
sogar mit dem Schlimmsten: einer Befreiung des Dr. Jürgen
Schneider. In der sogenannten Bonner Ministerlage[151] trugen die
Bundespolizisten vor, diese Sicherheitsmaßnahmen seien vor allem
wegen des Fluchthelfers El Kastaui, den sie als Mafioso bezeichne-
ten, notwendig gewesen. Glaubten die Beamten etwa, Kastaui
könnte Schneider ein zweites Mal am Händchen nehmen, um ihn
in die Freiheit zu (ent)führen?

Wie auch immer, nur so gelang es, die größtmögliche Sicherheit
für Schneider zu gewährleisten, so das Argument der Wiesbadener
Ermittlungsbehörde. Dies galt nicht nur im Hinblick auf die »potentielle Einflußnahme durch weitere Dritte« (?), sondern betraf
auch die Medien. Seit Tagen nämlich lungerten Hundertschaften
von Journalisten in Miami herum, durchkämmten die Büros der
großen Airlines in der Hoffnung, irgendwo eine brauchbare Information zu finden, wie BKA und FBI denn Schneider nun außer
Landes schaffen wollten.

Um die Journalistenmeute abzuschütteln, ließen sich die Ermittler eine Reihe vermeintlich guter Tricks und Finten einfallen. Bis zum Schluß hieß es offiziell, Schneider komme auf dem direkten Weg Miami–Frankfurt zurück. Was dann freilich nicht stimmte. Unter ihrem Namen waren die Schneiders nicht einmal in den Buchungslisten verzeichnet, wie die *Welt* herausgefunden hatte.[152]

Trotz größter Geheimhaltung, so wunderte sich das BKA, war es dennoch einigen Journalisten gelungen, nicht nur Abflugort und -zeit herauszufinden, sondern auch noch an Bord der Maschine zu gelangen. Auch die bewußt gelegten falschen Fährten haben die findigen Berichterstatter offenbar nicht in die Irre leiten können. Freimütig berichtete der ARD-Korrespondent am Abend des Schneider-Abfluges in den »Tagesthemen«, Hinweise auf die Abflugdaten seien sogar aus Kreisen der US-Justiz gekommen. Einige Bedienstete von US-Behörden, die sowieso einen wesentlich kooperativeren Umgang mit ihren Journalisten pflegen als ihre deutschen Pendants, sollen sich nämlich darüber geärgert haben, daß man aus der Rückführung Schneiders quasi ein Staatsgeheimnis machte.

Und so fürchteten Schneiders fünf beamtete Flugbegleiter, sicher nicht ganz zu Unrecht, der heimkehrende Ex-Baulöwe könnte den Flug schon zu einer Art Pressekonferenz nutzen. Dazu heißt es im BKA: »Die Eheleute Schneider hatten bisher keine Gelegenheit ausgelassen, mit Hilfe der negativ gegen Banken agierenden Presseorgane von ihrer eigenen Tatherrschaft mit Beschuldigungen gegenüber Mitarbeitern der Banken, insbesondere der Deutschen Bank, abzulenken.« Zwar seien vereinzelt Presseorgane wiederholt darauf hingewiesen worden, daß diese Anschuldigungen falsch seien, aber erfolglos: »Viele wollen nur Vorwürfe gegen die Banken hören.«

Hätte man die Schneiders also in der Touristenklasse untergebracht, wäre es nach Auffassung des BKA nicht zu verhindern gewesen, daß die Eheleute den ganzen Flug über und obendrein »im Beisein der ermittelnden Beamten, Interviews mit verleumderischem Inhalt hätten geben können«. Wenn die Beamten dagegen eingeschritten wären, dann hätte Schneider, so die Befürchtung, hinterher behaupten können, das BKA kooperiere mit den betroffenen Banken. Dies mußte unter allen Umständen verhindert werden.

Folglich blieb nur die erste Klasse. Die befindet sich im Oberdeck der Boeing, und eine schmale Wendeltreppe ist die einzige Verbindung zwischen den Normalsterblichen (in diesem Falle auch den Journalisten) und der *upper class*. Eine solche Wendeltreppe läßt sich gut bewachen und nötigenfalls verteidigen.

An Bord der Boeing 747-200, Flug LH 431 Chicago–Frankfurt, müssen sich Szenen journalistischer Verzweiflung abgespielt haben. Die Journaille, über Stunden hinweg nur einen Steinwurf vom Objekt ihrer Begierde entfernt, war zur Tatenlosigkeit verdammt. Selbst als es einem Kamerateam gelang, die Absperrung für einen kurzen Moment zu überwinden, sah später die fernsehende Nation von diesem historischen Ereignis nur eine braune Decke, mit der das prominente Paar vor den Objektiven der Kameras geschützt wurde. Doch was machte das schon. Wenn nichts mehr geht, ist man auch mit wenigem zufrieden, und hätte es eine Gelegenheit gegeben, die Kameras hätten ungeniert die Bilder leergeputzter Teller in unsere Wohnzimmer getragen. Nimmt es da noch Wunder, daß sich einige Blätter tatsächlich in der bedeutungsvollen Frage ergingen, ob Schneider an Bord Wachteleier oder Kartoffelpüree verspeist und ob man zu den obligatorischen Drinks vielleicht Peanuts gereicht hatte.

Letztlich blieb es aber während des gesamten Fluges bei mehr oder weniger erregten Diskussionen zwischen Journalisten und Bewachern, so berichteten die BKA-Beamten zufrieden. Selbst der durch den ARD-Korrespondenten angeblich angekündigte »Sturm auf die First Class« habe sich als Drohgebärde entpuppt. Und als Gerücht stellte sich eine Meldung heraus, wonach der Kapitän der Boeing 747 den Fernsehleuten mit einem Hinauswurf bei einer außerplanmäßigen Zwischenlandung auf Neufundland gedroht habe.

Freitag, 23. Februar. Frankfurter Flughafen. Ein, der Jahreszeit angemessen, eiskalter Wind fegte über das Rollfeld. Es waren acht Grad unter Null. Gelegentlich setzte ein leichter Schneegriesel ein.

Seit Stunden versuchten sich etwa 150 Journalisten, Fotografen und Kameramänner mit heißem Tee oder Kaffee vor Erfrierungen ersten Grades zu schützen – für ein paar Sekunden vermeintliche Geschichte.

Die Betreibergesellschaft des Flughafens, die FAG, hatte die Pressevertreter im Morgengrauen in zwei Bussen zum Tor 26 im Westteil des Rhein-Main-Flughafens gekarrt und dann mit dem Aufbauen von Absperrungen begonnen. Diesen Journalisten, wenn sie erst mal vom Nachrichtenfieber geschüttelt sind, ist ja nicht mehr zu trauen.

Auch der Bundesgrenzschutz hatte sich in ausreichender Stärke am Ort des Geschehens eingefunden. Schließlich war man hier, rein hoheitlich gesehen, zuständig, und Präsenz zeigen gehört zum Geschäft wie das Klappern zum Handwerk.

Der Teil der Journaille, dem es vor allem auf ein gutes Bild von dem heimkehrenden »Frankfurter Bub« und seiner Frau ankam, war sicherheitshalber auf zwei Fahrgastbrücken in Position gegangen. Die Fotografen richteten ihre langen Tüten, wie die Teleobjektive im Branchenjargon heißen, auf die Position F 232. Dort nämlich, noch auf dem sogenannten Vorfeld, sollte die Maschine eigens für Schneider kurz anhalten, um ihn samt Gattin und BKA-Beamte aussteigen zu lassen. Dort standen auch die grünen Minnas bereit, um das Pärchen anschließend fortzuschaffen.

Der Anblick der Szenerie an diesem kalten Freitagmorgen hätte einen uninformierten Beobachter den Schluß ziehen lassen, daß da ein hoher Staatsgast zu Besuch erwartet werde.

Um acht Uhr 20 dann endlich der erlösende Ruf: »Sie kommen.« Der Pleitegeier war gelandet. Gemächlich rollte der Lufthansajet, getauft auf den Namen »Niedersachsen«, mit einem eleganten Schwenk auf die vorgesehene Position, eine Gangway wurde an den vorderen Ausgang gerollt. Und sofort stürmten zwei Staatsanwälte und fünf Polizeibeamte die Treppen hinauf, um die Spätheimkehrer entgegenzunehmen. Die Spannung stieg, man drängelte sich um den besten Platz. Wird er tatsächlich eine dunkle Hose, Pullover, Blazer und Turnschuhe tragen, Frau Claudia den Hosenanzug oder die Jeans, wie *Focus* auf die scheinbar brennendste Frage der Nation zu antworten gewußt hatte?[153]

Endlich war es soweit: Die Tür ging auf, und heraus trat Gattin Claudia (brauner, pelzbesetzter Mantel, beiger Pullover), stolzierte wie eine Filmdiva die Treppen hinunter.

Dann kam, in gemessenem Abstand, ER: Dr. Jürgen Schneider. Keine Turnschuhe, kein Pullover, keine helle, sondern eine dunkle Hose, das blaue Hemd, der Jahreszeit völlig unangemessen, ein wenig geöffnet. Beinahe wie ein Tourist sah er aus. Das Gesicht vom langen Flug ein wenig zerknittert. »Florida-dreaming on such a winter's day«, frotzelte die *taz*.[154] Eskortiert von zwei uniformierten Beamten des Bundesgrenzschutzes, trat der einstige Herr der Häuser in das kalte Frankfurter Februarwetter hinaus, einmal tief durchatmend. Der »gelernte Maurer mit Halbglatze und obligatorischen Hochwasserhosen« (*taz*) war wieder da, wo sein Aufstieg einst begonnen hatte, aber auch jäh sein Ende fand: in Frankfurt.

Mit versteinerter Miene nahm er die wartende Medienmeute zur Kenntnis, schenkte ihr nicht mal ein spartanisches Lächeln. Dann verschwand das Paar in den bereitgestellten grünen Minnas. Koffer hatten sie keine abzuholen. Nach knapp einer Minute war alles vorbei.

Der kleine Konvoi, angeführt von einem weinroten Opel Kadett, setzte sich Minuten später in Bewegung. Kaum zu Hause, hatte Schneider schon einen ersten Termin: beim Haftrichter. Diese Verabredung allerdings hatte er schnell hinter sich. Der Haftbefehl wurde der Ordnung halber verlesen, und nach einer halben Stunde waren die Schneiders schon wieder auf dem Weg in ihr neues Domizil.

Und so zog Schneider ein weiteres Mal unfreiwillig um. In ein kleines bescheidenes Zimmer einer Frankfurter Immobilie, die nicht zum ehemaligen Schneider-Imperium gehört: des Untersuchungsgefängnisses in Frankfurt-Preungesheim.

Schneider und die Banken
Der Ziehsohn – Wie die Deutsche Bank aus dem kleinen Schneiderlein den großen Schneider machte

»Insgesamt gesehen kann die Engagementsführung [bei der Deutschen Bank] nur mit den Attributen ›unprofessionell, gutgläubig, kritiklos‹ bedacht werden.« Dieser Satz stammt nicht von einem besserwissenden Journalisten, weder von einem düpierten Bankkunden noch einem neidischen Konkurrenten, sondern von der Deutschen Bank selbst. Diese vernichtende Kritik steht in einem schonungslos offenen Revisionsbericht des größten Geldhauses der Republik, datiert vom 23. Juni 1994.

Der Bericht blieb verständlicherweise in den Tresoren der Vorstandsetage in der Zentrale an der Frankfurter Taunusanlage unter Verschluß. Erst durch einen Bericht im Wirtschaftsmagazin *Capital* wurde er der Öffentlichkeit bekannt.[155]

Mit dem Goldenen Kreuz in Baden-Baden fing alles an. Die Einkaufspassage im Herzen der Stadt markiert den Beginn einer elf Jahre dauernden Geschäftsverbindung, die hoffnungsvoll begann und kläglich endete – für beide Parteien: Auf der einen Seite steht ein gelernter Maurer und Betriebswirt, auf der anderen Seite die viertgrößte Bank der Welt, die Deutsche Bank.

Das Goldene Kreuz war Dr. Jürgen Schneiders erstes Projekt, das er 1983 mit Hilfe der Deutschen Bank finanzierte. Und schon beim Goldenen Kreuz, so hat es den Anschein, ließ sich die Deutsche Bank aufs Kreuz legen.

Bei den Ermittlungen gegen Schneider hat das Bundeskriminalamt auch das Goldene Kreuz unter die Lupe genommen. Und siehe da: In Schneiders Vermögensaufstellung per 31. Dezember 1993 ist das Objekt mit einem Wert von 40,9 Millionen Mark enthalten. In der Schätzung für den Kredit der Deutsche-Bank-Tochter Centralboden (DCB) wurde die sogenannte Jahresrohmiete mit etwas mehr als drei Millionen Mark angegeben. Bei ihren eigenen Recherchen kamen die Ermittler jedoch auf eine Miete von nur knapp der Hälfte und einen Gebäudewert von 21 Millionen Mark. Offensichtlich hat Schneider schon bei seinem ersten Großprojekt nach seiner später zur Methode gewordenen Masche gearbeitet: Immer schön übertreiben, wenn es der Sache dient. Und diese »Sache« war, möglichst hohe Kredite zu bekommen.

Die Deutsche Bank kannte Jürgen Schneider ja noch aus seiner Zeit in der väterlichen Firma Kunz & Söhne, die später bedauerlicherweise pleite ging. Schon damals war die Deutsche Bank größter Gläubiger des Schneider-Clans. So etwas verbindet.

Dieses Mal wurde der Bank zum Verhängnis, daß sie ganz in der Nähe vom Goldenen Kreuz eine Filiale besitzt. Doch zunächst einmal wandte sich Schneider an die Centralboden in Köln. Allerdings tat er das nicht selbst. Dr. Friedrich Möll, Repräsentant der Centralboden, war es, der den sogenannten Erstkontakt anbahnte. Erst in Köln, dann in Baden-Baden. Und das lief laut dem bereits erwähnten Revisionsbericht so ab: »Die Projekte wurden jeweils mit nahezu komplett aufbereiteten Unterlagen zunächst der DCB und anschließend mit bereits erfolgter DCB-Zusage der Filiale Baden-Baden vorgestellt.«

Im folgenden erläutern die Revisoren, warum dieses Projekt den Grundstein für eine so lange Freundschaft legen sollte: »Der Grund, warum die sieben weiteren Projekte, die außerhalb des Einzugsbereichs der Filiale Baden-Baden lagen, ebenfalls dort zwischenfinanziert wurden, ist nur so zu erklären, daß Herr Dr. Schneider bereits bei dem ersten Projekt die unkritische Arbeitsweise der Filiale erkannt hatte.«

Schneider hatte es sich fein eingerichtet mit den Baden-Badener Bankern: Er bestimmte die Abwicklungsmodalitäten, was laut Deutsche-Bank-Revision so aussah: »Keine Vorlage von Rechnungen, Gewerkelisten und damit Verzicht auf die Mittelverwendungskontrolle, keine Vorlage von Nachweisen zur Verifizierung der nur vom Kunden unterschriebenen Vermögensaufstellungen. (...) Die Gutachter (mit Ausnahme der ersten beiden Projekte immer Dr. Neumann) wurden von Herrn Dr. Möll beauftragt.«

Wie praktisch, man hätte Dr. Jürgen Schneider auch gleich den Schlüssel zum Tresorraum geben können.

Der Ex-Baulöwe will die Tricks und Kniffe des Bankgeschäfts erst durch die Bank selbst gelernt haben. Es entbehrte allerdings nicht der Ironie, wenn die Bank ausgerechnet denjenigen in die Lehre genommen hätte, der ihr später den größten Schaden zufügen sollte. Aber Schneider bleibt dabei: »Ich war viele Jahre der Musterschüler dieser Bank.«[156] Sein Lehrer aber war offensichtlich Dr. Friedrich Möll.[157]

Dies ergeben auch die Ermittlungen des Bundeskriminalamtes, wie Staatsanwalt Haike bestätigt: »Möll hat Schneider gesagt, wie man eine Kreditanfrage richtig darstellt. Und Möll war der Postbote für Schneider. Da kann man sich jede Menge Gedanken machen, aber es gibt keinen Anhaltspunkt für strafbares Handeln. In der Schlußphase gab es allerdings auf beiden Seiten, also bei Schneider und bei der Deutschen Bank, die Vermutung, Möll stünde jeweils auf der anderen Seite.«

Zum 31. März 1994 endete die Geschäftsbeziehung zwischen Möll und der Deutschen Bank beziehungsweise deren Tochter Centralboden – per Kündigung durch die Bank. Damit war Möll für Schneider wertlos geworden.

»Herr Möll war die Kopplungsstelle zu mir und der Deutschen Bank. Diese Stelle war plötzlich zerschnitten. Von der Kündigung erfuhr ich erst am 31. März 1994, wenige Stunden nach einem Telefonat mit Dr. Weiss (...). Das war auch der Auslöser, warum ich an die Bank den (...) Brief schrieb.«[158]

Das Boot ist voll –
Wer alles mit Schneider Geschäfte machte

Es liest sich wie das *Who is who* der deutschen Hochfinanz: die Liste der Banken, bei denen Schneider in der Kreide steht. Fünfundfünfzig insgesamt fielen auf den smarten Geschäftsmann aus dem vornehmen Königstein herein. Es waren offensichtlich die seriöse

Erscheinung, die Maßanzüge, der Mercedes und die großspurigen Pläne, die die Herren des Geldes an dem Toupettträger so beeindruckt hatten. Schneider lullte sie alle ein – oder wie Staatsanwalt Dieter Haike es formulierte: »Das Auftreten ist das Grundkapital unserer Betrüger.«

Kaum hatte die Öffentlichkeit Schneiders Verschwinden zur Kenntnis genommen, da wurde auch schon die zentrale Frage laut: Wie war es einem einzelnen Mann gelungen, mehr als fünf Milliarden Mark Kredit zu bekommen, und dabei die Banken anscheinend übers Ohr zu hauen?

»Wenn man zehn Jahre lang den Ruf eines guten Kunden hat, dann ist der Betrug recht einfach«, glaubt Haike deshalb.

Doch es gehört mehr dazu, den Banken fünf Milliarden Mark aus den Taschen zu ziehen, als nur ein guter Ruf. Auf der anderen Seite mußte die Bereitschaft vorhanden sein, auf die Versprechungen, Prognosen und Pläne eines Mannes zu setzen, der bald der Größte in der Branche war, dies aber nur wurde, weil die Banken ihm vertrauten. Eine Symbiose also. Und bei dieser Spielart der Natur haben beide Parteien einen Vorteil. Um diesen Vorteil ging es zweifellos auch den Banken.

Der Ruf Schneiders allein kann es nicht gewesen sein. Die Geldgeber glaubten vielmehr, dieser arbeitswütige Immobilientycoon aus Königstein bringe ihnen das ganz große Geschäft ins Haus. Da wollten sie auf alle Fälle dabeisein. Nicht auszudenken, wenn Schneider richtig gelegen und einen Triumph nach dem anderen gefeiert hätte und man selbst säße nicht mit am Tisch...

Schneiders Höhenflug bekam mit der Wende in der ehemaligen DDR erst den richtigen Aufwind. Die Banken hatte sich damals von der Bundesregierung das Versprechen abringen lassen, am Aufbau Ost tatkräftig mitzuwirken. Doch einfach so die Millionen in das ehemalige Arbeiter- und Bauernparadies hineinpumpen, nein, das wollten sie nicht. Die Industrie in den neuen Ländern lag am Boden, Investitionen waren mit einem hohen Risiko behaftet. Da kam ihnen Schneider gerade recht. Er bot den Banken vermeintlich schlüssige Konzepte an, und die Investitionen in Immobilien, das war etwas Solides. In den neuen Zentren im Osten, wie etwa Leipzig, da würde es bald bergauf gehen, glaubten beide Partner gleichermaßen. Und wie im Westen würden Grundbesitz und vermietbare Büro- und Ladenfläche der Schlüssel zum Reichtum sein.

Anfänglich sah es tatsächlich auch so aus, als ob die Rechnung aufginge. Im Osten, das schienen die Erfahrungen der ersten Monate zu belegen, schlummerte offenbar Kaufkraft ungeahnten Ausmaßes. Daß hier Kaufkraft mit Nachholbedarf verwechselt wurde, ist eine andere Geschichte. Zwangsläufig würden den Nachfragern Anbieter folgen, und die brauchten Läden und Büros, vornehmlich in exquisiter Citylage. Genau diesen Bedarf aber wollte Schneider befriedigen mit Projekten wie der Mädler-Passage, dem Zentralmesspalast oder dem Barthels Hof.

In diesem Klima des Aufbruchs und der Euphorie trafen Banker die Entscheidungen, Schneiders hochtrabende Pläne in Ostdeutschland zu finanzieren. Und dachten dabei vor allem an ihren eigenen Anteil am hoffentlich fetten Kuchen.

Es wäre deshalb unangemessen, Schneider allein für die Fehleinschätzung des erhofften Aufschwungs verantwortlich zu machen. Alle anderen waren ebenso davon überzeugt: die Banker, die Wirtschaftsbosse, die Politiker.

Dies ist nur eine Erklärungsvariante für das Verhalten der Banken gegenüber Schneider. Eine andere, ebenso zutreffende, geht davon aus, daß Schneider eine unglaubliche Nachfragemacht hatte, also ein bedeutender Faktor im Großgeschäft der Banken war. Schließlich war er der größte private Kreditnachfrager. »Da hätte keiner der großen ›Mitspieler‹ sich getraut, nein zu sagen«, meint ein Branchenkenner. Immerhin gibt es auch unter den Banken einen harten Wettbewerb, wird um Marktanteile gekämpft. Darüber kann man gelegentlich den Blick fürs Wesentliche verlieren.

Schneider hatte das erkannt und weidlich genutzt: »Ich war einer der besten Kunden der Banken überhaupt, und die haben sich sehr, sehr bemüht, mit mir ins Geschäft zu kommen.«[159]

Schneiders Geschäftsverbindung mit der Deutschen Bank war in der Branche bekannt und übte zweifellos einen gewissen Sogeffekt auf andere Geldinstitute aus. Wem die Deutsche Bank über viele Jahre einen solchen Vertrauensvorschuß gewährt, der konnte in den Augen der anderen kein zwielichtiger Geselle sein. Nur allzugern haben sich deshalb einige Institute auf Angebote zur Syndizierung, also der Beteiligung an Großkrediten unter der Konsortialführung der Deutschen Bank, eingelassen.

Daneben freilich haben sie selbst jede Gelegenheit genutzt, mit Schneider ins Geschäft zu kommen. Mußte Schneider dem Geld hinterherrennen? Schneider: »Nein, das mußte ich nicht. Die Banken haben mir regelmäßig intensive Besuche abgestattet. (...) Ich war ja am Markt bekannt. Sie haben gebeten: ›Können wir beim nächsten Mal nicht auch dabeisein, oder können Sie uns beteiligen?‹«[160]

Als die Deutsche Bank 1992 beschloß, sich Zurückhaltung aufzuerlegen, haben sich die anderen halb totgelacht und gewundert, warum der Branchenprimus seinen Goldesel aus den Klauen läßt. Sie sollten eine Anwort darauf bekommen.

Doch zunächst einmal sprangen sie bereitwillig in die vakante Position: Etwa ab September 1992 stagnierte das Kreditengagement der Deutschen Bank beziehungsweise nahm sogar leicht ab. Von da an bis zum Ende, also binnen eineinhalb Jahren, nahm die Zahl der kreditgebenden Banken von 37 auf 55 zu, stieg die Gesamtkreditsumme noch einmal um mehr als 1,5 Milliarden Mark auf über fünf Milliarden.

Die Signalwirkung, die angeblich von der Deutschen Bank als Branchenführerin ausgehe, könne zu diesem Zeitpunkt nicht mehr vorhandengewesen sein, glaubt Banksprecher Hellmut Hartmann: »Das muß der Branche bekannt gewesen sein.« Somit scheint die These zuzutreffen, daß die anderen Banken nichts Eiligeres zu tun hatten, als sich das frei gewordene, vermeintliche große Stück Kuchen unter den Nagel zu reißen.

An das Bundesaufsichtsamt für das Kreditwesen gemeldete Millionenkredite (Stand 31.12.93)		
Kreditgeber	**gehört zu**	**Kreditsumme**
Deutsche Bank AG, Frankfurt		250 Mio. DM
Centralbodenkredit, Köln	Deutsche Bank	1025 Mio. DM
Dresdner Bank AG, Frankfurt		296 Mio. DM
Reuschel & Co., München	Dresdner Bank	70 Mio. DM
Norddeutsche Hypotheken- und Wechselbank AG, Hamburg	Dresdner Bank	24 Mio. DM
Deutsche Hypothekenbank AG, Frankfurt	Dresdner Bank	51 Mio. DM
Bayerische Hypotheken- und Wechselbank AG (Hypobank), München		270 Mio. DM
Hypo Property Finance Company, Shannon (Irland)	Hypobank	10 Mio. DM
Württembergische Hypothekenbank AG, Stuttgart	Hypobank	58 Mio. DM
Westfälische Hypothekenbank AG, Dortmund	Hypobank	66 Mio. DM
Westfalenbank AG, Bochum	Hypobank	4 Mio. DM
Berliner Hypotheken- und Pfandbriefbank AG, Berlin	Bankgesellschaft Berlin AG	239 Mio. DM
Landesbank Berlin	Bankgesellschaft Berlin AG	81 Mio. DM
Deutsche Siedlungs- und Landesrentenbank, Bonn		291 Mio. DM
Deutsche Pfandbrief- und Hypothekenbank AG, Wiesbaden		124 Mio. DM
Deutsche Bau- und Bodenbank AG, Frankfurt	Deutsche Pfandbrief- und Hypothekenbank AG	141 Mio. DM
BHF-Bank, Frankfurt		71 Mio. DM
Deutsche Hypothekenbank AG, Hannover	BHF-Bank	182 Mio. DM

Commerzbank AG, Frankfurt		140 Mio. DM
Rheinhyp Rheinische Hypotheken-bank AG, Frankfurt	Commerzbank	75 Mio. DM
Bayerische Landesbank Girozentrale, München		147 Mio. DM
BfG Bank AG, Frankfurt	Credit Lyonnais S. A.	87 Mio. DM
BfG Hypothekenbank AG, Frankfurt	Credit Lyonnais S. A.	51 Mio. DM
Hypothekenbank in Essen AG, Essen	Dr. Wolfgang Schuppli Wiesbaden Gruppe	136 Mio. DM
Norddeutsche Landesbank Girozentrale (Nord/LB), Hannover		132 Mio. DM
Sal. Oppenheim, Köln		4 Mio. DM
Rheinboden Hypothekenbank AG, Köln	Sal. Oppenheim	120 Mio. DM
IKB Deutsche Industriekreditbank AG, Düsseldorf		114 Mio. DM
Landeskreditbank Baden-Württemberg, Karlsruhe		114 Mio. DM
DG-Bank, Frankfurt		30 Mio. DM
DG-Hypothekenbank AG, Hamburg	DG-Bank	73 Mio. DM
Bankhaus Löbbecke, Berlin		96 Mio. DM
Zwischensumme		**4572 Mio. DM**
Übrige Banken		515 Mio. DM
Gesamtkreditsumme		**5087 Mio. DM**

Tabelle 2: Darlehen an die Schneider und Schneider-Granzow GdbR und zur Schneider-Gruppe gehörenden Firmen

Augen zu und durch –
Was die Banken heute lieber verschweigen würden

Zweifel hatten sie keine, die Banker. Allenfalls klitzekleine, un-
bedeutende, eigentlich nicht der Rede wert. Wenn man sie heute
so reden hört, muß man sich schon wundern, wieso Schneider
überhaupt pleite gegangen ist. Wäre dies nicht zwangsläufig damit
verbunden, daß die Banken kein Geld mehr bekamen, sie hätten
womöglich nicht einmal das bemerkt.

»Noch im Februar hatten die Kreditexperten der Deutschen
Bank keinen Verdacht geschöpft«, berichtete der *Spiegel*.[161] Aller-
dings hätten sie Schneider vorgehalten, er habe sich »wie ein
Großkonzern verschuldet«, und ihn um ein genaues Bild seiner
Lage gebeten. Termin: Anfang April 1994. Das genaue Bild der
Lage bekamen die Banker dann termingerecht – in Form eines
Schreibens an Deutschbanker Ulrich Weiss.

Aber war es nicht eben jener Weiss, der noch im Februar 1994
verkündete, bei Schneider sei alles in bester Ordnung, die Bilanzen
des Großinvestors seien erst kürzlich erneut geprüft worden.
Schneiders Imperium sei »in sich tragfähig«.

Wenn man vom Rathaus kommt, ist man klüger, sagt der Volksmund. Heute weiß jeder der beteiligten Banker, was schiefgelaufen
ist. »... bei seinem größten Financier, der Deutschen Bank, waren
Schlampereien an der Tagesordnung. Selbst Vorstände wurden
von den eigenen Mitarbeitern wie die Tanzbären vorgeführt, über
Anweisungen von höchster Stelle setzten sich die Provinzfürsten
mühelos hinweg«, urteilte das Wirtschaftsmagazin *Capital* in seiner Ausgabe vom Mai 1996.

Kann man sich das vorstellen? Das größte Geldhaus der Republik wirft einer auf Sand gebauten Unternehmensgruppe die Millionen nur so in den Rachen, während sich der kleine Häuslebauer
für vergleichsweise läppische Summen bis aufs Unterhemd ausziehen, gleichsam wie ein Bittsteller um einen Kredit nachsuchen
muß. Man kann!

An Warnungen hatte es nicht gefehlt: Schneiders Stratege Professor Dr. Horst Fissenewert erinnert sich in seiner Vernehmung durch das BKA:»Ich bin wahrscheinlich im Spätsommer 1992 von Herrn Fischer[162] zu einem Gespräch nach Baden-Baden gebeten worden (...). In diesem Gespräch hat mir Herr Fischer die Bedenken der Deutschen Bank über die ›Einkaufswut‹ von Dr. Jürgen Schneider dargelegt.« Neben »vielen anderen Punkten« habe der Bankmanager insbesondere »kaufmännische Kompetenz« in den Schneider-Firmen angemahnt. Fissenewert, obgleich zu dieser Zeit schon nicht mehr für die Schneider-GdbR tätig, habe den »ausdrücklichen Auftrag« erhalten, diese Mahnung an Schneider weiterzugeben. Was er auch getan haben will. Aber: »Wahrscheinlich hat Dr. Jürgen Schneider der Deutschen Bank daraufhin wieder neue Märchen erzählt.«

Nicht allein die Filiale der Deutschen Bank in Baden-Baden, auch andere Banken waren längst hellhörig und mißtrauisch geworden, wie sich Fissenewert erinnert. Man zweifelte beispielsweise die Wertansätze an, die Schneider seinen Objekten zugrunde legte, vermutete – nicht ohne Grund –, daß Schneider über Quadratmeterzahlen und Mieteinnahmen seiner Objekte falsche Angaben gemacht habe. Fissenewert will diese Bedenken unter anderem von der West Hyp, der Südwest LB, von der BfG, der Frankfurter Hypothekenbank, ja selbst aus der Zentrale der Deutschen Bank gehört haben.

Doch Konsequenzen haben die Banker aus ihrem Verdacht nicht gezogen. Dabei geschah dies alles bereits eineinhalb bis zwei Jahre vor dem endgültigen Zusammenbruch des Imperiums. Die Frage muß also erlaubt sein, ob die Banken fahrlässig oder vorsätzlich, also sehenden Auges, ins Desaster steuerten.

Ein weiteres Beispiel ist die Finanzierung des sogenannten Nobel-Hauses auf der Frankfurter Zeil durch die Bayerische Hypotheken- und Wechselbank (Hypobank). Bei diesem Objekt, so jammerte die Bank später beim Staatsanwalt, sei sie am deutlichsten geschädigt worden.

Aus dem Kreditprotokoll der Hypobank vom 2. Oktober 1991 geht hervor, daß Schneider gegenüber der Bank mit einem Überschuß von rund 2,5 Millionen Mark pro Jahr argumentierte, die Bank aber aufgrund eigener Berechnungen auf ein Minus von etwa 5,5 Millionen Mark kam.

Die Ermittler des BKA fassen die Bewertung des Objektes Nobel-Haus durch die Hypobank so zusammen:»Entgegen der Darstellung von Dr. Jürgen Schneider geht also die Hypo-Bank bereits bei Kreditgewährung davon aus, daß sich das Projekt ›Nobel-Haus‹ nicht selbst trägt.« Das BKA kommt darüber hinaus zu dem erschreckenden Ergebnis, die Hypo-Bank habe von den »Schneider-Mogeleien« gewußt; die Mitarbeiter der Bank hätten die vermeintlichen Täuschungshandlungen Schneiders vor (!) der Kreditauszahlung bereits erkannt. Warum, um Himmels willen, hat die Bank Schneider für das Nobel-Haus dennoch einen Kredit von 97 Millionen Mark gegeben? Eine Erklärung, die überzeugt, ist hier nicht in Sicht.

Wie in diesem Buch ausführlich beschrieben wurde, hat Schneider Briefkastenfirmen eingesetzt, um den Kaufpreis der Objekte künstlich nach oben zu treiben beziehungsweise den Banken gegenüber einen höheren Aufwand nachzuweisen. Staatsanwalt Haike nimmt in dieser Frage die Banken in Schutz:»Bei den Scheinfirmen haben wir ein dreiviertel Jahr gezogen, bis wir Klarheit hatten.« Was dabei herausgekommen wäre an Täuschungs- und Verschleierungstaktik, das hätte keine Bank ahnen oder durchschauen können.

Wußten die Banken davon wirklich nichts? Waren sie völlig ahnungslos? Es gibt Zweifel. Etwa bei der Finanzierung des Berliner Objektes Tauentzienstraße durch die Nord/LB. Leonhard Goebel, damals Leiter des Immobilienbüros der Nord/LB in Frankfurt, sagte in seiner Zeugenvernehmung über seine Gespräche mit Schneider:»Weiter wurde mir vorgelegt der Vertrag der niederländischen Schneider-Gesellschaft mit einer australischen Gesellschaft.«[163]

Im Spiel waren seinerzeit zwei Gesellschaften: die holländische Barawexco B. V. und die ebenfalls in den Niederlanden angesiedelte Aprova Holding, über die Schneider ursprünglich die Barawexco sogar zu übernehmen geplant hatte. Goebels Zeugenaussage zufolge wußte der Bankmitarbeiter also, daß Schneider auch ausländische Gesellschaften für seine Immobiliendeals einsetzte.

Aber wie schon bei der Deutschen Bank unterblieb auch hier die nötige Sorgfalt, denn Nord/Lbler Goebel kann sich nicht erinnern, daß Schneider irgendwelche Zahlungsbelege vorgelegt hat, mit denen er den Kaufpreis des Objektes Tauentzienstraße hätte dokumentieren können. Und auf das Naheliegende, nämlich einmal die Grundbücher einzusehen, kamen die Banker erst, als es zu spät war.

Realistische Wertansätze für die Schneider-Immobilien zeigen, daß die Banken oft mehr finanziert haben, als die strenge Beleihungsgrenze erlaubt, und die liegt für Hypothekenbanken bei 60 Prozent des Marktwertes. »Aber wie hoch ist der Marktwert, und wer hat den festgelegt?« fragt sich ein Fachmann.[164] Die Ankläger vermuten: Schneider selbst. Genauso wie er offenbar laut staatsanwaltschaftlicher Ermittlungen die vermietbaren Flächen seiner Häuser selbst festlegte. Dabei soll sich für die Flächen bei den Banken gar keiner interessiert haben, wie Staatsanwalt Haike herausfand. »Es ging immer nur um die Mietverträge. Die Banken haben die Mietverträge gesehen. Was sollten die Banken da noch tun?«

Die Antwort ist einfach: noch genauer hinschauen. Denn auch die Mietverträge sollen ja laut Staatsanwaltschaft falsch gewesen sein, wie etwa bei der Frankfurter Zeil-Galerie. Und hier akzeptierte beispielsweise die Deutsche Bank allzu leichtfertig die angeblich von der Schneider-Firma CIP Center & Passagen AG stammenden Mieterlisten. Aber: »Nachgefragt hat bei mir keiner von der Bank«, sagte CIP-Vorstand Horst Obermayr dem *Stern*.[165]

Wäre solche Sorgfalt zuviel verlangt? Jeder Arbeitnehmer, der einen Kleinkredit beantragt, muß sich unter Umständen eine Rückfrage bei seinem Arbeitgeber gefallen lassen. Wenn es um Millionen und Milliarden geht, scheinen diese »goldenen Regeln« außer Kraft gesetzt zu sein. Deutsche-Bank-Sprecher Hartmann gesteht: »Das Argument ist ganz schwierig zu entkräften.«

»Waren seine Vertragspartner zu blauäugig oder vertrauten sie ihm blind, und in welchem Umfang muß Schneider dafür büßen«, fragt da selbst die nicht gerade als bankenkritisch verschriene *FAZ*.[166] Die Deutschbanker kauften ihrem prominenten Kunden offensichtlich jedes Märchen ab.

Besonders offensichtlich wird das Versagen der Bank beim Renommierprojekt Zeil-Galerie. Schneider hat den Geldverleihern eine Jahresmiete von 57,7 Millionen Mark vorgerechnet, auf der Basis von rund 20 000 Quadratmeter vermietbarer Fläche.

Schneider behauptet jedoch heute, bei den 57,7 Millionen habe es sich lediglich um eine Zukunftsprojektion gehandelt. Wie auch immer, die Banken jedenfalls nahmen es ihm ab und ernten jetzt, nachdem das Kind in den Brunnen gefallen ist, Hohn und Spott.

»Bei der Frankfurter Zeil-Galerie hätte ein Blick auf den Bauzaun genügt: Dort war die Nutzfläche mit 9000 Quadratmetern angegeben«, hielt *Focus* der Deutschen Bank vor.[167] Der *Spiegel* stieß ins selbe Horn: »Die Banken haben den Schein der Unfehlbarkeit, der sie umgibt, verloren. Ein schlitzohriger Bauspekulant hat sie bloßgestellt. Sie mußten lernen, daß es lohnt, bei großen Krediten auch mal die Baustelle zu besichtigen.«[168] Vieles hätten die Banker übrigens frühzeitig in der Presse nachlesen können: Dort stand schon 1991 zu lesen, daß Schneiders Zeil-Galerie keine 20 000 Quadratmeter hat (*Frankfurter Rundschau*).

Sinnigerweise sind in den Kreditakten der Bank die entsprechenden Zeitungsartikel abgeheftet. Ein Mitarbeiter der Deutschen Bank sagte dazu, die Artikel seien im Hinblick auf die vorhandenen Gutachten völlig uninteressant gewesen. Man habe die Problematik nicht weiter verfolgt. Dann braucht man sich nicht zu wundern.

Doch welche Chance hatten die Banker, das Zahlenwerk des »Herrn der Häuser« zu durchschauen? Wenn man alle Fakten würdigt, drängt sich der Schluß auf, sie wollten es gar nicht so genau wissen. Und zusammen mit ihrer sonst oft gescholtenen Vorsicht haben sie offenbar die Fähigkeit zum Rechnen an der Garderobe der Villa Andreae abgegeben. Andernfalls hätte ihnen auffallen müssen, daß Schneiders Rechnung gar nicht stimmen konnte. Bei der von Schneider angegebenen Mieteinnahme und

Gesamtfläche hätte jeder Quadratmeter 240 Mark Monatsmiete bringen müssen – egal ob für Klo, Treppenhaus oder Edelboutique. Ein weder damals noch heute zu erzielender Preis.

Auch das Rechenkunststück, wie man bei einem 2000 Quadratmeter großen Grundstück und acht Stockwerken (einschließlich der sogenannten Versorgungsstockwerke, die keine Verkaufs-, sondern nur Lagerflächen enthalten) auf über 20 000 Quadratmeter vermietbare Fläche kommen will, haben die Deutschbanker bedenkenlos geschluckt. Selbst bei wohlwollendster Betrachtung hätten dabei – kleines Einmaleins – maximal 16 000 Quadratmeter herauskommen dürfen. Und das wäre noch unrealistisch gewesen.

Der interne Revisionsbericht der Deutschen Bank geht wesentlich weiter als das Gutachten, das die Wirtschaftsprüfer Wollert-Elmendorff im Auftrag der Centralboden erstellt hatten. Die bankinternen Revisoren gehen mit den eigenen Kollegen scharf ins Gericht, werfen ihnen nachgerade Unfähigkeit vor. So heißt es in ihrem Bericht unter anderem: »Aus der Gesamtgröße des Grundstückes von 2011 Quadratmeter wird eine Mietfläche von insgesamt 22 513 Quadratmeter errechnet (11fache Ausnutzung; normal zu dem Zeitpunkt: 6fach). Bezeichnend für die unrealistische Berechnung der erzielbaren Mieten und damit des Ertragswertes ist darüber hinaus, daß von den Geschoßflächen keinerlei Abzug für Hohlräume, Treppenhaus, Aufzugsflächen etc. erfolgte und über alle Geschosse hinweg ein gleichhoher Mietansatz vorgenommen wurde.«

Mehr noch: Nach allgemeiner Einschätzung gilt, daß fünf, im Einzelfall höchstens zehn Prozent des Gesamtumsatzes im Einzelhandel für die Miete aufgewendet werden dürfe, um noch gewinnbringend zu arbeiten. Hätten die Deutschbanker in einer sogenannten Cross-Reference-Rechnung einmal nachgerechnet, was die Einzelhändler in der Zeil-Galerie hätten verkaufen müssen, um die fast 60 Millionen Mark Miete zu erwirtschaften, dann, so die Revision der Deutschen Bank, »hätte sich von vorne herein herausgestellt, daß die Taxe (geschätzte Mieteinkünfte; Anm. des Verfassers) utopische Werte enthält«. Danach hätte nämlich allein in der Zeil-Galerie noch einmal der gleiche Umsatz erzielt werden müssen, wie auf der gesamten Zeil. Völlig unrealistisch.

Doch die Deutschbanker wußten offenbar früher Bescheid oder müssen zumindest geahnt haben, daß etwas bei Schneider nicht stimmen konnte: Schon 1985 machten Wirtschaftsprüfer im Auftrag des Bundesaufsichtsamtes für das Kreditwesen bei Überprüfungen der Deutsche-Bank-Tochter Centralboden »negative Anmerkungen« zu den Wertansätzen der Schneider-Objekte, so die Revisoren der Deutschen Bank in ihrem Bericht. Im August 1987 dann, also zu einer Zeit, als Schneider gerade anfing, sich in den Olymp der Immobilieneigner aufzuschwingen, wurde bei vier Stellen im Deutsche-Bank-Konzern bekannt, »daß nach Überprüfung (...) der Verdacht geäußert wurde, die Wertansätze seien manipuliert, um innerhalb der Deckungsstockfähigkeit[169] zu bleiben«.

Der Vorstand der Centralboden, Jürgen Huvendick, sci damals auf diese Ungereimtheiten angesprochen worden und soll laut einem internen Vermerk gesagt haben: »Sie rennen bei mir offene Türen ein.« Demzufolge hatte er Schneiders Luftrechnungen möglicherweise durchschaut. Konsequenzen allerdings hatte dieses laut Deutsche-Bank-Revision nicht.

Aber es kommt noch schlimmer. Der Revisionsbericht aus dem Hause Deutsche Bank listet Fehler, Versäumnisse und einen Grad an Versagen auf, der kaum mehr zu überbieten ist:

• Die alleinige Bearbeitung der Schneider-Kredite wurde »fachlich inkompetenten Mitarbeitern einer nachgeordneten Niederlassung (in diesem Falle Filiale Baden-Baden) überlassen (...) alle übergeordneten Kontrollorgane und Entscheidungsträger« hätten sich »hierauf verlassen«.

• Die Filiale der Deutschen Bank in Baden-Baden kontrollierte beispielsweise nicht, ob die von Schneider verlangten Kredite auch tatsächlich dafür verwendet wurden, wofür Schneider sie beantragt hatte (Mittelverwendungskontrolle). So verlangte die Bank keine Rechnungen oder sonstigen Unterlagen, wie Handwerkerlisten, mit denen die Zahlungen hätten kontrolliert werden können. Tauchten Zweifel bezüglich der Empfänger auf, fragte man einfach bei der Buchhaltung Schneiders (!) nach. In dem Revisionsbericht heißt es, dies »wurde allen Beteiligten spätestens anläßlich einer gemeinsamen, von Z/KÜ (Zentrale Konzernüberwachung) einberufenen Sitzung am 21. Dezember 92 offenkundig«.

• Die von Schneider mitgeteilten Schätzungen der Mieteinkünfte (Taxen) seien weder von der Centralboden, noch von der Filialbank oder der Zentrale/Konzernüberwachung auf ihre Richtigkeit geprüft worden. Lediglich in zwei Fällen analysierte die Zentrale/Baufinanzierung bereits 1987 (!) die Zahlenwerke und versah sie »mit negativen Hinweisen bezüglich Herrn Dr. Neumann« (Schneider-Gutachter). Die Angaben Schneiders und seines Verbindungsmannes Friedrich Möll wurden leichtgläubig in die Kreditprotokolle aufgenommen. Es genügte offensichtlich, wenn Schneider behauptete, es sei so.

• Erhebliche Teile der Kredite flossen direkt auf Schneiders Konto bei der Königsteiner Volksbank, nämlich insgesamt 271 Millionen Mark, »die objektfremd oder nicht erkennbar dem jeweiligen Objekt zuzuordnen sind«.

• Über die aus der Evidenzliste der Bundesbank abzulesende ständig steigende Gesamtverschuldung Schneiders versuchte man sich erst in der zweiten Jahreshälfte 1993 Aufschluß zu verschaffen. »Zuvor hat keine der beteiligten Stellen ernsthaft die Offenlegung aller Bankverbindungen verlangt. Man ließ sich durch plausibel erscheinende Ausreden von Dr. Möll/Dr. Schneider abspeisen.«

• Fragen von seiten des Vorstandes der Deutschen Bank oder anderer beteiligter Stellen der Bank »wurde nicht beharrlich nachgegangen. Außerdem wurden die Klärungen von keiner Stelle überwacht«.

• »Seitens der Filialbank erfolgte nie eine Kontrolle der Mietzahlungen. Herr Dr. Schneider hatte es unter fadenscheiniger Begründung immer abgelehnt, bei der Deutschen Bank Mietkonten zu eröffnen. Dies wurde hingenommen, ohne sich anderweitige Nachweise über die Höhe der Zahlungen zu verschaffen.«

- Finanzierungen der Kaufpreise durch die Centralboden überstiegen die Höhe der gemäß notariellem Kaufvertrag vereinbarten Summe. »Die Angaben des Kreditnehmers, die außerhalb der Kaufverträge an ihn geflossenen Gelder für Erwerbsnebenkosten, Vertragsdurchsetzung, Entmietung, zu benötigen, glaubte man vorbehaltlos im Hinblick auf die ›Seriosität‹ Dr. Schneiders; es wurden noch nicht einmal Nachweise verlangt.«

- Teilauszahlungen der Kredite durch die Centralboden »erfolgten aufgrund von Berichten über Bautenstandskontrollen. Die Berichte waren jedoch von den Herren Stutz, Dr. Neumann oder der Fa. Technoteam angefertigt, die allesamt der Interessensphäre des Kunden zuzurechnen sind. Wie schon bei den Wertgutachten verließ man sich hier voll auf den Kunden...«

- »Unplausibilitäten wurde nicht nachgegangen (überhöhte Wertansätze von Grundvermögen). Nachweise über die Wertangaben (z. B. die Höhe von Festgeldern) wurden nicht angefordert.«

- »Die negative Kommentierung eines von der Bank beauftragten Gutachters vom Februar 1993 gegenüber Baden-Baden/Mannheim wurde zwar ausführlich diskutiert, auch in Gesprächen mit Herrn Dr. Schneider. Die Gespräche endeten jedoch ergebnislos.«

- »Es wurden Wertermittlungen und Vermögensaufstellungen akzeptiert, die von unbekannten, zwar vereidigten, aber nicht renommierten Sachverständigen erstellt waren. (...) Man stützte sich (...) auf die Vertrauenswürdigkeit und die Professionalität des Herrn Dr. Schneider auf dem Immobiliensektor sowie Herrn Dr. Schneiders Vermögensverhältnisse (obwohl deren Höhe intern angezweifelt und nie schlüssig nachgewiesen worden war). Herr Dr. Möll verstand es, in allen Geschäftsbereichen Vertrauenspersonen uneingeschränkt für sich zu gewinnen und die Interessen von Herrn Dr. Schneider umzusetzen.«

- Die Vorbehalte, die von den Wirtschaftsprüfern des Bundesaufsichtsamtes für das Kreditwesen hinsichtlich der Schneider-Engagements (vor allem der Deckungsstockfähigkeit) gemacht wurden,»waren nach Angaben des Vorstandes der DCB (Centralboden; Anm. des Verfassers) nie Gegenstand der Tagesordnung zu Aufsichtsratssitzungen. Dies entsprach nach Aussage des Vorstandes der DCB der generellen Handhabung«.

Die Frage ist allerdings, ob es überhaupt etwas genutzt hätte, wenn sich der Aufsichtsrat mit den Schneider-Engagements beschäftigt hätte. Denn bei der Deutschen Bank konnten sich die Herren Vorstände offenbar nicht einmal gegenüber ihren Subalternen durchsetzen: Bereits im Juni 1990 ordnete Vorstandsmitglied Ulrich Weiss eine Begrenzung des Schneider-Engagements an:»Ich möchte keine weitere Engagementserhöhung.« Und 1992 bat Vorstandsmitglied Georg Krupp um künftig»besonders kritische Prüfung«. Gefruchtet hat das alles nichts, die Provinzfürsten in Baden-Baden, Mannheim und Köln setzten sich offenbar»über die Anweisungen von höchster Stelle mühelos hinweg«, wie *Capital* meint.[170]

»Alle beteiligten Stellen sind (...) in wesentlichen Punkten ihrer Kontroll- und Aufsichtspflicht und den Erfordernissen der kaufmännischen Sorgfalt nur unzureichend nachgekommen«, lautet das vernichtende Fazit der Deutsche-Bank-Revision.

Darüber braucht sich niemand zu wundern, denn aus demselben Bericht ergeben sich auch die Gründe, weshalb die Kontrollorgane versagt haben: Die Herren kannten sich in dem Geschäft nicht gut genug aus. Laut Revisionsbericht war nämlich»weder in der DCB, auf die sich die Gesamtbank verließ, noch in den übrigen Bereichen eine ausreichende Fachexpertise vorhanden, (...) derartige Projekte professionell zu prüfen, zu begleiten und abzuwickeln. Selbst bezüglich der damaligen Zentrale/Baufinanzierung ist in Frage zu stellen, ob sie den Anforderungen genügt hätte, die an die Fachkompetenz eines Developers zu stellen sind. Die etablierten Kontrollorgane waren somit unwirksam.«

Erschwerend kam hinzu, daß die Kommunikation innerhalb

des Konzerns versagte, so die Prüfer. Da wußte offenbar die Linke nicht, was die Rechte tat.

Auch fiel den Bankprüfern auf, daß die von den Schneider-Gutachtern erstellten Wertschätzungen stets innerhalb der sogenannten Deckungsstockfähigkeit blieben. Dies bedeutet, daß die finanzierende Bank das Geld nicht aus dem eigenen Panzerschrank nehmen muß, sondern sich durch die Ausgabe von Pfandbriefen refinanzieren kann, also das Geld wiederum bei Anlegern borgt. Sie verdient also doppelt daran: einmal an den Hypothekenzinsen und zum anderen an der Provision durch die Ausgabe der Pfandbriefe.»Da hätte Kontrolle bloß gestört«, wähnte *Capital*.[171]

In der gleichen Zeitschrift läßt Schneider deshalb erklären:»Die Deutsche Bank hat die Bewertung der Immobilien selbst immer höher getrieben, man kann sich streiten, auf wessen Seite der Betrug liegt.«

Deutsche-Bank-Sprecher Hellmut Hartmann gibt sich zu diesem Vorwurf völlig unaufgeregt:»Die hohe Bewertung ist durch betrügerische Dokumente zustande gekommen.«

Aber ist es wirklich so einfach? Um diese Frage zu beantworten, hilft ein Blick in die Praxis des Hypothekenbankgeschäftes. Richtig ist: Hypothekenbanken haben ein Interesse, möglichst große, werthaltige Objekte zu finanzieren. Bleibt die Bank mit der Finanzierung innerhalb der 60 Prozent im Deckungsstock, kann sie sich das verliehene Geld über Pfandbriefe wieder hereinholen. Solche Finanzierungen sind für die Banken billiger, als wenn sie die Kredite aus ihrem eigenen Vermögen vergibt. Und wer sich billiger refinanziert, hat auch einen höheren Ertrag.

Um dieses Instrument zu nutzen, gibt es, rein rechnerisch, die Möglichkeit, ein Darlehen in den Deckungsstock zu»pressen«. Dahinter verbirgt sich ein simpler Trick: Ist eine Immobilie zehn Millionen Mark wert, kann die Bank sechs Millionen durch Pfandbriefe refinanzieren. Will sie aber zehn Millionen Mark billiges Geld, muß der Wert der Immobilie 16,6 Millionen Mark betragen. Wenn dieser Wert durch aufwendigen Umbau erreicht wird, wäre alles in bester Ordnung. Was aber wenn nicht?

Exemplarisch für diese Finanzakrobatik sei hier das Schneider-Objekt Neue Mainzer Straße in Frankfurt erwähnt. Nach einer Feststellung der Wirtschaftsprüfer der C&L Treuarbeit Deutsche Revision im Auftrag des Bundesaufsichtsamtes für das Kreditwesen wurde bei dieser Immobilie »nach einer Intervention von Dr. Möll (...) der Beleihungswert der zunächst von der Bank als Ertragswert mit 193 Millionen Mark errechnet worden war, auf 275 Millionen Mark festgesetzt«. Möll soll dies damit begründen haben, daß die Deutsche Bank-Filiale Baden-Baden, die ja die Zwischenfinanzierung für die DCB machte, »mit ihrem Darlehen im Realkreditbereich liegen muß«, also innerhalb des Deckungsstocks. Sonst hätte sich die DCB für den darüber hinausgehenden Teil teurer refinanzieren müssen, was wiederum den Ertrag geschmälert hätte. Jede Filiale bekommt aber von der Zentrale sogenannte Ertragsvorgaben. Wer innerhalb der Bank Karriere machen will, wird zusehen, daß er diese Vorgaben erreicht.

Wenn die Feststellungen der C&L Treuarbeit zutreffen, dann bedeutet dies vereinfacht ausgedrückt, daß der Wert der Immobilie künstlich angehoben wurde, damit die Bank einen höheren Gewinn macht. Hatte Schneider also Recht mit seiner Behauptung?

Eine weitere schwerwiegendere Folgerung wäre aus dem Ergebnis der Wirtschaftsprüfer zu ziehen: Wenn diese Deckungsstockfähigkeit bei einigen Schneider-Immobilien nicht gegeben ist, heißt dies, daß auf dem Kapitalmarkt Pfandbriefe kursieren, die nicht die Sicherheit besitzen, wie sie das Gesetz für mündelsichere Wertpapiere vorschreibt. Doch was bedeutet dies für die Anleger? Er besitzt ein Wertpapier, das im schlimmsten Fall nicht hält, was es verspricht. Zwischen dem Erwerber eines mündelsicheren Pfandbriefes und der emittierenden Bank entsteht aber ein besonderes Treuverhältnis, denn der Anleger vertraut ja mit dem Kauf des Wertpapiers darauf, daß auf der anderen Seite ein entsprechend besonders gesicherter Gegenwert steht. Wenn sich herausstellen sollte, daß eine Bank den Wert einer Immobilie künstlich nach oben korrigiert hat, um in der Deckungsstockfähigkeit zu bleiben, kann dies bedeuten, daß sie sich möglicherweise der Untreue gegenüber dem Anleger schuldig gemacht hat.

Schauen wir uns die Rolle der Banken noch etwas genauer an: Die C&L Treuarbeit geht in ihrem Gutachten davon aus, die Deutsche Bank und deren Tochter Centralboden hätten sogenannte Projektfinanzierungen gemacht, während die Deutsche Bank immer von Objektfinanzierungen spricht. Der Unterschied: Bei einer Objektfinanzierung beleiht die Bank ein in sich geschlossenes System. Der Wert der (fertiggestellten) Immobilie und der zu erzielende Ertrag, die Miete, werden ermittelt, und darauf gibt es Geld. Bei der Projektfinanzierung finanziert die Bank den Grundstückskauf, die Bauarbeiten sowie alle Maßnahmen, die dazu dienen, später einmal Miete einzunehmen – entsprechend der Konzeption des Bauherrn. Die Bank gibt das Geld in Erwartung eines später erzielbaren Ertrages. In dem C&L-Gutachten heißt es deshalb: »Die Bank war insoweit auch an dem unternehmerischen Risiko des Gelingens der Projekte beteiligt (Kosten-, Fertigstellungs- und Vermietungsrisiko).« Daraus folgt, daß der Bank beinahe die Rolle eines Mitunternehmers zukommt. Hätte da nicht besondere Sorgfalt an den Tag gelegt werden müssen? Schließlich verleiht die Bank nicht ihr eigenes Geld, sondern das ihrer Aktionäre und Anleger.

Das Bundesaufsichtsamt jedenfalls meint, die Bank hätte die von Schneider vorgelegten Unterlagen nicht nur auswerten, sondern auch auf Plausibilität und innere Widersprüche überprüfen müssen. Das habe sie nicht getan.

Schneider-Anwalt Christoph Rückel glaubt, Schneider sei »für die Deutsche Bank ein Vehikel zum Gelddrucken« gewesen. Eine höhere Bewertung der Immobilien hätte eben nicht nur mehr Zinsen gebracht, sondern auch die Möglichkeit, über Pfandbriefe mehr auf dem Kapitalmarkt herauszuholen.

Folglich sieht Schneider die Banken in der Verantwortung für die Schlußfolgerungen, die sie aus seinem Zahlenwerk gezogen haben, denn: »Über die Richtigkeit muß derjenige urteilen, der das Geld gibt. Er ist nach dem Hypothekenbankgesetz dazu verpflichtet, das sehr, sehr gründlich zu tun.«[172]

355

Die Schlampereien der Deutschen Bank würden bei seiner Verteidigungsstrategie »eine ganz wesentliche Rolle spielen«, verkündet Rückel siegesgewiß. Er zielt auf tatsächliche oder vermeintliche Gesetzesverstöße der Banken, insbesondere der Deutschen Bank, ab. Die Geldinstitute sind nämlich nach dem Hypothekenbankgesetz (HBG) und dem Kreditwesengesetz (KWG) verpflichtet, die Unterlagen des Kreditnehmers sorgfältig zu prüfen. Vor allem muß die Bank eigene Prüfer einschalten und darf sich nicht auf das verlassen, was der Kunde erzählt. Bei Großkrediten muß die Bank auch die wirtschaftlichen Verhältnisse durch die Vorlage von Jahresabschlüssen prüfen.

Vielleicht haben die Banken in diesen Punkten nicht nur versagt, sondern auch gegen gesetzliche Bestimmungen verstoßen, denn eigene Prüfungen unterblieben entweder ganz oder erfolgten nur unzureichend.

Die C&L Treuarbeit kam in ihrem Gutachten zwar zu dem Ergebnis, der Deutschen Bank seien keine Verstöße vorzuwerfen, die ein Einschreiten der Aufsichtsbehörde erfordern würde, das Bundesaufsichtsamt sah dies aber gänzlich anders. In einem Schreiben vom 28. November 1994 an den »Vorstand der Deutsche Bank AG z. Hd. des Vorstandssprechers Herrn Hilmar Kopper« stellen die Bankenaufseher unter anderem fest:

- »Die nach ihren eigenen Richtlinien bei der Übernahme von Sachverständigengutachten vorgesehene Überprüfung auf die Plausibilität und Marktüblichkeit der Beleihungswerte fand nicht statt.«
- »Teils wurden die Angaben von Dr. Schneider durch die Filiale verfälscht weitergegeben...« Die staatlichen Prüfer bezogen sich dabei auf eine Vorstandsvorlage der Deutschen Bank vom 19. November 1991. Dort heißt es, das Objekt Zeil-Galerie sei voll vermietet. Schneider selbst hatte acht Tage zuvor in einem Brief an die Bank lediglich von einer 63prozentigen Vermietung gesprochen.
- In zwölf Fällen, davon sechs schwerwiegenden, habe die Deutsche Bank gegen Vorschriften des Kreditwesengesetzes (KWG)

und in drei Fällen gegen das Hypothekenbankgesetz (HBG) verstoßen und außerdem

• die Grundsätze ordnungsgemäßer Geschäftsführung durch Sorgfaltspflichtverletzungen der Kreditbearbeitung und -überwachung und Nichtbeachtung von Organisations- und Aufsichtspflichten verletzt.

Eine Ohrfeige für das größte Bankhaus der Republik, wie sie schlimmer kaum hätte ausfallen können. Banksprecher Hartmann kann diesen Brief, der im scharfen Ton einer Abmahnung geschrieben ist, nur bestätigen: »Wir haben diesen Brief so zur Kenntnis genommen, denn er deckte sich ja mit unseren eigenen Erkenntnissen.«

Am 13. Januar 1995 antworteten die Deutsche-Bank-Vorstände Kopper und Dr. Endres dem Bundesaufsichtsamt und räumten Fehler ein. Doch als bloße Fehler mochten die Berliner Bankenhüter das Geschäftsgebaren der Deutschen Bank nicht mehr bezeichnen. Am 27. April 1995 reagiert ein Dr. Strauch vom Bundesaufsichtsamt mit einem erneuten Schreiben an den Bankenvorstand. Dort heißt es, die Darstellung der Bank zum Engagement Schneider, besonders die fehlende kritische Distanz zu dem Kreditkunden, »ist nicht geeignet, die Verstöße gegen bankübliche Sorgfaltspflichten als weniger schwerwiegend einzuordnen«. Vielmehr halte er die Verstöße »für so schwerwiegend (...), daß ich Ihr Verhalten als Geschäftsleiter bei der Behandlung des Kreditengagements Dr. Jürgen Schneider-Gruppe mit besonderem Nachdruck mißbillige«. Das saß!

Wie überall wird in dieser Branche indes nichts so heiß gegessen, wie es gekocht wird. Der Brief endet mit einer Versöhnungsformel: Aufgrund der besonderen Umstände und der bereits von den Banken ergriffenen Maßnahmen, sehe die Aufsichtsbehörde von weiteren Konsequenzen ab.

Man darf sich wundern, warum die Banken in diesem eklatanten Fall von Versagen so glimpflich davongekommen sind, und muß zugleich die Frage nach dem Sinn und Nutzen einer solchen Aufsichtsbehörde stellen.

Die Blauäugigkeit bei den Banken gefördert hat zweifelsohne der Umstand, daß sie an Schneider jahrelang bombig verdienten: Jahr für Jahr mehrere hundert Millionen Mark an Zinsen. Und die Zinsen sind immer pünktlich geflossen. Bis zum 1. April 1994 war Schneider stets à jour. Die Fähigkeit, auf welche die Menschen den meisten Wert legen, ist die Zahlungsfähigkeit, wußte schon der deutsche Dichter Oskar Blumenthal. Kein Kunststück, wenn man bedenkt, daß ständig neues Geld nachkam, aus dem Schneider die laufenden Tilgungen und Zinsen bezahlen konnte. Die Banken haben sich sozusagen über Jahre hinweg selbst finanziert.

Staatsanwalt Haike vermag jedenfalls kein strafbares Verhalten der Banken zu erkennen. Für ihn sei der Fall vielmehr ein Lehrstück für den Umgang des Großkapitals miteinander. Da geht es eben anders zu als bei einem kleinen Kreditnehmer, der um eine Erhöhung seines Dispokredites nachsucht.

Der Ermittler bleibt dabei: In vielen Fällen hätten die Banken die Täuschung gar nicht bemerken können oder doch erst, als es zu spät gewesen sei. Ein Beispiel hierfür sei die Finanzierung des Objektes Rahmhof: »Der Kredit war schon draußen, als die Bank feststellte, daß das Objekt nicht soviel wert ist. Aber dann legte Schneider Kaufangebote seiner Scheinfirmen vor. Später spielte er dann einfach nur noch auf Zeit.«

Es wäre allerdings falsch zu meinen, die Deutsche Bank sei das einzige Geldhaus, das sich schwere Fehler vorwerfen lassen müsse. Staatsanwalt Haike, dem sämtliche Revisionsberichte vorliegen, sagt: »Die Revisionsberichte der anderen Banken sehen im Grunde genommen nicht besser aus.« Schlamperei prägte auch dort die Praxis der Kreditvergabe an den Großinvestor.

Aber im Fall Schneider geht es nicht mehr um einzelne Fehler und Versäumnisse, nicht mehr darum, ob ein Bankangestellter ein wichtiges Detail übersehen hat. Es geht darum, daß nahezu alles falsch gemacht wurde, was falsch gemacht werden kann.

Inwieweit kann man dies alles noch unter Leichtgläubigkeit und Versagen abtun? Schon wenige Tage nach Schneiders Verschwinden tauchten Gerüchte auf, Schneider habe einzelne Banker geschmiert, um die unrealistisch hohen Kredite zu bekommen. Man konnte und wollte sich einfach nicht vorstellen, daß die Herren des Geldes so dämlich gewesen sein sollten, auf all die Tricks ihres gehätschelten Kunden hereinzufallen. Gleichwohl gibt es bis heute keinen Beleg für diese Vermutung, auch wenn sie zugegebenermaßen naheliegt. Aus diesem Grund stellt Staatsanwalt Dieter Haike fest:»Für strafrechtlich relevantes Verhalten der Banken gibt es keine tatsächlichen Anhaltspunkte.« Überraschungen sind damit nicht ausgeschlossen: Vielleicht hat ja einer, der es wissen muß, welche in seinem Gepäck aus Miami mitgebracht. Dem *Stern* jedenfalls will ein Ermittler erzählt haben:»Die Grenze zwischen Leichtfertigkeit und Beihilfe ist hier nur ein schmaler Grad.«[173] Unter Umständen bekommen Schneiders Drohungen aus dem Knast in Miami, als er davon sprach, im Zusammenhang mit den Banken werde er»hochsensationelle Äußerungen« machen, vielleicht doch noch Bedeutung. Auf diese Sensationen warten die Staatsanwälte allerdings noch heute.

Im Verhältnis Deutsche Bank–Schneider ist noch manche Frage ungeklärt: Etwa, warum sich die Bank nach einer fast dreißigjährigen vertrauensvollen Zusammenarbeit von ihrem Kreditvermittler Dr. Friedrich Möll trennte. Die Bank sprach die Kündigung, wie berichtet, am 30. September 1993 mit Wirkung zum 31. März 1994 aus. Zu einer Zeit, als Schneider noch hoch angesehen im Hause Deutsche Bank war. Der Grund für die plötzliche Kündigung soll ein Interessenskonflikt gewesen sein. Das Geldinstitut hatte Möll im Verdacht, zu sehr auf Schneiders Seite zu stehen. Bloß: Haben die Banker versucht, diesen Konflikt im Gespräch mit Möll und Schneider zu klären? Schneider sagt nein. Er sei von der Kündigung Mölls völlig überrascht worden. Und erscheint es glaubwürdig, daß eine so langjährige und fruchtbare Geschäftsverbindung wegen eines vermuteten Interessenkonfliktes aufgekündigt wird? Für andere Gründe, die zu der Kündigung führten, gibt es indes keinen Beleg.

Auch wenn die Elite der deutschen Banken in seltener Einigkeit dem Immobilienlöwen das Geld geradezu nachgekarrt und dabei jegliche Vorsicht und Vernunft über Bord geworfen hat, ändert dies nichts an den Vorwürfen, die die Staatsanwaltschaft gegen Schneider erhoben hat: Ein Dieb, der eine unverschlossene Wohnungstür vorfindet und sich an fremdem Eigentum bedient, bleibt ein Dieb. Und so werden die Versäumnisse und Fehler der Banken für die strafrechtliche Bewertung des Falles Schneider vermutlich ohne Belang sein.

Bei allem Tadel, den die Deutsche Bank verdient, soll aber nicht vergessen werden, daß sie das einzige der von der Schneider-Pleite betroffene Bankinstitut ist, das ebenso frühzeitig wie umfassend die Öffentlichkeit informierte und seine Fehler eingestand. Deshalb fragte Banksprecher Hartmann völlig zu Recht: »Haben wir jemals versucht, den Eindruck zu erwecken, wir hätten alles richtig gemacht?«

Nein, was der Revisionsbericht darlege, stimme alles. »Die Rechenaufgaben sind von uns nicht gemacht worden. Und natürlich hätte man auch mal vor Ort nachsehen müssen.« Zwar sei das Engagement Zeil-Galerie von Köln aus betreut worden, aber für einen Kredit von mehreren hundert Millionen Mark »hätte es sich sogar gelohnt, zu Fuß von Köln nach Frankfurt zu laufen«, sagte Hartmann in Anspielung auf die Tatsache, daß die Zentrale der Deutschen Bank nur fünf Fußminuten von der Zeil-Galerie entfernt ist. »Zwei Dinge sind hier zusammengekommen: Zum einen unsere Fahrlässigkeit und zuviel Vertrauen in einen bis dahin unbescholtenen Geschäftsmann und zum anderen der vollendete Betrug.«

Es sei zum Beispiel eine Masche Schneiders gewesen, während der Planungsphase ständig die Baupläne zu ändern, um so den Überblick über die tatsächliche Fläche zu erschweren. Außerdem habe er der Bank Mietverträge vorgelegt, die eindeutig aussagten, daß er rund 57 Millionen Mark Miete mit der Zeil-Galerie einnehme. Erst im nachhinein habe die Deutsche Bank festgestellt, was es damit auf sich hatte: »Auf der Mieterliste gab es Einzelhändler, die hatte er frei erfunden«, so Hartmann. Wenn die Bank dies allerdings erst im nachhinein festgestellt hat, dann muß sie sich dafür selbst die Schuld geben.

Schneider glaubt, die Deutsche Bank hätte ihn vorsätzlich in den Ruin getrieben, denn:»Es kann doch nicht wahr sein, daß werthaltige Immobilien sich in ihrer Bewertung geändert haben, weil ich im April 1994 nicht in Deutschland war. Kein Unternehmenswert ändert sich durch die Abwesenheit des Chefs.« Voraussetzung dafür allerdings ist, daß das Unternehmen das wert ist, was der Chef glauben machen will.

Schneider legt indes nach:»Ich kann mir nur denken, daß es auch die Strategie der Deutschen Bank war, mich in einer Blitzaktion aus dem Geschäft zu werfen und das alles so zu arrangieren, daß ich möglichst nicht mehr zurückkomme.«[174]

Da riß selbst dem *Spiegel* der Geduldsfaden:»Ist der Mann, der allein anderen, vor allem den Banken, die Schuld an dem Desaster gibt, nun ein Wirtschaftskrimineller, der solange bei seiner Version bleibt, bis das Urteil gesprochen wird? Oder fehlt ihm das Unrechtsbewußtsein, ist er wirklich so naiv, kann er die Grenze zwischen falsch und richtig nicht genau erkennen?«[175]

Deutschbanker Hartmann sieht das ganz ähnlich:»Die Behauptungen Schneiders sind ganz erkennbar im nachhinein zurechtgelegte Argumente.« Infolgedessen läßt Hartmann Schneiders Argument nicht gelten, sein Imperium sei zu retten gewesen, wenn die Deutsche Bank damals auf seine Vorschläge – wie etwa einen weiteren Kredit von 80 Millionen Mark und eine Stundung der Zinsen – eingegangen wäre, die er in seinem Schreiben vom 4. April 1994 an Deutschbanker Ulrich Weiss vortrug.

»Schneiders Brief war ja ein Kreditantrag. Aber wenn es von diesen 80 Millionen Mark abhing, ob er in Konkurs geht oder nicht, warum hat er dann das Geld nicht von den 240 Millionen Mark genommen, die er kurz vor seiner Flucht systematisch ins Ausland transferiert hat?« Eine berechtigte Frage.

Im Knast von Miami befragt, welchen Vorteil die Deutsche Bank denn durch die Kündigung der Kredite gehabt haben soll, sagte Schneider:»Ich bin als größter privater Einzelkunde der Deutschen Bank und einer der größten Immobilienbesitzer in Deutschland ein Wissensträger über die Funktionen des Bankgeschäftes. In den zwölf Jahren intimer Zusammenarbeit, speziell mit der Deutschen Bank, habe ich sehr viel gesehen. Bei vernünftiger Abwicklung und unter Berücksichtigung aller steuerlichen Aspekte glaube ich, daß sie sehr gut rauskommt und noch etwas verdient dabei.«[176]

Das sind doch alles Peanuts –
Was die Deutsche Bank tatsächlich verlor

Was hier wie eine anmaßende Bemerkung daherkommt, könnte auf lange Sicht gesehen gar nicht so weit von der Wahrheit entfernt sein. Denn selbst wenn Schneider keine Mark der erhaltenen Kredite zurückzahlt, und davon muß man im Moment wohl ausgehen, hat die Deutsche Bank natürlich keinen Verlust in Höhe von 1,2 Milliarden Mark erlitten.

»Wir haben 500 Millionen Mark in die Rückstellung genommen und gehen davon aus, daß die futsch sind. Alles andere sind Zukunftshoffnungen«, sagte Deutsche-Bank-Sprecher Hartmann auf die Frage nach den tatsächlichen Verlusten.

Freilich lassen sich die Banken in dieser Frage nicht in die Karten gucken, denn hier geht es um die *essentials* des Geldgewerbes und damit um Dinge, die man weder der Öffentlichkeit noch der Konkurrenz mitteilen möchte.

Bereits am 19. April schritt die Deutsche Bank zur Schadensbegrenzung: Sie übernahm 979,9 Millionen Mark der notleidenden Kredite von der Tochter Centralboden, nur 39 Millionen Mark verblieben in Köln. Völlig unüblich erfolgte dieser Geldtransfer nach einer nur mündlichen Vereinbarung zwischen Deutsche Bank und Centralboden noch am selben Tag. »Buchungstechnisch wurde dieser Akt trickreich gelöst«, lästerte die *Süddeutsche Zeitung*, »weil die Deutsche Bank auf der anderen Seite in die stille Reserve griff, ihre Beteiligung an der Centralboden aufwertete und diesen außerordentlichen Ertrag mit der nötigen Wertberichtigung gegenrechnete.«[177]

»Auf lange Sicht gehen die glatt raus«, meint auch ein ehemaliger Controlling-Fachmann einer anderen Großbank, und will damit sagen, daß die Bank unter dem Strich vielleicht gar keinen oder nur einen geringen Verlust hat. Auch einen Gewinn hält er für möglich.»Das ist ein Zeitspiel.«

Einen weiteren Hinweis mag eine Aussage des Deutsche-Bank-Mitarbeiters Michael Prinz von Sachsen-Weimar liefern. Dem BKA sagte der mittlerweile aus den Diensten der Bank ausgeschiedene Prinz, man habe durchaus eigene Risikoanalysen zu den Schneider-Krediten gemacht, die letzte am 12. Juli 1993. Daraus ergebe sich, daß die Schneider-Objekte eine so gute Lage hätten, daß selbst bei einer Illiquidität langfristig nicht mit einem Verlust zu rechnen sei.

Doch wie machen die das? Darüber kann man nur spekulieren und versuchen, sich den Fakten aufgrund allgemeingültiger und bekannter Modelle zu nähern. Die Zauberformel dafür heißt: niedrig bewerten, Abschreibung drauf und Wertberichtigung.

Etwa die Hälfte der Schneider-Schulden sind durch den tatsächlichen Wert der Häuser gedeckt. Faktisch könnte die Bank diese Objekte allerdings zu einem noch niedrigeren Wert hereinnehmen und stille Reserven bilden, der nominale Verlust bliebe also hoch. Dieser Verlust wird wertberichtigt, was bedeutet, er wird mit den dicken Gewinnen, die die Bank bei anderen Geschäften macht, gegengerechnet. Dadurch spart die Bank erhebliche Steuern. Das funktioniert, wie die von der Deutschen Bank veröffentlichten Zahlen belegen:

1995 erwirtschaftete das Geldinstitut einen Jahresüberschuß von 2,1 Milliarden Mark, 400 Millionen Mark mehr als im Jahr zuvor. Beim Steuerzahlen war die Bank dafür sparsamer: Mußte sie 1994 noch 1,8 Milliarden Mark in Waigels Kassen abführen, so waren es 1995 nur 1,4 Milliarden Mark. Steuerersparnis 400 Millionen Mark.

Zu den Steuervorteilen kommen die Abschreibungen aus den Objekten, wie sie auch jeder kleine Häuslebauer für sich in Anspruch nehmen kann.

Die übrigen an der Schneider-Pleite beteiligten Banken hätten die Schneider-Immobilien überwiegend in externe Gesellschaften überführt, heißt es in der Branche. Dadurch bleibt die eigene Bilanz sauber, die Vorstände können erhobenen Hauptes vor die Aktionäre treten. Unter dem Strich fließen die Verluste der externen Gesellschaften jedoch wieder in die Konzernbilanz, so daß die Bank wieder den Steuervorteil hat.

Dank solcher legaler Bilanz- und Bewertungstricks liegen die Banken, obzwar die Spitzenverdiener in der deutschen Wirtschaft, als Steuerzahler eher im unteren Drittel.

Dann sind da aber immer noch die Immobilien, die ja einen tatsächlichen Wert besitzen, allein im Fall der von der Deutschen Bank übernommenen Schneider-Objekte vermutlich 600 bis 700 Millionen Mark. Hier hätte die Bank die Möglichkeit, sie zu einem höher bewerteten Kurs in eine Tochtergesellschaft zu überführen, etwa in die Debeko, in der fast alle der etwa 300 Immobilien im Eigenbesitz der Deutschen Bank zusammengefaßt sind. Die Muttergesellschaft »versteckt« daraus resultierende Gewinne in den Bilanzen, etwa in den Rückstellungen und der Risikovorsorge, oder rechnet sie mit den Verlusten auf; die Tochtergesellschaft profitierte in diesem Fall von der hohen Abschreibung und könnte wiederum tüchtig Steuern sparen.

Auch gäbe es die Möglichkeit, sie in einem offenen Immobilienfonds zu verstecken, was den angenehmen Nebeneffekt hätte, daß sich die Verluste auf die Anleger verteilen. Was übrigens auch andere Banken gerne mit weniger rentablen Objekten tun.

Die Bank kann die Objekte, die sich ja ausnahmslos in erstklassigen Lagen befinden, aber auch einfach behalten und das Problem »aussitzen«. In ein paar Jahren dürfte sich aus den meisten Schneider-Objekten ein ansehnlicher Gewinn realisieren lassen.

Dies setzt natürlich voraus, daß die Preise für Immobilien wieder ansteigen, doch das ist mehr als wahrscheinlich: Nach einer Phase des Preisverfalls geht es zumeist wieder bergauf. Das ist bei den Immobilien nicht anders als an den Aktienmärkten. Hinzu kommt, daß im Zusammenhang mit der Umstellung auf das Europäische Währungssystem, den Euro, der Staat seine Schulden bezahlen will. Folglich sinken die Zinsen für Staatsanleihen, und die Anleger gehen in die sogenannten Sachwerte. Mit der Folge, daß die Immobilienpreise wieder anziehen. »Damit rechnen die Banken, und deshalb halten sie die Objekte«, so ein Insider. Und nennt als Beispiel das Schneider-Objekt Hotel Rose in Wiesbaden. »Wenn die Bank das drücken würde, dann hätten sie es längst fertiggestellt. So warten sie aber auf bessere Zeiten und dokumentieren auch noch nach außen, daß es ein Verlust gewesen sei.«

Ein kaum kalkulierbares Risiko liegt allerdings in der Tatsache begründet, daß einige der Schneider-Projekte von den Banken fertiggestellt werden müßten, bevor sie nutzbar wären: wie etwa das Hotel Rose oder auch das Bernheimer Palais in München.

Hartmann: »Der Weiterbau des Hotel Rose ist schwierig. Schneider wollte darin ein Hotel verwirklichen mit Zimmern so groß und teuer wie möglich. Die Preise sind aber nicht realisierbar. Es gibt jetzt eine Konzeption für eine Mischung aus Einzelhandel und Büros. Aber es bleibt ein sehr schwieriges Projekt, wenngleich in einer guten Lage.«

Wenn sich die Spekulation auf ein Ansteigen der Immobilienpreise erfüllt und man außerdem bedenkt, daß die Bank an Schneider jahrelang üppig verdient hat, dann – so steht zu vermuten – könnte Dr. Jürgen Schneider für die Deutsche Bank auf jeden Fall ein Geschäft gewesen sein.

Vielleicht sind dies die Gründe dafür, warum die Deutsche Bank die Schneider-Pleite schadlos überstand. Und vielleicht hatte Deutschbanker Kopper diese Chancen vor Augen, als er von »Peanuts« sprach.

Andere Banken haben überhaupt nicht darüber gesprochen, ja nicht einmal eine Strafanzeige erstattet. Mit so einer Sache geht man nicht an die Öffentlichkeit, das verbieten die Usancen in der Branche. »Es gibt ein ungeschriebenes Gesetz, daß man so etwas innerbetrieblich regelt«, meint ein Insider.

Zwar ist die Deutsche Bank an nahezu allen Groß- oder Beinahepleiten beteiligt, ob Schneider, Metallgesellschaft oder Balsam,»aber eines sticht ins kritische Auge: Die Nummer eins der europäischen Finanzwelt kommt fast immer mit einem blauen Auge davon, und oft ist überhaupt keine Färbung des Augenumfeldes zu erkennen, nur ein kaum merkliches verschmitztes, innerliches Lächeln.«[178] Zumindest vier Mitarbeitern der Deutschen Bank allerdings ist das Lächeln vergangen, denn die Schneider-Pleite kostete Arbeitsplätze – nicht zuletzt bei den Banken. Zwei Vorstände der Deutsche-Bank-Tochter Centralboden boten ihren Rücktritt an: Jürgen Huvendick, zuständig für Frankfurt, und Detlev Rode, zuständig für Mannheim. Rode hatte zuvor schon sein Amt als Vorsitzender des Verbandes der privaten Hypothekenbanken niedergelegt. Wie an Königshäusern üblich, hatten sich die Herren wohl dafür entschieden, selbst zum Giftbecher zu greifen, bevor man ihnen denselben reichte.

Personelle Veränderungen gab es auch in den Filialen der Deutschen Bank in Mannheim und Baden-Baden, die Schneider über Jahre hinweg besonders treu die Stange gehalten hatten. Die Frankfurter Zentrale schickte ihre Geschäftsleiter in die Wüste. In einer Presseerklärung der Bank hieß es dazu:»Die Herren Klaus Peter Fischer, Mitglied der Geschäftsleitung der Filiale Baden-Baden, und Michael Prinz von Sachsen-Weimar, Mitglied der Geschäftsleitung der Filiale Mannheim, sind in gegenseitigem Einvernehmen aus den Diensten der Deutschen Bank geschieden.« Drei weitere Direktoren aus der Zentrale an der Frankfurter Taunusanlage hatten das Glück, schon im Ruhestand zu sein, als Schneiders Kartenhaus zusammenbrach: Sie sind so ihrer wahrscheinlichen Entlassung entgangen.

Damit hatte es sich: Stühlerücken in den Vorstandsetagen der Frankfurter Glastürme ist tabu. Man hat die Verantwortung auf Subalterne abgewälzt. Deutsche-Bank-Chef Hilmar Kopper hatte längst allen eventuellen Spekulationen einen Riegel vorgeschoben:»Es ist nicht Stil der Deutschen Bank, Personen in die Wüste zu schicken, nur weil die öffentliche Stimmungslage dies verlangt.«

Den Bauernopfern wurde der Abgang teils mit »erheblichen Ablösesummen« versüßt, wie Prinz von Sachsen-Weimar es formuliert. Außerdem erhalte er ein Ruhegeld, wie es vereinbart war, wenn sich die Bank von ihm aus Gründen trennen sollte, die er nicht zu verantworten habe. Die Verantwortung für die Pleite der Bank in Sachen Schneider sieht er nämlich in der Frankfurter Zentrale.

Die Rolle der Banken in der Causa Schneider, ihre Leichtfertigkeit bei der Kreditvergabe und das anschließende Wegräumen der Trümmer, ist Wasser auf die Mühlen derer, die die Geschäftspraxis der Banken kritisieren und ihre Macht beschneiden wollen.

»Ausgeklügelte juristische Konstruktionen sichern den Banken und Bauträgern die Gewinne und verlagern die Risiken auf Dritte, wie beispielsweise die Handwerker«, erläuterte etwa Volker Gallandi, Anwalt für Wirtschaftsstrafsachen, dem Magazin *Focus*. »Der Gesetzgeber müßte dringend die Abschreibungen bei notleidenden Projekten verbieten. Dann gäbe es keinen Skandal Schneider, weil die Banken aus Eigeninteresse vorsichtiger gewesen wären. So aber zahlt der Steuerzahler.«[179]

»Die Banken können es eben niemanden recht machen«, jammert indes Deutsche-Bank-Sprecher Hartmann. »Entweder geben sie zuwenig Kredit oder zuviel. Es ging jedenfalls nie nach dem Motto: So Herr Schneider, darf's noch ein bißchen mehr sein?«

Abrechnung
Das Konkursverfahren

»Beschluß: Über das Vermögen des Herrn Dr. Jürgen Schneider, Fasanenweg 5, 61462 Königstein/Taunus, wird heute, 18. April 1994 – 14.35 Uhr – Konkurs eröffnet. Grund: Zahlungsunfähigkeit.« Mit diesen dürren Worten endet der Aufstieg des ehemaligen Maurergesellen zu einem der vermeintlich reichsten Männer Deutschlands. Zumindest reich an Schulden: runde sechs Milliarden Mark.

Am selben Tag beantragte die Schneider-Firma Technoteam den Konkurs, neun Tage später folgte die CIP. Hunderte von Mitarbeitern verloren dort ihren Arbeitsplatz.

Noch sechs Wochen nach dem Abtauchen des Baulöwen ersuchte der Münchner Anwalt Dr. Friedrich-Jürgen Ernst nach einem Gespräch mit Schneider-Sohn Nikolai den Rechtsanwalt Hartmut Herrlinger, er möge doch bitte weiter als Treuhänder für Schneiders Firma CIP fungieren.[180] Er halte es nicht für zweckmäßig, so zitierte das Magazin *Stern* einen entsprechenden Anwaltsbrief, daß Schneider derzeit über die CIP-Aktien »allein verfügungsberechtigt« sei. Dies würde bei den Gläubigern nur böse Vorstellungen hervorrufen.[181]

»Ein Jahrhundertfall«, sagt Dr. Gerhard Theodor Walter, den das Amtsgericht Königstein schließlich zum Konkursverwalter bestellte. Der heute 56jährige erzählt, daß in den ersten Wochen das Telefon in seiner Kanzlei nicht mehr stillstand. »150 bis 200 Anrufe täglich waren normal.« Das Königsteiner Amtsgericht berichtete von »einem kleinen Lieferwagen voll Forderungsanmeldungen« der Schneider-Gläubiger und kündigte eine erste Prüfung für den 21. Juni an.[182]

Von der Schneider-Pleite waren am schlimmsten betroffen die Handwerksfirmen. Zweihundertachtzig Firmen meldeten sich als sogenannte Schneider-Geschädigte beim Zentralverband des Deutschen Handwerks in Köln. Auf rund 250 Millionen Mark addierten sich nach einer ersten Prüfung die offenen Rechnungen und noch nicht bezahlten Leistungen, die Handwerker bundesweit auf Schneiders zahlreichen Baustellen erbracht hatten. Kein Wunder, daß schon einen Tag nachdem das Verschwinden des Baulöwen öffentlich bekanntwurde, die Arbeiter auf allen seinen Baustellen Hammer und Kelle hinwarfen, teilweise sogar mit dem Abtransport bereits eingebauter Einrichtungen, wie etwa Waschbecken und Kloschüsseln, begannen. Es galt zu retten, was noch zu retten war.

Handwerkerpleiten allerdings, so meldeten die Handwerkskammern, habe es gottlob wegen Schneider nicht gegeben. Wenngleich einige der Firmen Personal entlassen mußten und nicht eben wenige ihrem Geld noch heute hinterherrennen.

Siebzig Millionen Mark etwa zahlte die Deutsche Bank an Handwerksfirmen, bei denen Schneider in der Kreide stand, weil sie seine aufwendigen Sanierungen realisierten. Mit 50 Millionen hatte Deutsche-Bank-Chef Hilmar Kopper anfangs gerechnet, als er seine berühmt gewordene Floskel von den Peanuts prägte. Andere Banken indes hätten sich weit weniger kulant verhalten, klagte der Justitiar der Handwerkskammer Rhein-Main gegenüber der *Frankfurter Rundschau*, und nannte beispielhaft die Bayerische Hypotheken- und Wechselbank, die Deutsche Hypothekenbank oder die BHF-Bank.[183]

»Eine Verpflichtung zur Zahlung bestand nicht«, erinnert Deutsche-Bank-Sprecher Hellmut Hartmann. Aber schließlich, so ergänzt er, hätten die Handwerker Leistungen erbracht, die nun der Deutschen Bank zugute kämen, weil sich dadurch der Wert der Objekte erhöhe.

Das ist die rein kaufmännische und juristische Sicht der Dinge. Daneben gibt es freilich noch eine moralische Komponente. Bei der Befriedigung ihrer Forderungen gehen die Banken nach dem geltenden Konkursrecht immer vor, die Handwerker stehen zumeist am Schluß der Verteilungsliste. Dabei sind gerade sie am härtesten betroffen. Die Banken, das haben wir gesehen, können selbst mit Verlusten in dreistelliger Millionenhöhe offensichtlich gut weiterleben. Einer kleinen Handwerksfirma stellt sich wegen hunderttausend Mark unter Umständen die Existenzfrage.

Hinzu kommt: Haben nicht die Handwerksfirmen auf die Solidität Schneiders vertraut, gerade weil er so große Banken im Rükken hatte? Welcher kleine Handwerksbetrieb hätte denn den nahenden Bankrott des Bauherrn voraussehen sollen, wenn selbst die Deutsche Bank nur wenige Wochen vor der Pleite Schneider öffentlich die besten Zeugnisse ausstellte? Und noch im September 1993 hielt die Deutsche-Bank-Filiale Baden-Baden für das Ehepaar Schneider fast 204 Millionen Mark an Krediten bereit und räumte ihm einen Barkreditrahmen von 80 Millionen Mark ein. In dem entsprechenden Schreiben an Schneider heißt es:»Wir freuen uns auf eine Fortsetzung unserer stets angenehmen und vertrauensvollen Zusammenarbeit und wünschen Ihnen bei der Verwirklichung Ihrer verschiedenen baulichen Projekte und Konzeptionen weiterhin allen Erfolg.«

Sieben Tage im April –
Was die Deutsche Bank in der Villa Andreae tat

Deutsche-Bank-Vorstandsmitglied Ulrich Weiss war im Osterurlaub, als ihn am 7. April die schlimme Nachricht erreichte: Sein größter Einzelkunde sei auf und davon, dessen Unternehmen so gut wie pleite. Der Entfleuchte habe seinen Anwalt und Generalbevollmächtigten Horst Schneider geschickt, ihm dies mitzuteilen.

Aufgeschreckt von Schneiders Ostergruß, dem siebenseitigen Abschiedsbrief, rasten die Banker unverzüglich in ihren Limousinen nach Königstein, wo sie einen völlig aufgelösten Restvorstand der von der Bank einst so gehätschelten Schneider AG vorfanden.

Die fünf hochkarätigen Mitarbeiter der Deutschen Bank und vier der Centralboden wollten nun umgehend wissen, was los sei im Hause Schneider – vielleicht in der Hoffnung, das alles könne ja nur ein verspäteter Aprilscherz sein. Doch nichts da. In der anschließenden Krisensitzung mit den verbliebenen Vorstandsmitgliedern der Schneider AG offenbarte sich das ganze Desaster, das den Bankern ohne Übertreibung den kalten Schweiß auf die Stirn getrieben haben dürfte. Das Wort hatte Professor Fissenewert, wie sich Anwalt Horst Schneider erinnert: »Herr Fissenewert konnte Zahlen nennen, war offenbar gut informiert.«

Das ganze Wochenende machten sich dann Bankmitarbeiter über die Unterlagen in der Villa Andreae her, um »eine Bestandsaufnahme über die Situation der Gruppe zu erarbeiten«. Kistenweise, so wurde später in den Medien berichtet, sollen Mitarbeiter der Deutschen Bank Unterlagen aus der Villa Andreae geschleppt haben.

Man habe ja gar nicht gewußt, was einen da erwartete, äußerte sich der Sprecher der Deutschen Bank, Hartmann. Man sei nicht im geringsten davon ausgegangen, auf solche Ungeheuerlichkeiten zu stoßen, wie möglicherweise gefälschte Mietverträge. Nein, man habe es nicht einmal ansatzweise geahnt.

Schneider-Vorstand Lambsdorff soll es gewesen sein, der – vielleicht unbeabsichtigt – die Banker auf die richtige Spur gesetzt hat. Hartmann: »Lambsdorff verplapperte sich wegen der Mieten der Zeil-Galerie, als wir in der Villa Andreae waren. Offensichtlich wußte er auch nicht, was sein Chef uns da erzählt hatte. Dann zeigte uns jemand die tatsächlichen Mietunterlagen.« Und siehe da, großes Staunen, die stimmten nicht mit den Angaben überein, die Schneider offenbar gegenüber der Deutsche-Bank-Tochter Centralboden abgegeben hatte.

Nachdem nun Klarheit zu herrschen schien, entschied sich die Bank am 12. April zur Kündigung sämtlicher Kredite. In dem Kündigungsschreiben an Schneider, mangels bekanntem Aufenthaltsort vorsorglich an seinen Bevollmächtigten Horst Schneider geschickt, heißt es: »Im Rahmen der Gespräche über Ihre Kredite hatten Sie der Filiale Baden-Baden diverse Unterlagen wie Wertgutachten, testierte Vermögensaufstellung usw. überlassen. Diese Unterlagen waren für uns von erheblicher Bedeutung. Nunmehr haben wir erfahren, daß diese Angaben unrichtig sind.« Zur sofortigen Rückzahlung fällig wurden: 131 600 819 Mark und neun Pfennig.

Einen Tag später erstattete die Bank Strafanzeige, sechs Tage nachdem sie den vielsagenden Brief Schneiders erhalten hatte. Eine Zeitverzögerung, die anfänglich zu einer Verstimmung bei der Frankfurter Staatsanwaltschaft führte.

Sonderbar ist eine weitere Begebenheit, wie sich in diesen Tagen im April zutrug: Schneiders Generalbevollmächtigtem Ralf Matthias Graf Lambsdorff wurde am 10. April die Vollmacht entzogen. Die entsprechende Anweisung trägt die Unterschrift Schneiders und ist am selben Tag vom Frankfurter Flughafen in die Villa Andreae gefaxt worden. Zu diesem Zeitpunkt war Schneider allerdings schon längst in den USA. Wer also hatte das Fax an Lambsdorff geschickt?

Konkursverwalter Walter ist überzeugt, daß Djavadi dahintersteckt. Der habe möglicherweise das Schreiben von Schneider erhalten mit dem Auftrag, es an Lambsdorff weiterzuleiten. Möglicherweise, so die Spekulation, hatte Schneider Angst, Lambsdorff könne sich mit der Deutschen Bank verbünden und ihr dabei behilflich sein, die ins Ausland geretteten Millionen zurückzuholen.

Mit diesem Verdacht hätte Schneider nicht einmal völlig falsch gelegen. Lambsdorff selbst sagte bei seiner Vernehmung den BKA-Beamten, er vermute, Schneider habe befürchtet, daß er »möglicherweise in Dinge eingreifen könne, die er in seinem Dialog mit der Deutschen Bank oder den Banken vorhatte. Möglicherweise spielte dabei eine Rolle, daß die Deutsche Bank und wir versuchen wollten, das auf einem Londoner Konto eingezahlte Festgeld in Höhe von ca. 210 bis 240 Millionen Mark dem Zugriff eines Dritten zu entziehen.«

Doch woher hätte Schneider das wissen können? Hatte er etwa einen Gewährsmann, der ihn über die jüngsten Ereignisse in der Villa Andreae unterrichtete? Die Entscheidung, den Rettungsversuch für die Millionen zu starten, ist nämlich laut Lambsdorff

»entweder in der Nacht vom 8. auf den 9. 4. 94 oder am 9. 4. 94« überhaupt erst gefallen, und zwar während jener Krisensitzung des Restvorstands der Schneider AG mit den Mitarbeitern der Deutschen Bank und der Centralboden in der Villa Andreae.

In der Woche nach der »Hausdurchsuchung« durch die Deutsche Bank fuhr ein Mitarbeiter des Kreditinstitutes nach London. In seiner Tasche hatte er eine Untervollmacht von Schneiders anderem Generalbevollmächtigten, dem Anwalt Horst Schneider, um bei der Londoner Filiale der Union Bancaire Privée vorzusprechen und die dort vermuteten Millionen zu sichern. Doch kaum war der Deutschbanker in Britanniens Hauptstadt angekommen, zog Horst Schneider die Vollmacht zurück.

»Unserem Mitarbeiter blieb nichts anderes übrig, als sich in London einen schönen Tag zu machen und mit dem nächsten Flugzeug zurückzukommen«, so Deutsche-Bank-Sprecher Hartmann.

Woher rührte der plötzliche Sinneswandel von Anwalt Schneider? War er zurückgepfiffen worden und wenn ja, von wem? Anwalt Schneider sagte in seiner Vernehmung durch das BKA, am Abend des 10. April habe er gegen 22 Uhr einen Anruf von Jürgen Schneider bekommen. In diesem Gespräch habe der eine Schneider den anderen »angewiesen, die Untervollmacht zurückzunehmen. Er war mit diesem Vorgehen der Deutschen Bank nicht einverstanden.«

Wenn Horst Schneider die Wahrheit gesagt hat, dann heißt dies, daß Jürgen Schneider auch nach seinem Verschwinden noch bestens darüber informiert war, was in der Villa Andreae vor sich ging und selbst noch aus Washington entsprechende Anweisungen erteilte.

Vor allem wußte Schneider, daß zu jenem Zeitpunkt die Millionen längst nicht mehr in London, sondern auf Konten der Bank in Genf transferiert waren. Die Reise nach London wäre also ohnehin völlig vergeblich gewesen. Wollte er etwa verhindern, daß die Abgesandten der Deutschen Bank dies auf diesem Wege herausfanden?

Die Rolle des Anwaltes Schneider in der Causa Schneider ist eine sonderbare, und auch das Konkursverfahren wimmelt nur so von Merkwürdigkeiten. Einige davon sind es wert, erzählt zu werden.

Ein Bankbesuch

Am 9. Mai bekam Konkursverwalter Walter einen anonymen, aber sehr detaillierten Hinweis, wonach Schneider seit etwa zwei Jahren ein größeres Festgelddepot beim Bankhaus Julius Bär unterhalte. Um genau zu sein: 450 Millionen Mark sollte der flüchtige Immobilienkrösus dort deponiert haben. Walter machte sich sofort mit seinem Mitarbeiter Arno Wifling auf den Weg, um der Sache auf den Grund zu gehen.

Die Zentrale von Julius Bär, einer traditionsreichen Schweizer Privatbank, ist in Zürich. In Frankfurt hat die Bank eine Zweigstelle im Messeturm. Etwa um halb vier Uhr nachmittags meldeten sich Walter und Wifling am Empfang der Bank in der 14. Etage des Hochhauses. Was dann geschah, hat Walter so in Erinnerung: Die Empfangsdame habe den zuständigen Bankmanager angerufen und ihm gesagt, daß er Besuch von dem Konkursverwalter Dr. Walter habe. Am anderen Ende der Leitung sei es daraufhin totenstill geworden. Die Empfangsdame, unsicher, ob der Angerufene aufgelegt hatte oder nicht, senkte langsam den Hörer zur Gabel hin, nahm ihn aber im letzten Moment noch mal hoch, um etwas hilflos zu fragen: »Sind Sie noch dran?«

Walters Mitarbeiter Wifling lag die Frage auf der Zunge, ob der Angerufene denn vom Stuhl gefallen sei. Doch die Empfangsdame wirkte derart verwirrt, daß er sich diese Bemerkung lieber verkniff. »Herr Pütter kommt gleich«, beschied sie die Besucher.

Kaum drei, vier Minuten später kam ein Mann mit hochrotem Gesicht herbeigeeilt, der sich als Manfred Pütter, Mitglied der Geschäftsleitung des Bankhauses und zuständig für die Vermögensverwaltung von Privatkunden, vorstellte. »Wir waren der Meinung, er hat einen zu hohen Blutdruck«, meinte Walter später im Hinblick auf Pütters Gesichtsfarbe.

Zunächst steuerte Pütter, den Besuch im Schlepptau, in Richtung Besprechungszimmer. Doch offensichtlich fand er vor lauter Aufregung den Weg nicht, denn plötzlich sagte er:»Kommen Sie, gehen wir am besten gleich in mein Büro.«

Dort angekommen, klärte Walter den aufgeregten Banker über den Zweck des Besuches auf, was dessen Stimmung nicht zu bessern vermochte. Banker sind zumeist vorsichtige Menschen, und deshalb meinte Pütter, da müsse er noch jemanden hinzuziehen, und rannte erneut aus dem Zimmer, um kurz darauf zurückzukommen und den Auftritt eines Kollegen anzukündigen, der kurz darauf eintraf: das Vorstandsmitglied Carl-Matthias von der Recke.

Walter wiederholte sein Verslein und fragte nach den 450 Millionen. Nein, erklärten beide Banker unisono, ein solches Depot werde beim Bankhaus Bär nicht geführt.

Der Konkursverwalter klärte die beiden Bankmenschen auf, daß sie verpflichtet wären, ihm ein solches Depot zu melden, sofern es eines gäbe. Doch Pütter und Von der Recke blieben dabei: Die Bank führe kein Konto für Herrn Dr. Schneider.

Man habe zwar mal durchgespielt, was denn wäre, wenn man ein solches Depot für Schneider hätte, ergänzte der Bankvorstand, aber das sei mehr im Scherz geschehen. Da kann man mal sehen, worüber Banker ihre Scherze machen...

Ob vielleicht eines in der Zentrale in Zürich sei, wollte Walter wissen. Das könnten sie nicht sagen, erwiderten die Bär-Banker. Ungeachtet dessen dürften sie, selbst wenn sie etwas hätten, das sowieso nicht sagen. Klar, schließlich gibt es ja noch so etwas wie ein Bankgeheimnis.

Am 11. Mai beantragte die Staatsanwaltschaft die Durchsuchung des Bankhauses Julius Bär, und das BKA vernahm Pütter als Zeugen. Wieder konnte Pütter nichts anderes als schon am Vortag vermelden: Weder zu Schneider noch zu seiner Firmengruppe gebe es eine wie auch immer geartete Geschäftsverbindung.

Bis heute bleibt es ein Geheimnis, woher der anonyme Hinweis auf die angeblichen Millionen beim Bankhaus Julius Bär gekommen ist.

Ein ahnungsloser Anwalt namens Schneider

Am 16. März 1994 erteilte das Ehepaar Schneider seinem Anwalt gleichen Namens Generalvollmacht »über den Tod hinaus«. Wie Horst Schneider später sagte, sei er damals anwaltschaftlich »für die Eheleute Schneider in einem Zivilstreit gegen die Nord/LB« tätig geworden.[184] Mit Schneiders iranischem Freund Mehdi Djavadi verband Anwalt Schneider bereits seit 1986 ein »Vertrauensverhältnis«, bekannte er. »Ich konnte immer davon ausgehen, daß er mir nichts vormacht.«

Ob Horst Schneider allerdings aufgrund dieses »Vertrauensverhältnisses« zu Djavadi wußte, wo sein Mandant Jürgen Schneider steckte, darüber kann nur spekuliert werden. Jedenfalls war er der Meinung, andere, dunkle Elemente könnten dies glauben. Am 17. April schickt Anwalt Schneider deshalb einen Hilferuf an die Staatsanwaltschaft: »Nach der plötzlichen Abreise des Dr. Jürgen Schneider und Frau Claudia Schneider-Granzow konzentrieren sich sämtliche Interessen auf meine Person und meine Familie. Es besteht die aktuelle Gefahr einer Erpressung oder Geiselnahme. Ich beantrage umfassende Schutzmaßnahmen sofort in die Wege zu leiten.« Dann teilte er den Staatsanwälten nicht nur seine Privatadresse und die seiner Kanzlei mit, sondern gab auch eine Beschreibung seiner diversen Autos samt Kennzeichen ab. Der eine Mann, den er zu seinem Schutz bereits beschäftigte, schien ihm nicht genug zu sein.

»In Absprache mit Herrn Dr. Obermüller (Rechtsabteilung Deutsche Bank; Anm. des Verfassers) am 17.04.1994 befindet sich meine Familie an einem Ort, dessen Adresse Herrn Dr. Obermüller bekannt ist.« Damit nicht genug: Horst Schneider informierte über seine Befürchtungen auch die Polizei in Mainz und das Bundeskriminalamt. Man mußte den Eindruck haben, alle Teufel dieser Welt seien hinter dem armen Advokaten her, um irgendwelche Geheimnisse aus ihm herauszufoltern, wenn sie seiner habhaft würden.

Das kleine Hotel Alte Oper, im Schatten der übermächtigen Glastürme der Deutschen Bank im Frankfurter Westend gelegen, wurde für Horst Schneider und seine Familie vorübergehend zum Unterschlupf. Hier wähnte er sich offenbar sicher vor seinen imaginären Verfolgern.

Später ließ er durchblicken, die Deutsche Bank habe ihn, den Anwalt, in dem Hotel versteckt, vom bankeigenen Sicherheitsdienst mit Hunden bewachen lassen. Auch *Focus TV* saß offenbar dieser abenteuerlichen Story auf. »Die Deutsche Bank versteckte und bewachte Schneider. Begründung: Kopfgeldjäger«, meldete das Magazin in seiner ersten Sendung.[185] Niemand hatte sich allerdings die Frage gestellt, aus welchem Grund die Deutsche Bank Horst Schneider in einem kleinen Hotel nahe der Bankzentrale verstecken sollte. Oder fürchteten die Banker etwa, der Anwalt könnte wie schon zuvor sein Namensvetter ebenfalls das Weite suchen? Und wenn ja, was hätte das an der Situation geändert? Nichts.

Fragt man bei der Deutschen Bank nach, dann hört sich die Geschichte völlig anders an: »Horst Schneider erzählte uns, er fühle sich bedroht und fürchte, man könne ihn entführen, um den Aufenthaltsort von Schneider aus ihm herauszupressen«, bestätigt Hellmut Hartmann die Story. Doch ab da weichen die Darstellungen diametral voneinander ab: »Schneider bat uns um Schutz. Wir haben ihm erklärt, daß wir eine Bank, aber kein Bewachungsunternehmen seien, und ihm geraten, er solle sich doch an die Polizei wenden.« Dies habe er getan, doch dort könne man ihm nicht helfen, soll Schneider erwidert haben. Ein Kollege der Rechtsabteilung, so Hartmann weiter, habe dem Anwalt dann den Tip gegeben, daß es in unmittelbarer Nachbarschaft der Deutschen Bank ein kleines Hotel gebe. Da rund um die

Deutsche Bank aber ständig Fußstreifen, teilweise mit Hunden, unterwegs seien, würde denen ja auffallen, wenn man ihn, den Anwalt, entführen wollte. Wenn er sich also bedroht fühle, könne er ja dort einziehen.»Das hat Herr Schneider dann ja wohl auch getan, aber in der Öffentlichkeit stellt er es heute ganz anders dar«, empört sich Hartmann.

In noch einem Fall scheint Anwalt Schneider Erinnerungslükken zu haben. Dabei geht es um die Ereignisse des 15. April, jenes Tages, an dem Vertreter der Deutschen sowie der Hypobank beim Königsteiner Amtsgericht Konkursantrag stellten – im Beisein von Schneider-Anwalt Horst Schneider. Doch offensichtlich kommt Anwalt Schneider aus dem Tal der Ahnungslosen.

»Von dem Leiter der Rechtsabteilung der Deutschen Bank wurde ich gebeten, mitzukommen ins Amtsgericht Königstein, um bei der Übergabe eines Schriftsatzes zugegen zu sein, wobei mir der Inhalt des Schriftsatzes nicht bekannt war. Da ich noch davon ausgegangen bin, möglicherweise kann man hier ein Ergebnis erreichen, fuhr ich mit. Daß es sich im nachhinein herausstellte, daß es Konkursantrag war, überraschte alle Beteiligte, und der Antrag wurde abgegeben, ohne daß er von mir gelesen werden konnte«, erzählte er.[186]

Aus welchem Grund aber hat Anwalt Schneider denn geglaubt, hätten die Banker wohl beim Königsteiner Amtsgericht vorstellig werden wollen? Welche Lösung sollte denn dabei herauskommen? Und außerdem: Kannte Horst Schneider nicht den Konkursantrag, den die noch übrigen Vorstandsmitglieder der Schneider AG bereits am Vortag unterzeichnet hatten?

Über Horst Schneiders angebliche Unkenntnis dessen, was an jenem Apriltag im Zimmer des Rechtspflegers im Königsteiner Amtsgericht geschah, wundert sich auch die Deutsche Bank. Sprecher Hartmann:»Horst Schneider hat mit Mitarbeitern der Deutschen Bank und der Hypobank im Amtsgericht Königstein das richtige Zimmer gesucht. Er wurde gefragt, ob er nicht den Konkursantrag stellen wolle, lehnte aber ab, da er sich nicht sicher war, ob er auch die Vollmacht dazu habe. Beim Konkursrichter saß er dann dabei und hat immer genickt. Er wußte genau, was da passiert. Er war dabei und ist Volljurist.« Fünf Viertelstunden brauchte der Rechtspfleger, um das Konkursverfahren über das Vermögen Schneiders zu eröffnen. Eine viel zu kurze Zeit, wie manche schon spekulierten und damit andeuten wollten, es sei wohl an der Sache irgend etwas gedreht worden. »Es geht auch noch kürzer«, meint hingegen Konkursverwalter Walter. »Da der Gemeinschuldner nicht greifbar ist, kann man ihn auch nicht anhören. Außerdem war Gefahr im Verzug.« Schließlich sei ja mit Horst Schneider ein Bevollmächtigter des geflohenen Baulöwen anwesend gewesen, und »der wußte genau, worum es da ging«.

Was sonst sollte denn der Rechtspfleger prüfen? Wenn sogar schon der Schneider-Vorstand davon sprach, daß die Gesellschaft zahlungsunfähig sei, sollte der Mitarbeiter des Amtsgerichtes dies dann anzweifeln? Das kann ja wohl niemand ernsthaft annehmen. Nein, hier drängt sich der Eindruck auf, daß nachträglich der Ablauf der Ereignisse umgeschrieben werden soll. Glaubwürdig ist das alles nicht und fällt eher unter die Rubrik »Geschichten aus 1001 Nacht«. Und an denen mangelt es im Fall Schneider ja bekanntlich nicht.

Unterm Strich

Als Konkursverwalter Gerhard Walter das »Jahrhundertverfahren« Dr. Jürgen Schneider übernahm, dürfte er nicht schlecht gestaunt haben, als er einen Blick in die Kasse tat: »Ich fand zunächst keine müde Mark vor.« Schon erstaunlich, wenn man bedenkt, daß die Vermögensaufstellung Schneiders zum 31. Dezember 1993 immerhin rund 583 Millionen Mark Festgelder auswies.

»Als ich in die Villa Andreae ankam, fand ich dort den Kollegen Hembach vor. Der gab mir einen Mitarbeiter der Schneider AG an die Hand, damit ich mir erst mal ein Bild machen konnte«, sagt

Walter. Für einen Konkursverwalter wahrlich ein Jahrhundertprojekt.

Schneider hatte sich bekanntlich ein kompliziertes Firmengebilde zusammengestrickt: Über Treuhänder oder direkt gehörten ihm zahlreiche Firmen; für die meisten Immobilien hatte er eigene Objekt-GdbRs, also Gesellschaften, deren einziger Zweck darin bestand, Eigentümerin einer bestimmten Immobilie zu sein. Auch hieran waren teilweise andere Firmen beteiligt, wie die Quicktulane, die Arnaud de Vienne oder die Laetsch Properties, die über Treuhänder wiederum Schneider gehörten. Alles hatte er in der Schneider AG zusammengefaßt, deren einzige Aufgabe in der Verwaltung des Imperiums lag. Eine Hülse ohne Wert also. Das stellte auch der Konkursverwalter fest: »Wir haben sehr schnell gemerkt, daß in der Schneider AG überhaupt kein Vermögen da ist, sondern alles bei der Schneider-GdbR liegt.«

Nach zwei bis drei Wochen habe man dann auf einer Bank wenigstens vier Millionen Mark aufgetrieben. Walter: »Die Bank hatte das aber schon abverfügt. Wir haben es dann wieder für die Konkursmasse freigekämpft.«

Deutsche Bank, Dresdner Bank und Hypobank haben ein Massedarlehen von fünf Millionen gegeben. Fünf bis sechs Millionen Mark seien zudem monatlich als Miete eingegangen. Daraus konnten vorab die dringendsten Kosten bestritten werden, etwa für die notwendigen Mitarbeiter.

Walters drängendstes Problem war zunächst, genügend Mitarbeiter zusammenzubekommen, um die zahlreichen Firmen und Immobilien Schneiders zu verwalten und abzuwickeln. »In der AG waren nur noch zwei Leute. Frau Rommen und eine andere Frau, die aber wegen Schwangerschaft ausfiel. Ich mußte mir die Leute erst mal zusammensuchen.«

Schneider hatte dafür in seinen besten Zeiten rund 800 Leute beschäftigt, wie soll das ein Konkursverwalter alleine machen können, fragte sich Walter. »Ich habe mir eine Abwicklungsmannschaft zusammengezimmert. Fünfzig bis sechzig Leute am Anfang, jetzt sind noch sechs oder sieben davon da.«

Doch nicht bei allen Mitarbeitern stieß Walter auf Gegenliebe. »Herr Reifenberger war nicht bereit zu kooperieren. Wir mußten die Codes der Computer knacken, weil uns Reifenberger nicht die Paßwörter verriet.« So konnte man wenigstens einmal in Schneiders umfangreichen Besitz, die Zahlungsströme und die Geschäftsabwicklung Einblick nehmen. Dennoch glaubt Walter, nicht alles gefunden zu haben, da viel Aktenmaterial zuvor schon vernichtet worden sei. So sind etwa die verräterischen Mietverträge für das Objekt Zeil-Galerie, die Schneider den Bankern angeblich vorgelegt haben soll, laut Staatsanwalt Dieter Haike bis heute unauffindbar.

Ein besonderes Augenmerk richtete Konkursverwalter Walter auf die Anteilsveräußerungen innerhalb der Schneider-Gruppe: Wie in diesem Buch beschrieben hatte Schneider Anteile an seinen Immobilien auf ihm gehörende Treuhandfirmen übertragen. Walter stellte nun fest, daß diese Firmen grundsätzlich keine Zahlungen auf die Kaufpreise geleistet hätten, die Voraussetzungen für die Abtretung der Anteile damit eigentlich nicht gegeben waren. »Gleichwohl traten diese Käufer in den Darlehensverträgen als Kreditnehmer auf.« Walter zog daraus den Schluß, daß »Planung, Konzept und Durchführung dieser Transaktionen (...) einer ausschließlichen Ausrichtungen auf die Finanzierungsfunktion« dienten. Denn: »Aus der Differenz zwischen den externen Kaufpreisen und den gruppeninternen Anteilsveräußerungen ließ sich das für die Finanzierung notwendige Eigenkapital darstellen.« Wenn die Banken dann darauf die Kredite gewährten, hatte Schneider einen echten Zahlungsüberschuß.

Am Beispiel Kurfürsteneck Berlin läßt sich dies besonders deutlich veranschaulichen: Der externe Anschaffungspreis lag laut Konkursverwalter bei 130,1 Millionen Mark. Gruppenintern wurden die Anteile für 370 Millionen Mark weiterveräußert, und zwar von der Schneider-Firma Arnaud de Vienne an die Laetsch Properties. Die Banken gewährten darauf 325 Millionen Mark Kredit. Überschuß für Schneider: rund 195 Millionen Mark. So wird Geld verdient.

Walters Aufgabe war es unter anderem, dies wieder alles aus-
einanderzudividieren, um überhaupt feststellen zu können, wo
welche Werte versteckt waren. Seine Hauptaufgabe lag jedoch
darin, die rund 160 Objekte weiter zu verwalten, solange sie nicht
verkauft waren. Es reichte nicht, die Schulden der Vergangenheit
abzuwickeln.»Da kamen etwa die Stadtwerke und drohten Strom
und Wasser abzudrehen, wenn die laufenden Rechnungen nicht
bezahlt würden«, erinnert sich Walter. Zudem stellte er fest, daß
alle Objekte nicht mehr versichert waren, weil die Prämien zum
1. April 1994 nicht gezahlt wurden.»Die Banken mußten dann
erst mal für die Objekte die Versicherungen bezahlen.«

Für die Verwaltung der Schneider-Immobilien und aller damit
verbundenen Aufgaben übernahm Walter die Schneider-Firma
Quicktulane, jenes ominöse Unternehmen, an dem Schneiders
Fluchthelfer El Kastaui treuhänderisch beteiligt war.

Etwas ungewöhnlich ist, daß es in der Schneider-Pleite nicht,
wie bei anderen Konkursverfahren üblich, einen Gläubigeraus-
schuß gibt. Dem *Focus* erzählte Walter, warum dies seiner Meinung nach so ist:»Die Konstituierung eines solchen Ausschusses
hätte bedeutet, den Mitgliedern komplette Akteneinsicht und
Kontrollrechte zu gestatten. Die Banken als Hauptgläubiger
wünschten aus eben diesem Grund keine solche Kontrollinstanz.
Schließlich hätte dann eine breitere Öffentlichkeit erfahren, zu
welchen Konditionen und Vorgaben sie Kredite bewilligt haben,
ob die Darlehen vom Vorstand direkt oder auf Zuruf ausgeliehen
wurden. Sie dürfen nicht vergessen, daß manche Objekte teilweise
zum Fünf- bis Sechsfachen ihres Verkehrswertes beliehen wurden.
Bisher ist daher alles sehr diskret und geräuschlos vor sich gegangen.«[187]

Dies mag auch erklären, warum die Banken die meisten der von
ihnen beliehenen Objekte selbst aufkauften.

Von den 102 Objekten sind nur etwa 20 Prozent an Dritte verkauft worden, der Rest ging an die Banken. Die Deutsche Bank
etwa übernahm von den neun von ihr finanzierten Schneider-Objekten das Goldene Kreuz in Baden-Baden, die Passage am Markt

in Offenbach und das Kureck in Wiesbaden. Das Haus Kurfürstendamm 30 in Berlin übertrug sie auf ihre Tochtergesellschaft Debeko. Die großen Objekte wie die Zeil-Galerie, das Hotel Rose oder das Bernheimer Palais hat bislang der Konkursverwalter unter seinen Fittichen. Entweder gibt es noch keine schlüssigen Konzepte, was mit den Prachtimmobilien passieren soll, oder aber der Wert der Gebäude und die darauf lastenden Hypotheken klaffen zu weit auseinander, wie im Fall der Zeil-Galerie. »Ich habe die Objekte zum Anschaffungspreis beziehungsweise zu den Herstellungskosten verwertet. Die waren einfach nicht mehr wert. Die Zeil-Galerie ist etwa 70 bis 90 Millionen wert, mehr nicht. Da sind aber 415 Millionen Mark Kredit drauf. Da gibt es keine Interessenten.«

Alles andere kam unter den Hammer: Schneiders Schwiegermutter Gerlinde Zacharias mußte ihr Häuschen in Baden-Baden räumen, da der Schwiegersohn darauf eine Hypothek eingetragen hatte. Verkauft ist auch Schneiders Villa im Königsteiner Fasanenweg: für 2,195 Millionen Mark an die Frankfurter Bodenkreditbank. Nur für Schneiders einstigen Firmensitz, das Prachtschloß Villa Andreae, fand sich bislang kein Käufer. Walter will 14 bis 16 Millionen Mark dafür haben.

Sogar für Devotionalienjäger hat Walter etwas im Programm: Schneiders letztes Hemd. An das kam er auf Umwegen. Nachdem Schneider verhaftet war, wurde er im Gefängnis von Miami neu eingekleidet. Seine alte Kleidung, darunter die buntgeblümten Bermudashorts, ließ er ebenso wie die seiner Frau an seinen Vater schicken. Senator Richard Schneider, der bereits vor Jahren mit seinem Sohn gebrochen hatte, aber dachte gar nicht daran, sie zu behalten, sondern leitete sie umgehend an den Konkursverwalter weiter. Dort liefern sie jetzt einen »bemerkenswerten Beitrag zur Konkursmasse«, amüsierte sich der *Spiegel*.[188]

Auch andere Geldquellen versuchte der Konkursverwalter anzuzapfen. So klagte er beispielsweise gegen Schneiders »Soldaten« Stennei und Meurer, wegen deren angeblich überhöhter Honorare, aber auch gegen Anwalt Horst Schneider – bislang ohne Erfolg. Von Horst Schneider will er die stolze Summe zurückhaben, die Baulöwe Schneider dem Anwalt zahlte: immerhin 1,2 Millionen Mark. Wofür, weiß der Himmel. Anwalt Schneider behauptet, für geleistete Beratung. Walter hingegen wertet sie als Vorauszahlung auf noch zu leistende Dienste. Da Schneider aber nichts mehr zu sagen habe nach dem Untergang seines Imperiums, brauche er auch solche Dienstleistungen nicht mehr. Also gehöre das Geld in die Konkursmasse.

Walter glaubt endlich den Beweis für seine These zu haben: »Wir haben jetzt ein dreiseitiges Papier gefunden. Das kam aus den USA zusammen mit Schneider zurück. Darauf hat Schneider seine letzten Finanzdispositionen vor der Flucht niedergeschrieben. Und dort steht: ›Horst Schneider – Vorschuß‹.«

Mit »Vorschuß«, so argumentiert Walter, habe Schneider jene 1,2 Millionen Mark gemeint, die er vier Wochen vor seinem Abtauchen an seinen Bevollmächtigten und Anwalt Horst Schneider gezahlt habe.

Den größten Batzen aber verspricht sich Walter aus Genf. Dort liegen rund 245 Millionen Mark, die der Pleitier dorthin transferiert hatte. Der Grund dafür, daß die Millionen nicht längst der Konkursmasse in Deutschland zugeschlagen werden konnten, liegt nach Aussagen Walters im wesentlichen an zwei Dingen: Nach Schweizer Konkursrecht mußten die in Deutschland angemeldeten Forderungen auch vom Schweizer Konkursgericht für das dortige Verfahren zugelassen werden. Eine reine Formsache. Außerdem legte Schneider über seine Anwälte gegen jede Entscheidung der Schweizer Behörden Einspruch ein.

Walter zuversichtlich: »Ich rechne damit, daß in ein paar Monaten das Geld aus Genf kommt.« Zu Schneiders Strategie, gegen die Beschlagnahme vorzugehen, sagt Walter: »So was Blödes habe ich noch nicht erlebt.« Um beispielsweise das Geld von Genf nach Frankfurt zu transferieren, mußte die vom Gericht angeordnete Beschlagnahme kurzzeitig aufgehoben werden. Selbst dagegen sei Schneider vorgegangen, berichtet Walter. Es nutzte freilich nichts: »Da ist Schneider in drei Instanzen schon abgeschmiert.«

Deshalb sieht Walter in dem Schachzug Schneiders, die Einsprüche gegen die Beschlagnahme zurückzuziehen – etikettiert als Akt des guten Willens –, reine Kosmetik:»Wenn Schneider das Geld nicht freigegeben hätte, dann hätte es eben ein halbes Jahr länger gedauert. Bekommen hätten wir es auf alle Fälle.«
»Die Gesamtverbindlichkeiten bei den Banken sind etwa fünf Milliarden. Dazu kommen 600 Millionen Handwerker- und sonstige Forderungen. Insgesamt sind es ungefähr 850 Gläubiger«, addierte Konkursverwalter Walter.

Die möglichen Verluste der Banken schätzt er, rein nominal gesehen, hoch ein: Um die zum Teil im Bau befindlichen Objekte fertigzustellen, bedürfte es noch einer Milliarde Mark. Auch diese Summe, so stellte er fest, war in Schneiders Vermögensaufstellung nicht enthalten. Der Grund liegt auf der Hand: Wenn die von Walter ermittelte Summe für die Fertigstellung stimmt, wäre Schneiders »Papiervermögen« wesentlich geringer ausgefallen. Zu den Verlusten müsse man außerdem hinzu addieren, daß die Bankkredite ab der Konkurseröffnung nicht mehr verzinst wurden.

»Bisher hat der Konkurs etwa zehn Millionen Mark gekostet, davon entfallen an Kosten etwa fünf bis sechs Millionen Mark auf unsere Tätigkeit.« Derzeit verwalte er noch etwa 80 Grundstücksgesellschaften mit zirka 25 Objekten.

»In eineinhalb Jahren dürfte das Verfahren abgeschlossen sein«, schätzt Walter. Dann könne er eine Quote von acht bis zehn Prozent auszahlen. Der Fall Schneider wäre, zumindest der finanzielle Teil, abgeschlossen. Etwa zwei Milliarden Mark, so rechnet der Konkursverwalter hoch, dürften unterm Strich als echter Verlust übrigbleiben.

Schneider – Eine Bilanz

Lieber Herr Dr. Schneider,
mehr als zwei Jahre haben Sie uns Journalisten nun in Atem gehalten: erst durch Ihr plötzliches und nicht nur für uns unerwartetes Verschwinden und dann durch die vielen abenteuerlichen Details aus Ihrem einstigen Imperium, die im Laufe der Zeit an unsere Ohren drangen. Und gerade, als das Interesse an Ihnen etwas abzunehmen drohte, ließen Sie sich in Miami, wo wir Sie nun wirklich nicht vermuteten, festnehmen. Alle Achtung, das war geschickt getimet.

Nun sind Sie wieder bei uns, auch wenn Sie derzeit keine Pressekonferenzen geben oder Kleinode Ihres unnachahmlichen Sanierungsstils einweihen. Ihre geliebte Frau Claudia ist zurück in Freiheit, ganz so, wie Sie es wünschten, als Sie sich zu Ihrer Rückkehr nach Deutschland entschlossen. Und ihre kleine, bescheidene Wohnung im Taunus ist zwar in nichts mit ihrem alten Domizil im Königsteiner Fasanenweg zu vergleichen, aber doch um vieles besser als diese kärglichen Zellen in Miami und Frankfurt. Zudem: Hat sie nicht schon genug gelitten, wenn man einmal bedenkt, daß sie wahrscheinlich wirklich nicht viel von Ihren Geschäften verstand? Auch Ihr Alleinunterhalter Poletti muß keine gesiebte Luft mehr atmen. Wie schon damals in Ihrer Villa Andreae sind Sie wieder einmal der letzte, der noch die Stellung hält.

Nun liegt das Beste aber noch vor uns: der Prozeß. Sie haben uns versprochen, mit sensationellen Enthüllungen über die Verstrickung der Banken aufzuwarten. Bitte enttäuschen Sie uns nicht. Wir sind in gespannter Erwartung.

Bei Ihnen liegen die Dinge wohl etwas anders als – beispielsweise – bei der Metallgesellschaft, wobei sich die Bank in beiden Fällen vorhalten lassen muß, in ihrer Aufsichtspflicht versagt zu haben. Von daher greift die heutige Formel, man sei von Ihnen schlicht betrogen worden, etwas zu kurz. Wenn Sie des Betruges schuldig gesprochen werden sollten, dann könnte die Deutsche Bank allenfalls sagen, sie habe sich betrügen lassen (!). Ein feiner Unterschied.

Wer bloß die Festellungen würdigt, die interne wie externe Prüfer in den Banken trafen, der kommt zu dem Ergebnis, daß der Anteil der Banken an der Pleite Ihres Imperiums ein größerer ist, als ihn die Kreditgeber selbst einräumen möchten. Ob man allerdings von einer Mittäterschaft sprechen kann, wie Sie und Ihre Anwälte dies gerne tun, müßten Staatsanwälte prüfen. Wir dürfen also gespannt sein, ob und wie sich die Rolle der Banken in dem Ihnen bevorstehenden Prozeß für Sie auswirken wird.

In einem Interview im *Focus* haben Sie einmal gesagt, Sie hoffen, daß die Banken aus Ihrem Fall gelernt haben und künftig mit ihren Kunden etwas pfleglicher umgehen. Für die Großen gilt das sicher wie eh und je, die vielen kleinen Kreditnehmer jedoch müssen sich heute noch genauer unter die Lupe nehmen lassen. Haben Sie denn wirklich geglaubt, die Banken hätten dazugelernt? Wenn Sie diese Hoffnung auch auf die Sorgfalt der Geldinstitute bezogen haben, dann hat Sie diese sicher getrogen, wie die Beispiele Vulkan-Werft oder Klöckner-Humboldt Deutz eindrucksvoll belegen. In Ihrer Zelle in Frankfurt-Preungesheim werden Sie gewiß aufmerksam verfolgt haben, wie die Banken, insbesondere Ihr »Liebling« Deutsche Bank, auch hier von all den ominösen Vorgängen dort nichts bemerkt haben wollen. Sie aber hatten vielleicht bloß das Pech, nicht ein Milliardenkonzern mit dem Namen Daimler-Benz zu sein – auch wenn Sie fast schon Verluste in ähnlicher Höhe vorweisen können. Ein Tip für die Zukunft: Sie hätten vielleicht, das kann man heute rückblickend sagen, ein Vorstandsmitglied der Deutschen Bank in ihren Aufsichtsrat berufen sollen. Keine Sorge, sie hätten trotzdem machen können, was Sie wollen (die anderen können es ja auch), aber man hätte Sie nicht fallenlassen wie eine heiße Kartoffel. Wo Sie doch damals so kurz vor dem Bundesverdienstkreuz standen.

Vielleicht erging es Ihnen ja bloß wie diesem Börsenspekulanten Leeson. Der große Spieler Bank zieht sich kleine Spieler heran, damit er viel Geld verdient. Wenn dann etwas schiefgeht, wollen die Großen nichts gewußt und nichts damit zu tun haben. Eines allerdings haben wir nie so recht verstanden: Warum sind Sie damals, im April 1994, nicht selbst zur Deutschen Bank gegangen, haben gesagt: Hier steh ich nun, ich kann nicht anders. Hätten Sie seinerseits den, zugegebenermaßen, unbequemen Weg in die Frankfurter Taunusanlage angetreten, wäre Ihnen vermutlich nichts Schlimmes widerfahren. Wahrscheinlich hätten die Banker Sie gescholten, aber dann gemeinsam mit Ihnen überlegt, wie man dem Dilemma entkommen könne, und im übrigen auf die Selbstheilungskräfte des Marktes vertraut. In anderen Fällen hat das ja auch funktioniert.

Warum sind Sie nicht von Genf aus nach London geflogen, um den Vergleich mit der Deutschen Bank durchzuführen, den Sie gegenüber Vertrauten angekündigt hatten? Und denken Sie erst an die vielen Handwerker, die Sie an den Rand des Ruins manövriert haben. Nein, Herr Dr. Schneider, das hätten wir von Ihnen nicht gedacht.

Statt dessen machen Sie ausgerechnet in der kritsichsten Phase einen »Erholungsurlaub«. Es muß Ihnen doch klargewesen sein, daß die Bank in ihrer Angst, die Felle (sprich: das schöne viele Geld) könnten ihr davonschwimmen, gar nichts anderes tun konnte, als den Deckel zuzumachen.

Das BKA haben Sie offensichtlich unterschätzt. Sie haben doch nicht wirklich geglaubt, daß Sie sich vor denen auf Dauer verstekken können, oder? Überhaupt, mein Bester, haben Sie eine Reihe unverzeihlicher Fehler gemacht. Wirklich konsequent vorbereitet haben Sie Ihre Flucht nämlich nicht. Einerseits sorgen Sie sich wegen eines Schecks und schicken Ihre Vertrauten damit nach Liechtenstein, andererseits weiß die Deutsche Bank längst von Ihrer Geschäftsverbindung zur Union Bancaire Privée. Weshalb haben Sie sich nicht mehrere kleinere Gelddepots angelegt, auf die Sie später hätten zurückgreifen können. Als Sie in Miami im Knast saßen, waren Sie arm wie eine Kirchenmaus.

Vielleicht ging ja auch alles viel zu schnell, überschlugen sich die Ereignisse Anfang des Jahres 1994, so daß Ihnen nicht mehr genug Zeit blieb, dies alles in die Wege zu leiten? Zu oft haben Sie sich auf unsichere Kantonisten verlassen, wie etwa diesen El Kastaui. Wie konnten Sie denn sicher sein, daß der wirklich auf Ihrer Seite steht? Und dann diese Anwälte, die Sie kurz nach Ihrer Festnahme in Miami beschäftigten. Die hatten es doch wahrscheinlich nur auf die paar Kröten abgesehen, die Sie noch zusammenkratzen konnten. Geholfen hat Ihnen das alles reichlich wenig.

Wir stellen uns die Frage, warum Sie so unprofessionell handelten. Sind Sie wirklich der gerissene Betrüger, wie die Staatsanwaltschaft glauben machen will? Oder spricht dies alles eher dafür, daß Sie gar nicht fliehen wollten, wie Sie selbst immer wieder beteuern?

Wir haben Ihnen aber auch zu danken, Herr Dr. Schneider. Sie haben uns nicht nur prächtige Bauten hinterlassen, die gewiß dann noch unsere Augen erfreuen, wenn niemand mehr von einer »Affäre Schneider« spricht, Sie haben uns auch gelehrt: Je höher die Beträge sind, desto schlechter passen die Banken darauf auf.

Verehrter Herr Dr. Schneider, zum Schluß darf ich Ihnen noch empfehlen: Halten Sie die Ohren steif! Wer die Usancen der Justiz in großen Wirtschaftsprozessen kennt, der weiß: Es wird schon nicht so schlimm kommen, wie Sie es vielleicht befürchten.

Mit den besten Empfehlungen

Ihr Marc Frey

Anmerkungen

1 »Das gierige Schneiderlein ist pleite«; TAZ vom 16.04.94
2 »Immer volle Pulle«; Der Spiegel, 16/94
3 »Prügel für den Primus«; Der Spiegel, 17/94
4 »Nicht jeder Verlust ist ein Schaden«; TAZ vom 22.04.94
5 »Prügel für den Primus«; Der Spiegel, a.a.O.
6 »Immer volle Pulle«; Der Spiegel, a.a.O.
7 ebenda
8 »Das gibt Ärger«, Focus, 35/95
9 »Jetzt geht's richtig los«, Focus, 9/96
10 »Eine neue Runde im Monopoly«, Frankfurter Rundschau, 09.12.88
11 »Niederlage kaschiert«, Frankfurter Rundschau, 31.10.89
12 »Fast geflennt«, Der Spiegel, 1/94
13 ebenda
14 »Das neue Leipzig – Ein Tollhaus der Wende«, Frankfurter Rundschau, 25.09.93
15 »Philosoph des Aufschwungs«, Leipziger Morgenpost, 19.05.93
16 »Passanten, Passagen, Paläste«, Frankfurter Rundschau, 27.02.93
17 »Philosoph des Aufschwungs«, Leipziger Morgenpost, a.a.O.
18 »Fast geflennt«, Der Spiegel, a.a.O.
19 »Immer volle Pulle«, Der Spiegel, a.a.O.
20 Siehe hierzu auch Kapitel »Götterdämmerung«
21 »Alles Geld in die Zentrale, Stern, 24/94
22 Siehe hierzu auch Kapitel »Schneider – Jäger und Sammler/Schneiders Schattenfirmen«
23 Siehe hierzu auch Kapitel »Schneider – Jäger und Sammler/Geschichten aus 1001 Nacht«
24 Siehe hierzu auch Kapitel »Schneider – Jäger und Sammler/Geschichten aus 1001 Nacht«
25 Siehe hierzu auch Kapitel »Schneider – Jäger und Sammler/Geschichten aus 1001 Nacht«
26 »Jetzt geht's richtig los«, Focus, a.a.O.
27 »Bubis Erfahrungen mit Schneider«; FAZ vom 01.10.94
28 »Michi und Bieberlein«; Der Spiegel, 19/94
29 In diesem Fall ist die Schneider-Firma Laetsch Properties gemeint, wie etwas später in diesem Kapitel deutlich wird

30 »Das gibt Ärger«, Focus, a. a. O.
31 Siehe hierzu auch Kapitel »Veni, vidi, vici/Die Kommandozentrale«
32 Bei der Durchsuchung der Villa Andreae stieß das Bundeskriminalamt auf eine zweite Fassung der Kreditanfrage. Darin war der Betrag von 151 Millionen aufgesplittet in zwei Teilbeträge: nämlich Kaufpreis 83 Millionen und »kalkulierte Bewertungsreserve« 68 Millionen Mark.
33 Bei gewerblichen Immobilien ist es üblich, einen sogenannten Ertragswert zu ermitteln. Der Ertragswert gibt Auskunft darüber, wieviel ein Objekt in einer bestimmten Zeit einbringt. Gerechnet wird nach der Formel 100 / marktübliche Kapitalverzinsung (Bsp. festverzinsliche Wertpapiere) x Nettojahresmiete = Ertragswert. Der Ertragswert ist ein wesentlicher Bestandteil für die Bewertung gewerblicher Immobilien.
34 »Konzept ist aufgegangen«; FAZ vom 02. 09. 93
35 Siehe hierzu auch Kapitel »Götterdämmerung«
36 »Jetzt geht's erst richtig los«, Focus, a. a. O.
37 »Chinesen wollen Zeil-Galerie kaufen«, Bild vom 19. 08. 93
38 »Schneiders Überläufer«, Focus, 29/94
39 »Jetzt geht's erst richtig los«, Focus, a. a. O.
40 Siehe hierzu auch Kapitel »Schneider auf und davon/Die Frage stellt sich: Hat der Baulöwe sein Geld mitgenommen?«
41 »Eine neue Runde im Monopoly«, Frankfurter Rundschau, a. a. O.
42 »Kritiklos unprofessionell«, Capital, 5/95
43 Zitiert nach Plusminus-Sendung (ARD) vom 30. 08. 94
44 »Dubioser Schneider-Bote«, Focus, 39/94
45 »Nie gesehen, nie gehört«, Der Spiegel, 13/95
46 »Müde in den Knast«, Der Spiegel, 21/95
47 Siehe hierzu auch Kapitel »Schneider: Jäger und Sammler/Kollege Kupferstecher«
48 Siehe hierzu auch Kapitel »Schneider: Jäger und Sammler«
49 »Tarnfirmen auf Tortola«, Der Spiegel, 45/95
50 Siehe hierzu auch Kapitel »Götterdämmerung«
51 »Tarnfirmen auf Tortola«, Der Spiegel, a. a. O.
52 Siehe hierzu auch »Die Kommandozentrale«, Seite 53 ff
53 »Geldwäscher aller Länder, freut euch!«, TAZ vom 09. 05. 94
54 »Jetzt geht's richtig los«, Focus, a. a. O.
55 »Fast geflennt«, Der Spiegel, a. a. O.
56 Siehe hierzu auch Kapitel »Schneider: Jäger und Sammler«
57 »Jetzt geht's richtig los«, Focus, a. a. O.
58 »Das gibt Ärger«, Focus, a. a. O.
59 »Ein Baulöwe im Jammertal«, Stern, 45/95
60 »Jetzt geht's richtig los«, Focus, a. a. O.

61 ebenda
62 »Versteckspiel mit Hintermännern«, Stern, 22/95
63 »Moss war der Boß«, Stern, 25/95
64 »In einer verdammten Falle«, Stern, 23/95
65 »Das gibt Ärger«, Focus, a. a. O.
66 ebenda
67 »Ein Baulöwe im Jammertal«, Stern, a. a. O.
68 Siehe hierzu auch Kapitel »Schneider, weltweit gesucht/Eine Stimme
    aus dem Nichts«
69 »Dominoeffekte im Schneider-Imperium«, TAZ vom 19. 04. 94
70 »BKA fahndet nach Schneider«, Frankfurter Rundschau, 19. 04. 94
71 Dr. Eberhard Martini, Vorstandsvorsitzender der Bayrischen Hypo-
    theken- und Wechselbank (Hypobank)
72 »Staatsanwaltschaft bekommt jetzt Verstärkung«, Frankfurter Rund-
    schau, 30. 04. 94
73 »Wann handelt Wiesbaden«, Frankfurter Rundschau, 07. 05. 94
74 »Michi und Bieberlein«, Der Spiegel, a. a. O.
75 Siehe hierzu auch Kapitel »Schneider, auf und davon/Zimmer 5560«
76 Siehe hierzu auch Kapitel »Schneider, auf und davon«
77 Das Geldwäschegesetz sieht unter anderem vor, daß sich Einzahler von
    Beiträgen ab 20 000 Mark ausweisen müssen. Hat die Bank den Ver-
    dacht, es könnte eine Geldwäsche vorliegen, muß sie dies an die Staats-
    anwaltschaft melden.
78 »Allein auf der Flucht«, Focus, 18/94
79 »Keine heiße Spur in der Schneider-Affäre«, Stuttgarter Zeitung,
    02. 05. 94
80 »Keine Fahndung nach Ehefrau«, FAZ vom 03. 05. 94
81 Dort ist der Fasanenweg, Schneiders Privatadresse
82 »Schneiders Spuren verlaufen im Sand«, dpa vom 30. 06. 94
83 »Heiße Spuren«, Der Spiegel, 23/94
84 »Jetzt drei heiße Spuren«, Bild vom 28. 05. 94
85 »Dr. Schneider war hier«, Tango, 5/95
86 »Ich brauche Hilfe ...«, Focus, 20/94
87 »Bau-Bankrotteur Schneider – mit Jacht in die Karibik?«, Die Welt,
    15. 05. 94
88 »Baulöwe Schneider: Fliegt er heute auf die Kanaren«, Bild vom
    30. 05. 94
89 »Bonn macht Druck«, Focus, 28/94
90 »Neues Gesicht?«, Bild vom 20. 06. 94
91 »Iranischer Botschafter: Schneider würde Asyl erhalten«, FAZ vom
    16. 09. 94

[92] »Süßes Leben auf der Jacht«, Bild vom 17.03.95
[93] »Keine Handschellen«, Focus, 26/94
[94] »Schneider fast gefaßt«, Süddeutsche Zeitung, 19.03.95
[95] »Schneider von Teheran gedeckt«, Wiesbadener Kurier, 18.03.95
[96] »Nach neuen Hinweisen hält sich Jürgen Schneider in der Golfregion auf«, FAZ vom 16.03.95
[97] »Zwischen Nord- und Südpol keine Spur vom Baulöwen Schneider«, dpa vom 04.04.95
[98] »Ohne seine Millionen könnte der Baulöwe müde werden«, Frankfurter Allgemeine Sonntagszeitung, 02.04.95
[99] Siehe hierzu auch Kapitel »Veni, vidi, vici/Die Kommandozentrale«
[100] Name geändert
[101] Name geändert
[102] Dr. Hans-Günter Sieber, Mitarbeiter in Schneiders Rechtsabteilung
[103] »Handel mit Schneider-Briefen«, FAZ vom 16.08.94
[104] »Schneider und die Lausbuben«, FAZ vom 29.09.95
[105] Siehe hierzu auch Kapitel »Schneider: Jäger und Sammler/Geschichten aus 1001 Nacht«
[106] Gemeint war der Artikel »Dubioser Schneider-Bote« in Focus, 39/94
[107] »Spur von Schneiders Geld verlor sich in London«, Frankfurter Rundschau, 29.08.95
[108] Siehe hierzu auch Kapitel »Schneider, auf und davon/Der Fluchthelfer«
[109] »In einer verdammten Falle«, Stern, 23/95
[110] ZDF-Sendung »Frontal«, 16. Mai 1995
[111] »Justiz: Schneider entkräftet Vorwürfe nicht«, Frankfurter Rundschau, 18.05.95
[112] »Schneider-Anwalt Canonica: Mein Mandant will sich frei bewegen«, Frankfurter Rundschau, 17.05.95
[113] »Der Baulöwe brüllt vom Band«, Die Welt, 17.05.95
[114] »Schneiders letzte Pleite«, Focus, 21/95
[115] »Rüde Gangart«, Der Spiegel, 48/95
[116] »Stunde der Spitzel«, Focus, 48/95
[117] »Die taz will durchs Raster fallen«, TAZ vom 30.12.95
[118] »Auf der Spur des Baulöwen schnurlos verheddert«, Frankfurter Rundschau, 23.12.95
[119] »Problematische Ermittlungen«, M, 1-2/96
[120] »Müde in den Knast«, Der Spiegel, 21/95
[121] »Das gibt Ärger«, Focus, a.a.O.
[122] Zitiert nach Deutsche Presseagentur (dpa) vom 28.08.95
[123] »Schlagen, kratzen, beißen«, Focus, 9/96

[124] »Heimkehr mit brisantem Gepäck«, Stern, 8/96
[125] »Jetzt geht's richtig los«, Focus, a. a. O.
[126] »In einer verdammten Falle«, Stern, a. a. O.
[127] »Herrn Goldfingers Gewerbe«, Stern, 38/95
[128] ebenda
[129] »Ein Baulöwe im Jammertal«, Stern, a. a. O.
[130] »Schneider-Beschwerden gegen Konkurseröffnung abgewiesen«, FAZ vom 16.11.95
[131] »Schonfrist für Jürgen Schneider läuft ab«, Die Welt, 14.07.95
[132] »Ich zahle es später mal zurück«, Focus, 45/95
[133] »Jetzt geht's richtig los«, Focus, a. a. O.
[134] »Tarnfirmen auf Tortola«, Der Spiegel, 45/95
[135] »Am 8. November bin ich frei!«, Bild vom 12.10.95
[136] »Fall Schneider, nächste Runde«, Die Welt, 04.11.95
[137] »Jetzt geht's richtig los«, Focus, a. a. O.
[138] »Trick der Advokaten«, Focus, 36/95
[139] ebenda
[140] »Der füllige Richter vom Redeschwall des Anwalts unbeeindruckt«, FAZ vom 10.11.95
[141] »Auslieferung Schneiders verzögert sich«, Süddeutsche Zeitung, 10.11.95
[142] »Schneider läßt auf sich warten«, Frankfurter Rundschau, 10.11.95
[143] »Der Frankfurter Bub kehrt bald an den Ort seines Wirkens zurück«, Frankfurter Rundschau, 17.01.96
[144] »Baulöwe Schneider zurück nach Frankfurt«, Bild vom 16.01.96
[145] »Pleitiers rechnen anders«, Süddeutsche Zeitung, 22.02.96
[146] »Drohungen lassen die Deutsche Bank noch kalt«, Frankfurter Rundschau, 24.02.96
[147] »Zittern vor dem Baulöwen«, Stern, 5/96
[148] »Jetzt geht's richtig los«, Focus, a. a. O.
[149] Bild vom 24.02.96
[150] »Zwist um Schneider-Tickets«, FAZ vom 15.02.96
[151] Die Ministerlage ist ein regelmäßiges Treffen der Führung der Sicherheitsbehörden wie Bundeskriminalamt, Bundesnachrichtendienst und Bundesamt für Verfassungsschutz mit dem Bundesinnenminister oder den Staatssekretären, bei dem die Sicherheitsbehörden und Geheimdienste in aktuelle Fälle und Ereignisse berichten müssen.
[152] »Ein Ehepaar Schneider war gar nicht gebucht«, Die Welt, 24.02.96
[153] »Vorboten der Rückkehr«, Focus, 8/96
[154] »Peanuts aus Florida zurück«, TAZ vom 24.02.96
[155] »Kritiklos unprofessionell«, Capital, a. a. O.

[156] »Das gibt Ärger«, Focus, a. a. O.

[157] Siehe hierzu auch Kapitel »Schneider: Jäger und Sammler/Der schlaue Dr. Möll«

[158] »Das gibt Ärger«, Focus, a. a. O.

[159] ebenda

[160] ebenda

[161] »Müde in den Knast«, Der Spiegel, a. a. O.

[162] Klaus Peter Fischer war zum damaligen Zeitpunkt in der Geschäftsleitung der Filiale der Deutschen Bank Baden-Baden

[163] Hierbei handelte es sich um die European Pacific

[164] »Gesucht: ein Investor; Kennzeichen: derzeit klamm«, Frankfurter Rundschau, 13.04.94

[165] »Alles Geld in die Zentrale«, Stern, a. a. O.

[166] »Der Rückkehrer«, FAZ vom 17.01.96

[167] »Schneiders letzte Pleite«, Focus, 21/95

[168] »Müde in den Knast«, Der Spiegel, a. a. O.

[169] Hypothekenkredite sind dann deckungsstockfähig, wenn ihre Höhe 60 Prozent des festgestellten Wertes der Immobilie nicht übersteigt. Dieser sogenannte erste Rang eines Realkredites stellt eine besondere Sicherheit dar. Die Hypothekenbank kann dafür mündelsichere Hypothekenpfandbriefe emittieren, sich das Geld also vom freien Kapitalmarkt holen, um es dann an ihren Kunden zu verleihen.

[170] »Kritiklos unprofessionell«, Capital, a. a. O.

[171] ebenda

[172] »Jetzt geht's richtig los«, Focus, a. a. O.

[173] »Zittern vor dem Baulöwen«, Stern, 5/96

[174] »Das gibt Ärger«, Focus, a. a. O.

[175] »Heimkehr des müden Löwen«, Der Spiegel, 9/96

[176] »Jetzt geht's richtig los«, Focus, a. a. O.

[177] »Schneider-Affäre fordert erste Opfer«, Süddeutsche Zeitung, 30.06.94

[178] »Sieger der Krise – Der Deutsche-Bank-Report«, Hermannus Pfeiffer 1995

[179] »Banken wußten früher Bescheid«, Focus, 16/94

[180] Siehe hierzu auch Kapitel »Veni, vidi, vici/Die Kommandozentrale«

[181] »Alles Geld in die Zentrale«, Stern, a. a. O.

[182] »Über 700 Millionen Mark ins Ausland geschafft«, Frankfurter Rundschau, 03.06.94

[183] »Ein Mann, der viele offene Fragen hinterließ«, Frankfurter Rundschau, 23.03.95

[184] Siehe auch Kapitel »Götterdämmerung/Die Nord/LB kriegt kalte Füße«

[185] Focus TV vom 4. März 94
[186] ebenda
[187] »Eine feine Pleite«, Focus, 16/95
[188] »Sein letztes Hemd«, Der Spiegel, 26/95

PIPER

Jürgen Roth/Marc Frey
Die Verbrecher-Holding

Das vereinte Europa im Griff der Mafia. 436 Seiten. Kt.

In Berlin liefern sich russische Mafiaorganisationen blutige Banden-
kriege – mit Toten und Verletzten. Chinesische Triaden sickern aus
England und Holland kommend in die Bundesrepublik, aber auch
nach Österreich und in die Schweiz ein, organisieren das illegale
Glücksspiel, fordern ihren Landsleuten Schutzgelder ab. Seit
langem schon besteht das kriminelle Geflecht der sizilianischen
Mafia, Camorra und Sacro Corono Unità in den alten Bundesländern – nun erobern sie auch den Osten Deutschlands. Es gibt
kaum ein kriminelles Geschäft, an dem sie nicht beteiligt sind.
Die Autoren haben in Europa, Südamerika und den USA recherchiert, um die internationalen Machenschaften der Syndikate aufzudecken, herauszufinden, wo die »Köpfe« der kriminellen Kraken
sitzen. Sie nennen Hintermänner, zeigen die Methoden der hem-
mungslosen Gewalt, die das Organisierte Verbrechen mitten in
Europa anwendet – damit ihm endlich entschlossen entgegen-
getreten werden kann, bevor es zu spät ist.

PIPER

Jürgen Roth
Der Sumpf

Korruption in Deutschland. Mit einem Nachwort von
Heinke Salisch MdEP. 334 Seiten. Geb.

Jürgen Roth, profilierter Fernsehjournalist, beschäftigt sich seit
Jahren mit dem Thema. Seine Erkenntnisse trägt er in diesem Buch
zusammen und macht so die Gefahr deutlich, die unserem
politischen System durch Korruption droht. Es handelt sich eben
nicht mehr um Einzelfälle, sondern um ein System auf allen Ebenen
von Politik, Verwaltung und Wirtschaft. Roth weist in konkreten
Einzelfällen nach, wie weit die Degradierung der öffentlichen Moral
bereits fortgeschritten ist und wie hart die Anti-Korruptions-
Staatsanwälte kämpfen müssen. Besonders brisant: Jürgen Roth
zeigt die Verbindungen zur Organisierten Kriminalität auf,
die so entstehen. Er beläßt es aber nicht bei der Aufzeichnung von
Skandalen. Roth macht deutlich, wie dies mit dem härter werdenden
sozialen Umverteilungskampf in Deutschland zusammenhängt und
wie Politik und Wirtschaft umdenken müssen.